21世纪会计系列规划教材 **应用型**

管理
会计

滕萍萍 刘佳昕 王琦 主编

赵若辰 副主编

Management
Accounting

东北财经大学出版社 | 大连
Dongbei University of Finance & Economics Press

图书在版编目（CIP）数据

管理会计 / 滕萍萍，刘佳昕，王琦主编．—大连：东北财经大学出版社，2023.2

（21世纪会计系列规划教材·应用型）

ISBN 978-7-5654-4767-9

Ⅰ.管… Ⅱ.①滕… ②刘… ③王… Ⅲ.管理会计-高等学校-教材 Ⅳ.F234.3

中国版本图书馆CIP数据核字（2022）第255448号

东北财经大学出版社出版

（大连市黑石礁尖山街217号 邮政编码 116025）

网 址：http://www.dufep.cn

读者信箱：dufep@dufe.edu.cn

大连日升彩色印刷有限公司印刷 东北财经大学出版社发行

幅面尺寸：185mm×260mm 字数：439千字 印张：19.5

2023年2月第1版 2023年2月第1次印刷

责任编辑：高 铭 周 慧 责任校对：慧 心 孙 平

封面设计：冀贵收 版式设计：钟福建

定价：42.00元

教学支持 售后服务 联系电话：（0411）84710309

前言

管理会计是一门将会计与现代管理融为一体的综合性学科，在提供决策相关信息和帮助提供计划与控制信息方面发挥着重要作用。随着我国经济进入新常态，在“互联网+”、“智能+”及“财务转型”背景下，理解和把握管理会计的内涵，提高管理会计理论与方法的有效性与可操作性，将更彰显其提升企业管理水平、推进可持续发展的作用。

本书基于新文科理念，以现代企业所处的社会经济环境为背景，以企业为主体，体现管理会计的预测、决策、规划、控制、考核评价等职能，系统地介绍了现代管理会计的基本理论、基本方法，为学生进一步理解和把握管理会计的发展与创新奠定扎实的基础。

本书以应用型人才培养为宗旨，以立德树人为根本任务，力求在理论前沿性、知识系统性、方法简捷性、教学丰富性、课程思政建设等方面作出努力，主要有以下亮点：

1.将课程思政融入教材的每一章节。按照教育部2020年5月发布的《高等学校课程思政建设指导纲要》的精神，结合编者在省级课程思政教学比赛中对思政元素挖掘与融入的思考，根据管理会计教育特点，精心提炼各章思政要点，从价值塑造、知识传授、能力培养三个方面构建“三位一体”的课程目标，设计课程思政案例和思政知识，将“立德树人”落实到教材的具体内容中。

2.引入前沿的理论体系。根据财政部《关于全面推进管理会计体系建设的指导意见》，以及管理会计基本指引和应用指引等，对管理会计相关章节内容进行了拓展和延伸，以反映管理会计相关进展和变化，体现管理会计的中国智慧。

3.注重理实融合。本书偏重理论应用，注重启发式教学，除了在每章设计导入案例外，还在各章节设计微型案例、拓展阅读、知识拓展、活学活用等数字资源，读者可扫描书中二维码查阅使用，其中微型案例8个、拓展阅读8个、知识拓展12个、活学活用6个，旨在让学生领悟和掌握管理会计的计算和方法，注重管理会计工具和方法的实际应用。

4.提供丰富的教学资源。为了便于教师的“教”与学生的“学”，本书配有在线课程平台。使用本书的师生在财济书院（www.idufep.com）教学服务平台上完成注册，并输入本书封四学习卡中的激活码，就可以使用本书配套的电子课件、教案、章节测试等教学资源。[①]教师可以在此基础上随时更新、完善与教材及教学相关的资源，开展定制化、个性化的教学。使用本书的师生还可以下载App客户端，开展点名、作业布置、成绩统计分析等互动式教学活动。当然，读者也可扫描书中二维码直接在线答题——扫描本书各章后的“章节测试”二维码进行线上答题，提交后即可看到参考答案及详细的答案解析，实现了线上教学与线下教学的有效结合。

本书由滕萍萍、刘佳昕、赵若辰、孔令一、王琦、李满林等编写。本书在编写过程中

---

① 财济书院使用说明详见http：//help.idufep.com。

参阅了大量的文献资料和相关教材，得到了东北财经大学出版社的大力支持，在此表示诚挚的谢意！我们衷心希望本书的出版能帮助读者深入、系统地理解和把握管理会计的知识体系，并给读者带来学习管理会计的乐趣。

由于编者水平有限，加之中国经济的转型与发展，教材内容难免有不当、偏颇之处，恳请同行专家、教师、同学们和广大社会读者提出改进意见，以便我们进一步修订与完善。

编　者

2022年11月

目 录

第一章

管理会计概论

课程目标

价值塑造：

1.通过学习管理会计的形成和发展，引导学生树立正确的唯物主义历史观。

2.通过“余绪缨教授生前事迹”引导学生坚定理想信念，牢记使命，实干进取，树立正确的人生观、价值观，树立终身学习的意识。

3.了解财务转型及管理会计行业的发展趋势，让学生了解国家在管理会计方面的政策，明确财务转型中管理会计的人才需求，引导学生积极进取，爱岗敬业，培养工匠精神，努力成为优秀的管理会计人才。

4.通过“扁鹊三兄弟的故事”的思考，提高学生对学科间的鉴别能力，明确不同学科的本质。能够正确理解管理会计和财务会计的区别与联系，培养学生辩证统一的哲学思维，增强辩证思维能力。

5.通过管理会计职业道德案例的思考，培养学生遵守能力、保密、正直、客观的管理会计职业道德规范，增强学生管理会计师职业素养。

知识传授：

1.掌握：管理会计的定义及狭义与广义定义的范围、管理会计基本理论、管理会计与财务会计的联系与区别。

2.理解：社会发展与经济理论对管理会计发展的促进作用、管理会计的基本指引与应用指引、管理会计师职业道德。

3.了解：管理会计师职业证书。

能力培养：

1.能够理解管理会计的定义，领悟管理会计的本质。

2.能够理解社会发展与经济理论对管理会计发展的促进作用，并从中得到启示。

3.能够正确理解管理会计基本理论，更好地利用理论指导实践。

4.能够正确理解管理会计与财务会计的联系和区别，正确处理两者之间的关系，并在实务中有效应用。

5.能够谨记管理会计师职业道德，加强自身职业道德素养。

导入案例

蓝天公司年末进行了岗位调整，张华从财务会计工作岗位转入管理会计工作岗位，她对管理会计知识不甚了解，以下是她对管理会计的理解：

（1）管理会计和财务会计是完全分开的，无任何联系。

（2）管理会计与财务会计的职能一样，主要是核算和监督，对相关人的利益进行协调。

（3）管理会计有严格的报告期，会计期末以报表的形式上报。

（4）管理会计所提供的信息与财务会计一样，要求绝对精确。

（5）在提供管理会计信息时可以完全不用考虑成本效益原则。

（6）管理会计与财务会计一样，采用的计算方法都是一致的。

思维导图

讨论与思考：张华对管理会计理解的上述观点正确吗？为什么？

第一节 管理会计的定义

管理会计作为从传统会计中分离出来的一个企业会计的分支，不同组织机构和学者对其定义也有所不同。国内外的会计机构和学者分别从不同的角度对管理会计的定义进行了论述。

一、国外会计机构及学者对管理会计的定义

国外会计机构及学者对管理会计的定义包括狭义与广义两个阶段。

1.狭义管理会计定义阶段

20世纪20至70年代，国外会计学界一直从狭义上定义管理会计，认为管理会计只是为企业内部管理者提供计划与控制所需信息的内部会计。

1958年，美国会计学会管理会计委员会定义："管理会计就是运用适当的技术和概念，处理企业历史的和计划的经济信息，以助于管理人员制定出合理的、能够实现经营目标的计划，以及为达到各项目标所进行的决策。"

1966年，美国会计学会在《基本会计理论》中提到："管理会计就是运用适当的技术和概念，对经济实体的实际经济数据和预计经济数据进行处理，以帮助管理人员制定合理的经济目标，并为实现该目标进行合理的决策。"

1982年，美国学者罗伯特在《现代管理会计》中对管理会计的定义是："管理会计是一个收集、分类、总结、分析和报告信息的系统，它有助于管理者进行决策和控制。"

由此，狭义管理会计的核心内容可总结为：①管理会计以企业为主体展开其管理活动；②管理会计是为企业管理层的管理目标服务的；③管理会计是一个信息系统。

2.广义管理会计定义阶段

20世纪70年代，国外会计学界对管理会计的定义出现了新的变化，管理会计的外延开始扩大，内容更加丰富，出现了广义管理会计概念。

1981年，美国全国会计师联合会对管理会计的定义是："管理会计是为管理层用于企业的计划、评价和控制，保证适当使用各项资源并承担经营责任，而进行的确认、计量、归集、分析、解释和传递财务信息等的过程。"并指出管理会计还包括编制供非企业管理层使用的财务报告，也适用于非营利的机关团体。

1982年，英国成本与管理会计师协会修订后的管理会计定义，将管理会计的范围进一步扩大到除审计以外的会计的各个组成部分，如图1-1所示。

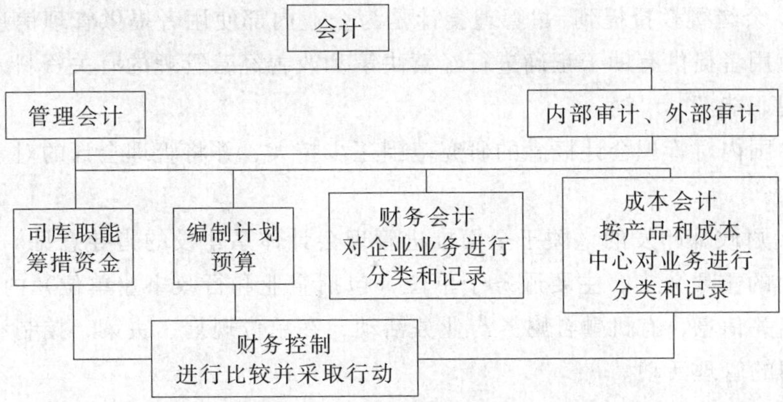

图1-1 管理会计的范围

1986年，美国会计师协会管理会计实务委员会定义："管理会计是向管理层提供用于企业内部计划、评价、控制以及确保企业资源的合理使用和经营责任的履行所需财务信息，确认、计量、归集、分析、编报、解释和传递的过程。"管理会计还包括编制供诸如股东、债权人、规章制度制定机构及税务当局等非管理集团使用的财务报表。

2014年10月正式发表的《全球管理会计原则》对管理会计的概念做了如下定义："管理会计是通过综合分析，向组织机构提供信息，帮助和支持组织机构进行战略规划、组织实施和管理控制，促使其作出合理决策，从而为组织机构的可持续发展创造价值。"

由此，广义管理会计的核心内容可总结为：①管理会计以企业为主体展开其管理活动；②管理会计既为企业管理层的管理目标服务，同时也为股东、债权人、规章制度制定机构及税务当局等非管理集团服务；③管理会计作为一个信息系统，它所提供的财务信息包括用来解释实际和计划所必需的货币性和非货币性信息；④从内容看，管理会计既包括财务会计，又包括成本会计和财务管理。

二、国内会计机构及学者对管理会计的定义

1984年，李天民教授提到："管理会计主要是通过一系列专门方法利用财务会计提供的资料及其他有关资料进行整理、计算、对比和分析，使企业各级管理人员能据以对日常发生的一切经济活动进行规划与控制，并帮助企业领导作出各种决策的一整套信息处理系统。"①

1987年，汪家佑教授提到："管理会计是西方企业为了加强内部经营管理，实现最大利润的目的，灵活运用多种多样的方式方法，收集、加工和阐明管理层合理地计划和有效地控制经济过程所需要的信息，围绕成本、利润、资本三个中心，分析过去，控制现在，规划未来的一个会计分支。"②

1989年，温坤教授提到："管理会计是企业会计的一个分支。它运用一系列专门的方式方法，收集、分类、汇总、分析和报告各种经济信息，借以进行预测和决策，制订计

① 李天民．管理会计学［M］．北京：中央广播电视大学出版社，1984.
② 汪家佑．管理会计［M］．北京：经济科学出版社，1987.

划，对经营业务进行控制，并对业绩进行评价，以保证企业改善经营管理，提高经济效益。”①

1999年，余绪缨教授提到：“管理会计是为企业内部使用者提供管理信息的会计，它为企业内部使用者提供有助于正确进行经营决策和改善经营管理的有关资料，发挥会计信息的内部管理职能。”②

近些年，国内对管理会计概念的研究范围逐步扩大，并将管理会计的对象延伸至价值管理。

2014年，财政部印发的《关于全面推进管理会计体系建设的指导意见》中指出：“管理会计是会计的重要分支，主要服务于单位（包括企业和行政事业单位）内部管理需要，是通过利用相关信息，有机融合财务与业务活动，在单位规划、决策、控制和评价等方面发挥重要作用的管理活动。”

吴大军教授在《管理会计》中对管理会计下的定义是：管理会计是指在当代市场经济条件下，以强化企业内部经营管理、实现最佳经济效益为最终目的，以现代企业经营活动及其价值表现为对象，通过对财务等信息的深加工和再利用，实现对经济过程的预测、决策、规划、控制、责任考核评价等职能的一个会计分支。③

孙茂竹教授等在《管理会计学》中对管理会计下的定义是：管理会计是以使用价值管理为基础的价值管理活动，它运用一系列专门的方式方法，通过确认、计量、归集、分析、编制与解释、传递等一系列工作，为管理和决策提供信息，并参与企业经营管理。④

三、对管理会计定义的理解

本书认为，管理会计是以现代企业经营活动及其价值表现为对象，以加强企业内部管理、实现最佳经济效益为目的，创新和运用各种工具与方法，对经济过程进行预测、决策、规划、控制、责任考核与评价等，为企业内部管理人员提供有用信息的一种决策支持系统。

正确研究和理解管理会计应注意以下四点：

第一，从属性分析，管理会计属于会计学科的一个分支，是以加强企业内部管理、实现最佳经济效益为最终目的的会计信息系统。它是会计学与现代管理科学的融合，是利用会计特有的概念、方法和思维进行的管理活动。

第二，从对象分析，管理会计是以现代企业经营活动及其价值表现为对象进行的价值管理活动，因而应关注现金流动、资金流动，并基于信息流进行价值最大化管理，体现业务与财务、技术相融合的管理要求。

第三，从范围分析，管理会计主要为企业内部管理层服务，但管理会计信息的使用对象是多元的，如股东、债权人、规章制度制定机构及国家行政机构（如税务当局）等非管理机构同样可以使用这些信息。

第四，从方法分析，管理会计要实现其目标，需要运用一系列专门的方法和工具，这

① 温坤．管理会计学［M］．北京：中国人民大学出版社，1989.
② 余绪缨．管理会计［M］．北京：中国人民大学出版社，1999.
③ 吴大军．管理会计［M］．大连：东北财经大学出版社，2021.
④ 孙茂竹，支晓强，戴璐．管理会计学［M］．北京：中国人民大学出版社，2020.

些方法和工具应根据时代的需要不断创新和发展。

第二节 管理会计的形成与发展

管理会计作为一门学科，其形成和发展受社会实践及管理科学理论的双重影响。一是商品经济或市场经济的发展是管理会计形成与发展的根本动力；二是管理科学理论的发展为管理会计的形成和发展奠定了方法论基础。

一、管理会计形成与发展的四个阶段

1.标准成本会计阶段（20世纪初到20世纪50年代）

对于管理会计信息的需求最早出现在19世纪，当时由于工业革命，企业需要扩大生产规模来增加实现利润的能力。企业扩大规模，其生产方式以及组织形式就会发生变化，从而企业管理者需要了解产品的成本、资源耗费等管理会计提供的信息。

20世纪管理会计的发展是以西方管理理论的古典学派代表人物——泰罗的科学管理学说为基础形成与发展的，其源于1911年泰罗发表的《科学管理原理》。伴随着泰罗的科学管理理论在实践中的广泛运用，我们需要进一步研究管理会计如何为提高企业组织的生产和工作效率服务。因此，管理会计便开始引入“标准成本”、“预算控制”和“差异分析”等与泰罗科学管理直接相联系的技术方法，这些技术方法成为管理会计方法体系的重要组成部分。但是社会经济环境的影响力不可被低估，在此后相当长的时间内，管理会计并没有得到应有的发展，它只是被看成会计配合推行泰罗科学管理所作的一些尝试，只是作为传统会计的一个附带部分而存在，并没有真正形成一个相对独立的领域。

以标准成本、预算控制和差异分析为主要内容的管理会计，其基本点是在企业组织的战略、方向等重大问题已经确定的前提下，协助企业组织解决在执行过程中如何提高生产效率和生产经济效果问题。生产效率和经济效果，通常可借助于企业组织内部的投入与产出的对比关系加以体现。管理会计引入标准成本和差异分析，通过严密的事前计算与事后分析，有助于企业组织以较少的材料、人工和费用生产出更多的产品。其综合表现就是降低企业组织的生产成本，从而提高了企业组织的生产经济效果。可见，以泰罗科学管理学说为基础的管理会计，对促进企业组织提高生产效率和生产经济效果具有积极的推动作用。尽管如此，管理会计还没有考虑同企业组织的全局、企业组织与外界（尤其是市场）关系等重要问题。总体而言，这个时期的管理会计还只是一种局部性、执行性的管理会计，仍处于管理会计发展历程的初级阶段。

2.决策战略管理会计阶段（20世纪50年代至20世纪80年代）

管理会计的真正发展是以20世纪50年代之后现代管理科学的发展作为永久性推动力的。

从20世纪50年代开始，西方国家进入所谓“战后期”。这时，西方国家经济发展出现了许多新特点，主要是一方面科学技术迅速发展并大规模用于生产；另一方面，出现了大量跨国公司，企业规模越来越大，生产经营日趋复杂，外部的市场也在不断地发生变化，竞争激烈，并且在20世纪初美国掀起了合并浪潮，由原来的独资企业发展到公司组织的

企业。这些新特点对企业组织的经营管理提出相应的新要求，即迫切要求实现企业组织管理现代化。

泰罗科学管理学说着眼于对生产过程进行科学管理，把重点放在通过对生产过程的个别环节、个别方面的高度标准化，为尽可能提高生产和工作效率创造条件。但是泰罗科学管理学说对企业组织全局、企业组织与外部的关系则很少考虑。在新的环境下，提高企业组织各个环节、各个方面的生产、工作效率固然重要，但更重要的是，要把正确的经营战略和决策放在首位。正是由于泰罗科学管理学说的缺陷，不能适应战后西方经济发展的新形势，它才被现代管理科学所取代。现代管理科学由“管理科学派”和“行为科学派”两大理论学派组成。现代管理科学的形成和发展，对管理会计的发展，在理论上起着奠基和指导作用，在方法上赋予现代化的管理技术，使其面貌焕然一新。

这个时期的管理会计追求的是“效益”，效率与效益是两个不同的概念。效率一般体现于企业组织的内部投入与产出关系，效率主要是执行过程的问题；而效益一般不能直接在企业组织的内部体现，而必须通过企业组织与外界的联系才能得到体现，其好坏主要取决于决策是否正确。在市场经济环境下，效率只有接受市场的检验才能转化为效益，否则，不仅不是效益，而且还是损失。企业组织要实现其战略目标，必须以市场为导向，兼顾效率与效益。至此，管理会计形成了以“决策与计划会计”和“执行会计”为主体的结构体系。其中，“决策会计”居首位。因为计划是以决策为基础的，它是决策所定目标的综合体现。

3.战略管理会计阶段（20世纪80年代至20世纪末）

进入20世纪80年代，由于“信息经济学”和“代理理论”的引进，管理会计又有了新的发展。但是，面对世界范围内高新技术蓬勃发展并广泛运用于经济领域，管理会计又显得有些过时落伍。基于社会经济发展的新形势，1981年，著名管理学家西蒙首次提出了“战略管理会计”一词。20世纪80年代末，西方会计界提出，既然战略管理会计源于企业未来战略管理，那么，不同的企业战略所要求的战略管理会计的侧重点也就不同。同时，西方国家也不断致力于管理会计信息相关性的研究，由此迎来了一个以“作业”为核心的“作业成本管理会计”时代。与波特提出的“价值链”观念相呼应，管理会计借助于“作业管理”，致力于如何为企业组织“价值链”优化服务。20世纪80年代以来，管理会计取得的许多引人注目的新进展都是围绕着管理会计如何为企业组织“价值链”优化和价值增值提供相关信息而展开的。

进入20世纪90年代，变化是当今世界经济环境的主要特征。基于环境的变化，管理会计信息搜集的任务从职业化的管理会计师转移到使用这些信息的使用者，保证了企业组织能以一种“实时”的方式搜集相关信息，并据此作出反应。管理会计突破了管理会计师提供信息，经理人使用信息的旧框框，而由每一个员工直接提供与使用各种信息。由此，管理会计信息提供者与使用者的界限将逐渐模糊。当然，管理会计也有助于促进企业组织适应环境的变化。例如，企业组织所面临的内外部环境变化导致“作业成本计算法”与“作业管理”的产生，而“作业成本计算法”与“作业管理”的运用又有助于“企业再造工程”的实施，从而推动了企业组织的变革，提高了企业组织的竞争能力。这时，管理会计的主题已经从单纯的价值增值转向企业组织对外部环境变化的适应性上来。20世纪90年代是一个以战略管理为中心的新时代，强调“事事战略定位，时时战略定位”，由此，管理会计进入了所谓“战略管理会计”时代，并得到发展。这个时期，“适时制”“全面质量管理”“价值链”“战略管理”“企业业务流程再造”等管理思想渗透到管理会计，推动管理会计的发展。

4.提升企业组织核心能力的管理会计阶段（21世纪以后）

如果说20世纪是“竞争的世纪”，那么，21世纪是“竞争力的世纪”。面对21世纪的宏微观环境，企业组织在其发展过程中已经充分意识到，比价值增值更重要的是市场份额，比市场份额更具有根本意义的是竞争优势，比竞争优势更具有深远影响的是企业组织的核心能力。企业组织的核心能力是企业组织的内在资源，竞争力则是企业组织的核心能力在市场上的外在表现。企业组织只有具备核心能力，才能具有持久的竞争优势。因此，企业组织的核心能力大小决定企业组织在市场竞争中的兴衰成败。如何培养和提升企业组织的核心能力至关重要。

客观地说，现代会计，尤其是财务会计，只注重企业组织的实物支持系统，较少关注企业组织独特的知识与技能、管理体制和员工价值观念对企业组织竞争力乃至核心能力培养和提升的影响。核心能力对企业组织及其人力资源具有高度的依赖性。企业组织的员工在相当大的程度上充当了核心能力的承担者。那么，侧重于为企业组织的内部经营管理服务的管理会计如何为企业组织培养和提升其核心能力提供相关信息自然成为21世纪管理会计发展的主题。

二、管理会计在我国的发展

我国是从20世纪70年代末80年代初开始向发达国家学习引进有关管理会计理论的。

1.初步研究阶段

尽管管理会计一词在中国出现较晚，但相关实践却早已有之。中华人民共和国建立初期计划经济时代，以成本为核心的内部责任会计、班组核算、经济活动分析、资金分级归口管理手段，就与西方管理会计中的执行会计很相似。20世纪70年代末到80年代，国家开始经济体制改革，强调企业改制，要求用现代科学管理方法管理企业。经营机制转换的同时，是现代管理方法，包括本量利分析、价值工程、目标管理、全面质量管理、决策技术等的应用。企业开始形成成本管理制度，并产生了以内部经济责任制度为基础的责任会计体系。20世纪80年代初，西方管理会计开始引入中国，大量介绍管理会计的论文发表，并出版了以余绪缨编著的高等财经院校统编教材《管理会计》（1983年）为代表的一批有全国影响力的管理会计教材。厦门大学、上海财经学院等院校开始开办管理会计方向的研究生专业，培养了一批掌握管理会计知识的专业人才，为管理会计的普及和发展发挥了重要作用。

思政案例

中国管理会计之父——余绪缨教授

2.提升、创新阶段

随着经济的发展和改革的深入，中国的管理会计也进入了反思提升的阶段。自1993年财务会计管理体制转轨变型以来，会计界开始走上与国际惯例接轨的道路，为管理会计在中国的发展创造了新的契机。社会主义市场经济的大环境、现代企业制度的建立健全，以及新的宏观会计管理机制，为管理会计开辟了前所未有的用武之地。许多有识之士不再满足于照抄照搬外国书本上现成的结论，而是从我国实际出发，通过开展调查研究管理会计在我国企业应用的案例等方式，积极探索一条在实践中行之有效的中国式管理会计之路，以便切实加强企业内部管理机制，提高经济效益。在政府相关部门的推动下，一些管理会计工具得到推广应用，如作业成本法、经济增加值、全面预算管理等。同时也产生了一些创新性或在中国情景下的管理会计应用工具，如“模拟市场，成本否决”的邯钢经验，又如一些企业开始将作业成本法、平衡计分卡等应用于实践中。

3.全面发展、推进阶段

自2013年开始，我国政府大力推动管理会计应用，并将其定为会计工作转型升级的方向。2014年，财政部颁布《关于全面推进管理会计体系建设的指导意见》（以下简称《指导意见》），“要求财政部门顺时应势，大力发展管理会计”，并提出了培养管理会计人才、建立管理会计理论体系的目标。同年，财政部启动了首届管理会计咨询专家选聘工作。2016年，又公开选聘第二届管理会计咨询专家。财政部为指导单位管理会计实践应用和加强管理会计体系建设，制定发布《管理会计基本指引》的任务被纳入《财政部会计司2016年工作要点》。

2016年10月，财政部制定发布《会计改革与发展“十三五”规划纲要》（以下简称《纲要》），明确了推进管理会计广泛应用的三大具体任务：①加强管理会计指引体系建设；②推进管理会计广泛应用；③提升会计工作管理效能。《纲要》确立了“2018年年底前基本形成以管理会计基本指引为统领、以管理会计应用指引为具体指导、以管理会计案例示范为补充的管理会计指引体系”的目标。

2017年至2018年财政部共颁布了34项管理会计应用指引，内容涵盖预算管理、运营管理、成本管理等领域，这是我国管理会计指引体系建设的又一重大突破，为各单位应用管理会计工具方法提供了有力指导。

三、管理会计的基本理论

1.管理会计的对象

管理会计的对象是指管理会计作为一项经济活动，所要关注的基本内容。这一基本内容，也是管理会计作为一门学科应该研究的内容。明确管理会计的对象，对于科学规范管理会计的概念体系和内容体系，以及正确处理管理会计和财务会计的关系，都具有重要的意义。

目前，对于管理会计的对象，国内理论界基本形成了现金流动论、价值差量论、资金总运动论、价值管理论等四种观点，这些观点从不同的角度对管理会计的对象进行论证。本书认为管理会计的对象是现代企业的生产经营活动及其价值表现，主要原因是：

（1）从本质上讲，管理会计的最终对象是企业的生产经营活动。可以说，企业的生产经营活动是管理学各门课程共同研究的对象，各门课程之所以能够相互区分开来是因为它们基于不同目的、从不同角度、采用不同方法、在不同层面研究问题。

（2）从经济效益的角度来看，管理会计的对象是企业生产经营活动中的价值运动。在商品经济条件下，企业的生产经营活动表现为两个方面：一方面表现为使用价值的生产和交换过程，另一方面表现为价值形成和价值增值过程。管理会计以生产经营活动中价值形成和价值增值过程为对象，通过对使用价值的生产和交换过程的优化，提供信息并参与决策，以实现价值最大增值的目的。

（3）从实践角度上看，管理会计的对象具有复合性的特点。一方面，管理会计致力于使用价值生产和交换过程的优化，强调加强作业管理，其目的在于提高生产效率和工作效率。另一方面，在价值形成和价值增值过程中，管理会计强调加强价值管理，其目的在于提高经济效益，实现价值的最大增值。因此，价值管理必然强调价值转移、价值增值与价值损耗之间的关系：价值转移是价值增值的前提，减少价值损耗是增加价值增值的手段。为此，必须按照价值转移和增值的环节，设计价值环节和价值链。可以说，价值管理使管理会计的重新构架成为现实。也正是管理会计对象所具有的复合性特征，才使作业管理和价值管理得以统一，并构成完整的管理会计对象，从而使其与其他课程区别开来。

2.管理会计的内容

管理会计的内容是指与其职能相适应的工作内容，包括预测分析、决策分析、全面预算、成本控制和责任会计等方面。其中，前两项内容合称为预测决策会计；全面预算和成本控制合称为规划控制会计。预测决策会计、规划控制会计和责任会计，三者既相对独立，又相辅相成，共同构成了现代管理会计的基本内容。

（1）预测决策会计。预测决策会计是管理会计系统中侧重于发挥预测经济前景和实施经营决策职能的子系统，它处于现代管理会计的核心地位，也是现代管理会计形成的关键标志之一。

（2）规划控制会计。规划控制会计是指在决策目标和经营方针已经明确的前提下，为执行既定的决策方案而进行有关规划和控制，以确保预期奋斗目标顺利实现的管理会计子系统。

（3）责任会计。责任会计是指为适应企业内部经济责任制的要求、对企业内部各责任中心的经济业务进行规划与控制、以实现业绩考核与评价的一种内部会计控制制度。企业组织结构与其责任会计系统有着密切的关系，理想的责任会计系统应反映并支撑企业组织结构。

第三节 管理会计指引体系

为了使管理会计的理论与方法体系在我国得到普及和推广应用，财政部于2016年6月制定并发布了《管理会计基本指引》（以下简称《基本指引》），并于2017年陆续发布了34项管理会计应用指引。

知识拓展

《管理会计基本指引》

一、管理会计基本指引

（一）管理会计基本指引的内容

1.管理会计基本指引的框架

《基本指引》中形成了涵盖目标、原则、要素等的基本框架，并以要素为主线铺陈章节。第一章为总则，包括《基本指引》的制定依据、适用范围、管理会计目标、原则、要素等内容；第二章至第五章分别对总则中提出的应用环境、管理会计活动、工具方法、信息与报告这四个管理会计要素进行了展开；第六章为附则，包括《基本指引》的解释权限和施行日期等内容。

2.管理会计的目标

管理会计的目标是通过运用管理会计工具方法，参与单位规划、决策、控制、评价活动并为之提供有用信息，推动单位实现战略规划。因此，管理会计的最终目标是提高企业的经济效益，主要包括以下两个方面。

（1）为管理和决策提供信息。管理会计应向各级管理人员提供以下经过选择和加工的信息：①基于企业生产经营活动并与预算管理、过程控制、报告和考核有关的各类信息，包括历史信息和未来信息。这些信息有利于各级管理人员加强对生产经营过程的管理，实现最佳经营。②与维护企业资产安全、完整以及资源有效利用有关的各类信息。③与股东、债权人及其他外部利益关系者的决策有关的信息，这些信息将有利于投资、借贷及有关法规的实施。

（2）参与企业的经营管理。在现代管理理论的指导下，管理会计正在以会计特有的计量、估值的思维和方法积极参与企业的经营管理，将会计核算推向会计管理，推进业财融合下的定量管理。从实践角度看，管理会计积极参与制定战略、进行经营预测和决策、组织和协调企业的各项经济管理，不仅有利于各项决策方案的落实，而且有利于企业兼顾长期、中期和短期利益。

3.管理会计的原则

（1）战略导向原则。管理会计的应用应以战略规划为导向，以持续创造价值为核心，促进单位可持续发展。

（2）融合性原则。管理会计应嵌入单位相关领域、层次、环节，以业务流程为基础，利用管理会计工具方法，将财务和业务等有机融合。

（3）适应性原则。管理会计的应用应与单位应用环境和自身特征相适应。单位自身特征包括单位性质、规模、发展阶段、管理模式、治理水平等。

（4）成本效益原则。管理会计的应用应权衡实施成本和预期效益，合理、有效地推进管理会计应用。

4.管理会计要素

管理会计要素概括为应用环境、管理会计活动、工具方法、信息与报告等四项内容。

（1）应用环境。管理会计应用环境是指单位在应用管理会计时必须面对的基础条件，包括内外部环境。内部环境主要包括与管理会计建设和实施相关的价值创造模式、组织架构、管理模式、资源、信息系统等；外部环境包括政治环境、经济环境、社会环境、法律环境等。

（2）管理会计活动。管理会计活动是指单位利用管理会计信息，运用管理会计工具方法，在预测、决策、规划、控制、考核与评价等方面服务于单位管理需要的相关活动。

（3）工具方法。管理会计工具方法是实现管理会计目标的具体手段，是单位应用管理会计时所采用的战略地图、滚动预算管理、作业成本管理、本量利分析、平衡计分卡等模型、技术、流程的统称。管理会计工具方法具有开放性，随着实践发展不断丰富完善，主要应用于战略管理、预算管理、成本管理、营运管理、投融资管理、绩效管理、风险管理等领域。

（4）信息与报告。信息与报告是管理会计的最终成果，也是管理会计控制系统的基础。管理会计信息，包括开展管理会计活动过程中所使用和生成的财务信息和非财务信息，是管理会计报告的基本元素；管理会计报告，是管理会计活动成果的重要表现形式，旨在为报告使用者提供管理需要的信息，是管理会计活动开展情况和效果的具体呈现。

5. 管理会计的职能

职能是事物内在的、固有的、客观的功能或属性，是不以人的主观意志为转移的。管理会计具有预测、决策、规划、控制、责任考核与评价五项职能。

（1）预测经济前景。预测是指采用科学的方法预计推测客观事物未来发展必然性或可能性的行为。管理会计发挥“预测经济前景”的职能，就是按照企业未来的总目标和经营方针，充分考虑经济规律的作用和经济条件的约束，选择合理的量化模型，有目的地预计和推测未来企业销售、利润、成本及资金的变动趋势和水平，为企业经营决策提供第一手信息。

（2）参与经济决策。决策是在充分考虑各种可能的前提下，按照客观规律的要求，通过一定程序对未来实践的方向、目标、原则和方法作出决定的过程。管理会计发挥“参与经济决策”的职能，主要体现在根据企业决策目标收集、整理有关信息资料，选择科学的方法计算有关长短期决策方案的评价指标，并作出正确的财务评价，最终筛选出最优的行动方案。

（3）规划经营目标。管理会计“规划经营目标”的职能，是通过编制各种计划和预算实现的。它要求在最终决策方案的基础上，将事先确定的有关经济目标分解落实到各有关预算中去，从而合理有效地组织协调企业供、产、销及人、财、物之间的关系，并为控制和责任考核创造条件。

（4）控制经济过程。管理会计发挥“控制经济过程”的职能，就是将对经济过程的事前控制同事中控制有机地结合起来，通过事前确定科学可行的各种标准，根据执行过程中的实际与计划发生的偏差进行原因分析，并及时采取措施进行调整，改进工作，确保经济活动的正常进行的过程。

（5）考核评价经营业绩。管理会计履行“考核评价经营业绩”的职能，是通过建立责任会计制度来实现的，即在各部门各单位及每个人均明确各自责任的前提下，逐级考核责任指标的执行情况，找出成绩和不足，从而为奖惩制度的实施和未来工作改进措施的形成提供必要的依据。

现代管理会计的职能作用，从财务会计单纯的核算与监督扩展到解析过去、控制现在、筹划未来有机地结合。

（二）管理会计基本指引的意义

（1）有利于加强管理会计指引体系建设。《指导意见》明确了推进管理会计体系建设的“4+1”体系，即理论体系建设、指引体系建设、人才队伍建设、信息系统建设加咨询服务市场建设。指引体系建设是其中确定的重要任务之一。制定《基本指引》是指引体系建设的重要内容，对制定应用指引和案例示范起统领作用，应用指引的框架设计、案例库的体系搭建等都将根据《基本指引》展开。但是，不同于《企业会计准则——基本准则》，《管理会计基本指引》只是对管理会计普遍规律和基本认识的总结升华，并不对应用指引中未作出描述的新问题提供处理依据。

（2）有利于加强单位管理会计工作。《基本指引》在管理会计应用实践的基础上总结、提炼形成普遍适用的指导性标准，明确了管理会计的目标、原则和要素，为单位（包括企业和行政事业单位）全面准确理解管理会计、科学系统应用管理会计提供了基本框架和方向。

（3）有利于推动管理会计理论发展。《基本指引》构建了管理会计概念框架，统一了各方认识，协调了各方意见，为引导会计理论界加强管理会计理论研究，建设中国特色管理会计理论体系提供了有力的制度保障。

二、管理会计应用指引

（一）管理会计应用指引的内容

1.管理会计应用指引的框架

《管理会计应用指引》包括概括性指引和工具方法指引两部分。概括性指引主要介绍该领域的相关管理程序，概括总结本领域内相关管理会计工具方法的共性内容，一般由总则、应用程序和附则等组成。每一领域下的具体应用指引一般由总则、应用环境、应用程序、工具方法评价和附则等组成。其中，总则主要介绍应用相关工具方法的目标、基本定义、原则等；应用环境主要介绍应用相关工具方法所需要的内、外部环境；应用程序主要介绍应用相关工具方法的应用流程；工具方法评价主要介绍应用相关工具方法的优缺点。概括性指引以“100”“200”“300”等标示，主要介绍该领域的相关管理程序；具体应用指引以“101”“201”“202”“301”“302”等标示，主要介绍管理会计工具方法。

2.管理会计应用指引的具体内容

我国的管理会计应用指引在不断地开放和发展中，是根据管理会计实践的具体要求不断形成的。应用指引在《基本指引》颁布之后，从2017年开始陆续推出，2017年10月，推出第一批22项，见表1-1；2018年8月，推出第二批7项，见表1-2；2018年12月，推出第三批5项，见表1-3。其中第一批和第二批应用指引主要是针对企业单位，在第三批应用指引里面第一次提出了对行政事业单位的指引。

表1-1　　**第一批22项管理会计应用指引**

类别	指引内容
战略管理相关应用指引	第100号　战略管理、第101号　战略地图
预算管理相关应用指引	第200号　预算管理、第201号　滚动预算
成本管理相关应用指引	第300号　成本管理、第301号　目标成本法、 第302号　标准成本法、第303号　变动成本法、 第304号　作业成本法

续表

类别	指引内容
营运管理相关应用指引	第400号 营运管理、第401号 本量利分析、 第402号 敏感性分析、第403号 边际分析
投融资管理相关应用指引	第500号 投融资管理、第501号 贴现现金流法、 第502号 项目管理
绩效管理相关应用指引	第600号 绩效管理、第601号 关键绩效指标法、 第602号 经济增加值法、第603号 平衡计分卡
企业管理会计报告应用指引	第801号 企业管理会计报告
管理会计信息系统应用指引	第802号 管理会计信息系统

表1-2 第二批7项管理会计应用指引

类别	指引内容
预算管理相关应用指引	第202号 零基预算、第203号 弹性预算
投融资管理相关应用指引	第503号 情景分析、第504号 约束资源优化
绩效管理相关应用指引	第604号 绩效棱柱模型
风险管理相关应用指引	第700号 风险管理、第701号 风险矩阵

表1-3 第三批5项管理会计应用指引

类别	指引内容
预算管理相关应用指引	第204号 作业预算
营运管理相关应用指引	第404号 内部转移定价、第405号 多维度盈利能力分析
风险管理相关应用指引	第702号 风险清单
行政事业单位应用指引	第803号 行政事业单位

以上是每批次各模块的指引内容，比如在战略管理应用指引里面有两条，其中第100号是概括性指引，第101号是工具方法指引。

（二）管理会计应用指引的特点

（1）注重指导性。管理会计属于内部报告会计，主要为企业内部管理决策提供信息支持，而企业内部管理既具共性，又个性化鲜明，应用指引采用指导性文件方式印发，既有利于普遍推广，又有利于灵活应用，从而发挥制度效应。

（2）注重应用性。管理会计工具方法只有与企业管理实践相结合，才能创造价值。企业管理领域不同，适用的管理会计工具方法亦不尽相同。企业管理可分为战略管理、预算管理、成本管理、营运管理、投融资管理、绩效管理、风险管理七大领域，各个领域在实践中形成了各自适用的管理会计工具方法。因此，应用指引注重在管理中的应用性，围绕七大管理领域，系统阐述管理会计工具方法在相关管理领域中的应用。

（3）注重开放性。管理会计的应用领域具有开放性，不仅限于上述七大领域，随着管理会计实践的发展，其应用领域也将不断拓展，每一领域下的管理会计工具方法不是一成不变的，而是将随实践发展不断得到丰富完善，每项管理会计工具方法的应用领域也具有一定的开放性，即某一领域下的某项工具方法也可应用于其他领域。

（4）注重可操作性。为了提高管理会计应用指引的可操作性，每一管理领域的应用指引按照“概括性指引和工具方法指引相结合”的思路构建，其中，概括性指引一般由总则、应用程序和附则等组成，概要阐述本领域常用工具方法种类，以及这些工具方法应用的共性要求。工具方法指引一般由总则、应用环境、应用程序、应用评价和附则等组成，内容围绕管理会计应用展开，从而增强可操作性。

（三）管理会计应用指引的意义

（1）管理会计应用指引是贯彻落实财政部《关于全面推进管理会计体系建设的指导意见》的需要。《管理会计基本指引》为单位（包括企业和行政事业单位）加强管理会计工作提供指导。该基本指引作为应用指引的统领，为应用指引的制定规定了原则和框架。应用指引作为管理会计指引体系的一个重要组成部分，是贯彻落实指导意见和基本指引的具体体现，其制定将为单位如何正确、有效地选择和应用管理会计工具方法提供借鉴或参考。

（2）管理会计应用指引是推动我国管理会计理论与实践发展的需要。在市场竞争不断加剧、人力资源和环境成本双重挤压的今天，通过制定应用指引，系统地提炼总结我国管理会计理论和实践的宝贵经验，对拓展我国管理会计研究领域、提升管理会计应用水平，进而增强我国企业综合实力和竞争优势都具有极其重要的现实意义。

（3）管理会计应用指引是推动我国管理会计走向世界的需要。纵览国际管理会计应用发展历程，国际会计师联合会和美、英等西方国家做了大量探索，相关的成果虽然为单位应用管理会计工具方法提供了一定的参考，但并未能在管理会计应用领域形成系统、完整的体系架构。我国的管理会计应用指引体系是一套立足于管理会计实践、服务单位管理会计应用的指导性文件，该体系通过分领域、分工具方法构建，注重指导性、应用性、开放性、可操作性，这在全球管理会计领域具有开创性。应用指引的制定，将提升我国在全球管理会计领域的话语权和影响力。

第四节 管理会计与财务会计的区别与联系

随着信息技术与网络技术的迅猛发展及其在会计中的广泛应用，财务会计与管理会计正逐步融合，共同组成会计系统在企业管理系统中发挥核心作用，更好地为企业管理服务。管理会计与财务会计都属于会计学科，它们相互联系又有所区别。

活学活用

扁鹊三兄弟的故事

一、管理会计与财务会计的区别

1.工作主体不同

管理会计主要以企业内部各层次的责任单位为主体，它既可以以整个企业（如投资中心、利润中心）为主体，又可以将企业内部的局部区域或个别部门甚至某一管理环节（如成本中心、费用中心）作为其工作的主体，更为突出以人为中心的行为管理，兼顾企业主体。

财务会计往往只以整个企业为工作主体，能够适应财务会计所特别强调的完整反映监督整个经济过程的要求，具有唯一性。

2.职能不同

管理会计是解析过去、控制现在、规划未来的会计，其职能侧重于对未来的预测、决策和规划，对现在的控制、考核和评价，属于算“活账”的经营管理型会计。

财务会计是反映过去的会计，通过确认、计量、记录和报告等程序反映和报告过去实际已经发生的经济业务的历史信息，其职能侧重于核算和监督，属于算“呆账”的报账型会计。

3.服务对象不同

管理会计主要是向企业内部各管理层级提供管理会计信息，即为某一具体的特定的企业管理服务，主要为强化单位内部经营管理、提高经济效益服务，属于“对内报告会计”。

财务会计主要是向企业外界和与企业有利益关系的团体组织或个人提供财务会计信息，如投资人、债权人、政府机构、客户等，即为社会服务，属于“对外报告会计”。

4.约束条件不同

管理会计虽然需要在一定程度上考虑会计原则或企业会计准则的要求，利用一些传统的会计观念，但并不受它们的完全限制和严格约束，其处理方法可以根据企业管理的实际情况和需要确定，具有很大的灵活性。

财务会计进行会计核算必须受企业会计准则、会计制度及其他法规的制约，其处理方法只能在允许的范围内选用，基本概念及框架结构相对稳定，灵活性较小。

5.信息精确程度不同

管理会计所提供的信息往往是为满足内部管理的特定要求而有选择的、部分的管理信息。它们既包括定量资料，也包括定性资料，提供的信息中涉及未来的信息不要求过于精确，只要求满足及时性和相关性，要求相对准确。

财务会计主要提供较为全面的、系统的、连续的和综合的财务信息。这些信息主要是以价值尺度反映的定量资料，对精确度和真实性的要求较高，力求精确，数字必须准确平衡。

6.计量尺度不同

管理会计中计量单位既可以使用货币单位，又可以选择非货币单位，如实物量度、关系量度（市场占有率、销售增长率）等。

财务会计以货币为主要计量单位，对已确定可以进行会计处理的经济活动确定其应记录的金额。

7.计算方法不同

管理会计可选择灵活多样的方法对不同的问题进行分析处理，即使对相同的问题也可根据需要和可能而采用不同的方法进行处理，在信息处理过程中大量运用现代数学方法

(微积分、线性规划、概率论等）和计算机技术。

财务会计涉及的计算方法比较稳定，核算时往往只需运用简单的算术方法（加、减、乘、除）。

8.报告期不同

管理会计面向未来进行预测、决策，大多以没有统一格式、不对外公开的内部报告为其信息载体，因此其报告的编制不受固定会计期间（如月、季、年）的限制，而是根据管理需要，编制反映不同期间经济活动的各种报告，如有需要，也可以按小时、天、月、年甚至若干年编制报告。

财务会计面向过去进行核算和监督，反映一定期间的财务状况、经营成果和资金变动情况，对外公开提供信息时，其载体是具有固定格式和固定报告日期的财务报表，应按规定的会计期间（如月、季、年）编制报告。

9.工作程序不同

管理会计工作的程序性较差，没有固定的工作程序可以遵循，有较大的回旋余地，企业可根据自己的实际情况自行设计其管理会计工作流程，不同企业间管理会计工作可能存在较大的差异性。

财务会计必须执行固定的会计循环程序。从凭证转换，到登记账簿，直至编报财务报告，都必须自觉地按既定的程序处理，而且在通常情况下不得随意变更其工作内容或颠倒工作顺序。因而，财务会计工作具有一定的强制性和程序性，同类企业的财务会计工作程序往往是大同小异的。

10.观念取向不同

在管理会计观念中，企业中的每一个人都是财富和效益的创造者，属于可开发的人力资源，其注重管理过程及其结果对企业内部各方面人员在心理和行为方面的影响。

财务会计则将其着眼点放在如何真实准确地反映企业生产经营过程中人、财、物等要素在供、产、销各个阶段中分布、使用及消耗的情况，重视定期报告企业的财务状况和经营成果的质量，往往不大重视管理过程及其结果对企业职工心理和行为的影响。

二、管理会计与财务会计的联系

1.起源相同

管理会计和财务会计都是从传统会计中发展而来的，两者源于同一母体，都属于现代企业会计，共同构成了现代企业会计系统的有机整体。两者相互依存、相互制约、相互补充。

2.最终目标相同

财务会计以反映过去为基本特征，主要服务于企业外部；管理会计以筹划未来为基本特征，主要服务于企业内部。虽然二者的工作侧重点不同，但“殊途同归”，工作目的是一致的，都是从加强企业管理着眼，进行会计信息的收集、加工和处理，提供辅助经营决策的资料和依据，促进企业提高经济效益。

3.基本信息同源

财务会计和管理会计是现代企业会计的两个分支，同属于会计信息系统，其核算资料都来源于企业的生产经营活动。一家企业通常只有一个基本的信息处理系统，这就是以财务会计为主体的信息收集、加工系统。而管理会计根据需要从某些侧面对财务会计资料进一步加工，把财务会计信息和其他的统计信息、市场调查信息等相结合。

4.服务对象交叉

管理会计和财务会计都同时为企业内部和外部的经济组织、团体和个人服务，只不过侧重点不同。从对象上来说，财务会计主要是为企业外部的及与企业有利害关系的团体和个人服务，为企业外部提供财务会计信息；管理会计主要是为企业内部各管理层级提供管理会计信息，但都不是绝对的，也就是说企业内部的各管理层级也需要财务会计信息，企业外部有利害关系的团体和个人在进行投资决策时，也要了解该企业的管理会计信息。例如，企业的高层也需要查看会计报表，包括资产负债表、现金流量表、利润表等，这些为外部人员提供的财务会计信息，对企业内部的管理层同样有效。企业外部的及与企业有利害关系的团体和个人在使用财务会计信息时，也要结合管理会计信息，例如，外部团体或个人购买企业的股票或债券时，需要对企业的发展前景进行预测，就需要管理会计信息。因此，就服务对象方面来说，财务会计主要是对外服务，管理会计主要是对内服务，但是管理会计信息有时也对外，财务会计信息有时也对内。

5.相互促进，共同发展

在信息时代，无论是财务会计还是管理会计，都面临着如何适应时代要求而不断完善与发展的问题，且二者在发展方向上存在趋同现象。例如，管理会计和财务会计都需要探索、实践按照现代企业管理的要求如何组织和开展会计管理工作的问题；都需要解决好如何广泛运用电子计算机技术，不断提高会计信息质量和处理能力的问题等。另外，目前我国实施的会计改革，其意义并不局限于会计领域实现与国际惯例接轨，还包括改革原来那种单纯反映过去的、算“呆账”的会计模式，逐步建立适应社会主义市场经济条件下企业经营管理新形式，面向未来决策和计划的、算“活账”的会计模式，开创财务会计和管理会计有机结合的会计工作的新局面。

第五节 管理会计师的职业证书与职业道德

一、管理会计师的职业证书

（一）美国注册管理会计师（CMA）

CMA（Certified Management Accountant）是IMA（Institute of Management Accountants）于1972年推出的针对管理会计领域的全球财会认证，是国际通行的财务管理者专业资格认证，也是管理会计领域权威的资格认证，得到全球180多个国家和地区认可。

目前，CMA考试内容分为两部分，其中第一部分为财务规划、绩效和分析，包含对外财务报告决策（15%），规划、预算与预测（20%），绩效管理（20%），成本管理（15%），内部控制（15%），科技与分析（15%）。第二部分是战略财务管理，包含财务报表分析（20%）、公司财务（20%）、决策分析（25%）、风险管理（10%）、投资决策（10%）、职业道德（15%）。

（二）英国特许管理会计师（CIMA）

英国“特许管理会计师公会”（The Chartered Institute of Management Accountants）是英国的管理会计师组织，也是全球最大的国际性管理会计师组织。凡是申请加入该公会并成为会员的人，必须通过一系列资格考试，并符合一定的专业标准。

目前CIMA考试的主要科目虽然区别于CMA考试，但其主体内容还是非常相近的，主要分成三个层级，即运营级、管理级、战略级。其中，运营级包含组织管理、管理会计、财务报告与税务；管理级包含项目与关系管理、高级管理会计、高级财务报告；战略级包含战略管理、风险管理、财务战略等。

（三）中国管理会计师（PCMA）

管理会计师专业能力认证，简称管理会计师证书（Professional Competence of Management Accounting，PCMA），由中国总会计师协会颁发。证书等级有：初级、中级、高级、特级。初级证书主要面向中基层从业者和大学在校生；中级证书主要面向有一定能力基础、经验较为丰富的从业人员；高级证书主要面向中高层财务人员和综合管理者，旨在培养一批根植于中国本土且具备国际化视野的高端管理会计人才；特级证书为评价证书，不面向社会招生。PCMA的目的是推动本土管理会计的发展，打造适合中国人的管理会计体系。

PCMA考试中能力点覆盖的范围包含管理会计的知识、思想、工具、方法论等，侧重于预算预测、内部控制、决策支持、风险管理、成本分析等内容，专注于管理会计人才的培养和发展。

（四）管理会计教育1+X证书

2019年，教育部、国家发展改革委、财政部、市场监管总局联合印发了《关于在院校实施“学历证书+若干职业技能等级证书”制度试点方案》的通知，部署启动“学历证书+若干职业技能等级证书”（简称1+X证书）制度试点工作。这一制度提高了人才培养质量，畅通了技术技能人才成长通道，拓展了学生的就业创业本领。

1.与会计职业相关的X证书

会计1+X证书指的是学历证书及指定的会计专业类型职业技能等级证书。其中“X”主要包括以下几种：

（1）财务共享服务职业技能等级证书。

（2）财务数字化应用职业技能等级证书。

（3）大数据财务分析职业技能等级证书。

（4）业财一体信息化应用职业技能等级证书。

（5）数字化管理会计职业技能等级证书。

（6）金税财务应用职业技能等级证书。

（7）智能估值数据采集与应用职业技能等级证书。

2.数字化管理会计职业技能等级证书

数字化管理会计是互联网、大数据、人工智能、云计算等数字化信息技术在财务领域的广泛运用，适应服务于现代企业的管理需求，以自动化和智能化的数据为基础，通过现代管理会计工具和方法形成连接企业财务、业务、管理和战略的可视化和战略化运营体系。相对于传统会计简单的记账等工作，数字化管理会计能深度参与企业管理层决策，给出相应的建设性意见，在企业发展过程中发挥重要作用，这也是管理会计越来越受欢迎的重要原因。

微型案例

中航西飞的数字化转型

数字化管理会计职业技能分为三个等级：初级、中级、高级，三个级别依次递进，高级别涵盖低级别职业技能要求。

（1）数字化管理会计对应专业

初级：对应《中等职业学校专业目录》中的会计、会计电算化等专业。

中级：对应《普通高等学校高等职业教育（专科）专业目录》中的会计、财务管理、会计信息管理、审计、工商企业管理等专业。

高级：对应《普通高等学校本科专业目录》中的会计学、财务管理、工商管理、审计学、工商企业管理等专业。

（2）数字化管理会计面向的职业岗位

初级：主要面向企业业务部、财务部等部门和专业服务机构的管理会计基础工作岗位（群），从事采购作业、生产作业、销售作业、资金结算、财务报表分析等工作。

中级：主要面向企业业务部、投融资部、财务部等部门和专业服务机构的管理会计主办工作岗位（群），从事预算管理、投融资管理、营运管理、成本管理等工作。

高级：主要面向企业业务部、规划部、财务部等部门和专业服务机构的管理会计主管工作岗位（群），从事战略管理、风险管理、成本管控、绩效管理等工作。

（3）数字化管理会计职能要求

初级：完成资金收入管理、资金支出控制、资金分析、采购数据分析与管控、存货数据分析与管控、生产数据分析与管控、销售数据分析与管控、材料成本控制与数据分析、人工成本控制与数据分析、制造费用成本控制与数据分析、偿债能力分析、盈利能力分析、营运能力分析以及管理会计信息系统应用等任务，具备资金管理、供应链数据管控、成本控制与分析、财务报告分析与管理会计信息系统应用等数字化管理会计基础能力。

中级：完成企业预算编制，预算分析，预算考核，营运计划制订，营运计划调整，营运数据分析，成本预测，定价决策分析，生产决策分析，自制、外购和业务外包成本决策，成本控制，成本考核，投资管理，融资管理等任务，具备企业全面预算管理、投资融资管理、营运管理、成本管控等数字化管理会计综合管控能力。

高级：完成企业战略分析、战略制定、战略实施、风险识别、风险评估、风险预警分析、风险应对策略、绩效计划制订、绩效计划执行、绩效计划实施、建立管理会计报告体系、管理会计报告编制与分析、管理会计报告评价与优化等任务，具备企业战略管理、内部控制与风险管理、绩效管理、管理会计报告编制与优化等数字化管理会计综合决策能力。

二、管理会计师职业道德规范

职业道德是管理会计师工作和职业中的重要问题，它是对提供有效的管理控制的承诺。管理会计及财务管理人员对大众、专业团体、服务机构及其本身，有维持最崇高道德准则的义务，因此美国最大的管理会计机构美国管理会计师协会颁布了《管理会计及财务管理人员之道德执行准则》（Standards of Ethical Conduct for Practi-tioners of Management Accounting and Financial Management Accounting），遵守此项准则是达成管理会计目标所必需的，也是管理会计及财务管理人员应切实履行的义务。该准则的内容如下：

1.能力

（1）通过持续地提高自身知识和技能来保持合适的专业胜任能力。

（2）按照相关的法律、规则和技术标准来履行职责。

（3）通过恰当地分析相关和可靠的信息来编制并提供完整、清晰的报告和意见。

2.保密性

（1）除法律要求或获得授权外，不得披露在工作过程中所获得的秘密信息。

（2）告知下属要考虑对工作中所获取信息的保密要求，并监督他们的工作以确保信息得以保密。

（3）禁止亲自或者通过第三方使用或可能使用工作中获得的秘密信息去获取不道德的或非法的利益。

3.公正性

（1）避免事实上或表面上可能引起的利益冲突，并通知相关各方可能存在的各种潜在的冲突。

（2）禁止从事那些可能会影响正常执行业务的各项活动。

（3）拒绝接受那些影响或者可能影响其公正的礼品、馈赠和各种款待。

（4）禁止积极地或者被动地干扰企业合法的、符合道德的目标的实现。

（5）认识到自身的职业限制并把这种限制告诉相关人员，即使这种不足可能影响作出有责任的判断或者影响其获得成功的业绩。

（6）告知有利及不利的信息以及职业判断或意见。

（7）禁止从事或支持各种有损管理会计职业的行为。

4.客观性

（1）公正和客观地提供信息。

（2）充分披露那些可合理预见会影响到潜在使用者理解报告、评论和意见的所有相关信息。

三、道德冲突及其解决

一般来说，管理会计人员是为企业内部经营管理服务的，追求的是企业价值的最大化。但是在实际工作中，由于个人和组织都存在各自的不同利益追求，这些利益追求有时会产生冲突，如管理会计职业组织道德要求与管理会计师所服务的组织的利益要求产生冲突；管理会计人员的个人利益与其所服务的组织的整体利益的冲突；自己所在部门的利益与组织的整体利益冲突等。

【思政课堂】

管理会计师职业道德素养教育

某水泥供应商邀请建筑公司的管理会计师周末去高端高尔夫球场打球，并许诺该地方服务周到、环境幽雅。该水泥供应商前不久参加了该建筑公司水泥的招标活动，急于了解招标的内部信息，但是在邀请管理会计师时，并没有向管理会计师说明这一情况。管理会计师担心该供应商会向他询问公司的相关内部信息。

讨论与思考：这位管理会计师是否应该拒绝邀请？

美国管理会计师协会关注到道德冲突问题，并提出解决道德冲突的指导原则。在应用职业道德行为规范时，管理会计和财务管理人员可能会遇到如何确定不道德的行为或者如何解决道德冲突的问题。当遇到关键性的道德问题时，管理会计师必须遵守权威机构制定的规则。如果这些规则不能解决问题，管理会计师可以考虑下列办法：

（1）与直接上级讨论这些问题，前提是这位上级没有被卷入冲突，否则应上报给更高一级的领导。如果问题出现以后仍然没有找到满意的解决办法，也可以把问题上报给更高一级的领导。

（2）如果直接上级是首席执行官或者同级别的领导，可以接受的检查机构包括审计委员会、执行委员会、董事会、信托委员会或股东大会。

（3）与一位客观公正的建议者（例如IMA道德建议委员会）秘密讨论，以获得对各种可能出现的情况的更好理解。

（4）向自己的律师询问有关道德冲突的法律责任与义务。

（5）如果经过各种尝试，道德冲突依旧存在，且道德冲突发生在关键事项上，那么管理会计师应该提出辞职并给公司合适的领导提交一份详细的备忘录。辞职以后，该备忘录可以适时地提醒有关冲突的各方。

※ 章节测试

一、单项选择题（每小题4分，共40分）

1.现代会计包括财务会计和（　　）两个分支。

A.管理会计　　B.成本会计　　C.国际会计　　D.财务管理

2.自从《科学管理原理》一书于1911年出版后，才产生了早期的管理会计萌芽，于是（　　）被称为“科学管理之父”。

A.奎因斯坦　　B.泰罗　　C.布利斯　　D.麦金西

3.管理会计不要求（　　）的信息。

A.绝对精确　　B.相对精确　　C.相关　　D.及时

4.以下选项中，体现管理会计与财务会计相关联的一面是（　　）。

A.计算方法　　B.会计主体　　C.报告责任　　D.资料来源

5.管理会计的服务侧重于（　　）。

A.股东　　B.外部集团

C.债权人　　D.企业内部的经营管理

6.下列项目中，不属于能够揭示管理会计与财务会计之间共性特征的表述是（　　）。

A.两者都是现代会计的组成部分　　B.两者的具体目标相同

C.两者共享部分信息　　D.两者相互制约、相互补充

7.在现代企业会计系统中，管理会计又可称为（　　）。

A.算“呆账”的报账型会计　　B.外部会计

C.算“活账”的经营型会计　　D.责任会计

8.管理会计与财务会计的关系是（　　）。

A.起源相同，最终目标不同　　B.最终目标相同，基本信息不同源

C.基本信息同源，服务对象交叉　　D.起源相同，概念相同，最终目标不同

9.管理会计的最终目标是（　　）。

A.规划经营目标　　B.提高经济效益

C.真实反映企业经济现状　　D.编报会计报表

10.下列各项中，不属于管理会计职能的是（　　）。

A.预测　　B.决策　　C.核算　　D.规划

二、多项选择题（每小题6分，共30分）

1.下列各项中，属于管理会计原则的有（　　）。

A.战略导向原则　　B.融合性原则

C.适应性原则　　D.成本效益原则

2.下列各项中，属于管理会计要素的有（　　）。

A.应用环境　　B.管理会计活动

C.工具方法　　D.信息与报告

3.管理会计与财务会计的区别在于（　　）。

A.职能不同　　B.约束条件不同

C.观念取向不同　　D.目标不同

4.与财务会计相比，管理会计具有如下特点（　　）。

A.筹划未来，控制现在

B.不过分强调数据的精确性

C.更多地采用现代的数学方法（如回归分析）以解决复杂的经济问题

D.严格遵循企业会计准则、会计制度

5.管理会计师的职业道德规范有（　　）。

A.能力　　B.公正性　　C.保密性　　D.客观性

三、判断题（每小题3分，共30分）

1.在准确性和及时性之间，管理会计更注重准确性，以确保信息的质量。（　　）

2.目前，我国的管理会计应用指引已推出22项。（　　）

3.20世纪初到20世纪50年代，管理会计是以标准成本、预算控制和差异分析为主要内容的。（　　）

4.管理会计提交报告的对象局限于企业内部各管理层次。（　　）

5.尽管管理会计侧重于面向未来，财务会计侧重于反映过去，但它们都要遵循企业会计准则。（　　）

6.管理会计是经营管理型会计，财务会计是报账型会计。（　　）

7.管理会计的基本职能是核算与监督。（　　）

8.相对于传统会计简单的记账等工作，数字化管理会计能深度参与企业管理层决策，

在企业发展过程中发挥重要作用。 (　　)

9.管理会计与财务会计的本质是相同的，因为它们都是会计学的分支。 (　　)

10.管理会计应具备哪些职能取决于人们的认识水平。 (　　)

章节测试

第二章

成本性态与变动成本法

课程目标

价值塑造：

1.通过学习变动成本和固定成本，树立新的成本观念，让学生学会分析大学生活中的成本，努力降低成本，养成理性消费、勤俭节约的好习惯，树立正确的消费观，将学费的价值发挥到最大。

2.通过疫情环境下餐饮行业案例的学习，引导学生认真思考理论知识在实践过程中的应用，能将课本知识更好地用于解决实际问题，提高实践能力。

3.理解变动成本法及完全成本法的优缺点，思考两者之间的联系和区别，明白事物之间普遍联系的哲学观点，培养辩证的哲学思维。

知识传授：

1.掌握：成本按照性态分类，固定成本与变动成本的特点，混合成本的分解方法，变动成本法与完全成本法下产品成本、期间成本、存货成本、销售成本、各期损益计算方式的区别。

2.理解：混合成本分类、变动成本法与完全成本法的优缺点。

3.了解：不同的成本分类方法。

能力培养：

1.能够在不同情况下灵活运用成本的不同分类方法。

2.能够正确理解成本性态分类，运用成本性态分析的方法解决企业实际的成本问题。

3.能够正确理解变动成本和固定成本的区别，正确区分生活中的各项成本，通过降低成本，将价值发挥到最大。

4.能够正确理解导致完全成本法与变动成本法出现损益差额的根本原因以及差额的变动规律。

5.能够运用完全成本法与变动成本法解决企业在经营决策中的实际问题。

导入案例

华闽化肥有限公司是专门生产销售复合肥的公司，年生产能力可达100万吨，该公司存货采用先进先出法计价。2019年林斌开始担任总经理，他工作非常积极投入。前任总经理的做法是年年开足马力进行生产，致使存货积压较多，与前任总经理不同，林斌要改变只重生产不重销售的状况，以销定产，而且2020年的目标销售量是比2019年增长10%

以上，并将库存量大幅度降低，以节约资金占用，最终使税前利润也能提高10%以上。年终财务科长赵阳向他汇报一年的情况时说：“今年生产的化肥，每吨耗用的氯化钾等直接材料、直接人工和变动制造费用与去年水平相当，其他费用总额也与去年持平，经过您的努力，在没有降低售价的情况下，我们公司的销售量由去年的70万吨增加到了80万吨，并把存货余额由50万吨降低到了10万吨，但今年亏损了1 500万元。”林斌听了感到吃惊，接着说：“怎么可能？今年的销售量不是比去年多吗？怎么会亏损？是不是你核算错了？”财务科长回答说：“我一直以来都是按照完全成本法核算利润的，但为什么会亏损，我也说不清。”总经理决定对这两年的财务数据进行详细的分析，以深入了解公司出现亏损的原因。①

讨论与思考：作为管理会计师的你是否也和林斌有一样的困惑，出现上述情况是什么原因导致的？

思维导图

第一节　成本的概念及分类

成本是企业为生产商品和提供劳务等所耗费物化劳动或劳动中必要劳动的价值的货币表现，是商品价值的重要组成部分。从管理会计角度来看，成本是指企业在生产经营过程中对象化的，以货币表现的，为达到一定目的而应当或可能发生的各种经济资源的价值牺牲或代价。

一、常见的成本分类方法

（一）按形成时间分类

按形成时间，成本可分为历史成本和未来成本。

历史成本又称实际成本或原始成本，是指取得或制造某项财产物资时所实际支付的现金或者现金等价物，如工资、租金、原材料费用等。

未来成本又称预计成本，与历史成本相对应，是指尚未发生的成本，是在特定条件下可以合理地预测在未来某个时期或未来某几个时期将会发生的成本，如计划成本、预算成本、标准成本等。

（二）按发生可否加以控制分类

按发生可否加以控制，成本可分为可控成本与不可控成本。

可控成本是指在特定时期内、特定责任中心能够直接控制其发生的成本，如与产量无关的广告费、员工教育培训费等。

不可控成本是指责任中心主管人员不能直接控制和调节的，不受该中心生产经营活动和日常管理工作影响的成本，如固定资产的折旧费等。

（三）按与产品生产的关系分类

按与产品生产的关系，成本可分为直接成本和间接成本。

直接成本指的是与特定的产品或劳务存有直接关联的成本，主要表现为生产费用发生

① 赵永典、魏贤运．管理会计［M］．北京：清华大学出版社，2016．

时，能直接计入某一成本计算对象的费用，如原料费用、主要材料费用、生产工人工资等。

间接成本是指生产费用发生时，不能或不便于直接计入某一成本计算对象，而需先按发生地点或用途加以归集，待月终选择一定的分配方法进行分配后才计入有关成本计算对象的费用，如水电费、办公费等。

（四）按与决策的关系分类

按与决策的关系，成本可分为相关成本和非相关成本。

相关成本是指与特定决策有关的、在分析评价时必须加以考虑的成本，如边际成本、机会成本、可延缓成本等。

非相关成本是指与特定决策无关的、在分析评价时不必加以考虑的成本，如沉没成本、不可延缓成本等。

（五）按经济用途分类

按照经济用途分类，成本可分为生产成本和非生产成本，这是财务会计中对成本的分类方法。

1.生产成本

生产成本也称制造成本，是指生产活动的成本，是生产单位为生产产品或提供劳务而发生的各项生产费用，包括各项直接支出和制造费用。直接支出包括直接材料、直接人工。

（1）直接材料。直接材料是指企业生产产品和提供劳务的过程中消耗的、直接用于产品生产、构成产品实体的各种材料及主要材料、外购半成品以及有助于产品形成的辅助材料等，如原材料、辅助材料、备品备件、燃料及动力等。

（2）直接人工。直接人工是指企业在生产产品和提供劳务的过程中，直接从事产品生产的工人的工资、津贴、补贴和福利费以及社保等。

（3）制造费用。制造费用是指企业为生产产品和提供劳务而发生的各项间接费用，可分为间接材料、间接人工、其他制造费用。

①间接材料是指企业生产单位在生产过程中耗用的，但不能或无法归入某一特定产品的材料费用，如机器的润滑油、修理备件等。

②间接人工是指企业生产单位中不直接参与产品生产的或其他不能归入直接人工的那些人工成本，如修理工人工资、管理人员工资等。

③其他制造费用是指不属于间接人工和间接材料的其他各种间接费用，如固定资产的折旧费、维修费、保险费、照明费等。

2.非生产成本

非生产成本也称非制造费用或期间费用，是指企业日常活动发生的不能计入特定核算对象的成本，而应计入发生当期损益的费用。期间费用是企业日常活动中所发生的经济利益的流出。之所以不计入特定的成本计算对象，主要是因为期间费用是企业为组织和管理整个经营活动所发生的费用，与可以确定特定成本计算对象的材料采购、产成品生产等没有直接关系，因而期间费用不计入有关计算对象的成本，而是直接计入当期损益。期间费

用包括管理费用、销售费用、财务费用

（1）管理费用。管理费用是指企业行政管理部门为组织和管理生产经营活动而发生的各种费用，如企业董事会和行政管理部门在企业经营管理中发生的工会经费、咨询费、诉讼费、业务招待费、办公费、差旅费、管理人员工资及福利费等。

（2）销售费用。销售费用是指企业销售商品和材料、提供劳务的过程中发生的各种费用，如企业在销售商品过程中发生的保险费、包装费、展览费、广告费、运输费、装卸费等，以及为销售本企业商品而专设的销售机构的职工薪酬、业务费、折旧费等经营费用。企业发生的与专设销售机构相关的固定资产修理费用等后续支出也属于销售费用。

（3）财务费用。财务费用是指企业为筹集生产经营所需资金等而发生的费用，包括利息净支出、汇兑净损失及相关手续费等。

二、按成本性态分类

成本性态又称成本习性，是指成本总额与业务总量之间的依存关系。这里的成本总额主要是指为取得营业收入而发生的营业成本费用，包括全部生产成本和销售费用、管理费用及财务费用等非生产成本；业务总量是指企业在一定的生产运营期内投入或完成的经营工作量的统称，通常可以是产量，也可以是销售量。

成本按其性态分类可分为固定成本、变动成本和混合成本三大类。

（一）固定成本

固定成本又称固定费用，是指成本总额在一定期间和一定业务量范围内，不受业务量增减变动影响而能保持不变的成本。保险费、广告费、管理人员的工资、办公费、按直线法计提的固定资产折旧费、修理费、职工教育培训费等均属于固定成本。

1.固定成本的特点

（1）固定成本总额的不变性，即成本总额不随业务量的变化而变化。我们设业务量为 x，成本为 y，固定成本总额为 a，则其总成本性态模型为 $y = a$，在平面直角坐标图上，固定成本线为一条平行于X轴的直线，如图2-1所示。

（2）单位固定成本的反比例变动性，即单位固定成本随业务量的变动成反比例变动。单位固定成本是成本总额除以业务量的结果，其单位成本性态模型为 $y = a/x$，其表现为边际递减的凹曲线，随着业务量的增加，单位固定成本呈下降趋势，但是下降速度逐渐放缓，如图2-1所示。

【例2-1】东泰公司生产一种产品，其专用生产设备的月折旧额为5 000元。该设备最大加工能力为400件/月。

要求：计算当该设备分别生产100件、200件、300件和400件产品时，固定成本总额和单位产品所负担的固定成本。

解析：当该设备分别生产100件、200件、300件和400件产品时，固定成本总额和单位产品所负担的固定成本见表2-1。

表2-1 成本计算表

产量（件）	总成本（元）	单位产品负担的固定成本（元）
100	5 000	50
200	5 000	25
300	5 000	16.67
400	5 000	12.50

从表2-1可以看出，固定成本总额不会随产量的变化而变化，而单位产品所负担的固定成本与产量成反比例关系，产量的增加会使单位产品负担的固定成本下降，反之亦然。固定成本总额与单位固定成本的性态模型如图2-1所示。

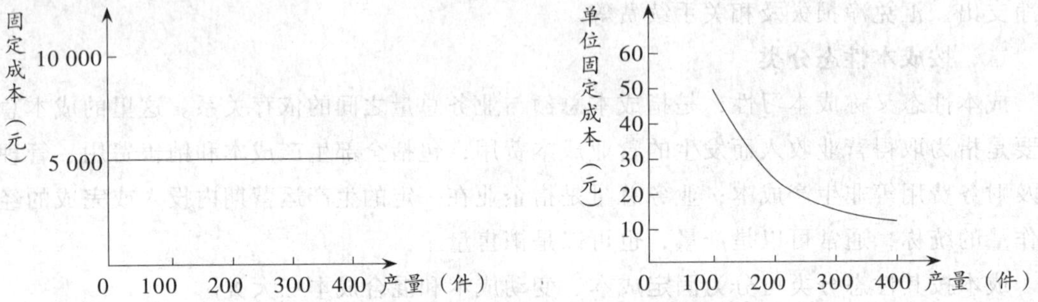

图2-1 固定成本总额与单位固定成本的性态模型

2.固定成本的分类

根据固定成本在“固定性”强弱上的差别，按其是否受企业管理层短期决策行为的影响，可以进一步细分为酌量性固定成本和约束性固定成本。

（1）酌量性固定成本。酌量性固定成本是指管理者的决策可以改变其支出数额的固定成本，这类成本的预算数只在预算期内有效，企业领导可以根据具体情况的变化，确定不同预算期的预算数。这类成本的数额不具有约束性，可以斟酌不同的情况加以确定，如新产品开发费、广告费、职工培训费等。酌量性固定成本通常是由企业管理层在每一会计年度开始前，制定年度开支预算，决定每一项开支的多寡，以及新增或取消某项开支。这类成本的发生可以增强企业的竞争能力，扩大产品销路，但其支出额的大小由企业管理层根据生产经营方针确定，企业要降低酌量性固定成本，就要在预算时精打细算，合理确定这部分成本的数额。

（2）约束性固定成本。约束性固定成本是指不受企业管理层短期决策行为影响的那部分固定成本，如厂房及机器设备按直线法计提的折旧费、房屋及设备租金、财产保险费、照明费、行政管理人员的薪金等。约束性固定成本反映的是形成和维持企业最起码的生产经营能力的成本，也是企业经营业务必须负担的最低成本。企业的经营能力一旦形成，在短期内就不应轻易削减，否则可能影响企业长远目标的实现，降低盈利能力，所以说这类成本具有很大的约束性。除非要改变企业的经营方向，否则，不能试图在实务中采取降低这部分成本总额的措施，只能从合理充分地利用其创造的生产经营能力的角度着手，提高产品的产量，相对降低其单位成本。

3.固定成本的相关范围

固定成本的定义中有“在一定期间和一定业务量范围内”这样一个定语，这就是说固定成本的固定性是有条件的，一定范围叫作相关范围，表现为一定的时间范围和一定的空间范围。固定成本的相关范围如图2-2所示。

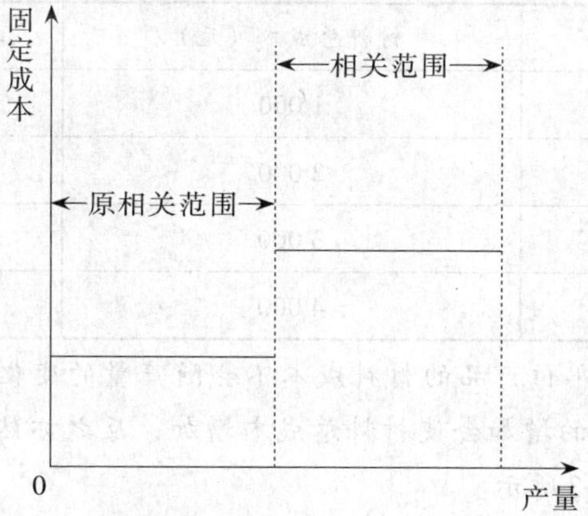

图2-2 固定成本相关范围

就时间范围而言，固定成本表现为在某一特定期间内具有固定性。因为从长时期看，所有成本都具有变动性，即使“约束性”很强的约束性固定成本也是如此。随着时间的推移，一家正常成长的企业的经营能力无论是从规模上还是质量上均会发生变化，如扩大厂房、更新设备、增加行政管理人员等，这些变化导致折旧费、财产保险费、行政管理人员的薪金等的增加。

就空间范围而言，固定成本表现为在某一特定业务量水平内具有固定性。因为业务量的变化一旦超出这一水平，同样可能需要扩大厂房、更新设备和增加行政管理人员等，相应的费用也势必会增加。

（二）变动成本

变动成本是指在一定期间和一定业务量范围内，其总额随着业务量的变动而成正比例变动的成本。原材料、燃料及动力、按产量法计提的折旧、计件工资制下生产工人的工资等都属于变动成本。

1.变动成本的特点

（1）变动成本总额的正比例变动性，即变动成本总额随业务量的变动成正比例变动。同样设业务量为x，成本为y，单位变动成本为b，则其总成本性态模型为y = bx，在平面直角坐标图上，变动成本线为一条经过原点的直线，随着业务量的增加，变动成本总额呈匀速上升趋势，如图2-3所示。

（2）单位变动成本的不变性，即单位变动成本不随业务量的变化而变化。其成本性态模型为y=b，在平面直角坐标图上表现为一条平行于X轴的直线，如图2-3所示。

【例2-2】沿用【例2-1】的有关资料，假设东泰公司单位产品的直接材料成本为10元。

要求：计算当分别生产100件、200件、300件和400件产品时，材料总成本和单位产品的材料成本。

解析：当分别生产100件、200件、300件和400件产品时，材料总成本和单位产品的材料成本见表2-2。

表2-2 成本计算表

产量（件）	材料总成本（元）	单位产品的材料成本（元）
100	1 000	10
200	2 000	10
300	3 000	10
400	4 000	10

从表2-2可以看出，单位产品的材料成本不会随产量的变化而变化，而材料总成本与产量成正比例关系，产量的增加会使材料总成本增加，反之亦然。变动成本总额与单位变动成本的性态模型如图2-3所示。

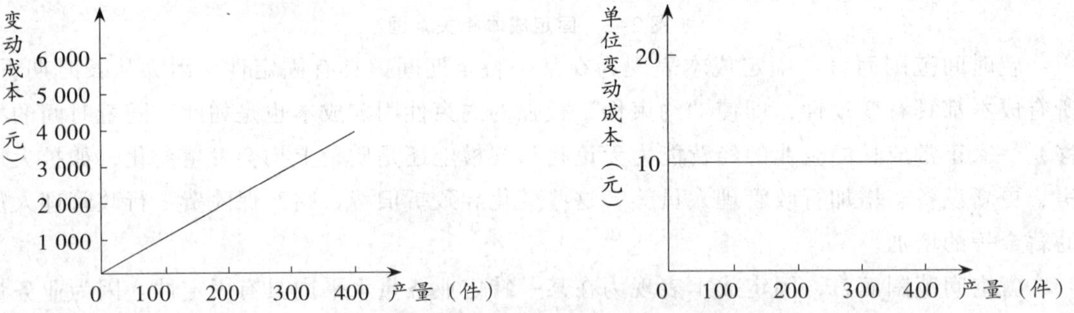

图2-3 变动成本总额与单位变动成本的性态模型

2.变动成本的分类

与固定成本分类同理，根据变动成本发生的原因可将变动成本分为两类：一类是酌量性变动成本，另一类是约束性变动成本。

（1）酌量性变动成本。酌量性变动成本是指单位成本受企业管理层决策影响的那部分变动成本，如某种原材料，在规格、质量、单耗一定的前提下，由于采购地、供货单位不同而出现不同的采购价格，按产量计酬的工人薪金，以及按销售收入的一定比例计算的销售佣金等。这些支出比例或标准取决于企业管理层的决策，当然企业管理层在作出上述决策时不能脱离当时的市场环境。这类成本的显著特点是其单位成本的发生额可由企业最高管理层决定。

（2）约束性变动成本。约束性变动成本也称技术性变动成本，是指其单位成本受客观因素决定，消耗量由技术因素决定的那部分变动成本，是企业管理层的决策无法改变其支出数额的，并与业务量有明确的技术或实务关系的变动成本。这类成本的实质是利用生产能力进行生产所必然发生的成本。它通常表现为企业所生产产品的直接物耗成本，以直接材料成本最为典型。当企业所生产的产品定型（包括诸如外形、大小、色彩、重量、品质等方面）以后，上述成本的大小就具有了很大程度上的约束性。这类成本的改变往往也就意味着企业的产品改型了，这类直接材料成本是管理者在当前决策中难以改变的。

3.变动成本的相关范围

在实际工作中，许多行业的变动成本总额和业务量总数之间的依存关系，同固定成本总额一样，也存在着一定的相关范围。也就是说当产量增长到某一特定范围时，变动成本总额和业务量总数之间呈现出严格的、完全的线性关系，于是这个范围就称为变动成本的相关范围。例如，企业在新产品生产的最初阶段，产量较小时，单位直接人工和单位直接材料成本较高；随着时间推移，产量逐步增加到正常状态时，成本也会降低至正常水平；若产量继续增加，可能需要工人加班加点，这时直接人工和材料成本又随产量的增加而增加。这样，在不同时期、不同业务量下，变动成本与业务量之间有时成正比例变动，有时成非正比例变动，变动成本的相关范围就是指成本总额与业务量之间成正比例关系的时间和业务量范围。变动成本的相关范围如图 2-4 所示。

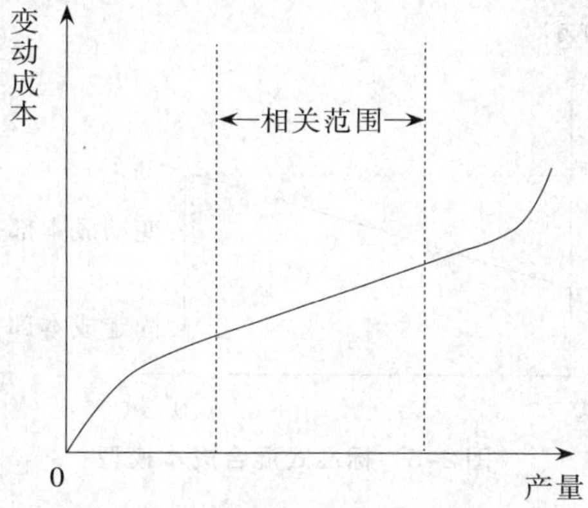

图 2-4 变动成本的相关范围

图 2-4 表明，在产量变化的不同区间，变动成本曲线的斜率，即单位变动成本是会发生改变的，但在一定的产量区间内，变动成本线是直线。

【思政课堂】

大学生活中的固定成本与变动成本

在大学生活中可能会产生的消费主要有：学费、住宿费、各类考证费用、学校社团报名费用、衣服及化妆品采购费用、电子产品采购费用、游戏装备采购费用、手机套餐费、宽带费、兴趣班培训费等。

讨论与思考：

(1) 请将大学生活中的成本分成固定成本和变动成本，考虑哪些成本可以降低？如何降低？

(2) 在大学生活中，我们应该怎样将学费的价值发挥到最大？怎样树立正确的消费观？

(三) 混合成本

在企业实际的成本项目中，如维修费用、检验费用等，其成本性态并不明显，这些项目也随着业务量的变化而变化，但并不是正比例变动，兼具固定成本和变动成本两种不同性质，介于两者之间，其总额既随业务量变动又不成正比例变动的那部分成本称为混合成本。

针对混合成本的特有性质，管理会计把混合成本分为标准式混合成本、阶梯式混合成本、低坡式混合成本和曲线式混合成本四类。

1.标准式混合成本

标准式混合成本又称半变动成本，是一种既包含变动成本又包含固定成本的混合成本。其特点是成本有一个初始量，形成一个基数，类似固定成本，它不随业务量增减而变动，在此基础上，每生产一单位产品，成本也随着增加一部分，这部分成本呈现出变动成本性态。标准式混合成本是混合成本中最普遍的形式，如企业电费、水费、电话费及其他服务费等。

在标准式混合成本模型中，我们可以用y表示成本总额，a表示基数，b表示单位产品承担的变动成本，x表示业务量，则它们之间的关系可以用数学模型y=a+bx来表示，标准式混合成本模型如图2-5所示。

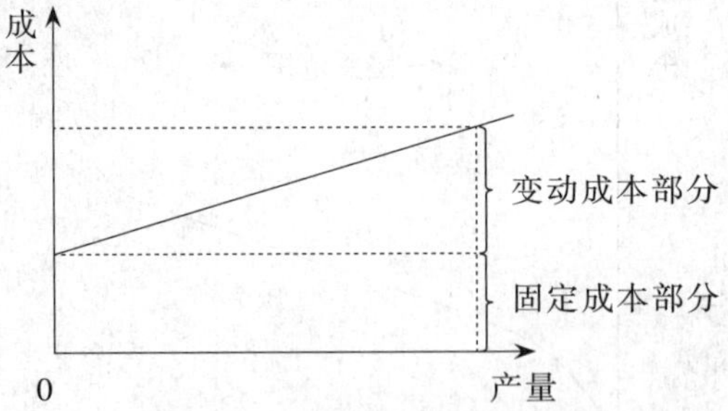

图2-5　标准式混合成本模型

2.阶梯式混合成本

阶梯式混合成本也称半固定成本，指在某一时期内只有当业务量超过一定范围时才会变动的成本。这种成本在某一时期的一定业务量范围内是固定不变的，只有当业务量超过了一定的范围，成本才会突然跳跃到一个新的水平，其后在一定业务量范围内其成本又固定不变，直至又一次新的跳跃，以后总是按此规律呈阶梯式上升，从而随产量的增加，其成本呈阶梯式增加，如企业中化验员、检验员的工资就具有这种性质，当产量在一定范围时，其工资是固定不变的，如果产量超过一定范围，需要增加检验人员，这时工资支出也随之增加。

在阶梯式混合成本模型中，当产量在小范围内变动时，半固定成本可以被视为固定成本，可以用数学模型y = a来表示；如果产量的变化范围较大，半固定成本应被视为变动成本，我们可以用平均的方式将半固定成本描述为一种近似变动成本的性态模型，即y = bx，阶梯式混合成本模型如图2-6所示。

3.低坡式混合成本

低坡式混合成本又称延期变动成本，是指在一定产量范围内总额保持稳定，超过特定产量则开始随产量比例增长的成本。其特点是在一定的业务量范围内其总额保持固定不

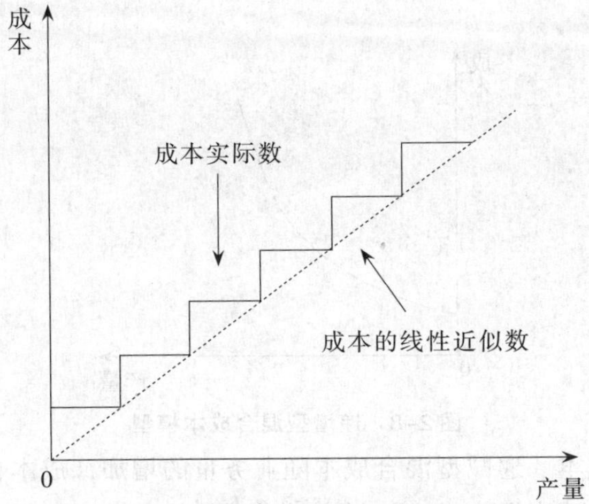

图 2-6 阶梯式混合成本模型

变，一旦突破这个业务量限度，其超额部分的成本就相当于变动成本。延期变动成本实际上是将横轴“延伸”至业务量“临界点”时的半变动成本。例如，企业实行计时工资制时，其支付给职工的正常工作时间内的工资总额是固定不变的；但当职工的工作时间超过了正常水平时，企业需按规定支付加班工资，且加班时间越长，工资越高，职工的工资总额与加班时长成正比例关系。

低坡式混合成本模型可以用分段函数来表示，为了简化，此分段函数可表示为 $y = a + bx$，低坡式混合成本模型如图 2-7 所示。

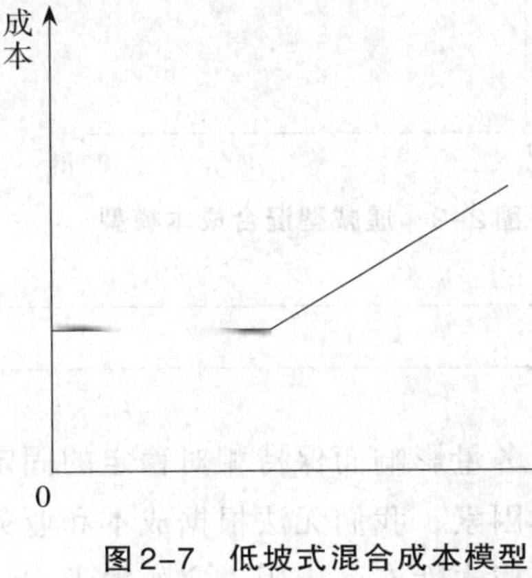

图 2-7 低坡式混合成本模型

4. 曲线式混合成本

曲线式混合成本是指成本总额与业务量之间是非线性关系的成本。其通常有一个初始量，一般不会发生变化，相当于固定成本；在这个初始量的基础上，成本随业务量变动但并不存在线性关系，在坐标图上表现为一条抛物线。按照曲线斜率的不同变动趋势，曲线式混合成本可进一步分为递增型混合成本和递减型混合成本。

（1）递增型混合成本。递增型混合成本随业务量的增加，成本也不断增长，但成本增长的速度比业务量增长的速度快，成本的斜率呈递增趋势，在坐标图中，其成本表现为一条凹型曲线。例如，各种违约金等，违约时间越长，其数额会翻倍增长。其成本性态模型如图2-8所示。

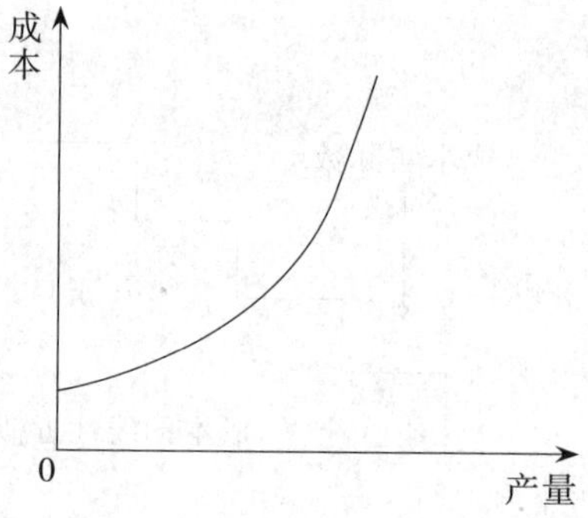

图2-8　递增型混合成本模型

（2）递减型混合成本。递减型混合成本随业务量的增加，成本也在增长，但成本增长的速度比业务量增长的速度慢，成本的斜率呈递减趋势，在坐标图中，其成本表现为一条凸型曲线。例如，企业在生产产品的过程中，锅炉需要进行预热处理，因预热而产生的成本属于固定成本，预热结束达到一定温度后，生产过程中对产品进行加热处理的单位成本会随着对产品热处理量的增加而逐步下降，其成本性态模型如图2-9所示。

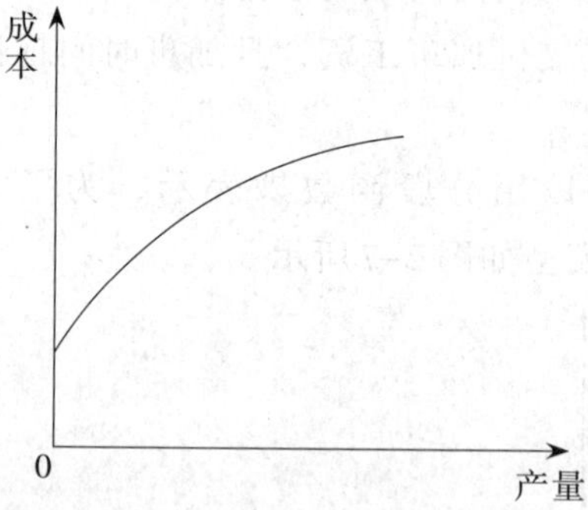

图2-9　递减型混合成本模型

第二节　混合成本分解

由于混合成本既包含不受业务量影响而保持相对稳定的固定成本因素，又包含随着业务量变化而相应增减的变动成本因素，我们无法根据成本和业务量之间的依存关系作出正确的分析和判断，所以需要按照成本性态，运用一定的数学方法，将兼有变动成本与固定成本两种不同性质的混合成本进行分解，然后分别归入变动成本和固定成本之中。常见的混合成本的分解方法包括历史资料分析法、账户分析法、工程分析法、合同确认法四种。

一、历史资料分析法

历史资料分析法是指根据以往若干期的相关成本和业务量历史资料，运用一定数学方法对其进行数据处理，从而确定固定成本和变动成本，以完成成本性态分析任务的一种定量分析方法。

如前所述，各期的总成本和混合成本都可以用成本性态模型 $y=a+bx$ 来近似表示，a表示固定成本，b表示单位变动成本，历史资料分析法即运用数学方法对历史数据进行分析，确定a与b的值，以完成成本性态分析。

运用历史资料进行成本性态分析的结果的准确性，取决于搜集的历史数据的恰当程度，期间选择的恰当性，以及业务量的计量单位确定的适当性。应用历史资料分析法的一般程序是：

（1）搜集相关资料，注意成本数据与业务量的同期和配套性。

（2）整理审查资料，注意排除偶然因素对资料的影响，审查其真实性，防止假账真算。

（3）选择科学方法处理信息，输出分析处理结果。

（4）调整和修正分析处理结果。

历史资料分析法主要包括高低点法、散布图法和回归直线法三种具体方法。

（一）高低点法

高低点法是历史资料分析法中最简便的一种分解方法，是以过去某一会计期间的总成本和业务量资料为依据，从中选取业务量最高点和业务量最低点，将总成本进行分解，得出成本性态的模型。

高低点法是利用成本性态模型 $y = a + bx$，选用一定历史资料中的最高业务量与最低业务量的总成本（或总费用）之差 Δy，与两者业务量之差 Δx 进行对比，求出b，然后再求出a的方法。该方法的具体步骤如下：

（1）确定高低点坐标。从各期的相关资料中，找出最高点业务量 x_1 以及相应的成本 y_1，最低点业务量 x_2 以及相应的成本 y_2，从而确定最高点坐标 (x_1, y_1)，最低点坐标 (x_2, y_2)。

（2）计算b值。根据高低点坐标值计算单位变动成本，计算公式如下：

$$b = \frac{\text{最高点成本（或费用）} - \text{最低点成本（或费用）}}{\text{最高点业务量} - \text{最低点业务量}} = \frac{y_1 - y_2}{x_1 - x_2}$$

（3）计算a值。计算固定成本a，需要将高点或低点坐标值和b值代入下列公式中：

$$a = \text{最高点成本（或费用）} - b \times \text{最高点业务量} = y_1 - bx_1$$

或

$$a = \text{最低点成本（或费用）} - b \times \text{最低点业务量} = y_2 - bx_2$$

（4）确定成本性态模型。将a和b代入 $y=a+bx$，建立成本性态模型。

【例2-3】假设东泰公司2021年各月产量和电费支出的数据见表2-3。

表2-3　产量与电费支出数据表

月份	产量（件）	电费（元）
1	800	2 000
2	600	1 700
3	900	2 250

续表

月份	产量（件）	电费（元）
4	1 000	2 550
5	800	2 150
6	1 100	2 750
7	1 000	2 460
8	1 000	2 520
9	900	2 320
10	700	1 950
11	1 100	2 650
12	1 200	2 900

要求：利用高低点法对电费进行分解，并建立相应的成本性态模型。

解析：根据上述资料确定，最高点坐标在12月份，为（1 200，2 900），最低点坐标在2月份，为（600，1 700）。

$$b=\frac{y_1-y_2}{x_1-x_2}=\frac{2\,900-1\,700}{1\,200-600}=2\text{（元/件）}$$

$$a=y_1-bx_1=2\,900-2\times1\,200=500\text{（元）}$$

或

$$a=y_2-bx_2=1\,700-2\times600=500\text{（元）}$$

据此建立成本性态模型为：$y=500+2x$

用高低点法分解成本简便易算，使用较为广泛，只要有两个不同时期的业务量和成本，就可求解。但是这种方法只根据最高、最低两点资料，而不考虑两点之间业务量和成本的变化，计算结果往往不够精确。同时，高低点法要求企业资料齐全，成本数据与业务量的资料要同期配套，具备相关性，并以企业的历史成本与未来成本具有相似性为前提。因此，此法适用于生产条件较为稳定、成本水平波动不大以及有关历史资料比较完备的老企业。

在使用本方法时需要注意，当高点和低点业务量不止一个（有多个期间的业务量相同且同属高点或低点）而成本又不同时，高点应取成本大者，低点应取成本小者。

（二）散布图法

散布图法是指将若干期业务量和成本的历史数据标注在坐标系中，通过目测画一条尽可能接近所有坐标点的直线，并据此来推算固定成本（或混合成本中的固定部分）a和单位变动成本（或混合成本中的变动部分的单位额）b的一种成本性态分析方法。具体步骤如下：

（1）标出散布点。就是以横轴代表业务量x、以纵轴代表成本y，将由各期业务量和相应成本构成的所有坐标点均标注在坐标系上。

（2）画线。通过目测，在坐标系中画出一条尽可能通过或接近所有点的直线。

（3）读出a值。成本直线与纵轴交点的数值即为固定成本a。

（4）任取一点。在直线上任取一点(x，y)。

（5）求出b值。将坐标点(x，y)代入下列公式中：

$$b=\frac{y-a}{x}$$

（6）建立成本性态模型。将a、b代入y = a + bx中，建立成本性态模型。

【例2-4】沿用【例2-3】的有关资料。

要求：采用散布图法进行成本性态分析。

解析：将12个月的成本点坐标分别标在坐标系中，形成散布图，如图2-10所示。

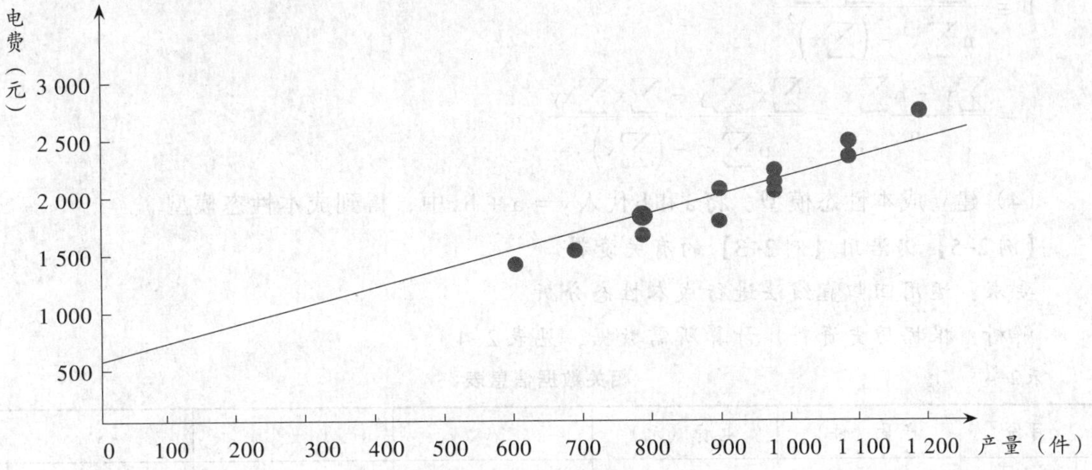

图2-10 成本点散布图

该图中所画直线与纵轴交点a的读数值为600，在直线上取一点（800，2 150），则：

$$b=\frac{2\,150-600}{800}\approx 1.94\text{（元/件）}$$

据此建立的成本性态模型为：y = 600 + 1.94x，即固定部分为600元，单位变动部分为1.94元。

散布图法的准确程度比高低点法高。虽然散布图法通过目测而得到的结果仍不免带有一定程度的主观臆断性，但由于该法是将全部成本数据均作为描述混合成本性态的依据，因而较高低点法还是要准确一些。

（三）回归直线法

回归直线法又称最小二乘法或最小平方法，是根据一系列历史成本资料，用数学上的最小平方法的原理，计算能代表平均成本水平的直线截距(a)和斜率(b)，以其作为固定成本和单位变动成本的一种成本性态分析方法。

其原理是假设在散布图中有一条y = a + bx的直线，所有已知观测点到该直线的距离平方和最小，这条直线就最能代表各期成本的平均水平，称之为离散各点的回归直线，这一直线方程也被称为回归方程。具体步骤如下：

（1）根据历史资料求n、$\sum x$、$\sum y$、$\sum xy$、$\sum x^2$、$\sum y^2$的值。

（2）计算相关系数r，判断业务量x与成本y之间的线性关系。

相关系数r的取值范围一般在-1至+1之间。当r = -1时，说明x与y之间完全负相关；当r = 0时，说明x与y之间不存在线性关系；当r = +1时，说明x与y之间完全正相关。一般来说，只要r接近1，就说明x与y基本正相关，可以运用回归直线法。相关系数r的计算公式如下：

$$r = \frac{n\sum xy - \sum x\sum y}{\sqrt{\left[n\sum x^2 - \left(\sum x\right)^2\right]\left[n\sum y^2 - \left(\sum y\right)^2\right]}}$$

（3）计算a与b的值。a与b的计算公式如下：

$$b = \frac{n\sum xy - \sum x\sum y}{n\sum x^2 - \left(\sum x\right)^2}$$

$$a = \frac{\sum y - b\sum x}{n} = \frac{\sum x^2\sum y - \sum x\sum xy}{n\sum x^2 - \left(\sum x\right)^2}$$

（4）建立成本性态模型。将a和b代入y = a + bx中，得到成本性态模型。

【例2-5】仍沿用【例2-3】的有关资料。

要求：运用回归直线法进行成本性态分析。

解析：根据历史资料，计算所需数据，见表2-4。

表2-4 相关数据信息表

月份	产量（件）	电费（元）	xy	x^2	y^2
1	800	2 000	1 600 000	640 000	4 000 000
2	600	1 700	1 020 000	360 000	2 890 000
3	900	2 250	2 025 000	810 000	5 062 500
4	1 000	2 550	2 550 000	1 000 000	6 502 500
5	800	2 150	1 720 000	640 000	4 622 500
6	1 100	2 750	3 025 000	1 210 000	7 562 500
7	1 000	2 460	2 460 000	1 000 000	6 051 600
8	1 000	2 520	2 520 000	1 000 000	6 350 400
9	900	2 320	2 088 000	810 000	5 382 400
10	700	1 950	1 365 000	490 000	3 802 500
11	1 100	2 650	2 915 000	1 210 000	7 022 500
12	1 200	2 900	3 480 000	1 440 000	8 410 000
$\sum$	11 100	28 200	26 768 000	10 610 000	67 659 400

$$r=\frac{12\times 26\,768\,000-11\,100\times 28\,200}{\sqrt{\left[12\times 10\,610\,000-11\,100^2\right]\left[12\times 67\,659\,400-28\,200^2\right]}}=\frac{8\,196\,000}{8\,277\,995.41}\approx 0.99\rightarrow 1$$

x与y高度正相关。

$$b=\frac{12\times 26\,768\,000-11\,100\times 28\,200}{12\times 10\,610\,000-123\,210\,000}\approx 1.9942\text{（元/件）}$$

$$a=\frac{28\,200-1.9942\times 11\,100}{12}=505.365\text{（元）}$$

将a和b代入$y=a+bx$中，得到成本性态模型$y=505.365+1.9942x$。

回归直线法在理论上比较健全，计算结果精确，但相对而言计算过程比较烦琐。与高低点法相比，由于选择了包括高低两点在内的全部观测数值，因而避免了只利用高低两点可能带来的偶然性；与散布图法相比，则是以计算代替了目测方式，所以是一种比较好的混合成本分解方法。不过，不论计算如何准确，与高低点法和散布图法一样，分解的结果仍具有一定的假定性和估计的成分，决策者在据以决策时需加以考虑；同时与高低点法和散布图法一样，应剔除非正常值的影响。

二、账户分析法

账户分析法是根据各个成本、费用账户（包括明细账户）的内容，直接判断其与业务量的关系，从而确定其成本性态的一种混合成本分解方法。

账户分析法的基本做法是根据各个成本、费用账户的具体内容，判断其特征是更接近固定成本还是更接近变动成本，进而直接将其确定为固定成本或变动成本。例如，“管理费用”账户内各项目发生额的大小在正常产量范围内与产量变动没有关系，或没有明显关系，就将管理费用全部视为固定成本；“制造费用”账户中的车间管理部门办公费、按折旧年限计算的折旧费等，虽与产量的关系比管理费用密切一些，但基本特征仍属于“固定”，所以也应视为固定成本；而“制造费用”账户内的燃料动力费、维修费等，虽然不像直接材料那样与产量成正比例变动关系，但其发生额的大小与产量变动的关系很明显，因而可将其视为变动成本。

【例2-6】假定东泰公司生产车间产量为3 000件时的成本数据见表2-5。

表2-5　某车间成本数据

账户	总成本（元）
生产成本——材料	240 000
——工资	30 000
制造费用——燃料、动力	12 000
——修理费	4 000
——工资	8 000
——折旧费	20 000
——办公费	6 000
合计	320 000

要求：采用账户分析法对成本进行分解。

解析：根据账户分析法，有关成本的分解过程见表2-6。

表2-6 **成本分解表**

账户	总成本（元）	固定成本（元）	变动成本（元）
生产成本——材料	240 000		240 000
——工资	30 000		30 000
制造费用——燃料、动力	12 000		12 000
——修理费	4 000		4 000
——工资	8 000		8 000
——折旧费	20 000	20 000	
——办公费	6 000	6 000	
合计	320 000	26 000	294 000

表2-6的分解理由是：直接材料和直接人工（即"生产成本"账户项目）通常为变动成本；燃料动力费、修理费、间接人工费虽然不与产量成正比例变动关系，但有明显的变动关系，所以也确定为变动成本；折旧费和办公费与产量变动没有明显关系，因而确定为固定成本。不难看出，上述分解过程是在一定的假设条件下进行的：假设生产工人的工资实行计件工资制，那么直接人工就是变动成本；假设生产设备的折旧额不是按加工量或加工时间计算的，那么折旧费就属于固定成本。如果假设条件不是这样的，分解的结果就不一样了。不过，对于特定的分解对象而言，相应的假设条件由于经常使用而约定俗成为既定前提，所以对于一些常见的成本费用，如折旧费、直接材料、直接人工等，可以依据前述的既定前提，直接将其确定为固定成本或变动成本。

根据表2-6，该车间的总成本被分解为固定成本和变动成本两部分，其中：

固定成本a = 26 000（元）

该车间产量为3 000件时：

$$单位变动成本b = \frac{294\,000}{3\,000} = 98（元/件）$$

以数学模型来描述该车间的总成本，即：

$$y = 26\,000 + 98x$$

账户分析法是混合成本分解的诸多方法中最为简便的一种，同时也是相关决策分析中应用比较广泛的一种。但账户分析法在很大程度上属于定性分析方法，需要逐一对成本明细项目加以鉴定，其分析结果的可靠性在很大程度上取决于有关分析人员的判断能力，因而不可避免地带有片面性和局限性。

就账户分析法的应用对象而言，这一方法通常用于特定期间总成本的分解，对成本性态的确认通常只限于成本性态比较典型的成本项目；对于成本性态不那么典型的成本项目，则应该选择其他的成本分解方法。

三、工程分析法

工程分析法又称技术测定法，是指根据工业工程的研究方法来研究影响生产过程中各种材料和人工成本消耗量的因素，并据此来划分固定成本和变动成本的方法。其具体步骤如下：

（1）确定研究的成本项目。

（2）对导致成本形成的生产过程进行观察和分析。

（3）确定生产过程的最佳操作方法。

（4）以最佳操作方法为标准方法，测定标准方法下成本项目的每一构成内容，并按成本性态分别确定为固定成本和变动成本。

【例 2-7】假设东泰公司铸造车间的燃料用于铸造铸件，分别在点炉和熔化铁水这两项程序中使用，按照最佳的操作方法，每次点炉要用木柴0.05吨，焦炭1吨，熔化1吨铁水要使用焦炭0.1吨；每个工作日点炉一次，全月工作日25天。木柴每吨价格200元，焦炭每吨价格450元。

要求：用工程分析法对燃料总成本进行性态分析。

解析：设每月燃料总成本为y，产量为x吨铸件，每月固定成本为a，单位变动成本为b，则：

每月固定成本 =（0.05 × 200 + 1 × 450）× 25 = 11 500（元）

每吨铸件变动成本 = 0.1 × 450 = 45（元）

因此，该车间燃料总成本模型 y = 11 500 + 45x。

工程分析法要求以建设前期的设计资料为依据，故只适用于投入量与产出量关系比较稳定的新企业及主要成本的测算，对于已发生较大技术变革或生产能力有重大变动的老企业不太适用；同时，即使对新企业，众多的间接成本也往往因为缺乏有关标准，而需结合其他方法进行成本性态分析。另外，此方法应用起来比较复杂，需要花费较多的时间和费用。

四、合同确认法

合同确认法是根据企业订立的合同或协议中关于支付费用的规定，来确认并估算哪些项目属于变动成本，哪些项目属于固定成本的方法。一般，合同确认法要配合账户分析法使用。

第三节 变动成本法与完全成本法

一、变动成本法与完全成本法的概念

（一）变动成本法

企业管理的科学化要求会计为企业内部管理提供信息资料，以作为对经济活动进行预测、决策、计划和控制的依据，传统的完全成本法无法适应竞争日益加剧的市场经济。第二次世界大战后，企业管理对会计提出更高的要求，变动成本法开始在西方企业诞生，时至今日，该方法已普遍应用于企业的内部管理。

知识拓展

管理会计应用指引第303号——变动成本法

变动成本法也称直接成本法、边际成本法，是变动成本计算的简称，是指在组织常规的成本计算过程中，以成本性态分析为前提条件，只将变动生产成本作为产品成本的构成内容，而将固定生产成本和非生产成本作为期间成本，并按贡献式损益确定程序计算损益的一种成本计算模式。

（二）完全成本法

完全成本法是指在组织常规的成本计算过程中，以成本按其经济用途分类为前提条件，将全部生产成本作为产品成本的构成内容，只将非生产成本作为期间成本，并按传统式损益确定程序计量损益的一种成本计算模式。由于完全成本法是将所有的制造成本，不论是固定的还是变动的，都吸收到单位产品成本上，所以这种方法也称为“归纳（或吸收）成本法”。

二、变动成本法与完全成本法的区别

（一）理论依据不同

传统的完全成本法强调成本补偿的一致性，其理论依据是：固定制造费用发生在生产领域，与产品生产直接相关，其与直接材料、直接人工和变动制造费用的支出并无区别，应当将其作为产品成本的一部分，从产品销售收入中得到补偿。

变动成本法的理论依据是：固定制造费用与特定会计期间相联系，和企业生产经营活动持续经营期的长短成比例，并随时间的推移而消逝。其效益不应递延到下一个会计期间，而应在其发生的当期，全额列入利润表，作为该期销售收入的一个扣减项目。

（二）应用前提不同

完全成本法首先要求把全部成本按其发生的领域或经济用途分为生产成本和非生产成本。凡在生产领域中为生产产品发生的成本就归为生产成本，发生在流通领域和服务领域的因组织日常销售或进行日常行政管理而发生的成本则归为非生产成本。

变动成本法首先要求进行成本性态分析，把全部成本划分为变动成本和固定成本两大部分，尤其要把属于混合成本性质的制造费用按生产量分解为变动制造费用和固定制造费用两部分。

（三）产品成本及期间成本构成不同

1.完全成本法

完全成本法下，产品成本包含直接材料、直接人工和为生产产品而耗费的全部制造费用（包括变动制造费用和固定制造费用）。产品成本随着产品的出售转入销售成本，随产品实体的流动而流动，产品未出售时，将其作为存货成本递延到下一个会计期间。固定制造费用随产品实体的流动而流动，一部分随当期出售的产品直接体现在当期损益内，另一部分则转入期末存货成本，递延至以后期间的损益内。

完全成本法下的期间成本是指一定会计期间内的全部非生产成本，包括所有的管理费用、销售费用和财务费用。期间成本不随产品的实体流转，而是以一定的会计期间来划分。

2.变动成本法

变动成本法则将制造费用中的固定部分视作当期的期间费用，随同销售、管理和财务费用一起全额扣除，而与期末是否结余存货无关，产品成本只包含直接人工、直接材料和变动制造费用。产品成本随着产品的出售转入销售成本，计入当期损益，产品未出售时，则作为期末存货成本递延到下一个会计期间，固定制造费用不作为产品的成本，不随产品实体的流动而流动。

变动成本法下的期间成本是指一定会计期间内的全部非生产成本及该期间的全部固定制造费用，由固定制造费用、固定销售费用、固定管理费用、固定财务费用、变动销售费用、变动管理费用和变动财务费用构成。

两种方法的产品成本构成及期间成本构成的差异如图2-11、图2-12所示。

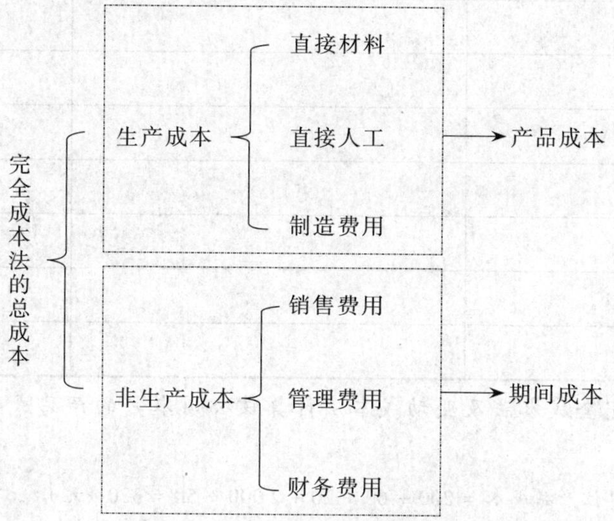

图2-11 完全成本法下成本的构成

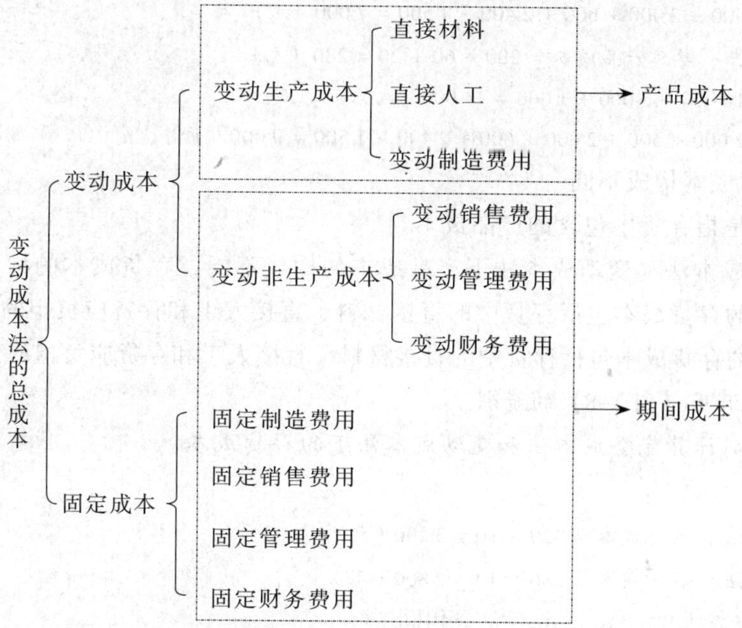

图2-12 变动成本法下成本的构成

【例 2-8】假设东泰公司月初没有在产品和产成品存货，当月生产某种产品50件，销售40件，月末结存10件。该产品的生产成本资料和企业的非生产成本资料见表2-7。

表2-7 成本资料表 单位：元

成本项目	单位产品成本	总成本
直接材料	200	10 000
直接人工	60	3 000
变动制造费用	20	1 000
固定制造费用		2 000
变动销售费用		500
固定销售费用		2 000
变动管理费用		600
固定管理费用		2 400
财务费用		1 500
合计		23 000

要求：分别用完全成本法及变动成本法计算该公司本月的产品成本和期间成本。

解析：

完全成本法：单位产品成本 = 200 + 60 + 20 + 2 000 ÷ 50 = 320（元）

产品成本 = 10 000 + 3 000 + 1 000 + 2 000 = 16 000（元）

期间成本 = 500 + 2 000 + 600 + 2 400 + 1 500 = 7 000（元）

变动成本法：单位产品成本 = 200 + 60 + 20 = 280（元）

产品成本 = 10 000 + 3 000 + 1 000 = 14 000（元）

期间成本 = 2 000 + 500 + 2 000 + 600 + 2 400 + 1 500 = 9 000（元）

（四）存货成本构成不同

存货成本是指存货中包含的产品成本。

由于完全成本法和变动成本法下产品成本的构成不同，存货成本的构成也随之不同。完全成本法下的存货成本包括存货中的直接材料、直接人工和存货应负担的全部制造费用。变动成本法下的存货成本包括存货中的直接材料、直接人工和存货应负担的变动制造费用。

【例 2-9】沿用【例 2-8】的资料。

要求：分别计算完全成本法和变动成本法下的存货成本。

解析：

完全成本法：存货成本 = 320 × 10 = 3 200（元）

变动成本法：存货成本 = 280 × 10 = 2 800（元）

（五）销售成本的计算公式不完全相同

销售成本是指已销产品的成本。

从理论上看，无论变动成本法还是完全成本法，都可以按以下公式计算销售成本，即：

本期销售成本 = 期初存货成本 + 本期生产成本 − 期末存货成本 (2.3.1)

采用上述公式，就意味着只有先计算出期末存货成本后，才能计算本期销售成本。

1.完全成本法

完全成本法下的销售成本包括已销产品中的直接材料、直接人工和已销产品应负担的全部制造费用。

在完全成本法中，期初存货量等于零的情况下，由于期末单位存货成本、本期单位产品成本和本期单位销售成本这三个指标相等，因此可以直接利用下式计算本期销售成本：

本期销售成本 = 单位产品成本 × 本期销售量 (2.3.2)

但如果期初存货量不为零，即使在前后期成本水平不变，即各期固定成本总额和单位变动生产成本均不变的情况下，除非产量也不变，否则不能直接套用（2.3.2）式。这是因为产品成本包括了固定生产成本。不同期间单位产品所负担的固定生产成本可能因为各期产量不同而发生变化。在其他情况下，必须采用（2.3.1）式计算其销售成本。

2.变动成本法

变动成本法下的销售成本包括已销产品中的直接材料、直接人工和已销产品应负担的变动制造费用。

在变动成本法下，由于销售成本全部是由变动生产成本构成的，如果前后期成本水平不变，即各期固定成本总额和单位产品成本不变，期初单位存货成本、期末单位存货成本、本期单位产品成本和本期单位销售成本相等，所以可以直接按（2.3.2）式计算销售成本。

【例2-10】仍沿用【例2-8】的资料。

要求：分别计算完全成本法和变动成本法下的销售成本。

解析：完全成本法：

销售成本 = 0 + 16 000 − 3 200 = 12 800（元）

或

销售成本 = 320 × 40 = 12 800（元）

变动成本法：销售成本 = 280 × 40 = 11 200（元）

（六）各期损益不同

完全成本法与变动成本法的成本构成内容不同，影响利润的计量程序，利润表的结构也有所不同。在完全成本法下，按传统式利润确定程序计算税前利润；而在变动成本法下，按贡献式利润确定程序计算税前利润。

传统式利润确定程序是指在利润计算过程中，首先用销售收入补偿本期实现销售产品的销售成本，从而确定销售毛利，然后再用销售毛利补偿其期间成本以确定当期税前利润的过程。而贡献式利润确定程序是指在税前利润计算过程中，首先用销售收入补偿本期实现销售产品的变动成本，从而确定边际贡献，然后再用边际贡献补偿固定成本以确定当期税前利润的过程。具体过程如下：

按完全成本法计算税前利润的公式为：

销售收入-销售成本=销售毛利

销售毛利-期间费用=税前利润

其中：

本期销售成本=期初存货成本+本期生产成本-期末存货成本

期间费用=销售费用+管理费用+财务费用

按变动成本法计算税前利润的公式为：

销售收入-变动成本=边际贡献

边际贡献-固定成本=税前利润

其中：

变动成本=本期销售成本+变动非生产成本

=销售产品的变动生产成本+变动销售费用+变动管理费用+变动财务费用

固定成本=固定生产成本+固定非生产成本

=固定制造费用+固定销售费用+固定管理费用+固定财务费用

由于两种计算方法的利润确定程序不同，它们的利润表格式也存在一定的区别。完全成本法使用传统式利润表，见表2-8；而变动成本法使用贡献式利润表，见表2-9。

【例2-11】仍沿用【例2-8】的资料，假设每件产品售价为500元，财务费用全部为固定的。

要求：按上述资料，分别列出传统式利润表及贡献式利润表。

解析：根据上述资料，编制传统式利润表及贡献式利润表，分别见表2-8和表2-9。

表2-8 **传统式利润表** 单位：元

项目	金额
销售收入	20 000
销售成本	
期初存货成本	0
加：本期生产成本	16 000
减：期末存货成本	3 200
合计	12 800
销售毛利	7 200
期间成本	
销售费用	2 500
管理费用	3 000
财务费用	1 500
合计	7 000
税前利润	200

表2-9 贡献式利润表 单位：元

项目	金额
销售收入	20 000
变动成本	
销售成本	11 200
变动销售费用	500
变动管理费用	600
变动财务费用	0
合计	12 300
边际贡献	7 700
固定成本	
固定制造费用	2 000
固定销售费用	2 000
固定管理费用	2 400
固定财务费用	1 500
合计	7 900
税前利润	-200

从表2-8及表2-9可以看出，两种方法计算出来的税前利润分别是200元和-200元，变动成本法下税前利润比完全成本法下少400元，这400元正是完全成本法所确认的应由期末存货负担的固定制造费用部分（2 000÷50×10），而在变动成本法下，这400元全部作为期间费用计入当期损益。这400元在完全成本法下被视为“一种可以在将来换取收益的资产”列入资产负债表，而在变动成本法下则被视为费用列入利润表。因此，当产量大于销售量时，变动成本法与完全成本法计算得到的损益差额就是存货所应负担的固定制造费用。

在前例中，我们假设企业期初没有存货，产量大于销售量，然而在实际的生产经营过程中，企业很可能出现销售量大于产量的情况，即销售了以前会计期间生产而未销售的产品。为了较全面地说明不同情况下完全成本法和变动成本法对损益计算的影响，我们按以下两种情况进行分析。

1.连续各期产量相同而销售量不同

【例2-12】假设东泰公司从事单一产品的生产，连续3年的产量均为8 000件，3年的销售量分别为8 000件、7 000件和9 000件。单位产品售价为12元；单位产品变动成本（包括直接材料、直接人工、变动制造费用）为5元；固定制造费用为24 000元，完全成本法下每件分摊3元；管理费用和销售费用全部是固定成本，每年发生总额为25 000元。

要求：分别采用变动成本法和完全成本法计算税前利润。

解析：根据上述资料，当分别采用变动成本法和完全成本法时，所计算的税前利润见表2-10。

表2-10 **税前利润计算表** 金额单位：元

项目	第一年	第二年	第三年	合计
销售量（件）	8 000	7 000	9 000	
产量（件）	8 000	8 000	8 000	
完全成本法				
销售收入	96 000	84 000	108 000	288 000
销售成本				
期初存货成本	0	0	8 000	8 000
本期生产成本	64 000	64 000	64 000	192 000
可供销售产品成本	64 000	64 000	72 000	200 000
期末存货成本	0	8 000	0	8 000
销售成本	64 000	56 000	72 000	192 000
销售毛利	32 000	28 000	36 000	96 000
管理和销售费用	25 000	25 000	25 000	75 000
税前利润	7 000	3 000	11 000	21 000
变动成本法				
销售收入	96 000	84 000	108 000	288 000
销售成本	40 000	35 000	45 000	120 000
边际贡献	56 000	49 000	63 000	168 000
固定成本				
固定制造费用	24 000	24 000	24 000	72 000
管理和销售费用	25 000	25 000	25 000	75 000
小计	49 000	49 000	49 000	147 000
税前利润	7 000	0	14 000	21 000

从表2-10可以看出，由产量与销售量的不平衡所导致的两种成本法下税前利润的变化规律如下：

第一年，由于产量等于销售量，所以两种成本计算法下的税前利润均为7 000元。这是因为固定制造费用不论是作为期间费用（变动成本法下），还是作为产品成本（完全成本法下），都计入了当年损益。

第二年，由于产量大于销售量，所以按变动成本法计算的税前利润比按完全成本法计算的税前利润少了3 000元。这是因为在变动成本法下，全部固定制造费用24 000元均计入了当年损益；而在完全成本法下，只将已销售的产品负担的固定制造费用21 000元（24 000÷8 000×7 000）计入了当期损益，余下的3 000元固定制造费用则作为存货成本计入了资产负债表。

第三年，情况与第二年正好相反，由于产量小于销售量，所以按变动成本法计算的税前利润比按完全成本法计算的税前利润多3 000元，这是因为变动成本法下计入第三年损益的固定制造费用仍为24 000元；而在完全成本法下，第二年年末存货成本中的3 000元固定制造费用随着存货的销售计入了第三年的销售成本，从而导致税前利润少了3 000元。

从表2-10中“合计”一栏可以看出，两种成本法下税前利润的三年合计数是相同的。也就是说，从较长时期来看，由各期产量与销售量之间的关系所决定的两种成本法下税前利润的差异可以相互抵消。

2.连续各期销售量相同而产量不同

【例2-13】仍假设该企业从事单一产品的生产，连续3年的销售量均为8 000件，3年的产量分别为8 000件、9 000件和7 000件，其他条件与前例相同。

要求：分别采用变动成本法和完全成本法计算税前利润。

解析：在变动成本法下，单位产品成本仍为5元。但在完全成本法下，由于各期产量变了，所以单位产品所负担的固定制造费用的份额也变了。具体来说，第一年的单位产品成本为8元（5+24 000÷8 000）；第二年的单位产品成本为7.67元（5+24 000÷9 000）；第三年的单位产品成本为8.43元（5+24 000÷7 000）。

根据以上资料，当分别采用变动成本法和完全成本法时，所计算出的税前利润见表2-11。

表2-11 **税前利润计算表** 金额单位：元

项目	第一年	第二年	第三年	合计
销售量（件）	8 000	8 000	8 000	
产量（件）	8 000	9 000	7 000	
完全成本法				
销售收入	96 000	96 000	96 000	288 000
销售成本				
期初存货成本	0	0	7 667	7 667
本期生产成本	64 000	69 000	59 000	192 000
可供销售产品成本	64 000	69 000	66 667	199 667
期末存货成本	0	7 667	0	7 667
销售成本	64 000	61 333	66 667	192 000

续表

项目	第一年	第二年	第三年	合计
销售毛利	32 000	34 667	29 333	96 000
管理和销售费用	25 000	25 000	25 000	75 000
税前利润	7 000	9 667	4 333	21 000
变动成本法				
销售收入	96 000	96 000	96 000	288 000
销售成本	40 000	40 000	40 000	120 000
边际贡献	56 000	56 000	56 000	168 000
固定成本				
固定制造费用	24 000	24 000	24 000	72 000
管理和销售费用	25 000	25 000	25 000	75 000
小计	49 000	49 000	49 000	147 000
税前利润	7 000	7 000	7 000	21 000

从表2-11可以看出：

由于各年的销售量相同，所以按变动成本法计算的各年的税前利润相等，均为7 000元。这是因为尽管各年的产量不同，但各年的固定制造费用全部计入了当期损益，所以当其他条件不变时，税前利润也不会变。

由于各年的产量发生了变化，所以按完全成本法计算的各年税前利润完全不同。导致这种结果的原因就在于固定制造费用需要在所生产的产品中进行分摊，导致每年的单位产品成本不同，即使销售量一样，结转的产品销售成本也不同。在本例中，第二年的税前利润最大，这是因为第二年的产量大于当年的销售量，期末产品存货成本中负担了2 667元（24 000÷9 000×1 000）的固定制造费用，从而使当期的销售成本减少了2 667元，税前利润比变动成本法下增加了2 667元。第三年的情况则正好相反，由于第三年的销售成本中不仅包括当年产品所负担的固定制造费用，还包括伴随着年初存货的销售而结转到本期的固定制造费用，所以第三年的税前利润比变动成本法下减少了2 667元。

综上所述，完全成本法和变动成本法对各期损益计算的影响，依照产量和销售量之间的关系，可以归纳为以下三种情况。

（1）当产量等于销售量时，两种成本法下计算的损益完全相同。这是因为固定制造费用不管是作为期间费用还是作为产品成本的一部分，对于损益结果来说都没有影响，重要的是它已全额列为收入的减项而计入了损益。表2-10与表2-11中的第1年属于这种情况。

（2）当产量大于销售量时，按变动成本法计算的损益小于按完全成本法计算的损益。这是因为固定制造费用在变动成本法下被全部计入了当期损益，而在完全成本法下，存货所负担的固定制造费用被计入了存货成本。表2-10与表2-11中的第2年属于这种情况。

（3）当产量小于销售量时，按变动成本法计算的损益大于按完全成本法计算的损益。这是因为在完全成本法下销售成本不仅包括当期产品所负担的固定制造费用，还包括期初存货中包含的固定制造费用。表2-10与表2-11中的第3年属于这种情况。

思政案例

疫情之下西贝餐饮的自救

三、变动成本法与完全成本法的评价

变动成本法与完全成本法的根本区别在于如何看待固定制造费用，两种方法都能为企业管理层提供有用的会计信息，只是在特定情况下两种方法各有所长，体现出各自的优缺点。在研究哪种方法更为有用并进行评价时，应特别注意分析其所处的特定环境。

（一）变动成本法的优缺点

1.变动成本法的优点

（1）变动成本法的基本理论和程序揭示了成本、业务量、利润之间的内在关系，有利于促进企业重视销售工作。从理论上讲，在产品售价、成本不变的情况下，利润的多少理应与销售量的多少相一致。变动成本法正是如实地反映了利润和销售量之间的正常关系，使利润能够真正反映企业的经营状况，有助于促使企业管理者重视市场销售，认真研究市场动态，实现以销定产，防止因盲目生产而带来的产品大量积压，提高企业的经济效益。

（2）变动成本法可以提供有用的成本信息，便于进行科学的成本分析和成本控制。首先，按变动成本法计算的单位产品成本，不包括固定生产成本，使产品成本不受固定成本和产量的影响，这就便于采用更为科学的方法开展成本预测和成本控制。其次，变动成本法以成本性态分析为前提，将全部成本划分为固定成本和变动成本，揭示了成本总额和业务量之间的依存关系，为分清成本升降的原因提供了条件。一般情况下，产销量的变化和成本控制工作的质量，是引起成本变化的两个主要因素。在变动成本法下产品的单位成本只包括变动生产成本，单位变动成本和固定成本总额一般不受产销量变动的影响，其数额的变动往往是成本控制工作质量的原因引起的，这就能将产销量变动引起的成本变化与成本控制工作质量导致的成本变化更清晰地区分开来，有利于进行科学的成本分析。再次，变动成本法分别提供了变动生产成本、固定生产成本、变动非生产成本和固定非生产成本的资料，便于确定成本责任的归属。通常，变动生产成本发生在生产过程中，其成本责任应归属于生产部门；固定生产成本的发生和生产过程没有直接的联系，其数额的高低也不应由生产部门负责，而应由管理部门负责；变动非生产成本通常应由负责销售工作的部门负责；固定非生产成本则应由管理部门负责。最后，变动成本法提供的成本信息，有利于采用科学的成本控制方法。一般地，固定成本的发生和产量之间没有直接的因果关系，其成本控制应以总额控制为目标，一般采用固定预算控制；而变动成本总额随产销量的变动而变动，其成本控制的方向应该是单位成本的消耗水平，一般通过制定标准成本和弹性预算来控制。

（3）变动成本法提供的成本和损益资料，便于企业进行短期经营决策。变动成本法所提供的变动成本、固定成本、边际贡献和营业利润等资料，有助于揭示成本与业务量之间的依存关系，能反映出生产、销售和利润之间的内在关系，从而可以为正确地进行经济预测和经营决策提供科学依据。

(4) 采用变动成本法可以简化成本核算工作。变动成本法将固定生产成本列入期间成本，简化了将固定生产成本计入产品成本时的成本分摊工作，从而减少了由分摊标准的多样性带来的主观随意性，简化了成本核算，增强了会计信息的客观性和准确性，也使会计人员从繁重的成本核算工作中解脱出来。

2.变动成本法的缺点

(1) 变动成本法计算出来的单位产品成本，不符合传统的成本观念的要求。按传统成本观念的理解，生产成本是产品在生产过程中发生的全部耗费，既应该包括变动生产成本，也应该包括固定生产成本，这种观念在全世界范围内得到了广泛的认可。很显然，变动成本法不符合这一观念的要求。

(2) 变动成本法不能适应长期决策的需要。变动成本法以成本性态分析为基础，以相关范围内固定成本和单位变动成本固定不变为前提条件，这在短期内是成立的。但成本性态受许多因素影响，不可能长期不变。而长期决策要解决的是生产能力的增减和经营规模的扩大或缩小的问题，涉及时间长，必然要突破相关范围的限制。因此，变动成本法不能适应长期决策的需要。

(3) 采用变动成本法会对所得税产生一定的影响。由于目前国内外的财务会计都采用完全成本法，因此，产品存货的计价都包括变动生产成本和固定生产成本。如果从某一年开始改用变动成本法，势必要在年初存货成本计价不变的情况下降低年末存货成本的计价，使该年计入利润表的销售成本增加，从而降低该年的营业利润，影响到国家的税收及投资者及时获得收益。从另外一个角度说，如果期末期初存货成本水平不等，也会造成其营业利润不同于完全成本法的结果，进而导致所得税上的时间性差异。这是妨碍变动成本法应用的很现实的原因。

(二) 完全成本法的优缺点

1.完全成本法的优点

(1) 完全成本法下的产品成本符合传统的成本概念。按照传统成本的概念，成本作为一种资源耗费，是企业为获得一定经济效益所付出的代价，最终从企业收入中得到补偿。在收入一定的情况下，需要补偿的成本越低，企业的经济效益越高。

(2) 完全成本法使人们更重视生产，有刺激生产的作用。完全成本法下，全部固定生产成本都计入产品成本，单位产品成本受产量的直接影响，产量越大，单位产品成本越低，这样就能刺激企业提高产品生产的积极性。

(3) 完全成本法更符合配比原则中的“因果配比”。因为生产产品的成本，无论是直接人工、直接材料还是制造费用，全部都要归集到产品中，并在产品实现销售时从收入中一次性扣除。

2.完全成本法的缺点

(1) 不利于成本管理。由于完全成本法将固定制造费用计入产品成本，给成本管理带来了问题：固定制造费用的分配增加了成本的计算工作量，影响成本计算的及时性和准确性。

（2）不利于企业的短期决策。因为在产品单价、单位变动成本和固定成本总额不变时，其利润的变化理应同销售量的变化同向。但是按完全成本法计算，利润的多少和销售量的增减不能保持相应的比例，因而不易被人们理解，不利于短期决策、控制和分析工作，甚至会片面追求产量。

拓展阅读

变动成本法的应用建议和发展趋势

※ **章节测试**

一、单项选择题（每小题4分，共40分）

1.管理会计中，一般对成本按照（　　）进行分类。

A.成本性态　　B.经济用途

C.形成时间　　D.成本可否加以控制

2.阶梯式混合成本又可称为（　　）。

A.半固定成本　　B.半变动成本

C.延期变动成本　　D.曲线式成本

3.在历史资料分析法的具体应用方法中，计算结果最为精确的方法是（　　）。

A.高低点法　　B.散布图法

C.回归直线法　　D.直接分析法

4.下列各项中，属于约束性固定成本的是（　　）。

A.新产品开发费　　B.广告费

C.职工培训费　　D.财产保险费

5.当业务量变动时，在相关范围内，单位固定成本将（　　）。

A.成正比例变动　　B.成反比例变动

C.固定不变　　D.降低

6.企业质量检验员的工资属于（　　）。

A.半固定成本　　B.半变动成本　　C.延期成本　　D.曲线式成本

7.成本性态分析方法高低点法中的高低点，在选择时应以（　　）为标准。

A.成本　　B.业务量

C.成本、业务量均可　　D.不一定

8.在变动成本法下，固定制造费用作为（　　）处理。

A.直接成本　　B.期间成本　　C.递延成本　　D.责任成本

9.变动成本法的中间指标是（　　）。

A.边际贡献　　B.边际贡献率　　C.销售毛利　　D.销售成本

10.下列各项中，属于变动成本法特点的是（　　）。

A.产品成本符合传统的成本概念　　B.能够提高产品生产的积极性

C.符合“因果配比”原则　　D.便于企业进行短期经营决策

二、多项选择题（每小题6分，共30分）

1.下列成本项目中，属于变动成本的有（　　）。

A.原材料费用　　B.按产量法计提的折旧

C.动力费　　D.计时工资形式下的生产工人工资

2.全部成本按其性态分类，包括（　　）。

A.固定成本　　B.历史成本　　C.变动成本　　D.混合成本

3.下列各项中，属于完全成本法和变动成本法下产品成本共同的成本有（　　）。

A.直接材料　　B.直接人工　　C.变动制造费用　　D.销售费用

4.下列各项中，在相关范围内保持不变的有（　　）。

A.变动成本总额　　B.单位变动成本　　C.固定成本总额　　D.单位固定成本

5.完全成本法与变动成本法的明显区别主要有（　　）。

A.理论依据不同　　B.应用前提不同

C.产品成本构成不同　　D.损益确定程序不同

三、判断题（每小题3分，共30分）

1.酌量性固定成本是指不受决策行为影响的固定成本。（　　）

2.折旧费一定属于固定成本。（　　）

3.成本性态是指成本与业务量的依存关系。（　　）

4.当产量大于销售量时，变动成本法下的利润小于完全成本法下的利润。（　　）

5.变动成本法既有利于短期决策，也有利于长期决策。（　　）

6.生产工人的工资不论采取何种形式，都属于变动成本。（　　）

7.散布图法是根据目测画一条直线，因此又称目测画线法，它的计算结果不如高低点法精确。（　　）

8.账户分析法适用于成本性态不太典型的成本项目。（　　）

9.贡献式利润确定程序是指在税前利润的计算过程中，首先用销售收入补偿本期实现销售产品的变动成本，从而确定贡献毛益，然后再用贡献毛益补偿固定成本以确定当期税前利润的过程。（　　）

10.制造费用在两种成本计算法下都属于产品成本的内容。（　　）

章节测试

第三章

本量利分析

课程目标

价值塑造：

1.在大众创业、万众创新的时代背景下，掌握本量利分析方法在创业中的应用，培养学生创新创业精神。

2.“言必诚信，行必忠正”，通过本量利关系图分析安全边际的形成过程，引导学生正确理解安全边际所提供的边际贡献就是利润，通过相关因素对利润的影响引导学生树立诚信经营的意识，建立正确的金钱观，增强社会责任和法律意识。

3.培养学生唯物辩证法的哲学思维，增强辩证思维能力，抓住敏感性分析中的关键因素，找准重点，从而作出正确的经营决策。

知识传授：

1.掌握：单一品种保本分析及保利分析的计算方法、多品种本量利分析方法、本量利关系中敏感性分析方法。

2.理解：本量利分析的概念、基本假设和基本模型。

能力培养：

1.能够通过计算企业的保本点、保利点判断项目的可行性。

2.能够利用安全边际指标判断企业的经营安全程度。

3.能够利用敏感性分析，抓住重点，分清主次，在企业经营中抓住相关因素的变动有效地进行综合决策。

4.能够举一反三，将本量利分析方法灵活应用到企业实践中。

导入案例

珍妮制作的沙拉很受朋友和家人的喜欢，有人建议她，可以拿这些东西出去卖。珍妮决定一试。首先，她将大家都很喜欢的绿色仙人掌沙拉作为产品开发的重点，并找来罐子、盖子，同时用标签显示货源状况。接着，她与当地的农业发展办公室联系，了解有关食物销售的法律法规，请专家对沙拉的成分进行鉴定。以往，珍妮的制作方法是逐步增添各种调味品直至味道可口。从法律上讲，这种非正式的方法不符合要求。正规的生产流程是：用标签标明各种成分的含量，按标准配方生产。为此，她请当地的职业食品化学师分析沙拉的成分及含量。

接下来，进行市场调研。珍妮拜访了当地的一些食品杂货店及礼品店，有的商店同意销售，但必须将产品放在陈列窗口，且需要支付商品陈列费。她估计一周得花一天左右时间送货，以及检查销售及库存状况，并拜访潜在的顾客。

最后，珍妮在开始生产之前，向会计师鲍尔咨询。鲍尔告诉她，生产前要有个预算，即预测一下产品的成本和售价。珍妮说，每罐定价3.5美元，目的是开拓市场，售价不能太高。有关的成本已经计算。由于是在厨房小批量生产，暂时成本并不高。经过几分钟的计算，鲍尔对珍妮说：如果价格为3.5美元，而且变动成本像你所列示的那样，则你将亏本，无法持续下去。珍妮反问：如果卖得更多会不会好些？鲍尔则说：这样只会使事情更糟。关键在于，能否有效降低你的成本或提高销售价格，否则不做这桩生意为好。①

思维导图

讨论与思考：应用上述资料，分析珍妮花费的变动成本及固定成本的构成，如何利用本量利分析方法做好盈亏平衡管理？

第一节 本量利分析概述

一、本量利分析的概念

知识拓展

管理会计应用指引第401—403号

本量利分析（Cost Volume Profit Analysis，CVP分析）是成本-业务量-利润关系分析的简称，是以成本性态分析和变动成本法为基础，运用数学模型和图式，对成本、利润、业务量与单价等因素之间的依存关系进行分析，发现变动的规律性，为企业进行预测、决策、计划和控制等活动提供支持的一种方法。

二、本量利分析的基本假设

在本量利分析中，成本、业务量和利润之间的数量关系是建立在一系列假设基础上的。这些基本假设一方面有助于建立简单数学模型来反映成本、业务量、利润之间的关系；另一方面又给数学模型的应用带来很大的约束和限制。

本量利分析的基本假设主要包括：

（一）成本性态假设

本量利分析必须在成本性态分析已经完成的基础上进行，即假定本量利分析所涉及的成本已经分为变动成本和固定成本两类，相关的成本性态模型已经形成，即固定成本的性态模型为$y = a$，变动成本的性态模型为$y = bx$。

（二）相关范围假设

本量利分析是建立在成本按性态划分基础上的一种分析方法，成本性态分析的前提条件也就构成了本量利分析的基本假设。在对成本进行性态分析时，均假定在一定的“相关范围”前提条件下，这个“相关范围”包括“期间范围”和“业务量范围”。

1.期间假设

无论是固定成本还是变动成本，其固定性与变动性均体现在特定的期间内。随着时间

① 冯巧根．管理会计［M］．4版．北京：中国人民大学出版社，2020.

的推移，固定成本的总额及其内容会发生变化，单位变动成本的数额及其内容也会发生变化。所以，成本性态和以此为基础的本量利分析也是基于一定期间展开分析的。

2.业务量假设

同样，对成本按性态进行划分得到的固定成本和变动成本是在一定业务量范围内分析和计算的结果，所以，成本性态和以此为基础的本量利分析也是基于一定业务量范围展开分析的。

（三）模型线性假设

1.固定成本不变假设

本量利分析中的模型线性假设首先是固定成本不变，也就是说，在企业经营能力的相关范围内，固定成本保持不变，即在一定期间和业务量范围内固定成本是一条与横轴平行的直线。

2.单位变动成本不变假设

变动成本的假设是在一定的相关范围内假设单位变动成本不变，或者说假设变动成本总额呈完全线性。基于完全线性假设，变动成本的曲线就表现为一条从原点出发的直线，该直线的斜率就是单位变动成本。

3.销售单价不变假设

这一假设等价于假设销售价格不变。在本量利分析中，通常假设销售价格为一个常数，这样销售收入与销售数量之间就呈现一种完全线性的关系，销售收入曲线也表现为一条过原点的直线，其斜率就是销售单价。

（四）产销平衡假设

本量利分析的核心是分析业务量作为驱动因素如何引起成本和利润的变化。而在分析业务量的变化时，对应着产量和销售量两种指标，而且产销不平衡以及由此出现的存货问题会将分析引向一系列复杂的情形。为简化问题，基本的本量利分析假定产销平衡，即产量与销售量相等。对现实中存在的产销不平衡情形和存货问题都可以基于本量利分析的原理予以扩展。

（五）品种结构不变假设

当企业生产和销售多品种的产品时，由于多品种条件下各种产品的获利能力一般不相同，如果企业产销的品种结构发生较大变动，会导致预计利润与实际利润之间出现较大的差异，所以在进行本量利分析时，应假定各种产品的销售收入在总收入中所占的比重不变。

三、本量利分析的基本模型

本量利分析的是销售数量、价格、成本和利润各因素之间的数量依存关系，根据上述假定，本量利分析的基本公式可表示为：

税前利润=销售收入-总成本

=销售收入-变动成本-固定成本

=单价×销售量-单位变动成本×销售量-固定成本

=（单价-单位变动成本）×销售量-固定成本

为满足本章后面内容的需要，我们统一假设：P表示税前利润；TR表示收入，TC表示总成本，VC表示单位变动成本，FC表示固定成本，SP表示单价，V表示销售量，则本量利分析的基本计算模型可以表示为：

$$P=(SP-VC)\times V-FC$$

四、边际贡献及相关指标

（一）边际贡献

边际贡献也称贡献毛益、贡献边际、边际利润或创利额，它是指销售收入减去变动成本以后的金额。单位边际贡献是指单价减去单位变动成本以后的差额，反映单位产品的盈利能力，即每增加一个单位产品的销售能给企业提供的贡献。其计算公式如下：

边际贡献总额=销售收入总额-变动成本总额

单位边际贡献=销售单价-单位变动成本=边际贡献总额÷销售量

应注意的是：企业各种产品所提供的边际贡献总额并不是企业的利润。因为边际贡献总额首先用来补偿固定成本总额（税前利润=边际贡献总额-固定成本总额），如有余额，才能为企业提供利润；如不够补偿固定成本总额，则会出现亏损。所以，边际贡献的实质就是各种产品为企业提供盈利的能力，它是一项衡量每种产品的盈利水平的重要指标。因此，对于企业的经营决策来说，边际贡献是导向性的指标，有举足轻重的影响。

（二）边际贡献率

边际贡献率也称贡献毛益率、边际利润率或创利率，是指边际贡献在销售收入中所占的百分比。其计算公式如下：

$$边际贡献率=\frac{边际贡献总额}{销售收入}\times 100\%=\frac{单位边际贡献}{单价}\times 100\%$$

（三）变动成本率

与边际贡献率密切关联的指标是变动成本率，是指变动成本占销售收入的百分比，或指单位变动成本占单价的百分比。其计算公式如下：

$$变动成本率=\frac{变动成本总额}{销售收入}\times 100\%=\frac{单位变动成本}{单价}\times 100\%$$

变动成本率表明了每百元销售收入中有多少是用来弥补变动成本的。它与边际贡献率指标恰好相反，该指标是逆指标，其数值越大说明企业的盈利能力越弱，产品给企业带来的收益越小；反之，该指标数值越小，则说明企业的盈利能力越强，产品给企业带来的收益越大。

由于变动成本与边际贡献之和等于销售收入，所以，边际贡献率与变动成本率之间存在以下关系：

边际贡献率 + 变动成本率 = 1

由此可知，边际贡献率与变动成本率具有互补关系，变动成本率低的企业，边际贡献率高，意味着企业创利能力强；反之，变动成本率高的企业，边际贡献率低，意味着企业创利能力弱。因此，企业应尽可能地增加边际贡献率高的产品的生产量和销售量，以获得更多的利润。

【例3-1】东泰公司只生产一种产品，年销售量10 000件，单价为16元，单位变动成本为12元，固定成本为16 000元。

要求：

(1) 计算全部边际贡献指标。

(2) 计算税前利润。

(3) 计算变动成本率。

(4) 验证边际贡献率与变动成本率的关系。

解析：

(1) 边际贡献总额 $=(16-12)\times 10\,000=40\,000$（元）

单位边际贡献 $=16-12=4$（元）

边际贡献率 $=\frac{4}{16}\times 100\%=\frac{40\,000}{16\times 10\,000}\times 100\%=25\%$

(2) 税前利润 $=(16-12)\times 10\,000-16\,000=24\,000$（元）

(3) 变动成本率 $=\frac{12}{16}\times 100\%=75\%$

(4) 边际贡献率 + 变动成本率 $=25\%+75\%=1$

第二节 单一品种保本分析

一、保本分析的概念

保本点有多种称谓，如盈亏临界点、盈亏分歧点、两平点等，具体是指收入和成本刚好相抵（利润为0）时的销售量或销售额。保本分析是本量利分析的基础，企业在规划目标利润、控制利润完成情况、估计经营风险时都要用到。保本分析就是根据成本、销售收入、利润等因素之间的函数关系，预测企业在什么情况下达到盈亏平衡的状态。

保本分析旨在研究成本、销售收入与业务量之间处于什么变化规律时，可以帮助企业实现盈亏平衡或保本。这一分析所提供的信息对企业合理计划和有效控制经营过程比较有用，如预测成本、收入、利润和预计售价、销售量、成本水平的变动对利润的影响等。

保本点有两种表现形式：一种是用实物量表示的保本销售量，即销售多少数量的产品才能保本；一种是用价值量表示的保本销售额，即销售多少金额的产品才能保本。

二、保本点的确定

保本分析以成本性态分析和变动成本法为基础，在变动成本法下，利润的计算可用如下公式表示：

税前利润 = 销售收入 − 变动成本 − 固定成本

保本点就是使利润等于零的销售量或销售额，即

销售收入 = 变动成本 + 固定成本

或 单价×销售量=单位变动成本×销售量+固定成本

这就是保本点的基本计算模型。上式还可以演变为：

(单价-单位变动成本)×销售量=固定成本

即：

$$保本销售量=\frac{固定成本}{单价-单位变动成本}$$

$$保本销售额=保本销售量\times单价=\frac{固定成本}{边际贡献率}$$

【例3-2】沿用【例3-1】有关资料。

要求：计算保本销售量和保本销售额。

解析：

$$保本销售量=\frac{16\,000}{16-12}=4\,000（件）$$

$$保本销售额=4\,000\times16=64\,000（元）$$

所以，该公司只有当销售量达到4 000件，销售收入达到64 000元时才能保本。

三、企业经营安全程度的评价指标

企业处于不盈不亏状态，意味着当期的边际贡献已全部被固定成本所抵消，只有当企业的销售量大于保本销售量时，企业才处于盈利状态，而且，企业的销售量大于保本销售量的数量越大，获得的利润就越大；反之，获得的利润就越小，甚至亏损。从企业经营的角度来看，企业的销售量大于保本销售量的数量越大，经营就越安全；反之亦然。衡量企业经营安全性的指标有两种：安全边际指标和保本点作业率指标。

（一）安全边际指标

安全边际是指正常销售量或者现有销售量超过保本销售量的差额。这一差额表明企业的销售量在超越了保本销售量之后，到底有多大的盈利空间，或者说，现有的销售量降低到多少，就会发生亏损。

安全边际有绝对数和相对数两种表现方式，其中绝对数指标包括实物量指标安全边际量和价值量指标安全边际额，相对数指标为安全边际率。其计算公式如下：

安全边际量=实际（预计）销售量-保本销售量

安全边际额=实际（预计）销售额-保本销售额=单价×安全边际量

$$安全边际率=\frac{安全边际量}{实际（预计）销售量}\times100\%=\frac{安全边际额}{实际（预计）销售额}\times100\%$$

安全边际和安全边际率都是正指标，越大表明企业经营的安全程度越高，可以实现的利润就越多，反之亦然。企业经营安全性的检验标准见表3-1。

表3-1 企业经营安全性的检验标准

安全边际率	10%以下	10%~20%	20%~30%	30%~40%	40%以上
安全程度	危险	值得注意	比较安全	安全	很安全

实际上，超过保本点的安全边际提供的边际贡献就是利润。因此，利用安全边际的概念，利润的基本等式可以转化为：

税前利润=安全边际量×单位边际贡献

=安全边际额×边际贡献率

将公式：利润 = 安全边际额 × 边际贡献率的左右两端均除以销售额，则有：

销售利润率 = 利润 ÷ 销售额 = 安全边际率 × 边际贡献率

这表明，销售利润率的水平受到边际贡献率和安全边际率两个因素的共同影响。企业要提高销售利润率，就必须提高安全边际率，即降低保本点作业率；或者提高边际贡献率，即降低变动成本率。

（二）保本点作业率指标

保本点作业率指标是安全边际率的反指标，是指保本销售量（额）占实际或预计的销售量（额）的百分比，又称危险率。该指标越小说明企业的经营越安全，其计算公式为：

$$保本点作业率 = \frac{保本销售量}{实际（预计）销售量} \times 100\% = \frac{保本销售额}{实际（预计）销售额} \times 100\%$$

安全边际率和保本点作业率的关系为：

安全边际率 + 保本点作业率 = 1

【例 3-3】沿用【例 3-1】有关资料。

要求：

（1）计算该公司的安全边际指标。

（2）计算该公司的保本点作业率。

（3）验证安全边际率与保本点作业率的关系。

（4）评价该公司的经营安全程度。

（5）计算该公司的销售利润率。

解析：

（1）安全边际指标的计算如下：

安全边际量 = 10 000 − 4 000 = 6 000（件）

安全边际额 = 6 000 × 16 = 96 000（元）

$$安全边际率 = \frac{6\,000}{10\,000} \times 100\% = \frac{96\,000}{16 \times 10\,000} \times 100\% = 60\%$$

（2）$保本点作业率 = \frac{4\,000}{10\,000} \times 100\% = \frac{64\,000}{16 \times 10\,000} \times 100\% = 40\%$

（3）安全边际率 + 保本点作业率 = 60% + 40% = 1

（4）安全边际率为60%，故企业很安全。

（5）销售利润率 = 60% × 25% = 15%

四、本量利关系图

本量利关系图可根据不同目的及掌握的不同资料绘制成不同形式的图形，通常有传统式、贡献式、利量式三种。

（一）传统式

本量利关系图最基本的形式是将固定成本置于变动成本之下，从而清楚地表明固定成本不随业务量变动的特征。

1.传统式本量利关系图的绘制方法

（1）在直角坐标系中，以横轴表示销售量，以纵轴表示成本或销售收入。

（2）绘制固定成本线。固定成本线为一条与横轴平行的直线，其与纵轴的交点即为固定成本总额。

（3）绘制总成本线。在横轴上任取一点，计算其总成本并标于坐标系中（也可只计算该销售量下的变动成本并以固定成本线为横轴来标出），然后将此点与纵轴上的固定成本点相连并适当向上延伸即可。

（4）绘制销售收入线。以坐标原点为起点，同样在横轴上任取一点，计算出相应的销售收入并在纵轴上找出与此收入数相应的点，上述两点在坐标系中的交叉点就是在该销售量下的收入额。将该交叉点与坐标原点相连并同样适当向上延伸即为销售收入线。

上述总成本线与销售收入线的交点就是保本点，如图3-1所示。

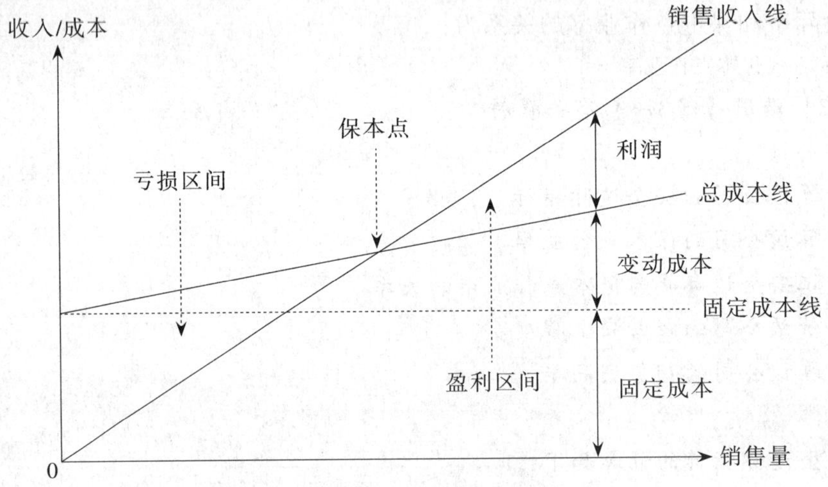

图3-1　传统式本量利关系图

2.传统式本量利关系图相互关系

传统式本量利关系图从动态上集中、形象地反映了销售量、成本与利润之间的相互关系，从中可以得到如下几点规律性认识：

（1）在保本点不变的情况下，销售量越大，企业能实现的利润越多，或亏损越少；销售量越小，企业能实现的利润越少，或亏损越多。

（2）在销售量不变的情况下，保本点越低，企业能实现的利润就越多，或亏损越少；反之，保本点越高，企业能实现的利润就越少，或亏损越多。

（3）在销售总成本既定的条件下，保本点受单价变动的影响而变动，单价越高，销售总收入线的斜率越大，保本点就越低；反之，保本点就越高。

（4）在销售收入既定的条件下，保本点的高低取决于固定成本和单位变动成本的多少。固定成本越多或单位变动成本越多，则保本点越高；反之，保本点越低。

（二）贡献式

贡献式本量利关系图是将固定成本置于变动成本之上，能够反映边际贡献形成过程，具体的绘制方法如下：

（1）在直角坐标系中，以横轴表示销售量，以纵轴表示成本或销售收入。

（2）从原点出发分别绘制销售收入线和变动成本线。

（3）以纵轴上的（0，固定成本数值）点为起点绘制一条与变动成本线平行的总成本线。

（4）总成本线和销售收入线的交点就是保本点。

贡献式本量利关系图如图3-2所示。

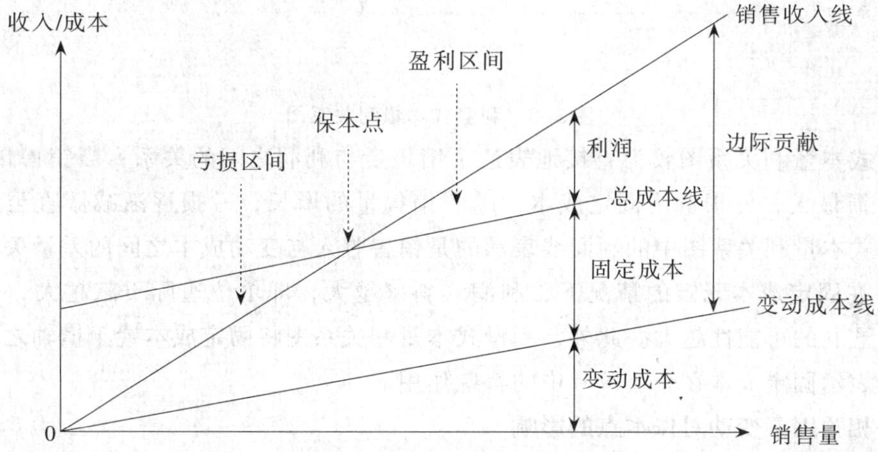

图3-2 贡献式本量利关系图

贡献式本量利关系图与传统式的主要区别在于：前者将固定成本置于变动成本之上，以便形象地反映边际贡献的形成过程和构成，即产品的销售收入减去变动成本以后就是边际贡献，边际贡献再减去固定成本便是利润。而后者则将固定成本置于变动成本之下，以便表明固定成本在相关范围内稳定不变的特征。

从图3-2中不难看出，贡献式本量利关系图强调的是边际贡献及其形成过程，保本点的边际贡献等于固定成本；超过保本点的边际贡献大于固定成本，也就是实现了利润；而不足保本点的边际贡献小于固定成本，则表明发生了亏损。应该说，贡献式本量利关系图更符合变动成本法的思路，也更符合保本分析的思路。

（三）利量式

利量式本量利关系图的特点是将纵轴上的销售收入与成本因素略去，使坐标图上仅仅反映利润与销售量之间的依存关系。其绘制方法是：

（1）在直角坐标系中，以横轴表示销售量，以纵轴表示利润。

（2）在纵轴原点以下部分找到与固定成本总额相等的点（0，-固定成本数值），该点表示销售量等于零时，亏损额等于固定成本；从点（0，-固定成本数值）出发画出利润线，该线的斜率是企业的边际贡献。

（3）利润线与横轴的交点即为保本点销售量。

利量式本量利关系图如图3-3所示。

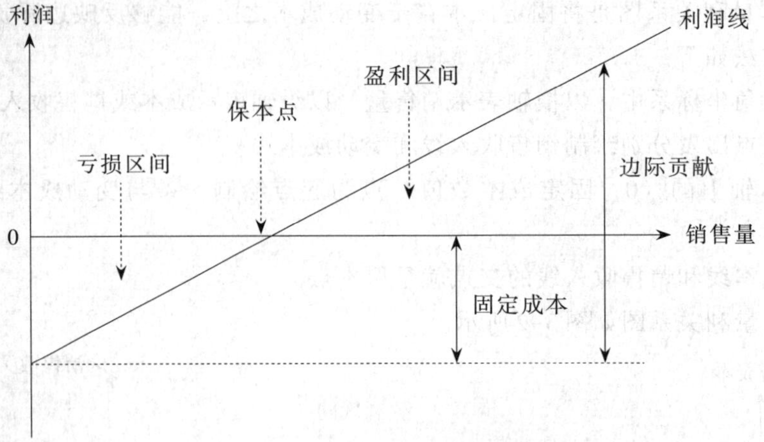

图3-3 利量式本量利关系图

利量式本量利关系图较为直接地表达了销售量与利润之间的关系：当销售量为零时，企业的亏损最大，亏损额为固定成本；随着销售量的增长，亏损逐渐减低直至盈利。同时，利量式本量利关系图中的利润线表示的是销售收入与变动成本之间的差量关系，即边际贡献，在固定成本既定的情况下，利润线斜率越大，即单位边际贡献越大，保本点越低，企业盈利的可能性越大。此外，利量式本量利关系图将固定成本置于横轴之下，还能更清晰地表示固定成本在企业盈亏中的特殊作用。

五、相关因素变动对保本点的影响

从保本点的计算公式可知，影响保本点的因素主要有：销售单价、单位变动成本、固定成本。因此，当上述因素变动时，会引起保本点发生怎样的变化，对本量利分析也非常重要。

（一）单价对保本点的影响

当其他条件不变时，单价上升，销售收入和边际贡献都会增加，因此，保本点会下降，利润上升，为有利的影响；反之，则保本点会上升，利润下降，为不利的影响。

【例3-4】沿用【例3-1】有关资料，假设其他条件不变，单价由原来的16元上升到20元。

要求：计算保本销售量。

解析：

$$保本销售量=\frac{16\,000}{20-12}=2\,000（件）$$

如果其他条件不变，只是单价从16元上升到20元，会导致保本销售量由4 000件下降到2 000件。可见，单价的变化会导致保本点的反向变化，单价变化对保本点的影响可通过传统式本量利关系图进行直观的分析，如图3-4所示。

（二）单位变动成本对保本点的影响

当其他条件不变时，单位变动成本的下降，将导致边际贡献增加，因此，保本点会下降，利润上升，为有利的影响；反之，则保本点会上升，利润下降，为不利的影响。

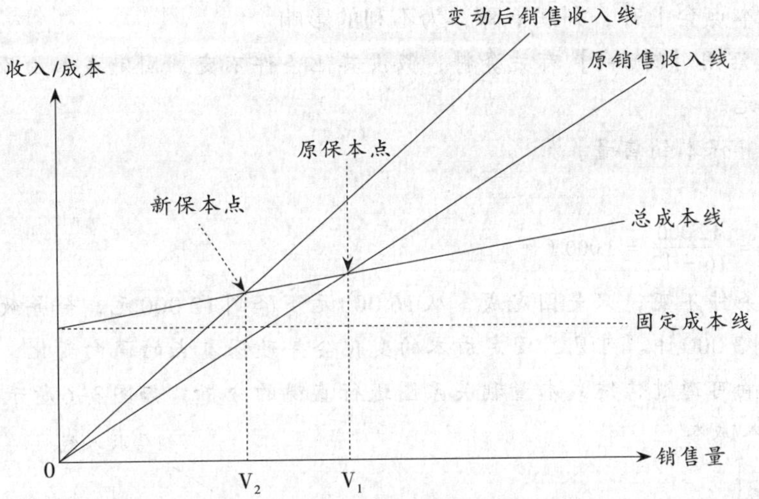

图3-4 单价变动的本量利关系图

【例3-5】沿用【例3-1】有关资料，假设其他条件不变，单位变动成本由原来的12元下降到10元。

要求：计算保本销售量。

解析：

$$保本销售量 = \frac{16\,000}{16 - 10} = 2\,667（件）$$

如果其他条件不变，只是单位变动成本从12元下降到10元，会导致保本销售量由4 000件下降到2 667件。可见，单位变动成本的变化会导致保本点的同向变化，单位变动成本变化对保本点的影响可通过传统式本量利关系图进行直观的分析，如图3-5所示。

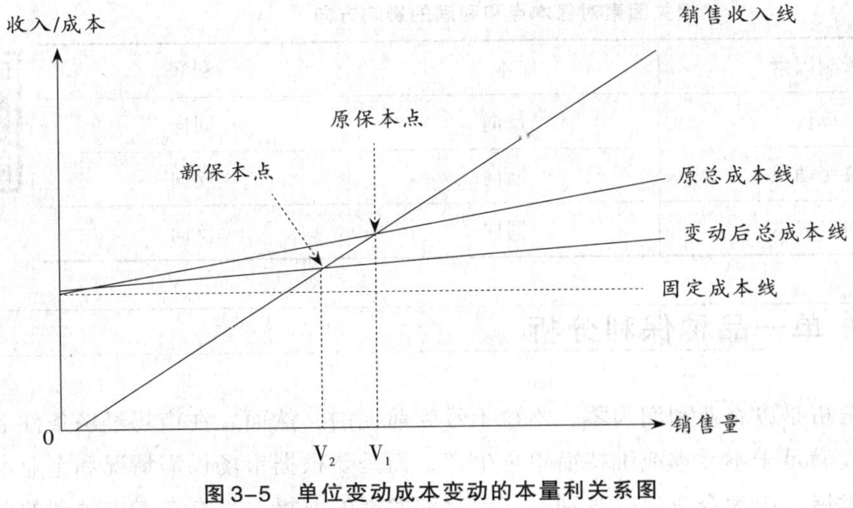

图3-5 单位变动成本变动的本量利关系图

（三）固定成本对保本点的影响

当其他条件不变时，固定成本总额的变化不会引起销售收入和边际贡献的变化，但固定成本下降只需要较少的边际贡献来补偿，因此，保本点会下降，利润上升，为有利的影响；反之，保本点会上升，利润下降，为不利的影响。

【例 3-6】沿用【例 3-1】有关资料，假设其他条件不变，固定成本由原来的 16 000 元下降到 12 000 元。

要求：计算保本销售量。

解析：

$$保本销售量 = \frac{12\,000}{16-12} = 3\,000（件）$$

如果其他条件不变，只是固定成本从 16 000 元下降到 12 000 元，会导致保本销售量由 4 000 件下降到 3 000 件。可见，固定成本的变化会导致保本点的同向变化，固定成本变化对保本点的影响可通过传统式本量利关系图进行直观的分析，如图 3-6 所示。

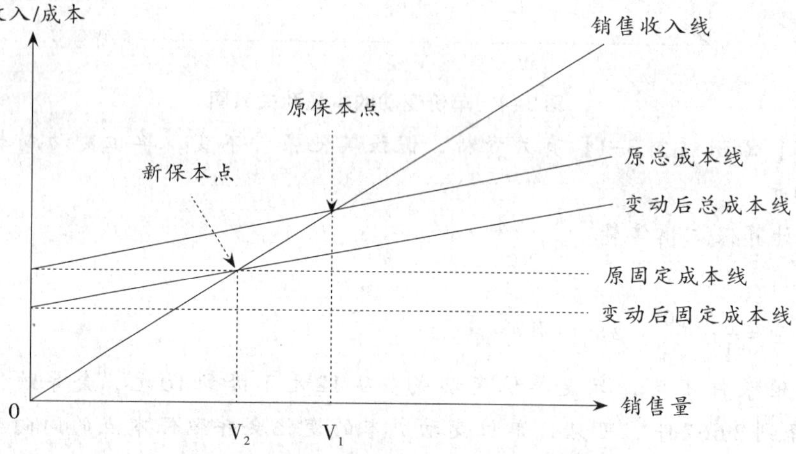

图 3-6　固定成本变动的本量利关系图

相关因素对保本点和利润的影响方向见表 3-2：

表 3-2　相关因素对保本点和利润的影响方向

影响因素	保本点	利润
单价	反向	同向
单位变动成本	同向	反向
固定成本	同向	反向

思政案例

直播电商的诚信建设迫在眉睫

第三节　单一品种保利分析

保本分析是以企业利润为零，不盈不亏为前提的，然而，在市场经济条件下，企业绝不可能仅仅满足于不亏本或维持简单再生产，而是要根据市场供需情况和企业本身的条件不断寻求发展，因为企业追求盈利是其生存和发展的前提。只有在考虑盈利的条件下，才能充分揭示成本、业务量和利润之间的正常关系。所以，在确定了保本点以后，就需要进行保利分析。

一、保利点及其计算

保利点是指在单价和成本水平既定的情况下，为确保实现确定的目标利润而应达到的目标销售量和目标销售额，从而以销定产，确定目标生产量、生产成本以及资金需要量等。

保利点一般有两种表现形式：一种用实物量表现，称为保利销售量；另一种用价值量表现，称为保利销售额。

根据本量利分析的基本模型P =（SP - VC）× V - FC，则有：

$$保利销售量=\frac{固定成本+目标利润}{单价-单位变动成本}=\frac{固定成本+目标利润}{单位边际贡献}$$

$$保利销售额=单价\times保利销售量=\frac{固定成本+目标利润}{边际贡献率}$$

【例3-7】沿用【例3-1】的资料，假设该公司当年的目标利润为28 000元。

要求：计算该年保利点。

解析：

$$保利销售量=\frac{16\,000+28\,000}{16-12}=11\,000（件）$$

$$保利销售额=11\,000\times16=176\,000（元）$$

二、保净利点及其计算

前面所讲的目标利润均为支付所得税前的利润，所得税费用对于实现了利润的企业来说是一项必然的支出，对于目标利润的分析和预测来说，也应该是一项必然的扣除。所以，从税后利润的角度进行目标利润的分析与预测，对企业或许更为适用。税后利润与税前利润的关系可以用下列公式表示：

$$税后利润=税前利润\times(1-所得税税率)$$

$$税前利润=\frac{税后利润}{1-所得税税率}$$

则：

$$保净利量=\frac{固定成本+\dfrac{税后目标利润}{1-所得税税率}}{单位边际贡献}$$

$$保净利额=保净利量\times单价=\frac{固定成本+\dfrac{税后目标利润}{1-所得税税率}}{边际贡献率}$$

【例3-8】沿用【例3-1】的资料，假设该公司当年的目标净利润为24 000元，所得税税率为25%。

要求：计算该年保净利点。

解析：

$$保净利量=\frac{16\,000+\dfrac{24\,000}{1-25\%}}{16-12}=12\,000（件）$$

$$保净利额=12\,000\times16=192\,000（元）$$

三、相关因素变动对保利点的影响

保利点的模型是保本点模型的拓展与延伸，其计算公式只是在保本点计算公式的分子上多加了一个目标利润。因此，影响保本点的因素也会影响保利点，且影响因素的相关分析也一样。具体而言，包括销售单价、单位变动成本、固定成本的影响，且影响的大小、方向与前述有关因素对保本点的影响分析完全相同。当然，目标利润肯定会影响保利点，目标利润越高，相应需要补偿的边际贡献越大，保利点越高。

第四节 多品种本量利分析

一、多品种条件下本量利分析的意义

单一品种的本量利分析都是以企业生产并销售单一品种产品为基础的，但在实际工作中，绝大多数企业不可能只生产一种产品，更多的是两种及以上的多品种产品的产销活动。企业同时产销多种产品，保本点和保利点就不能用实物量表示，因为不同质的各种产品在数量上是不能相加的。因此，这就需要进一步研究适用于多品种条件下的本量利分析方法和模型。

多种产品的本量利分析方法有多种形式，本节主要讲解综合边际贡献率法和联合单位法。

二、多品种条件下本量利分析方法的应用

（一）综合边际贡献率法

综合边际贡献率法是根据各种产品相关资料计算出企业综合的边际贡献率（或平均边际贡献率），然后去除企业固定成本总额，得到企业保本销售额，再根据各种产品的销售额比重将企业保本销售额分解为各种产品保本销售额，然后推算出各种产品保本销售量。

计算步骤为：

第一步：计算综合边际贡献率。

综合边际贡献率法的关键就是如何确定综合边际贡献率，计算综合边际贡献率的方法可分为加权平均法和边际贡献总额法。

（1）加权平均法

加权平均法是指在各种产品边际贡献率的基础上，以各种产品的销售收入比重作为权数，确定企业加权平均的综合边际贡献率的方法。其计算公式为：

$$综合边际贡献率 = \sum(各产品的边际贡献率 \times 各产品的销售额比重)$$

（2）边际贡献总额法

边际贡献总额法是根据一定条件下企业各种产品的边际贡献总额与销售收入总额之比来确定综合边际贡献率的方法。其计算公式为：

$$综合边际贡献率 = \frac{全部产品边际贡献总额}{全部产品销售收入总额} \times 100\%$$

此方法比较简单，不需要每种产品的详细资料，只需企业全部产品边际贡献总额和销售收入资料即可。

第二步：计算综合保本（利）销售额。

$$综合保本销售额 = \frac{固定成本}{综合边际贡献率}$$

$$综合保利销售额 = \frac{固定成本 + 目标利润}{综合边际贡献率}$$

第三步：计算各种产品的保本（利）销售额和销售量。

某种产品的保本（利）销售额 = 综合保本（利）销售额 × 该产品销售额比重

某种产品的保本（利）销售量 = 该种产品的保本（利）销售额 ÷ 该产品的单价

【例 3-9】假设东泰公司固定成本总额为 8 600 元，该公司生产和销售甲、乙、丙三种产品，有关资料见表 3-3。

表 3-3 东泰公司生产甲、乙、丙三种产品的相关资料

项目	甲	乙	丙
产销量（件）	5 000	2 500	1 000
单价（元）	12	8	20
单位变动成本（元）	6	6	12

要求：采用综合边际贡献率法计算该公司的综合保本点和各种产品保本点。

解析：

（1）计算各种产品的边际贡献率。

甲产品边际贡献率 =（12 − 6）÷ 12 × 100% = 50%

乙产品边际贡献率 =（8 − 6）÷ 8 × 100% = 25%

丙产品边际贡献率 =（20 − 12）÷ 20 × 100% = 40%

（2）计算各种产品的销售额比重。

销售总额 = 12 × 5 000 + 8 × 2 500 + 20 × 1 000
= 100 000(元)

甲产品销售额比重 = 12 × 5 000 ÷ 100 000 × 100% = 60%

乙产品销售额比重 = 8 × 2 500 ÷ 100 000 × 100% = 20%

丙产品销售额比重 = 20 × 1 000 ÷ 100 000 × 100% = 20%

（3）计算企业综合边际贡献率。

综合边际贡献率 = 50% × 60% + 25% × 20% + 40% × 20% = 43%

或

$$综合边际贡献率 = \frac{(12-6)\times 5\,000+(8-6)\times 2\,500+(20-12)\times 1\,000}{100\,000}\times 100\% = 43\%$$

（4）计算综合保本销售额。

综合保本销售额=8 600÷43%=20 000（元）

（5）计算各种产品的保本销售额和销售量。

甲产品保本销售额=20 000×60%=12 000（元）

甲产品保本销售量=12 000÷12=1 000（件）

乙产品保本销售额=20 000×20%=4 000（元）

乙产品保本销售量=4 000÷8=500（件）

丙产品保本销售额=20 000×20%=4 000（元）

丙产品保本销售量=4 000÷20=200（件）

（二）联合单位法

联合单位法是指在事先掌握多品种产品之间客观存在的相对稳定的产销实物量比例的基础上，确定每一联合单位产品的单价和单位变动成本，进行多品种条件下本量利分析的一种方法。

计算步骤为：

第一步：计算各种产品销售量的比例（简称销量比）。

第二步：计算联合单价和联合单位变动成本。

$$联合单价=\sum(各种产品的单价\times该产品的销量比)$$

$$联合单位变动成本=\sum(各种产品的单位变动成本\times该产品的销量比)$$

第三步：计算联合保本（利）销售量。

$$联合保本销售量=\frac{固定成本}{联合单价-联合单位变动成本}$$

$$联合保利销售量=\frac{固定成本+目标利润}{联合单价-联合单位变动成本}$$

第四步：计算各种产品的保本（利）销售量和销售额。

某种产品的保本（利）销售量 = 联合保本（利）销售量 × 该种产品销量比

某种产品的保本（利）销售额 = 该种产品保本（利）销售量 × 单价

【例 3-10】沿用【例 3-9】的相关资料。

要求：采用联合单位法计算联合保本点和各产品的保本点。

解析：三种产品的销量比为甲：乙：丙=5 000：2 500：1 000=5：2.5：1。

联合单价=12×5+8×2.5+20×1=100（元）

联合单位变动成本=6×5+6×2.5+12×1=57（元）

$$联合保本销售量=\frac{8\,600}{100-57}=200（联合单位）$$

甲产品保本销售量=200×5=1 000（件）

甲产品保本销售额=1 000×12=12 000（元）

知识拓展

多品种本量利分析的其他方法

乙产品保本销售量=200×2.5=500（件）

乙产品保本销售额=500×8=4 000（元）

丙产品保本销售量=200×1=200（件）

丙产品保本销售额=200×20=4 000（元）

从【例 3-9】和【例 3-10】中可以看出，用综合边际贡献率法和联合单位法计算的结果是相同的。但要注意的是，不论是综合边际贡献率法还是联合单位法，都是以品种结构不变为前提的，如果品种结构发生变化，则需要重新计算综合边际贡献率和联合单位，才能进行本量利分析。

第五节 敏感性分析

敏感性分析是一种应用广泛的分析方法，其分析原理来自经济学中弹性的概念，具体是指当几个因素共同影响目标值时，每次只分析其中一个因素的变化幅度会引起目标值的变化幅度。这一分析方法得到的结果称为敏感系数。

在本量利关系中，进行敏感性分析的主要目的是：研究与提供能引起目标发生质变，也即由盈利转为亏损时各因素变化的界限；各个因素的变化对利润变化影响的敏感程度。因此，本量利关系中的敏感性分析主要研究两方面的问题：一是有关因素发生多大变化时会使企业由盈利变为亏损，即临界值的确定；二是利润对有关因素变化的敏感程度，即敏感系数的计算。

一、有关因素临界值的确定

销售量、单价、单位变动成本和固定成本的变化都会对利润产生影响。当这种影响是消极的且达到一定程度时，就会使企业的利润为零而进入盈亏临界状态；如果这种变化超出上述程度，企业就转入亏损状态，发生了质的变化。敏感性分析的目的就是确定能引起这种质变的各因素变化的临界值。简单来说，就是求取达到盈亏临界点的销售量和单价的最小允许值以及单位变动成本和固定成本的最大允许值。所以，这种方法也称最大最小法。

由本量利关系的基本模型 $P=(SP-VC)\times V-FC$，可以推导出当P为零时有关因素最大、最小值的相关公式如下：

$$销售量的最小允许值V=\frac{固定成本}{单价-单位变动成本}=\frac{FC}{SP-VC}$$

$$单价的最小允许值SP=\frac{固定成本}{销售量}+单位变动成本=\frac{FC}{V}+VC$$

$$单位变动成本的最大允许值VC=单价-\frac{固定成本}{销售量}=SP-\frac{FC}{V}$$

$$固定成本的最大允许值FC=(单价-单位变动成本)\times 销售量=(SP-VC)\times V$$

【例3-11】假设东泰公司生产一种产品，单价16元，单位变动成本6元，全年固定成本预计20 000元，销售量计划为5 000件。

要求：计算目标利润及相关因素的临界值。

解析：

$$目标利润=(16-6)\times 5\,000-20\,000=30\,000（元）$$

（1）销售量的最小允许值。

$$V=\frac{FC}{SP-VC}=\frac{20\,000}{16-6}=2\,000（件）$$

即产品销售量的最小允许值（即保本销售量）为2 000件，低于2 000件则会发生亏损，或者说，实际销售量只要达到计划年度预计销售量的40%（即2 000÷5 000×100%），企业就可以保本。

（2）单价的最小允许值。

$$SP = \frac{FC}{V} + VC = \frac{20\,000}{5\,000} + 6 = 10\text{（元）}$$

即产品的单价不能低于10元，或者说单价降低的幅度不能超过37.5%（即6÷16×100%），否则企业便会发生亏损。

（3）单位变动成本的最大允许值。

$$VC = SP - \frac{FC}{V} = 16 - \frac{20\,000}{5\,000} = 12\text{（元）}$$

这意味着，当单位变动成本由6元上升到12元时，企业的利润将由30 000元变为零。12元为企业所能承受的单位变动成本的最大值。

（4）固定成本的最大允许值。

$$FC = (SP - VC) \times V = (16 - 6) \times 5\,000 = 50\,000\text{（元）}$$

固定成本的临界值也可以直接将原固定成本与目标利润相加而得到，即由固定成本将目标利润简单“吃掉”，所以企业固定成本总额的增加幅度不能超过150%。

二、利润对有关因素变动的敏感程度

从前面的分析中可以知道，影响利润的主要因素为：销售量、单价、单位变动成本、固定成本，在现实经济生活中，上述影响利润的诸因素之间是有关联的，只不过有的关联性较强，有的较弱。比如为了提高产品的产量，往往需要增加生产设备，使折旧费用增加；而为了使产品顺利地销售出去，可能又会增加广告费等。企业应该结合自身的情况，从对利润影响较大的因素开始，由大到小分析，反复进行权衡与测算。这也意味着利润对各个变量变化的敏感程度是不一样的，我们可以用敏感系数来测算利润对各个变量变化的敏感程度，引导决策者关注利润对哪些因素的变化比较敏感，以便分清主次，抓住重点，合理规划目标利润和确保目标利润的实现。其计算公式是：

$$\text{敏感系数} = \frac{\text{利润变动百分比}}{\text{因素值变动百分比}} \times 100\%$$

【例3-12】沿用【例3-11】的资料，假设销售量、单价、单位变动成本和固定成本均分别增长20%。

要求：计算各因素的敏感系数。

解析：

（1）销售量的敏感系数。

当销售量增加20%，则有：

$$V = 5\,000 \times (1 + 20\%) = 6\,000\text{（件）}$$

$$P = (16 - 6) \times 6\,000 - 20\,000 = 40\,000\text{（元）}$$

$$\text{利润变化百分比} = \frac{40\,000 - 30\,000}{30\,000} \times 100\% = 33.33\%$$

$$\text{销售量的敏感系数} = \frac{33.33\%}{20\%} = 1.67$$

（2）单价的敏感系数。

当单价增长20%时，则有：

$SP = 16 \times (1 + 20\%) = 19.2$（元）

$P = (19.2 - 6) \times 5\,000 - 20\,000 = 46\,000$（元）

$$\text{利润变化百分比} = \frac{46\,000 - 30\,000}{30\,000} \times 100\% = 53.33\%$$

$$\text{单价的敏感系数} = \frac{53.33\%}{20\%} = 2.67$$

（3）单位变动成本的敏感系数。

当单位变动成本增长20%时，则有：

$VC = 6 \times (1 + 20\%) = 7.2$（元）

$P = (16 - 7.2) \times 5\,000 - 20\,000 = 24\,000$（元）

$$\text{利润变化百分比} = \frac{24\,000 - 30\,000}{30\,000} \times 100\% = -20\%$$

$$\text{单位变动成本的敏感系数} = \frac{-20\%}{20\%} = -1$$

（4）固定成本的敏感系数。

当固定成本增长20%时，则有：

$FC = 20\,000 \times (1 + 20\%) = 24\,000$（元）

$P = (16 - 6) \times 5\,000 - 24\,000 = 26\,000$（元）

$$\text{利润变化百分比} = \frac{26\,000 - 30\,000}{30\,000} \times 100\% = -13.33\%$$

$$\text{固定成本的敏感系数} = \frac{-13.33\%}{20\%} = -0.67$$

将上述四个因素按敏感系数绝对值排列，其顺序依次是单价（2.67）、销售量（1.67）、单位变动成本（1）和固定成本（0.67），由此可以看出，在影响利润的诸因素中，最敏感的是单价，其次是销售量，再次是单位变动成本，最后是固定成本。其中敏感系数为正值，表示该因素与利润为同向增减关系；敏感系数为负值，表示该因素与利润为反向增减关系。在进行敏感性分析时，关键是数值的大小，数值越大，敏感程度越高。敏感系数的符号只与影响方向有关，与敏感程度无关。

基于敏感系数的通项公式和一阶微分原理，影响利润的各项因素（如销售量、价格、单位变动成本、固定成本）的影响程度，即敏感系数，可定义为：利润对该因素的一阶偏导数×（该因素原值/利润的原值）。整理后可得出，利润对各项因素的敏感系数如下：

$$\text{单价的敏感系数} = \frac{\text{销售量} \times \text{单价}}{\text{利润原值}} = \frac{V \times SP}{P}$$

$$\text{销售量的敏感系数} = \frac{\text{销售量} \times (\text{单价} - \text{单位变动成本})}{\text{利润原值}} = \frac{V \times (SP - VC)}{P}$$

$$\text{固定成本的敏感系数} = -\frac{\text{固定成本}}{\text{利润原值}} = -\frac{FC}{P}$$

$$\text{单位变动成本的敏感系数} = -\frac{\text{销售量} \times \text{单位变动成本}}{\text{利润原值}} = -\frac{V \times VC}{P}$$

式中，敏感系数若为正值，表明它与利润为同向增减关系；敏感系数若为负值，表明它与利润为反向增减关系。

【例3-13】沿用【例3-11】和【例3-12】的资料。

要求：利用上述公式计算各因素的敏感系数。

解析：

$$销售量的敏感系数 = \frac{V \times (SP - VC)}{P} = \frac{5\,000 \times (16 - 6)}{30\,000} = 1.67$$

$$单价的敏感系数 = \frac{V \times SP}{P} = \frac{5\,000 \times 16}{30\,000} = 2.67$$

$$单位变动成本的敏感系数 = -\frac{V \times VC}{P} = -\frac{5\,000 \times 6}{30\,000} = -1$$

$$固定成本的敏感系数 = -\frac{FC}{P} = -\frac{20\,000}{30\,000} = -0.67$$

【例3-13】的计算结果与定义公式完全相同，需要说明的是，上述各因素的敏感系数的排序并不是固定不变的，如果条件发生了变化，则各因素敏感系数之间的排列顺序也可能发生变化。尽管如此，各因素的敏感系数的排序也具有一定规律。因为从敏感系数的计算公式可以看出，决定其排列顺序的关键在于各个因素分子的大小。因而在企业正常盈利的条件下，各因素敏感系数的排序有如下规律：

（1）单价的敏感系数总是最高。

（2）单价的敏感系数与单位变动成本的敏感系数绝对值之差等于销售量的敏感系数。

（3）销售量的敏感系数与固定成本的敏感系数绝对值之差等于1。

拓展阅读

本量利分析的深入思考

※ 章节测试

一、单项选择题（每小题4分，共40分）

1.在本量利分析中，必须假定产品成本的计算基础是（　　）。

A.完全成本法　　B.制造成本法　　C.变动成本法　　D.吸收成本法

2.假设某企业只生产一种产品，单位变动成本为4元，销售费用和管理费用的单位变动成本为2元，单价为10元，销售量为600件，则其边际贡献为（　　）元。

A.2 400　　B.3 600　　C.6 000　　D.4 800

3.假设某企业只生产一种产品，单价为24元，单位变动成本为18元，固定成本总额为18 000元，则保本量为（　　）件。

A.750　　B.3 000　　C.1 000　　D.2 000

4.销售量不变，保本点越高，则能实现的利润（　　）。

A.越大　　B.越小　　C.不变　　D.不一定

5.某企业生产和销售空调，其产品的保本点为1 200台，实际销售1 600台，单位边际贡献为25元，则该企业的实际利润为（　　）元。

A.25 000　　B.40 000　　C.10 000　　D.30 000

6.某企业的安全边际率为30%，变动成本率为60%，则销售利润率为（　　）。

A.12%　　B.28%　　C.18%　　D.42%

7.单价单独变动会使安全边际（　　）。

A.不变　　B.不一定　　C.反方向变动　　D.同方向变动

8.下列属于敏感系数所具有的性质的是（　　）。

A.敏感系数为正数，因素值与目标值发生同方向变化

B.敏感系数为负数，因素值与目标值发生同方向变化

C.只有敏感系数大于1的因素才是敏感因素

D.只有敏感系数小于1的因素才是敏感因素

9.下列各项指标中，可以用来衡量企业经营安全程度的指标是（　　）。

A.边际贡献　　B.边际贡献率　　C.盈亏平衡销售额　　D.安全边际率

10.某产品的边际贡献率为40%，销售收入为50万元，则变动成本总额为（　　）万元。

A.30　　B.25　　C.60　　D.125

二、多项选择题（每小题6分，共30分）

1.在本量利关系图中，保本点的位置取决于（　　）等因素。

A.固定成本　　B.单位变动成本

C.销售量　　D.销售单价

2.下列等式中成立的有（　　）。

A.变动成本率+安全边际率=1　　B.边际贡献率+安全边际率=1

C.边际贡献率+变动成本率=1　　D.安全边际率+保本作业率=1

3.下列关于本量利关系图的说法中，不正确的有（　　）。

A.安全边际越小，盈利面积也越小

B.实际销售量超过保本销售量的部分就是安全边际

C.在其他因素不变的情况下，盈亏平衡点越低，盈利面积越小

D.保本点的右侧，收入小于成本，属于亏损区

4.下列说法中，正确的有（　　）。

A.安全边际与单价呈同方向变动

B.安全边际与单位变动成本呈同方向变动

C.安全边际与固定成本呈同方向变动

D.安全边际与销售量呈同方向变动

5.关于敏感系数，下列说法中正确的有（　　）。

A.敏感系数为正值时，表明它与利润同向增减

B.敏感系数的绝对值越小，表明利润对其的敏感程度越小

C.利润对单价的敏感程度超过对销售量的敏感程度

D.若单价的敏感系数为4，则说明每降价1%，企业利润将降低4%

三、判断题（每小题3分，共30分）

1.通常，边际贡献是指销售收入减去生产制造过程中的变动成本和销售费用、管理费用中的变动部分之后形成的差额。（　　）

2.若单位产品售价与单位变动成本发生同方向、同比例变动，则保本量不变。（ ）

3.不论是保本分析还是保利分析，凡在计算有关销售量的指标时，均以单位边际贡献为分子；凡在计算有关销售额的指标时，均以边际贡献率为分子，这是它们的共性所在。（ ）

4.在其他条件既定的情况下，单位变动成本越大，保本销售额越小。（ ）

5.安全边际率与边际贡献率相乘可得销售利润率。（ ）

6.本量利分析中的利润指的是净利润。（ ）

7.利量式本量利关系图能清晰地反映销售量变化对利润的影响，具有简明的优点。（ ）

8.多品种本量利分析的方法主要有综合边际贡献率法和联合单位法。（ ）

9.单价的敏感系数与单位变动成本的敏感系数绝对值之差等于销售量的敏感系数。（ ）

10.销售量的敏感系数一定大于单价的敏感系数。（ ）

章节测试

第四章

经营预测

课程目标

价值塑造：

1.通过案例“新经济时代下的导航仪财务”帮助学生理解数字化时代预测的重要性，通过预测在危机中育新机、于变局中开新局。

2.在企业预测实施过程中，培养多角度思考、辩证分析的意识，从不同方面进行预测分析。

3.通过童装厂预测失败的案例思考，以小见大，引导学生认识到预测是有一定规律的，并不能盲目跟随趋势。

知识传授：

1.掌握：经营预测的特征、经营预测的方法、经营预测的分类、趋势预测分析法、资金需要量预测方法。

2.理解：经营预测的定义、判断分析法、成本预测的方法、利润预测的方法。

3.了解：经营预测的步骤、寿命周期分析法、成本预测的意义、销售预测的意义。

能力培养：

1.能够通过定量分析法计算企业的未来销售量。

2.能够通过分析历史资料计算企业的未来成本。

3.能够按照企业经营目标的要求，对影响利润变化的成本、产销量等各项因素进行综合分析。

4.能够在分析有关历史资料、技术经济条件和发展规划的基础上，运用一定的数学方法，对计划期资金需要量进行预计和推测。

导入案例

动画巨作《泰山》在全球为迪士尼公司赚得了4.5亿美元的毛收入。然而，该片的生产成本却基本处于失控的状态。公司传统的电影生产管理方式关注的是如何在预定档期内完成影片的制作，但却很少注意成本。在制作《泰山》的过程中，主创人员为了增强效果，追加了许多复杂的细节，使得该片的画稿总数高达19万张，而《狮子王》的画稿只有13万张。为了赶上《泰山》的发行档期，工作人员搁置了其他工作，而且经常要加班，该片的主创人员最终达到573人，几乎是《狮子王》主创人员总数的2倍。在动画主创人员赚得高额工资收入的同时，电影的成本也高到了令人惊讶的地步。

迪士尼公司动画部总裁托马斯·舒马赫认为，应该在不影响观众观赏效果的前提下实质性地缩减未来制作电影的成本。《星际宝贝》成为这一观念指导下的第一部影片。贯彻该观念的第一步是分清花钱的优先顺序，不能为了降低成本而减少开支，预测分析至关重要。事实上，降低动画成本的方式是控制那些会极大增加成本但对影片质量并无很大影响的细节支出。比如，动画师原本打算在片中人物Nani所穿的衬衫上画一些可爱的图案，然而，在Nani所出现的每张画面中增加这一细节会使成本增加25万美元。通过控制诸如此类的细节支出，《星际宝贝》得以按期完成制作任务，总成本约为8 000万美元。而《泰山》的成本是1.5亿美元。①

讨论与思考：《星际宝贝》是如何缩减制作电影成本的？阐述经营预测分析在管理会计中的重要性。

思维导图

第一节 经营预测概述

一、经营预测的定义与特征

（一）经营预测的定义

在激烈的市场竞争中，企业为了提高竞争能力和应变能力，必须在事前就对企业经营活动中可能涉及的问题进行规划，这就是一般意义上的预测。预测就是以过去的历史资料和现在所能取得的信息为基础，运用人们所能掌握的科学知识和管理人员多年来的实践经验，来预计、推测事物发展的必然性与可能性的过程。

思政案例

预测分析是指按照一定的原理和程序，运用专门方法进行经营预测的过程。经营预测是指企业根据现有的经济条件和掌握的历史资料，对生产经营活动的未来发展趋势和状况进行的预计和预算。

新经济时代下的“导航仪财务”

（二）经营预测的特征

1.依据的客观性

经营预测分析是以客观准确的历史资料和合乎实际的经验为依据进行的分析，不是毫无根据的主观臆断。

2.时间的相对性

经营预测事先明确规定某项预测对象的时间期限范围。预测分析的时间越短，受到不确定因素的影响越小，预测结果越准确。反之，预测结果的准确性就差一些。

3.结论的可检验性

经营预测应考虑到可能发生的误差，并且能够通过对误差的检验进行反馈，调整预测分析的程序和方法，尽可能地减少误差。

4.方法的灵活性

经营预测可灵活采用多种方法，在选择预测方法时，应事先进行试点，选择简便易行、成本低、效率高的预测方法。

① 冯巧根．管理会计［M］．4版．北京：中国人民大学出版社，2020.

二、经营预测的步骤

经营预测一般包括以下几个步骤：

（1）确定经营预测目标。该步骤即确定预测分析的内容、范围、目的和要求，有针对性地做好各阶段的预测工作。因为不同的预测目标所需的资料是不同的，所以确定经营预测目标是预测分析的前提。

（2）收集整理资料。该步骤要收集尽可能多的相关经济信息，并对所收集的资料进行整理、归纳，找出与预测目标有关的各因素之间的相互依存关系。

（3）选择经营预测方法。该步骤针对不同的预测对象和内容，选择不同的预测方法，对资料进行处理、计算和分析，进行定量和定性分析。

（4）分析判断。该步骤用所选择的方法对经营预测目标进行实际预测，取得预测结果。

（5）检查验证。该步骤将本期实际发生数与预测数相比较，计算并分析差异，以便在本期预测中加以改进。

（6）修正预测值。在之前的步骤中，一些定量分析的数学模型可能没有将非计量因素考虑进去，这就需要在该步骤对其进行修正和补充，使其更接近实际。

（7）报告预测结论。该步骤以一定形式通过一定程序将修正后的预测结果进行报告。

三、经营预测的方法

经营预测的方法大体可分为定量分析法和定性分析法。

（一）定量分析法

定量分析法是指运用数学方法对有关的数据资料进行加工处理，据以建立能够反映有关变量之间规律性联系的各类预测模型的方法。它又可以分为趋势预测分析法和因果预测分析法。

1.趋势预测分析法

趋势预测分析法指根据某项指标过去的、按时间排列的历史数据，运用一定的数学方法进行计算，借以预测未来发展趋势的方法。该分析法包括算术平均法、加权平均法、移动平均法、移动加权平均法、指数平滑法等。

2.因果预测分析法

因果预测分析法指从某项指标与其他指标的相互联系中进行分析，根据它们之间的规律性联系作为预测依据的方法。该分析法包括回归分析法、经济计量法等。

（二）定性分析法

定性分析法又称非数量分析法，是指由熟悉情况和业务的专家根据个人的经验进行分析判断，提出初步预测意见，然后再通过一定形式进行综合分析，作为预测未来状况和发展趋势主要依据的方法。该分析法一般在缺少完备的历史资料或有关因素之间缺乏明确的数量关系、难以进行数量分析时采用。

四、经营预测的分类

根据不同的标准，经营预测分为不同的类型。

（1）按照经营预测分析的范围，经营预测分为宏观预测和微观预测。宏观预测是对宏观主体进行的预测，比如对一个国家、地区的预测等。微观预测是指对一个个的经济实体进行的预测。

（2）按照经营预测时间的长短，经营预测分为短期预测、近期预测、中期预测、长期预测。短期预测的时间一般在一个月以内；近期预测的时间在一个月以上，一年以内；中期预测的时间一般为1—3年；长期预测的时间在3年以上。

（3）按内容，经营预测分为销售预测、利润预测、成本预测、资金需要量预测。

（4）按经营预测分析的方法，经营预测分为定量分析和定性分析。

拓展阅读

我们能预测未来吗？

第二节 销售预测

销售预测对其他预测（成本预测、利润预测以及资金需要量预测等）起着决定性的引导作用，并成为制定企业经营决策的重要依据。只有做好销售预测，才能相互衔接地开展其他各项经营预测。

一、销售预测的意义

扩大商品的销售业务量是企业经营的主要目标之一。在现代市场经济条件下，企业生产经营方针既不是“以产定销”，也不单纯是“推销促销”，而是在研究市场的基础上，自觉满足社会需要，以需定销，以销定产，努力适应和开发市场。作为商品经营者的企业必然十分关心在未来一定时期内哪些产品适销对路，企业能在市场上占有多大份额，经营某项业务究竟能赚取多少利润，成本多高，需用多少资金等。因此，在企业预测系统中，销售预测处于先导地位，它对于指导利润预测、成本预测和资金需要量预测，进行长短期决策，安排经营计划，组织生产等都起着重要的作用。

销售预测的方法很多，其中常用方法有：判断分析法、产品寿命周期分析法、趋势预测分析法、因果预测分析法和季节预测分析法等，其中前两种方法属于定性分析法，后三种方法属于定量分析法。

二、判断分析法

判断分析法是通过一些具有丰富经验的经营管理人员或知识渊博的外界经济专家对企业一定期间特定产品的销售业务量情况作出判断和预计的一种方法。此法一般适用于不具备完整可靠的历史资料，无法进行定量分析的企业。

判断分析法具体包括以下三种方法。

（一）推销员判断法

推销员判断法又称意见汇集法，是由企业的推销人员根据他们的调查，将每位顾客或各类顾客对特定预测对象的销售预测值填入卡片或表格，然后由销售部门经理对此进行综合分析以完成预测销量任务的一种方法。

此法的原理是：基层销售人员最熟悉市场，能直接倾听顾客的意见，因而能够提供直接反映顾客要求的信息。

采用此法进行销售预测所需的时间短、费用低、比较实用。但这种方法是建立在假定推销人员都能够向企业反映真实情况的基础上，而推销人员的素质各异，他们对形势的估计有可能过于乐观或悲观，从而干扰预测结论。如果企业在销量方面对其规定定额，则他们就会有意地低估预测值，为自己留有充分的余地；若企业按预测销售业务量核拨业务经费，则推销员就有可能有意高估预测值。另外也可能因为顾客对预测对象不了解，推销员介绍的资料不够详细，而使得所汇报的意见过于分散。为避免这种现象出现，应采取以下措施：

（1）把企业过去的预测与实际销量资料、企业的未来规划以及未来的社会经济发展趋势的信息都提供给各推销人员，供他们参考。

（2）组织多人对同一产品或市场进行预测判断，再将这些数据加以平均处理，以消除人为的偏差。

【例4-1】假设东泰公司有三名销售人员和一名经理。每个预测者预计的2022年东泰公司的销售量和概率见表4-1。

要求：预测东泰公司2022年的销售量。

表4-1 预测者及其预计销售量、概率分布表

预测者	销售量（件）	概率	销售量×概率（件）
甲销售员：			
最高	500	0.2	100
最可能	400	0.5	200
最低	300	0.3	90
期望值			390
乙销售员：			
最高	600	0.2	120
最可能	500	0.6	300
最低	400	0.2	80
期望值			500
丙销售员：			
最高	550	0.2	110
最可能	450	0.5	225
最低	350	0.3	105
期望值			440
经理：			
最高	500	0.3	150
最可能	450	0.5	225
最低	300	0.2	60
期望值			435

解析：假设经理的预测更准确、更重要，将其预测的权重确定为2，而将销售人员的预测权重均确定为1，则综合预测结果为：

$$综合的预测销售量 = \frac{390 \times 1 + 500 \times 1 + 440 \times 1 + 435 \times 2}{1 + 1 + 1 + 2} = 440（件）$$

（二）综合判断法

综合判断法是由企业召集相关经营管理人员，特别是那些最熟悉销售业务的销售主管人员，以及各地经销商负责人集中开会，由他们在会上根据多年的实践经验和判断能力对特定产品未来销量进行判断和预测的一种方法。

这种方法能够集思广益，博采众长，快捷、实用，但预测结果也会受到相关人员主观判断的影响。因此，应用此法时，应事先向预测人员提供近期有关政治、经济形势以及市场情况的资料，并在他们各自预测的基础上进行讨论、分析、综合平衡，最终得出结论。

（三）专家判断法

专家判断法是由见识广博、知识丰富的专家根据他们多年的实践经验和判断能力对特定产品的未来销量进行判断和预测的一种方法。

这里的“专家”是指本企业或同行企业的高级领导人、销售部门经理以及其他外界专家等，但不包括推销员和顾客。具体有以下三种形式：

1.专家个人意见集合法

这种方法首先向各个专家征求意见，要求他们对本企业产品销售的未来趋势和当前的状况作出独立的个人判断，然后再对此加以综合，确定预测值。用这种方法可以集中各方面专家从不同角度反映的意见，故比推销员判断法更准确；但由于每个专家占有的资料有限，因此也不可避免地带有片面性。

2.专家小组法

此法是由若干专家组成几个预测小组，分别以小组为单位进行预测，再进行综合论证的一种方法。此法能够在预测过程中发挥集体智慧、相互启发，在一定程度上可弥补上述方法的片面性，但小组的预测结论常常会受到组内权威人士意见的左右。

3.德尔菲法

这种方法的做法是通过函询方式向若干经济专家分别征求意见，各专家在互不通气的情况下，根据自己的观点和方法进行预测，然后企业将各专家的判断汇集在一起，并采用不记名的方式反馈给各位专家，请他们参考别人的意见修正本人原来的判断，如此反复数次，最终确定预测的结果。

三、产品寿命周期分析法

产品寿命周期分析法是利用产品销量在不同寿命周期阶段上的变化趋势进行销售预测的一种定性分析方法。

产品寿命周期是指新产品试制成功之后，从投入市场开始，到被市场淘汰为止这样一个发展过程，一般都要经过萌芽期、成长期、成熟期和衰退期。在这一过程中，销量的变化呈一条曲线，称作产品寿命周期曲线。

产品销量在产品寿命周期各阶段中的发展趋势，一般有如下规律：

（1）萌芽期：新产品刚投入市场试销，消费者还不熟悉产品的性能，销量不大，需要经过一定时间的推广，销量才能逐步上升。

（2）成长期：产品已为广大消费者接受，由小批试制、试销转入成批生产和销售，市场销量迅速增加。

（3）成熟期：产品进入大批量生产和畅销阶段，前期销量稳定上升，后期产品销量增长减慢，并趋于下降。

（4）衰退期：产品老化，逐步被新产品所替代，销量急剧下降，趋于被淘汰。

产品寿命周期只是揭示了产品销量的一般发展趋势，并不能明确规定所有产品每个阶段的具体时间长短。因此，在产品寿命周期预测中，要先了解预测时产品处在哪一个发展时期，这一时期能延续多久，然后预测出今后若干年内产品销售的变化情况。判断产品所在的寿命周期阶段，通常采用计算销售增长率的办法。产品寿命周期曲线告诉我们，产品寿命的不同阶段的增长率是不同的。一般来说，萌芽期增长率不稳定，成长期增长率最大，成熟期增长率稳定，衰退期增长率小于零。所以，可以根据产品销售增长率来判断产品所处的寿命周期阶段。具体来说，成长期每年的增长率在10%以上，成熟期为0.1%~10%。当增长率小于零时，可以认为产品已经进入了衰退期。

此外，了解产品寿命周期各阶段销量的特点，还可以指导预测方法的正确选用。如在萌芽期，可采用判断分析法进行预测；在成长期可采用因果预测分析法进行预测；成熟期最好采用平均法。

但产品寿命的周期性并不是绝对的，个别产品也可能出现例外，如中途夭折（没进入成长期），成长缓慢、未老先衰（由成长期直接进入衰退期）和成熟持久等。这里只有最后一种情况对企业有利，可以通过改进产品辅助功能，扩大服务范围，保证质量，降低价格及规格多样化等途径来开创这种局面。

不论哪一种产品都不可能永世不衰，因此研究产品寿命周期也要考虑产品升级换代的时机预测。一般要在发展第一代产品的同时，试制第二代，研究第三代，设想第四代。换代太早会破坏上一代产品的正常发展，导致两代产品争市场争原料，内耗太大；换代晚又会失去市场，降低新产品的竞争力，造成老产品积压。总之，应统筹考虑技术工艺、社会购买力、消费习惯与寿命周期的关系，预测新产品投入的最佳时机。

四、趋势预测分析法

趋势预测分析法是指对企业按发生时间先后顺序排列的一系列历史销售数据，应用一定的数学方法进行加工处理，找出销售随时间变化的趋势，由此推断其未来发展趋势的销售预测方法。该方法假设历史趋势是可以延续的，由此借助历史趋势开展预测。常用的趋势预测分析法有算术平均法、加权平均法、指数平滑法等。

（一）算术平均法

采用算术平均法进行销售预测，就是把若干历史时期的销售量或销售额作为观察值，求出其简单算术平均数，并将平均数作为下期销售的预测值。如果产品的销售额或销售量在选定的历史时期呈现某种上升或下降的趋势，就不能简单地采用这种方法。这种方法的假设前提是过去怎样，将来也会怎样发展，即将来的发展是过去的延续。当各历史时期的销售量或销售额呈现增减趋势时，采用算术平均法进行销售预测就不妥当了，因为算术平均法把每个观察值看成同等重要，不能体现这种增减趋势。算术平均法的计算公式为：

$$计划期预测销售量（额）=\frac{各期销售量（额）之和}{期数}$$

【例4-2】东泰公司2022年1—6月实际销售额见表4-2。

表4-2 东泰公司2022年1—6月实际销售额统计表

月份	1月	2月	3月	4月	5月	6月
实际销售额（万元）	138	136	140	136	140	138

要求：用算术平均法预测2022年7月份销售额。

解析：

$$7月份预测销售额=\frac{138+136+140+136+140+138}{6}=138（万元）$$

（二）加权平均法

采用加权平均法进行销售预测，同样是将若干历史时期的销售量或销售额作为观察值，将各个观察值与各自权数的乘积加总，然后除以权数之和，求出加权平均数，并将加权平均数作为销售量（或销售额）的预测值。按照各个观察值与预测值的相关程度分别规定适当的权数，是运用加权平均法进行销售预测的关键。当各历史时期的销售量（或销售额）呈现增减趋势时，为了体现这种增减趋势，有必要将近期观察值的权数规定得大一些，远期观察值的权数规定得小一些，使预测值更接近近期的观察值。

加权平均法的计算公式为：

$$Y=\sum_{i=1}^{n}W_iX_i$$

式中，Y为加权平均数；W_i为第i个观察值的权数；X_i为第i个观察值；n为观察值个数。W_i应该满足下列两个条件：

（1）$\sum W_i=1$

（2）$W_1\leqslant W_2\leqslant W_3\leqslant\cdots\leqslant W_n$

【例4-3】东泰公司1—6月电冰箱的销售量情况见表4-3。依据资料，规定n＝6，$W_1=0.1$，$W_2=0.1$，$W_3=0.1$，$W_4=0.2$，$W_5=0.2$，$W_6=0.3$。

要求：用加权平均法预测该公司7月份电冰箱销售量。

表4-3 东泰公司1—6月电冰箱销售量调查资料表

月份	1月	2月	3月	4月	5月	6月
销售量（台）	650	660	680	700	710	730

解析：

$$\begin{aligned}Y_7&=\sum_{i=1}^{n}W_iX_i\\&=0.1\times650+0.1\times660+0.1\times680+0.2\times700+0.2\times710+0.3\times730\\&=700（台）\end{aligned}$$

（三）移动平均法

移动平均法是指在掌握n期销量的基础上，按照事先确定的期数（记作m，$m < n/2$）逐期分段计算m期的算术平均数，并以最后一个m期的平均数作为未来n + 1期预测销售量的一种方法。

所谓"移动"，是指预测值随着时间的不断推移，计算的平均值也在不断向后顺延。此法假定预测值主要受最近m期销售业务量的影响。此法的计算公式是：

$$预测销售量 = 最后m期的算术平均销售量 = \frac{最后m期销售量之和}{m}$$

移动平均法虽然能够克服算术平均法忽视远近期销量对预测量影响程度不同的缺点，有助于消除远期偶然因素的不规则影响，但仍存在只考虑n期数据中的最后m期资料，存在缺乏代表性的缺点。此法适用于销售业务略有波动的产品预测。

【例4-4】东泰公司2022年1—6月份A产品销售量见表4-4，移动期m = 3。

表4-4 东泰公司1—6月A产品销售量资料表

月份	1	2	3	4	5	6
销售量（件）	3 360	3 600	3 480	3 720	3 840	3 960

要求：用移动平均法预测该公司7月份A产品的销售量。

解析：

$$7月份预测销售量 = \frac{3\,720 + 3\,840 + 3\,960}{3} = 3\,840（件）$$

（四）加权移动平均法

加权移动平均法是根据同一个移动期内不同时间的数据对预测值的影响程度，分别给予不同的权数，然后再进行移动平均以预测未来销售量（额）的方法。加权移动平均法不像简单移动平均法那样，在计算平均值时对移动期内的数据同等看待，而是根据越是近期数据对预测值影响越大这一特点，不同对待移动期内的各个数据。对近期数据给予较大的权数，对远期数据给予较小的权数，这样来弥补简单移动平均法的不足。

【例4-5】沿用【例4-4】相关资料，假设权数按计划期的远近设定为0.2、0.3、0.5。

要求：用加权移动平均法预测该公司7月份A产品的销售量。

解析：

$$7月份预测销售量 = 3\,720 \times 0.2 + 3\,840 \times 0.3 + 3\,960 \times 0.5 = 3\,876（件）$$

（五）指数平滑法

指数平滑法是加权平均法的一种变化，计算的是指数平滑平均数。其计算公式如下：

$$S_t = aX_{t-1} + (1 - a)S_{t-1}$$

式中，S_t为t期的销售预测值；S_{t-1}为t期上一期的销售预测值；X_{t-1}为t期上一期的销售实际值；a为满足$0 < a < 1$条件的常数，亦称指数平滑系数。

从上式可以看出，指数平滑法实际上是以a和$1 - a$为权数的一种特殊的加权平均法，只要知道上期的销售预测值S_{t-1}和上期的销售实际值X_{t-1}，就可以预测本期的销售值S_t。

【例4-6】东泰公司1—6月电视的销售量实际情况见表4-5。假设a为0.3，1月销售量的预测值为1 250台。

要求：用指数平滑法预测该公司7月电视的销售量。

表4-5 东泰公司1—6月电视实际销售量 单位：台

月份	实际销售量	月份	实际销售量
1	1 200	4	1 200
2	1 000	5	1 170
3	1 300	6	1 350

解析：用指数平滑法计算2—7月的销售量预测值见表4-6。

表4-6 预测值计算表 单位：台

月份	aX_{t-1} ①	$(1-a)S_{t-1}$ ②	S_t ③=①+②
1	—	—	1 250
2	0.3×1 200	（1-0.3）×1 250	1 235
3	0.3×1 000	（1-0.3）×1 235	1 165
4	0.3×1 300	（1-0.3）×1 165	1 206
5	0.3×1 200	（1-0.3）×1 206	1 204
6	0.3×1 170	（1-0.3）×1 204	1 194
7	0.3×1 350	（1-0.3）×1 194	1 241

因此，该公司7月电视销售量预测值为1 241台。

指数平滑系数a的取值越大，则近期实际销售量对预测结果的影响越大；a的取值越小，则近期实际销售量对预测结果的影响越小。

与加权平均法相比，指数平滑法有以下两个优点：第一，a值可以任意设定，灵活方便；第二，在不同程度上考虑了以往各期的观察值，比较全面。

五、因果预测分析法

影响产品销售的因素是多方面的，既有企业外部因素，也有企业内部因素；既有客观因素，也有主观因素。在这些因素中，有些因素对产品销售起着决定性作用或与产品销售存在某种函数关系，只要找到与产品销售（因变量）相关的因素（自变量）以及它们之间的函数关系，就可以利用这种函数关系进行产品的销售预测，这种销售预测方法就是因果预测分析法。

因果预测分析法最常用的方法是回归分析法，它假定预测期销售量同影响因素呈线性关系。为简化分析，先假定影响因素只有一个，则回归直线可以写成：

$$y = a + bx$$

回归分析法在统计上按照最小二乘法进行回归分析，估计出常数项a与系数b的取值：

$$a = \frac{\sum y - b\sum x}{n}$$

$$b = \frac{n\sum xy - \sum x\sum y}{n\sum x^2 - (\sum x)^2}$$

求出a与b的值后，结合自变量x的预计销售量或销售额，代入公式y = a + bx，即可求得预测对象y的预计销售量或销售额。

【例4-7】假设东泰公司专门生产电冰箱压缩机，而决定电冰箱压缩机销售量的主要因素是电冰箱的销售量。假设预测期2022年全国电冰箱的销售量预计为180万台，近5年全国电冰箱的实际销售量和电冰箱压缩机的实际销售量资料见表4-7。

表4-7 历史数据表

年份	2017	2018	2019	2020	2021
压缩机销售量（万只）	20	25	30	36	40
电冰箱销售量（万台）	100	120	140	150	165

要求：采用最小二乘法预测2022年该公司电冰箱压缩机的销售量。

解析：

（1）在y = a + bx中，设y为压缩机销售量；x为电冰箱销售量；a为电冰箱对压缩机的年需要量；b为每销售1万台电冰箱对压缩机的需要量。

（2）根据给定资料编制计算表，见表4-8。

表4-8 计算表

年份	电冰箱销售量x（万台）	压缩机销售量y（万只）	xy	x^2
2017	100	20	2 000	10 000
2018	120	25	3 000	14 400
2019	140	30	4 200	19 600
2020	150	36	5 400	22 500
2021	165	40	6 600	27 225
n = 5	$\sum x = 675$	$\sum y = 151$	$\sum xy = 21\ 200$	$\sum x^2 = 93\ 725$

（3）将计算的数值代入最小二乘法公式，计算a与b的值。

$$b = \frac{n\sum xy - \sum x\sum y}{n\sum x^2 - (\sum x)^2} = \frac{5 \times 21\ 200 - 675 \times 151}{5 \times 93\ 725 - 675^2} = \frac{4\ 075}{13\ 000} = 0.313$$

$$a = \frac{\sum y - b\sum x}{n} = \frac{151 - 0.313 \times 675}{5} = -12.06$$

（4）将a与b的值代入公式y=a+bx，得出2022年该公司压缩机预计销售量为：

y=a+bx=−12.06+0.313×180=44.28（万只）

六、季节预测分析法

每年重复出现的周期性变动称为季节性变动。季节性变动的周期为12个月，许多行业的产品销售具有季节性变动的特点。一般来说，农产品的季节性变动甚于工业品，消费品甚于生产资料，非耐用消费品甚于耐用消费品。对销售具有季节性变动特点的产品进行销售预测时，应当充分考虑季节性变动的影响。

季节性变动对产品销售的影响，可用加法模型或乘法模型来预测：

$$Y_t = T_t + S_t$$

式中，Y为销售量；T为趋势值；S为季节加量或季节指数；t为时间。

$$Y_t = T_t S_t$$

式中，T为一种趋势，是决定Y大小的基本因子；S是考虑季节性影响调整的因子。

季节可以是季度、月份、周、日等。S以一定的周期循环取值。例如，Y代表某企业每个月某产品的销售量，则周期为12；如果代表每季度的销售量，则周期为4。

在受季节性变动影响的情况下，季节加量或季节指数需按一定的周期取值。一般来说，所取观察值的季节波动与趋势值成比例关系，则应采用乘法模型 $Y_t = T_t S_t$；如果所取观察值的季节波动与趋势值不成比例关系，则应采用加法模型 $Y_t = T_t + S_t$。

从这两个模型可以看出：对受季节性影响的产品销售进行预测，要在前面讲过的预测方法基础上再加上（或乘以）季节加量或季节指数。因而，季节预测分析法是对前面各种方法在考虑季节因素情况下的一种调整。

此外，市场营销学还提供了许多与销售预测有关的方法，可以综合运用这些方法提高销售预测的科学性。

活学活用

童装厂的困境

第三节　成本预测

一、成本预测的意义

成本作为衡量企业经济效益的重要指标，必然是会计管理的主要对象之一。

在现代经济条件下，成本管理工作不仅要反映实际耗费和分析成本超降原因，而且更应着眼于规划未来，进行成本预测，确定目标成本，从而控制成本的形成过程，降低成本，提高质量，实施全面成本管理。

成本预测是根据企业未来的发展目标和现实条件，参考其他资料，利用专门方法对企业成本水平及其发展趋势所进行的推测与估算。它要综合考虑企业盈利、销售、供应、生产、运输、储备等方面的情况，动员企业各个方面力量挖掘内部潜力，提出降低消耗、完成目标成本的方案，为成本决策和实施成本控制提供信息。成本预测既可围绕企业成本总规划开展，也可按阶段、品种的成本管理进行。成本预测具体包括产品成本水平及趋势的预测、各种因素变化对成本影响的预测、成本降低幅度的预测、质量成本的预测以及使用成本的预测等。产品成本水平及趋势的预测，主要是指产品在正常生产状况下应达到的成本水平及其变化趋势的预测，产品成本水平主要是通过测算目标成本来预测的；各种因素变化对成本影响的预测，具体包括直接材料、直接人工、制造费用等成本项目的变化对成本影响程度的预测；成本降低幅度的预测，主要是对可比产品成本降低额和可比产品成本降低率等指标进行预测；质量成本的预测，是指企业对为了保证和提高产品质量而发生的费用的预测；使用成本的预测是指企业对产品进入消费后，为了保证正常使用和因质量问题而发生的有关保修等费用的预测。

二、成本预测的方法

成本预测方法包括历史资料分析法、因素变动预测法、基数法等。

（一）历史资料分析法

成本预测中的历史资料分析法是指在掌握有关成本等历史资料的基础上，采用一定方法进行数据处理，建立有关成本模型，并据此预测未来成本的一种方法。

在历史资料分析法下，只要能够建立总成本模型 $y = a + bx$，就可以利用预测的产销量很方便地预测出未来总成本和单位成本的水平。该法的关键问题是如何利用有关历史资料确定总成本模型 $y = a + bx$ 中的a和b，常用的方法包括高低点法、回归直线法和加权平均法等具体方法，前两种方法在本书第二章混合成本分解方法中已经讨论过，在这里只介绍加权平均法。

加权平均法是指根据过去若干期的单位变动成本b和固定成本总额a的历史资料，按其时间远近赋予不同权数，用加权平均数计算计划期的产品成本的方法。其计算公式如下：

$$y = \sum a_i w_i + x\sum b_i w_i$$

其中，$\sum W_i = 1$。

$$单位成本预测值 = \frac{y}{x}$$

【例4-8】某机床厂销售A机床，最近五年的产量及成本数据见表4-9，令 W_1=0.03，W_2=0.07，W_3=0.15，W_4=0.25，W_5=0.5。

表4-9 **产品历年成本资料**

年度	产量（台）	单位变动成本（元）	固定成本总额（元）
1	20	600	4 000
2	75	300	5 200
3	60	450	5 400
4	45	550	4 800
5	100	400	6 000

要求：采用加权平均法预测第6年产量为120台时的总成本和单位成本。

解析：第6年总成本预测值：

$$y = \sum a_i w_i + x\sum b_i w_i$$

=（4 000×0.03+5 200×0.07+5 400×0.15+4 800×0.25+6 000×0.5）+120×（600×0.03+300×0.07+450×0.15+550×0.25+400×0.5）=58 774（元）

第6年单位成本预测值：

$$\frac{y}{x}=\frac{58\ 774}{120}=489.78\text{（元）}$$

必须指出，历史资料分析法的三种常用方法，虽然都是根据成本的历史资料进行数学推导，在一定程度上能反映出成本的变动趋势，但它们对于企业的外部条件，如市场的供需状况、国家的方针政策、运输条件，以及信贷利率等是否有变化，均未加考虑，这就必然会影响预测分析的准确性。为了使成本预测更加接近实际，在采用数学公式推导的同时，还必须与企业管理层的经验判断结合起来，缜密地进行分析研究，才能得出科学的预测结论。此外，成本预测还应特别重视产品设计和研制阶段。这个阶段的成本是否具有先进水平，将对产品投产以后的成本产生深远的影响。因此，在产品设计和研制时，必须考虑制造成本和使用成本的节约。

（二）因素变动预测法

因素变动预测法是基数法的一个特例，是在各种影响企业目标成本的因素的基础上进行预测的成本预测方法。其计算公式为：

目标成本 =（上年实际单位成本 − 各因素变动导致的成本降低额）× 预计产品销售量

预测的产品成本降低率为：

$$\text{成本降低率}=\frac{\text{各因素变动导致的成本降低额}}{\text{上年实际单位成本}}\times 100\%$$

（三）基数法

基数法是根据本企业上年实际平均单位成本和实现企业经营目标要求的成本降低任务测算目标成本的一种方法。其计算公式为：

单位产品目标成本 = 上年实际平均单位成本 ×（1 − 计划期预计成本降低率）

目标成本 = 单位产品目标成本 × 预计销售量

需要注意的是，这种方法仅适用于可比产品。

第四节 利润预测

利润预测是按照企业经营目标的要求，通过对影响利润变化的成本、产销量等各项因素的综合分析，对未来一定时间内可能达到的利润水平和变化趋势所进行的科学预测。利润预测是规划目标利润的重要前提。

利润预测可采用直接预测法和因素分析法。

一、直接预测法

直接预测法是参照利润表的主要构成，直接预测收入和成本项目，并将预测收入抵减预测成本得到预测利润。所以，本章前两节所讲的销售预测和成本预测是直接预测法的重要应用前提。

$$\text{预测总利润}=\text{预测营业收入}-\text{预测营业成本}-\text{预测销售费用}-\text{预测管理费用}-\text{预测研发费用}-\text{预测财务费用}+\text{预测其他收益}+\text{预测投资收益}+\text{可预测的其他利润}$$

需要指出的是，直接预测法很难对利润的所有构成项目作出精确预测，更多的是基于企业的业绩和未来一定期间的经营计划开展的利润总额初步测算，采用这一方法可以在预算编制中得到企业未来一年的利润预测金额，也称预计利润及预算利润。

营业利润是由产品销售利润和其他业务利润组成的，这两部分预测利润的公式分别为：

预测产品销售利润=预计产品销售收入-预计产品销售成本

=预计产品销售量×（预计产品销售价格-预计产品销售成本）

预测其他业务利润=预计其他业务收入-预计其他业务成本

预测企业的投资收益是根据预计企业对外投资收入减去预计投资损失后得到的预计投资净收益。

最后，将所求出的各项预测数额加总，便可计算出预测期间的预测总利润。

【例4-9】东泰公司生产A、B、C三种产品，本期销售价格、单位销售成本及预计下期产品销售量的数据见表4-10。预测下期其他业务的资料为：其他业务收入25 000元，其他业务成本20 000元。

表4-10　**预计销售数据表**　金额单位：元

产品	销售价格	单位销售成本	预计下期产品销售量（件）
A	90	60	4 000
B	200	180	2 000
C	70	50	8 000

要求：根据资料预测下一会计期间的营业利润。

解析：（1）预测各产品销售利润额。

A产品=4 000×（90-60）=120 000（元）

B产品=2 000×（200-180）=40 000（元）

C产品=8 000×（70-50）=160 000（元）

预测销售利润=120 000+40 000+160 000=320 000（元）

（2）预测其他业务利润。

预测其他业务利润 = 25 000 - 20 000 = 5 000（元）

（3）预测下一会计期间的营业利润。

预测营业利润 = 预测产品销售利润 + 预测其他业务利润

= 320 000 + 5 000 = 325 000（元）

二、因素分析法

因素分析法的基本原理与本量利分析中的敏感性分析是一致的。因素分析法是在本期已实现利润水平的基础上，预测影响产品利润的各因素变化，进而预测企业下期产品利润的一种方法。影响产品利润的主要因素有销售数量、销售价格、销售成本以及品种结构等。预测企业下期产品利润时，可以先计算本期成本利润率：

$$本期成本利润率 = \frac{本期产品利润}{本期产品销售成本} \times 100\%$$

计算出本期成本利润率后，可以预测下期各相关因素变动对产品利润的影响。

首先，可以预测销售数量变动对利润的影响。给定其他因素，如果预测期产品销售量增加，利润额也会随之增加；反之亦然。假定成本利润率和单位产品成本不变，因销售数量变动而影响的利润的计算公式为：

销售数量变动影响的利润 =（预测期销售量 - 本期销售量）× 本期单位产品成本 × 本期成本利润率

其次，可以预测销售价格变动对利润的影响。给定其他因素，如果预测期销售价格提高，销售收入也会增多，从而使利润额增加；反之亦然。因销售价格变动而影响的利润的计算公式为：

销售价格变动影响的利润 = 预测期销售量 × 变动前销售价格 × 价格变动率

还可以预测销售成本降低对利润的影响。给定销售数量、销售价格等因素，降低销售成本会增加利润；反之亦然。

因销售成本降低而增加的利润= 预测期销售量 × 变动前销售价格 × 单位销售成本降低率

最后，可以预测品种结构变动对利润的影响。在多产品情况下，品种结构变动会影响利润。这是由于不同品种的产品利润率不同，全部产品平均利润率是各种产品销售利润率乘以各自的销售收入占比，最后加总而得，计算公式如下：

全部产品平均利润率 = $\sum$（各种产品本期销售利润率 × 该产品本期销售额比重）

如果预测期产品品种结构变化，即不同产品在全部产品中的销售收入占比发生变化，就会引起全部产品平均利润率变化，从而影响利润。故预测期产品品种结构变动对利润的影响可按下列公式计算：

$$\text{因产品品种结构变动而增减的利润} = \text{预测期全部产品销售收入} \times \left(\text{预测期平均销售利润率} - \text{本期平均销售利润率}\right)$$

第五节 资金需要量预测

资金需要量预测是以预测企业生产经营规模的发展和资金利用效果的提高等为依据，在分析有关历史资料、技术经济条件和发展规划的基础上，运用一定的数学方法，对计划期资金需要量所进行的科学预计和推测。

一、销售百分比法

销售百分比法是比率预测法的一种。比率预测法主要是以一定财务比率为基础来预测未来的资金需要量。能用于预测的比率比较多，如资金与销售额的比率、存货周转率、应收账款周转率等，但最常用的是资金与销售额的比率。销售百分比法是假设某些资产和负债与销售额存在稳定的百分比关系，根据这个假设预计资金需要量的方法。其中所采用的相关指标有敏感性资产与敏感性负债，其中敏感性资产是与销售额保持同比例增长的资产，如应收账款、存货等项目；敏感性负债是与销售额保持同比例增长的负债，如应付账款等项目。

采用这种方法，就是根据资金各个项目与销售额之间的依存关系，按照计划期销售额的增长情况来预测需要相应追加多少资金。具体的计算方法有两种：一种是根据销售总额预计资产、负债和所有者权益的总额，然后确定追加资金需要量；另一种是根据销售增加额预计资产、负债和所有者权益的增加额，然后确定追加资金需要量。

【例4-10】东泰公司2021年销售收入为1.2亿元，净利润为480万元，股利支付率为50%，工厂设备利用已呈饱和状态。该企业2021年度简化的资产负债表见表4-11。

表4-11 资产负债表

2021年12月31日

单位：万元

资产		负债和所有者权益	
货币资金	120	应付账款	600
应收账款	400	应交税费	300
存货	2 600	长期负债	1 310
固定资产净额	4 800	股本	5 400
无形资产	40	留存收益	350
资产总计	7 960	负债和所有者权益总计	7 960

该公司2022年销售收入将增至1.5亿元，销售净利率与上年相同，该公司仍按2021年的股利支付率支付股利。

要求：预测该公司2022年需要追加的资金数额。

解析：

（1）根据销售总额确定追加资金需要量。

第一步，确定销售百分比。

敏感性资产项目的销售百分比=（120+400+2 600+4 800）÷12 000×100%

= 7 920 ÷ 12 000 × 100% = 66%

敏感性负债项目的销售百分比=（600+300）÷12 000×100%=900÷12 000×100%=7.5%

这一步骤的关键是将资产负债表中预计随销售额变动而变动的项目分离出来，即区分直接随销售额变动的资产、负债项目与不随销售额变动的资产、负债项目。不同企业销售额的变动引起资产、负债变化的项目及比率是不同的，需要根据历史数据逐项研究确定。就本例而言，资产项目除无形资产外，负债项目除长期负债外，其余都随销售额变动而变动。

第二步，计算预计销售额下的资产和负债。

$$\text{预计资产（负债）} = \text{预计销售额} \times \text{敏感性资产（负债）项目的销售百分比} + \text{不随销售额变动的资产（负债）项目的金额}$$

预计资产=15 000×66%+40=9 940（万元）

预计不增加借款情况下的负债=15 000×7.5%+1 310=2 435（万元）

第三步，预计留存收益增加额。

留存收益是企业内部融资来源。只要企业有盈利，并且不是全部支付股利，留存收益就会使所有者权益自然增长。留存收益可以满足或部分满足企业的资金需求。这部分资金的多少，取决于收益的多少和股利支付率的高低。

留存收益增加额=预计销售额×计划销售净利率×（1−股利支付率）

=15 000×（480÷12 000）×（1−50%）=300（万元）

第四步，计算追加资金需要量。

追加资金需要量=预计资产−预计负债−预计所有者权益

=9 940−2 435−（5 400+350+300）=1 455（万元）

（2）根据销售增加额确定追加资金需要量。

追加资金需要量=资产增加−负债自然增加−留存收益增加

$$=\frac{新增}{销售额}\times\frac{敏感性资产}{项目的销售百分比}-\frac{新增}{销售额}\times\frac{敏感性负债}{项目的销售百分比}-\frac{预计}{销售额}\times\frac{计划销售}{净利率}\times(1-\frac{股利}{支付率})$$

=（15 000−12 000）×66%−（15 000−12 000）×7.5%−15 000×（480÷12 000）×（1−50%）

=1 455（万元）

在实际工作中，运用销售百分比法进行资金需要量预测时，应充分重视市场价格因素以及资产实际运营状况的影响，有必要根据企业内外部各种因素的影响对预测结果作出修正，以提高预测的准确性。

二、资金习性预测法

资金习性预测法是指根据资金习性预测企业未来资金需要量的一种方法。资金习性是指资金的变动与产销量之间的依存关系。按照资金和产销量之间的依存关系，可以把资金区分为不变资金、变动资金和半变动资金。

不变资金是指在一定的产销量范围内，不随产销量变动，保持固定不变的那部分资金，如为维持营业而占用的最低数额的现金，原材料的保险储备，厂房、机器设备等固定资产占用的资金等。变动资金是指随产销量的变动而成同比例变动的那部分资金，如构成产品实体的原材料、外构件等占用的资金，最低储备以外的现金、存货和应收账款等。半变动资金是指虽然受产销量变动的影响，但不成同比例变动的资金，如一些辅助材料占用的资金等。半变动资金可采用一定的方法划分为不变资金和变动资金两个部分。因此，进行资金习性分析，就是将企业的资金最终划分为不变资金和变动资金两个部分，从数量上掌握资金与产销量之间的规律性，从而正确地预测资金的需要量。

资金习性预测法主要是根据资金总额与销售额的关系来进行预测的，它借助直线回归分析这一数理统计方法，根据历史上若干期企业资金总额与销售额之间的关系，把资金划分为不变资金和变动资金两个部分，然后结合预计的销售额来预测企业资金需要量。

在预测资金需要量时，以销售额作为自变量，以资金总额作为因变量，根据一定数量的自变量与因变量的对应资料，建立直线回归方程：

$$y = a + bx$$

式中，x为销售额；y为资金总额；a为资金中的固定部分（即不受销售额增减变动影响而能保持不变的部分）；b为变动资金率（即每增加一元销售额需要增加的资金）。

根据已知过去若干期的销售额x和资金总额y的资料，经过计算，可求出a、b的值。

根据直线回归方程y=a+bx，就可预测出未来一定时期为完成预计销售额所需要的资金数额。

【例4-11】东泰公司2017—2021年销售收入和资金占用量的资料见表4-12。假定该企业2022年销售收入预测数为350万元，已有资金180万元。

表4-12 东泰公司2017—2021年销售收入与资金占用量 单位：万元

年度	销售收入	资金占用量
2017	240	153
2018	260	162
2019	255	159
2020	270	165
2021	300	175

要求：预测该企业2022年需要追加的资金数额。

解析：(1) 根据上述资料，编制直线回归方程数据计算表（见表4-13）。

表4-13 直线回归方程数据计算表

年份	销售收入x（万元）	资金占用量y（万元）	xy	x^2
2017	240	153	36 720	57 600
2018	260	162	42 120	67 600
2019	255	159	40 545	65 025
2020	270	165	44 550	72 900
2021	300	175	52 500	90 000
n = 5	$\sum x = 1\,325$	$\sum y = 814$	$\sum xy = 216\,435$	$\sum x^2 = 353\,125$

(2) 应用表4-13中的有关数据计算资金需要量。

$$b = \frac{n\sum xy - \sum x\sum y}{n\sum x^2 - (\sum x)^2} = \frac{5\times 216\,435 - 1\,325\times 814}{5\times 353\,125 - 1\,325^2} = 0.3625\text{（万元）}$$

$$a = \frac{\sum y - b\sum x}{n} = \frac{814 - 0.3625\times 1\,325}{5} = 66.74\text{（万元）}$$

将a与b的值代入公式 $y = a + bx$，得出2022年预计资金需要量为：

$y=a+bx=66.74+0.3625\times 350=193.62$（万元）

预计需追加资金数额=193.62−180=13.62（万元）

在实际工作中，运用直线回归分析法进行资金预测，应注意以下四个问题：

(1) 坚持连贯的原则和类推的原则。如果所拥有的资料数据很不稳定，经常出现突然变化，则不便据以进行预测。

（2）销售额和资金需要量两个变量之间的线性关系的假定要符合实际情况。

（3）计算a、b的值应利用预测年度前连续若干年的历史资料，选择的历史跨度越长，预测结果越准确。

（4）在具体运用时，应充分考虑市场价格等因素变动对资金需要量的影响，并根据有关因素的影响对预测结果作出必要的修正，以减少预测误差，提高预测质量。

※ 章节测试

一、单项选择题（每小题4分，共40分）

1.下列各种销售预测方法中，没有考虑远近期销售量对未来销售状况产生不同影响的方法是（　　）。

A.移动平均法　　B.算术平均法　　C.加权平均法　　D.指数平滑法

2.下列各项中，可用于预测追加资金需要量的方法是（　　）。

A.平均法　　B.回归分析法　　C.综合判断法　　D.销售百分比法

3.在企业经营预测中，起决定性作用的是（　　）。

A.成本预测　　B.利润预测　　C.销售预测　　D.投资预测

4.通过函询方式，在互不通气的情况下向若干经济专家分别征求意见的预测方法是（　　）。

A.德尔菲法　　B.专家小组法

C.专家个人意见集合法　　D.推销员判断法

5.下列选项中，不属于判断分析法的是（　　）。

A.推销员判断法　　B.专家判断法　　C.综合判断法　　D.单项判断法

6.趋势预测分析法和因果预测分析法属于（　　）。

A.调查分析法　　B.判断分析法

C.定性销售预测　　D.定量销售预测

7.（　　）最常用的方法是回归直线法。

A.调查分析法　　B.因果预测分析法

C.趋势预测分析法　　D.季节预测分析法

8.在下列产品寿命周期的不同阶段中，产品销量急剧下降的现象通常发生在（　　）。

A.萌芽期　　B.成长期　　C.成熟期　　D.衰退期

9.经营预测分析的内容不包括（　　）。

A.销售预测　　B.利润预测　　C.资金需要量预测　　D.所得税预测

10.一般来说，资产项目中不随销售收入变化而变化的项目是（　　）。

A.货币资金　　B.应收账款　　C.存货　　D.无形资产

二、多项选择题（每小题6分，共30分）

1.预测分析的方法一般分为两类，这两大类是（　　）。

A.定量分析法　　B.因果预测分析法

C.判断分析法　　D.定性分析法

2.具体的成本预测方法包括（　　）。

A.历史资料分析法　　B.高低点法

C.加权平均法　　D.回归分析法

3.常用的趋势预测分析法有（　　）。

A.算术平均法　　B.加权平均法

C.移动平均法　　D.加权移动平均法

4.销售预测中的定量分析法包括（　　）。

A.趋势预测分析法　　B.因果预测分析法

C.季节预测分析法　　D.周期分析法

5.定性分析法有多种方法，具体包括（　　）。

A.判断分析法　　B.产品寿命周期分析法

C.回归分析法　　D.趋势预测分析法

三、判断题（每小题3分，共30分）

1.运用加权平均法进行销售预测的关键是按照各个观察值与预测值不同的相关程度分别规定适当的权数。（　　）

2.定量销售预测比定性销售预测更为精确。（　　）

3.当各历史期的销售量呈现增减趋势，运用加权平均法时，有必要将近期观察值的权数规定得小一些。（　　）

4.因素分析法的基本原理与本量利分析中的敏感性分析是一致的。（　　）

5.凡是顾客数量有限，调查费用不高，每位顾客意向明确又不会轻易改变的，均可以采用调查分析法进行预测。（　　）

6.在受季节性变动影响的情况下，季节加量或季节指数需按一定的周期取值。一般来说，所取观察值的季节波动与趋势值成比例关系，则应采用乘法模型；如果所取观察值的季节波动与趋势值不成比例关系，则应采用加法模型。（　　）

7.如果产品的销售额或销售量在选定的历史时期呈现某种上升或下降的趋势，就不能简单地采用算术平均法。（　　）

8.经营预测分析的起点是利润预测。（　　）

9.资金需要量的预测方法只有销售百分比法。（　　）

10.比率预测法最常用的比率是资金与销售额的比率。（　　）

章节测试

第五章

短期经营决策

课程目标

价值塑造：

1.从国家、企业、个人等不同层面引导学生领悟决策的重要意义，深刻领悟“管理的重心在经营，经营的关键在决策”，引导学生树立社会主义核心价值观，培养对党和国家崇高的情怀，增强社会责任感。

2.结合相关收入、相关成本、无关收入、无关成本，培养学生唯物辩证思维模式，辩证地分析相关因素与无关因素。

3.通过“生活中的沉没成本”的思考，引导学生理解沉没成本的内涵，当沉没成本发生时，理性判断，及时止损。

4.通过讲授国际时局、国家宏观经济发展对价格的影响，国家政策法规对价格的调控，培养学生树立全局意识、家国情怀，并结合“医保谈判底价的形成”案例，引导学生从不同角度感知价格制定的影响因素，增强学生的爱国主义精神。

5.通过自制还是外购的决策分析，结合华为芯片事件，培养学生的自主创新思维，增强民族自豪和民族自信心。

6.通过产品组合优化决策的分析，培养学生节约意识，树立资源优化配置的观念。

7.在各经营决策中培养学生具备企业家眼光、大局思维，摒弃狭隘的部门利益或个人利益，站在企业整体乃至社会责任角度思考问题，作出对企业整体利益乃至外部利益相关者均有利的决策。

知识传授：

1.掌握：定价决策的基本方法、品种决策、产品组合优化决策。

2.理解：决策相关概念、产品功能成本决策的应用。

3.了解：决策分析的意义、程序，成本与价格的关系。

能力培养：

1.能够辨别决策中的相关收入、相关成本、无关收入及无关成本，便于进行经营决策。

2.能够掌握价格制定的基本方法，制定最佳的价格。

3.能够熟练运用边际贡献分析法、差量分析法、成本无差别点分析法等，有针对性地解决短期经营决策的相关问题。

4.能够运用线性规划法进行产品最优组合决策的分析。

导入案例

布雷公司在某地的白酒市场上，属于营销出色的公司，其生产的青梅酒，在当地的白酒市场占有率达23%，此时，另一家公司推出一种新型白酒，其质量不比青梅酒低，每瓶价格却比它低1元。按照惯例，布雷公司有三种对策可选择：

（1）降低1元，以保住市场占有率。

（2）维持原价，通过增加广告费用和销售支出来与对手竞争。

（3）维持原价，听任其市场占有率降低。

由此看出，不论该公司采取上述哪种策略，布雷公司都处于市场的被动地位。但是，该公司的市场营销人员经过深思熟虑后，却采取了对方意想不到的第四种策略，那就是将青梅酒的价格再提高1元，同时推出一种与竞争对手新型白酒价格一样的李子酒和另一种价格更低的杏仁酒。这一策略，一方面提高了青梅酒的地位，同时使竞争对手新产品沦为一种普通的品牌。结果，布雷公司不仅渡过了难关，而且利润大增。实际上，布雷公司的上述三种产品的味道和成分几乎相同，只是该公司懂得以不同的价格来销售相同的产品而已。[①]

讨论与思考：如何为产品制定合理的价格？价格策略的成功与否对企业有什么影响？

思维导图

第一节 决策分析概述

一、决策的意义

决策是为了达到一定的目标在各种行动方案中进行选择的过程。管理会计中的决策是指企业在生产经营活动中对一些特殊的专门问题，需要决定是否采取某项行动，或者是在两个或两个以上的备选方案中作出选择，以取得最佳的经济效益。通常人们理解的决策是狭义的，即把决策理解为最优方案的最后选择。从广义上讲，决策不仅是选择方案的行为，还是一个提出问题、分析问题和解决问题的复杂过程，这个过程包括收集资料、提出备选方案和选定最优方案等基本环节。

企业的决策按照时间长短可以分为长期投资决策和短期经营决策。长期投资决策是指对较长时间内（通常一年以上）的经营问题所进行的决策，例如投资兴建新的项目、固定资产的更新改造等决策。长期投资决策往往涉及的时间长、投资额大、投资风险高，因此往往要考虑资金的时间价值和风险价值因素，该内容将在第七章长期投资决策中进行阐述。短期经营决策是指对企业一年以内或者维持当前的经营规模的条件下所进行的决策。短期经营决策的主要特点是在既定的规模条件下决定如何有效地进行资源的配置，以获得最大的经济效益，通常不涉及固定资产投资和经营规模的改变。因此，短期经营决策通常是在成本性态分析时提到的“相关范围”内所进行的决策。

---

① 赵永典，魏贤运．管理会计［M］．北京：清华大学出版社，2016.（改编）

任何一家处于生产过程中的企业都会遇到一些棘手的专门问题，这些问题大到企业未来的经营方针、发展的方向，小到产品生产的具体环节。随着这些问题的产生，企业需要决策的问题也层出不穷。决策是现代企业管理的关键与核心，正如现代管理科学所言，管理的重心在经营，经营的关键在决策。能否制定正确的经营决策，关系到企业经济效益的好坏甚至企业成败，甚至会影响整个国民经济建设的顺利进行。企业的管理层在生产经营过程中每天都在作出或正确或错误的决策，正确的决策能引导企业走向良性发展，而错误的决策往往会给企业造成浪费和损失，使企业财务状况不断恶化甚至危及企业的生存。所以，对企业经营过程中的问题进行分析并作出正确的决策，是企业顺利有效地进行生产经营活动的前提和基础。

从管理会计的角度分析，决策在管理会计的预测、决策、控制、考核中占有极其重要的地位。管理会计的工作重点是面向未来，而决策是事先作出的抉择，因而决策理论和方法是管理会计的核心内容。这种事先决策不是依靠个人经验和主观判断制定出来的，而是根据多方信息，采取科学的决策分析方法，通过周密的计算与分析，全面衡量得失后作出的最佳选择，因而具有较高的科学性和可靠性，对促进企业改善经营管理、提高经济效益起着积极的推动作用。

【思政课堂】

中国精神、中国力量、中国担当

2020年1月，面对突如其来的新冠肺炎疫情，在以习近平同志为核心的党中央的坚强领导下，党中央统揽全局、因时因势作出武汉“封城”等重大决策，坚持人民至上、生命至上，短时间内使疫情的“爆发式增长”得到遏制，生活、生产秩序逐步恢复，经济发展重上正轨；作为企业，当口罩供应短缺，全国超3 000家企业紧急跨界转产防护物资，“硬核”支援；同时，一批又一批医护人员驰援武汉，战斗在抗疫第一线，社区防控一线也少不了广大抗疫志愿者的身影……抗疫斗争中大大小小的决策，无不彰显了中国特色社会主义制度所具有的显著优势，向世界展示了中国精神、中国力量、中国担当。

二、决策的程序

决策是一个提出问题、分析问题并解决问题的复杂过程，在这个过程中怎样利用相关的信息资料，依据正确的决策标准确定最优方案，是决策者最关心的事情。因此，按照科学的决策程序有条不紊地达到目标是非常必要的。通常，无论是短期决策还是长期决策，都应按下列程序进行。

1.确定决策目标

企业处于不停的运转之中，需要决策的问题有很多。确定决策目标就是明确目前的决策需要解决的问题和要达到的目的。决策目标的制定应尽量做到量化，这样有利于进行具体的定量分析。例如，企业扩大生产采取哪种途径最好，扩大销售的数额为多少，单位变动成本要降低多少，盈亏临界点是多少。这些最好有明确的量化目标，使许多模糊不清的整体目标变为详细具体、便于分析的目标。

2.提出备选方案

确定决策目标后，要有针对性地提出解决问题的各种可供选择的方案，以便从中择优。这个步骤是一种探索性的工作，必须集思广益、大胆假设、勇于创新，在考虑使现有经济资源得到充分合理利用的前提下，实事求是地提出一批与决策目标保持一致的方案。备选方案提出以后，就要选用或构建与之相适应的模型，以便利用模型对方案进行深入分析，淘汰不可行方案，选出可行方案。

3.收集相关的信息资料

备选方案确定后，要收集诸如成本、收入、利润、产量、价格等多种与之相关的信息资料。与企业经营决策相关的资料是非常广泛的，收集时可将网撒大点，诸如人力资源、技术、资金、人口、市场等方面，只要相关均可集中起来。同时对这些资料有针对性地使用，避免不相关的信息阻碍决策者对目标的透视。

4.对备选方案进行评价

对收集到的信息资料进行整理、分析、计算，并逐个对备选方案进行评价。例如，产品的零部件是自制还是外购，可以利用收集到的自制与外购的成本费用资料，与其收入相比较，考虑各方案的得失，以便作出最佳选择。通常，评价时可结合构建的模型，采用科学、系统的方法对各方案从技术上的先进性、经济上的合理性和客观条件的可行性出发，进行正确可靠的评价。

5.考虑非计量因素的影响

对于备选方案的评价，首先按可计量因素进行优劣排序，但许多非计量因素对方案的影响也不容忽视，这些非计量因素的范围相当广泛，而且在不同时期表现无规律，如国际国内经济政治形势变化、消费者心理和消费结构改变、企业信誉状况、时效和季节等。所以，决策者应将定量分析与定性分析结合起来，综合考虑有关因素，除了科学的计算分析，还要凭借一定的经验和判断能力，权衡得失利弊，最终作出合理正确的决策。

6.选择最优方案

这个步骤是决策的最终目的。在以上考虑计量和非计量因素的基础上，将各种备选方案进行比较，权衡得失，从中选出最理想的方案。这种理想是相对而言的，只要选择的方案是所有备选方案中最好的，那么作出的决策就是最优决策。

7.实施方案，反馈信息

选择最优方案并不是决策的终点。从控制论的角度来讲，决策是一个循环往复的过程，在实施方案时，要不断地发现问题，并反馈到原来的方案上，不断改进，反复决策。实施方案时，现实中的条件并不会与评价方案时的条件完全一致，常常会发生一些未预测到的情况，加之人为判断也可能出错，所以在执行过程中会有许多方面不尽如人意。这些信息反馈回来，就可使决策者审时度势，重新建立模型进入下一轮的决策循环，从而不断完善决策机制，力争获得最佳的经济效益。

三、决策的相关概念

（一）相关收入与无关收入

相关收入是指与特定决策方案相联系的、能对决策产生重大影响的、在短期经营决策中必须予以充分考虑的收入，又称有关收入。如果某项收入只属于某个经营决策方案，即若有这个方案存在，就会发生这项收入；若该方案不存在，就不会发生这项收入，那么，这项收入就是相关收入。相关收入的计算，要以特定决策方案的单价和相关销售量为依据。

与相关收入相对立的概念是无关收入。如果无论是否存在某个决策方案，均会发生某项收入，那么就可以断定该项收入是上述方案的无关收入。

（二）相关成本与无关成本

1.相关成本

相关成本是指与特定决策方案相联系的、能对决策产生重大影响的、在短期经营决策中必须予以充分考虑的成本，又称有关成本。如果某项成本只属于某个经营决策方案，即若这个方案存在，就会发生这项成本；若该方案不存在，就不会发生这项成本，那么，这项成本就是相关成本。

在短期经营决策分析中，较为常见的相关成本包括差量成本、机会成本、专属成本、付现成本、边际成本、可延缓成本等。

（1）差量成本。差量成本一般指决策时若干备选方案预期成本之间的差额。可以通过对比各个方案的预计总成本的大小，即计算各个方案预计成本之间的差量成本判断方案的优劣。

与差量成本相联系的差量收入是指若干备选方案预期收入之间的差额，这两个概念还派生出差量收益的概念，它们广泛应用于各种类型的决策分析。

（2）机会成本。企业在进行经营决策时，必须从多个备选方案中选择一个最优方案，而放弃其余方案的最大潜在收益就称为已选中方案的机会成本。由此可见，机会成本是指企业在经营决策选定方案时所要放弃的最大潜在收益。

机会成本与财务会计的成本概念存在明显的不同，它是在决策时预测和评估得到的，并非企业的切实资源耗费，它永远不需要企业用资金去支付，在会计的各种账簿中并不能直接反映出来，因而容易被人们忽视，但机会成本是客观存在的，而且是决策的相关成本。因此，在应用机会成本进行决策时意味着在选择一个给定方案时，应考虑其余备选方案的潜在收益，进行全面比较、评价，以免作出错误的决策。

【例 5-1】假设东泰公司现有一空置的车间，既可以用于A产品的生产，也可以用于出租。如果用来生产A产品，其收入为40 000元，成本费用为22 000元，可获净利18 000元；用于出租则可获租金收入12 000元。

要求：作出生产还是出租的决策。

解析：在决策中，如果选择用于生产A产品，则必然放弃出租方案，其本来可能获得的租金收入12 000元应作为生产A产品的机会成本，由生产的A产品负担。这时，我们可以得出正确的判断结论：生产A产品将比出租多获净利6 000元。

可见，机会成本产生于公司的某项资产的用途选择。具体来讲，如果一项资产只能用来实现某一职能而不能用于实现其他职能，不会产生机会成本，如公司购买的一次还本付息债券，只能在到期时获得约定的收益，因而不会产生机会成本；如果一项资产可以同时用来实现若干职能，则可能产生机会成本，如公司购买的可转让债券，既可以到期获得约定收益，又可以在未到期前中途转让以获得转让收益，从而可能产生机会成本。

(3) 专属成本。专属成本是指那些能够明确归属于特定决策方案的固定成本或混合成本，它往往是为了弥补产能不足的缺陷，增加有关装置、设备、工具等长期资产而发生的。专属成本的确认与取得上述装置、设备、工具的方式有关。若采用租入方式，则专属成本是与此相关联的租金成本；若采用购买方式，则专属成本就是这些装备的全部取得成本。

(4) 付现成本。付现成本是指由现在或将来的任何决策所能够改变其支出数额的成本。在企业资金紧张时更应慎重对待，付现成本是决策必须考虑的重要影响因素。例如，某企业急需更新设备一台，但是企业资金紧张，银行存款余额为6 000元。A和B两家工厂可提供设备，A厂售价50 000元，要求一次性付清货款；B厂售价60 000元，只要求预付4 000元，余款10个月内付清，很显然在这种情况下，该企业选择B厂设备为最优，这可以使企业迅速恢复生产，多付的总成本可以通过提前恢复生产而获取的利润得以补偿。

(5) 边际成本。边际成本的经济学含义是指产品产量的无限小变化引起的产品成本的变动部分，但在现实生活中，产品产量无限小的变化只能是一个可计量单位，如果小于一个可计量单位则会失去实际意义。因此，边际成本的实质就是当业务量以一个最小经济单位增加或减少时引起的成本变化量。显然，管理会计中的边际成本是差量成本的特殊形式，当业务量的增量为一个、一件或一批时，边际成本等于单位差量成本或一批的差量成本。

【例5-2】东泰公司每增加1个单位产量的生产引起的总成本变化及追加成本见表5-1。

表5-1　　东泰公司增加单位产量的总成本及边际成本变化表

产量（件）	总成本（元）	边际成本（元）
100	400	—
101	403	3
102	406	3
103	409	3
104	500	91
105	503	3

要求：请解析边际成本的变化规律。

解析：由表5-1可以看出，产量每增加1个单位，边际成本并不总是一个固定的数值。当产量从100件递增至103件时，每增加1个单位产量的边际成本为3元，但从103件增加到104件时，增加1个单位产量的边际成本就上升为91元，接着总成本又以每增加1个单位产量边际成本为3元的趋势变化。这是因为当产量从100件增加到103件时，是在相关范围内，固定成本不随产量变化，而只是变动成本随产量发生变化；而当产量从103件增加到104件时，边际成本上升为91元，这表明第104件已超出了原来的相关范围，要达到这个产量需增加固定成本。在这之后，边际成本又以一个固定的数值（3元），在新的相关范围内，随着单位产量的增加而增加。

（6）可延缓成本。可延缓成本是指在经营决策中对其暂缓开支不会对企业未来的生产经营产生重大不利影响的那部分成本。由于可延缓成本具有一定的弹性，在决策中应当充分予以考虑。例如，某厂已决定装修厂房，但不一定立刻付诸实施，因为这一方案不立刻实施，对企业目前正常的生产经营影响不大，所以与装修厂房有关的成本可视为可延缓成本。

2.无关成本

与相关成本对立的概念是无关成本。凡是不受决策结果影响，与决策关系不大，已经发生或注定要发生的成本就是无关成本。如果无论是否存在某决策方案，均会发生某项成本，那么就可以断定该项成本是无关成本。在经营决策中，不需要考虑无关成本，否则可能会导致决策失误。无关成本主要包括沉没成本、联合成本和不可延缓成本等。

（1）沉没成本。沉没成本是指过去已经发生并无法由现在或将来的任何决策所改变的成本。由于沉没成本是对现在或将来的任何决策都无影响的成本，因此决策时不予考虑。

活学活用

生活中的沉没成本

【例5-3】东泰公司有一台旧设备要提前报废，其原始成本为20 000元，已提折旧18 000元，折余净值为2 000元，这2 000元的折余价值就是沉没成本。假设处理这台旧设备有两个方案可以考虑：一是将旧设备直接出售，可获得变价收入800元；二是经修理后再出售，需支出修理费用1 000元，但可获得2 100元。

要求：请作出正确的决策。

解析：在进行决策时，由于旧设备折余价值2 000元属于过去已经支出再无法收回的沉没成本，所以不予考虑，只需将这两个方案的收入加以比较。直接出售可得收入800元，而修理后出售可得净收入1 100元（2 100−1 000），显然，采用第二方案比采用第一方案可多得300元（1 100−800）。所以，应将旧设备修理后再出售。

可见，沉没成本是企业在以前经营活动中已经支付的现金，而在现在或将来经营期间摊入成本费用的支出，如固定资产、无形资产、递延资产的原始成本等均属于企业的沉没成本。

（2）联合成本。联合成本是指为多种产品的生产或为多个部门的设置而发生的，应由这些产品或这些部门共同负担的成本。例如，在企业生产过程中，几种产品共同的设备折旧费、辅助车间成本等都属于联合成本。联合成本是与决策无关的成本，决策时不予考虑。

（3）不可延缓成本。不可延缓成本是与可延缓成本相对立的成本，是指在经营决策中，若对某项成本暂缓开支就会对企业未来的生产经营产生重大不利影响，这类成本就是不可延缓成本。由于不可延缓成本具有较强的刚性，注定要发生，必须保证对它的支付，没有什么可选择的余地，所以决策中没有必要加以考虑。例如，某企业的旧厂房因暴雨冲击而产生较大裂痕，必须在计划期间内大修，否则会造成严重后果，这笔大修费用就属于不可延缓成本。

第二节 定价决策

一、影响价格的基本因素

一种产品价格制定得适当与否，往往决定了该产品能否为市场所接受，并直接影响该产品的市场竞争地位和市场占有率。一般来讲，影响价格制定的基本因素包括如下几个：

（一）成本因素

成本是影响定价的最基本因素。从长期来看，产品价格应等于总成本加上合理的利润，否则企业无利可图，将会停止生产；从短期来看，企业应根据成本结构确定产品价格，即产品价格必须高于平均变动成本，以便掌握盈亏情况，减少经营风险。

（二）需求因素

市场需求与价格的关系可以简单地用市场需求潜力与需求价格弹性来反映。市场需求潜力是指在一定的价格水平下，市场需求可能达到的最高水平；需求价格弹性是指在其他条件不变的情况下，某种商品的需求量随其价格的变动而变动的程度，它是用需求变化率与价格变化率之比来表示的。需求价格弹性大的商品，其价格的制定和调整对市场需求影响大；需求价格弹性小的商品，其价格的制定和调整对市场需求影响小。例如，消费品中的日常生活必需品，如粮食、食用油、日用小商品等，日常需求量大，但价格弹性较小，降低价格并不会带来销售量的较大增长；消费品中的奢侈品和耐用消费品，如高档化妆品、名贵首饰、高级组合音响等，需求量小，但价格弹性较大，降低价格往往能够带来销售量的较大增长。

（三）商品的市场生命周期因素

商品的市场生命周期包括四个阶段，即投入期、成长期、成熟期、衰退期。不同的阶段定价策略应有所不同。投入期的价格，既要补偿高成本，又要能被市场接受；在成长期和成熟期，产品大量销售，企业要扩大市场占有率，必须稳定价格以利于开拓市场；进入衰退期后，一般应采取降价策略，以使充分挖掘产品的经济效益。

（四）竞争因素

产品竞争的激烈程度不同，对定价的影响也不同，竞争越激烈，对价格的影响就越大。完全竞争的市场，企业几乎没有定价的主动权；在不完全竞争的市场中，竞争的强度主要取决于产品制造的难易程度和供求形势。由于竞争影响定价，企业要做好定价工作，必须充分了解竞争者的情况：主要竞争对手来自何方，主要竞争对手的实力如何以及主要竞争者的定价策略如何。

（五）科学技术因素

科学发展和技术进步在生产中的推广和应用必将导致新产品、新工艺、新材料代替老产品、老工艺、旧材料，从而形成新的产业结构、消费结构和竞争结构。例如，化纤工业的兴起和发展形成对传统棉纺织工业和丝绸工业的巨大竞争压力；高清晰度彩电系统是对原有彩电系统的否定。这种科学技术因素对销售价格的影响必须予以考虑。

（六）政策法规因素

国家的政策法规也会影响价格。比如，国家一般都对农产品实行补贴，而对某些行业（烟、酒行业等）征税。政府如果取消对这些行业的限制，这些行业的产品价格就完全由市场决定，一旦政府介入，就必须考虑政府税收和补贴对产品价格的影响。一般来说，政府对产品实行补贴，可以使产品的价格维持在一定的水平；政府对产品征税，生产者就会将部分税收转嫁给消费者，从而提高产品价格。同时，政府还利用货币金融、海关等手段间接调节价格，在进行国际贸易时，各国政府对价格的限制措施往往更多、更严。因此，企业应很好地了解本国及所在国关于物价方面的政策和法规，并以其作为定价策略的依据。

思政案例

“灵魂砍价”——揭秘医保谈判的底价

（七）相关产品的销售量

某些产品的销售量往往取决于相关产品的销售量，如纺织业与服装业、轮胎业与汽车业、玻璃业与建筑业，基本上是后者的销售决定前者的销售。因此，前者销售价格的制定可以根据后者的预测资料进行。

除上述几方面外，产品的质量、产品的比价、差价与价格体系、消费者的支付能力与心理状态等，也是影响产品价格的重要因素。

二、以成本为基础的定价决策

成本是企业生产和销售产品所发生的各项费用的总和，是构成产品价格的基本因素，也是价格的最低经济界线。以成本为基础制定产品价格，不仅能保证生产中的耗费得到补偿，而且能保证企业必要的利润。

（一）成本加成定价法

成本加成定价法是指在成本基数的基础上加上一个成本加成率，得出预计的售价。成本基数，可以是完全成本，也可以是变动成本。成本加成率，由于基数的不同而存在一定的差异。其定价模型为：

$$\text{价格} = \text{单位产品成本} \times (1 + \text{成本加成率})$$

$$\text{成本加成率} = \frac{\text{加成内容}}{\text{相关成本}} \times 100\%$$

1.完全成本加成法

在完全成本加成法下，成本基数为单位产品生产成本，加成内容应该包括非生产成本及合理利润。因此，成本加成率为生产成本毛利率。其定价模型为：

$$\text{价格} = \text{单位产品生产成本} \times (1 + \text{生产成本毛利率})$$

$$\text{生产成本毛利率} = \frac{\text{预期利润} + \text{非生产成本}}{\text{生产成本}} \times 100\%$$

2.变动成本加成法

在变动成本法下，成本基数为单位变动生产成本，加成内容既包括预期利润，也包括全部固定成本和变动非生产成本。因此，成本加成率为变动生产成本贡献率。其定价模型为：

$$\text{价格} = \text{单位变动生产成本} \times (1 + \text{变动生产成本贡献率})$$

$$变动生产成本贡献率=\frac{预期利润+变动非生产成本+固定成本}{变动生产成本}\times 100\%$$

【例5-4】假设东泰公司投资1 000 000元，每年产销A产品50 000件，其单位生产成本为40元，单位变动生产成本为25元，固定制造费用为750 000元，固定销售与管理费用每年为500 000元，该公司期望获得的报酬率为20%。

要求：分别采用完全成本加成法和变动成本加成法确定产品价格。

解析：在完全成本加成法下：

$$生产成本毛利率=\frac{1\,000\,000\times 20\%+500\,000}{50\,000\times 40}\times 100\%=35\%$$

A产品单价 = 40 ×（1 + 35%）= 54（元）

在变动成本加成法下：

$$变动生产成本贡献率=\frac{1\,000\,000\times 20\%+750\,000+500\,000}{50\,000\times 25}\times 100\%=116\%$$

A产品单价 = 25 ×（1 + 116%）= 54（元）

由上述例题可见，变动成本加成法与完全成本加成法虽然计算的成本基数有所不同，但在思路上是相似的，都认为企业的定价必须弥补全部成本，只是成本基数的不同会引起加成率的差异。

（二）盈亏平衡定价法

盈亏平衡定价法是指运用盈亏平衡原理进行产品价格制定的一种方法。盈亏平衡时保本价格的计算公式如下：

$$SP_0=\frac{FC+VC\times V}{V\times(1-T_r)}$$

式中，FC表示固定成本，VC表示单位变动成本，V表示预计销售量，T_r表示销售税率。

保本价格确定后，企业可以以此为基础，适当调整价格水平，确定企业有盈利的合理价格。在目标利润已确定的情况下，产品价格的计算公式如下：

$$SP=\frac{P+FC+VC\times V}{V\times(1-T_r)}$$

【例5-5】假设东泰公司生产A产品，固定成本为40 000元，目标利润为60 000元，单位变动成本为5元，销售税率10%，预计销售50 000件。

要求：预测A产品的单位价格。

解析：

$$保本价格=\frac{40\,000+50\,000\times 5}{50\,000\times(1-10\%)}=6.44（元/件）$$

$$实现目标利润的产品价格=\frac{60\,000+40\,000+50\,000\times 5}{50\,000\times(1-10\%)}=7.78（元/件）$$

从计算结果可知，A产品的最低价格为每件6.44元，当每件价格为7.78元时，可以保证实现目标利润。

盈亏平衡定价法简便易行，能向企业提供可获必要利润的最低价格。但由于销售量往往受价格影响，因而计算结果的准确性也受到一定的影响。

（三）边际成本定价法

边际成本定价法是指通过分析不同特定价格与销售量组合条件下的产品边际收入、边际成本和边际利润之间的关系，作出相应定价决策的一种定量分析方法。

按照微分极值原理，如果边际利润为零，边际收入等于边际成本，此时利润为极大值，这时的售价就是最优售价。而在管理会计中，边际成本是指每增加一个单位的产品销售所增加的总成本，边际收入则指每增加一个单位的产品销售所增加的总收入。边际收入与边际成本的差额，称为边际利润，表示每增加一个单位的产品销售所增加的利润。这里一个单位的产品可以指一件产品，也可以指一批产品。

【例5-6】东泰公司销售A产品，固定成本为3 000元，单位变动成本为8元。通过产品试销和市场预测分析，取得的有关资料见表5-2。

表5-2 A产品在不同价格水平时的销售资料

价格（元）	100	95	90	85	80	75	70	65	60	55
销售量（件）	150	175	200	225	250	275	300	325	350	375

要求：采用边际成本定价法确定最优价格，并对此加以分析。

解析：根据上述资料进行整理计算，得到如下数据，见表5-3。

表5-3 边际成本定价法计算表 金额单位：元

销售量（件）	价格	销售收入	边际收入	总成本	边际成本	边际利润	利润
150	100	15 000	—	4 200	—	—	10 800
175	95	16 625	1 625	4 400	200	1 425	12 225
200	90	18 000	1 375	4 600	200	1 175	13 400
225	85	19 125	1 125	4 800	200	925	14 325
250	80	20 000	875	5 000	200	675	15 000
275	75	20 625	625	5 200	200	425	15 425
300	70	21 000	375	5 400	200	175	15 600
325	65	21 125	125	5 600	200	-75	15 525
350	60	21 000	-125	5 800	200	-325	15 200
375	55	20 625	-375	6 000	200	-575	14 625

计算结果表明，随着销售量的不断增加，边际收入逐步下降，甚至出现负数，以致边际利润不断减少。当边际利润为负数时，企业的利润总额就不会是最高的。因此，本题的最优价格在65～70元。为了把握销售量的最佳区域，可以将300～325件的销售量区域做进一步的细分。具体计算见表5-4。

表5-4 边际利润计算表 金额单位：元

销售量（件）	价格	销售收入	边际收入	总成本	边际成本	边际利润	利润
300	70	21 000	—	5 400	—	—	15 600
305	69	21 045	45	5 440	40	5	15 605
310	68	21 080	35	5 480	40	-5	15 600
315	67	21 105	25	5 520	40	-15	15 585
320	66	21 120	15	5 560	40	-25	15 560
325	65	21 125	5	5 600	40	-35	15 525

如表5-4所示，当产品销售量是305件、价格为69元时，边际收入最接近边际成本，此时的利润总额最大，为15 605元。因此，A产品每件定价69元为最优价格。

三、产品寿命周期与定价策略

选择适当的方法进行产品价格的预测固然十分重要，但预测结果还应结合产品所处的不同寿命阶段，采取不同的价格策略予以调整和修正，才能作为最终价格确定，从而保证企业销售目标的实现。

（一）产品寿命周期及其测定方法

产品寿命周期是指某种产品从投入市场开始直到退出市场为止的整个过程。产品寿命周期一般可以分为投入期、成长期、成熟期和衰退期四个阶段，如图5-1所示。

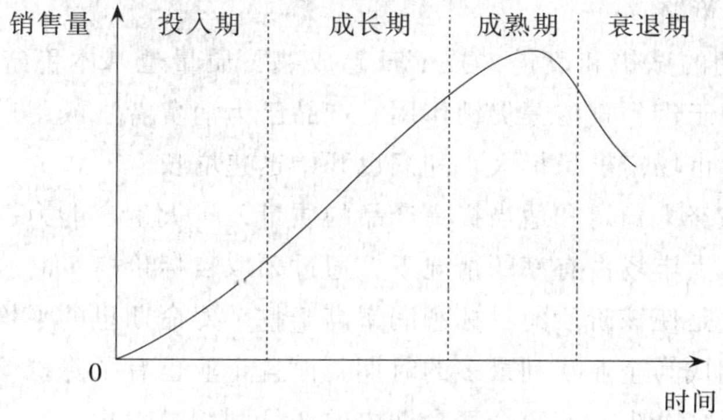

图5-1 产品寿命周期图

在不同寿命阶段，产品的质量、成本、产销量、竞争情况及需求者的评价等都存在差异，对价格的确定会产生不同的影响，因而应该采用不同的价格策略，使价格能够准确反映价值和供求关系，从而增强产品的竞争力，使企业获得最佳经济效益。

产品寿命周期的确定可以采用销售增长率测定法进行预测。销售增长率测定法是利用销售增长率判断产品在寿命周期中所处阶段的一种方法。产品寿命周期不同阶段的基本区别在于各阶段销售增长率的变化不同。在投入期，销售量增长缓慢，销售增长率较小；在成长期，销售量急剧上升，销售增长率较大；在成熟期，销售量增长趋缓，销售增长率较小；而在衰退期，销售量开始减少，销售增长率出现负数。因此，通过计算比较销售增长率的大小，即可粗略判断产品的寿命阶段。销售增长率的计算公式如下：

$$销售增长率=\frac{销售量的增加量}{销售时期的增长数}$$

一般而言，当0<销售增长率<0.1时，为投入期或成熟期；当销售增长率≥0.1时，为成长期；当销售增长率<0时，为衰退期。

（二）产品寿命周期的价格策略

1.投入期的价格策略

作为刚刚投入市场的新产品，虽然具有一定的技术、经济优势，甚至独家生产经营，但由于结构和工艺尚未定型，质量不太稳定，消费者（或用户）对新产品缺乏了解和信任，因而销路有待打开。为尽快打开局面，可采取以下价格策略：

（1）撇脂策略。即在投入期以高价投放新产品，并辅以高促销手段，从而保证获得初期高额利润，以后随产品销路的扩大逐渐降价。采取该策略可以迅速回收投资，并为以后产品降价促销提供条件，但也会引来竞争，影响及时打开销路。因此，该策略只适用于市场上没有类似替代物，在短期内居垄断地位并容易开辟市场的新产品。

（2）渗透策略。即在投入期以低价投放新产品，并辅以高促销手段，其目的在于尽快打开销路，夺取更大的市场份额。在有效占领市场后，再逐渐提高价格水平。该策略能有效地排斥竞争者，使企业长期占有市场，从而持久地给企业带来日益增多的利润，但由于定价水平低，企业投资回收速度慢。在产品市场规模大、竞争激烈、价格弹性大的情况下，采用渗透策略往往可以达到以廉取胜、薄利多销的目的。

2.成长期的价格策略

产品经过投入期的试销和改进，技术日趋成熟，质量也基本稳定，逐渐形成销售高峰。在成长期内，由于广告宣传等促销作用，产品已为消费者（或用户）所熟悉，并在竞争中占有较大优势，市场需求量扩大，利润也开始迅速增长。

企业一方面应该努力稳定和适当提高产品的质量，扩大生产能力；另一方面应在保证市场供应，维持、扩大市场占有率的情况下，通过采取目标价格策略，修正预测值，确定最优价格。具体做法是使该阶段的目标利润率高于整个寿命期里的平均利润率，这样不仅可以使产品的成长期成为企业获利最多的时期，而且企业也有了降价促销的后续手段，在销售困难时期可以以多补少，使整个寿命期内的产品利润最大化。

3.成熟期的价格策略

产品进入成熟期，随着大量竞争者进入市场，竞争日益激烈，市场需求量接近饱和，销售增长率逐渐下降。

为了延长产品的成熟期，提高产品开发的经济效益，企业一方面应该继续加强广告宣传和用户服务工作，在保持老用户的同时，努力拓展新用户；另一方面则应努力加强内部管理，大幅降低产品成本，为今后采用竞争价格策略创造条件，维持原有的市场占有率。

竞争价格策略因竞争者的情况而异。对于竞争条件（如成本、质量、性能等）差的对手，可以采用低价倾销的方法，在价格政策允许的范围内挤走竞争者或趁机扩大己方市场占有率；对于竞争条件强的对手，可以采用“你提我也提，你降我也降”的办法，努力维持原有市场占有率；对于竞争条件相当的对手，为了避免竞争可能形成的两败俱伤的局面，可以采用非价格竞争的办法，即在维修、供应备品备件、代培人员等方面提供更优越的条件，以维持原有的市场占有率。

采用竞争价格策略，确定降价幅度时，必须注意以下三点：①降价幅度必须考虑产品的价格弹性，凡价格弹性大的产品，降价幅度应该小些，价格弹性小的产品，降价幅度应该大些；②降价幅度应能引起消费者（或用户）的注意，如果同时辅以各种宣传措施，效果将更好；③降价幅度不能太大，必须保证产品盈利，并消除降价幅度过大形成的不良影响。

4.衰退期的价格策略

新技术的出现预示着品质更优越、性能更卓著的新产品将替代市场上原有的老产品，于是原有产品进入衰退期。衰退期产品的特点是，由于消费者（或用户）转向购买新产品，原有产品销售增长率和利润急剧下降，甚至出现负增长的情况，市场需求逐渐缩小。

对于处于衰退期的产品，企业应积极转移产品市场，努力在新地区开拓对该产品的需求，并努力开发新产品，创造新的需求。此外，企业还应配合不同的价格策略，充分发挥原有产品的创利潜力。

（1）维持价格策略。即对该种产品不作较大幅度的降价，而基本维持原有价格水平，以保持该产品在消费者心目中的地位。当然，应辅之以其他手段，如数量折扣、金额折扣、馈赠礼品等，以尽量延长产品寿命期。

（2）变动成本价格策略。即以单位变动成本作为最低价格，防止产品销售量减少，从而以该产品提供的边际贡献（销售收入超过变动成本的部分）来弥补一部分固定成本，为整个企业盈利增加作出贡献。

四、其他定价策略

（一）心理定价策略

心理定价策略主要是零售企业针对顾客消费心理而采取的定价策略。常用的方法主要有以下几种：

（1）尾数定价。消费者购物时，对价格数字往往有这样一种心理倾向，即偏重价格的整数，而忽视价格的零数。例如，当一件商品标价为1.95元与标价2元的时候，虽然这两种标价只差0.05元，但消费者认为差别很大，这种消费者在购物时对价格数字的心理倾向会指导消费者的购物行为。尾数定价法正是利用了消费者的这种心理，采取非整数定价形式，以达到引起消费者的购买欲望、增加销售量的目的。以这种方法制定的价格，其尾数以8、9为多，这样既能给消费者一个价格较低的印象，又能使消费者认为企业定价认真准确。它一般适用于价值较小、销售量大、购买次数多的中低档日用消费品。

（2）声望定价。有名望的商店出售的商品，其价格比一般商店要高；同类商品中，名牌商品要比非名牌商品价格高。这种以商店或商品的声望来为商品定价的方法就是声望定价。由于声望定价商品的购买者多看重商品能否显示其身份和地位，因而往往采用整数高位定价，以满足消费者的心理需要。

（3）心理折扣定价。心理折扣定价是利用消费者求廉务实的心理特点而采取的降价促销措施。当一种商品的品牌、性能不为广大消费者所熟悉与了解，其市场接受程度较低时，采用心理折扣定价，即标明原价后再打折扣，向消费者宣传“原价×××元的商品，现以×××元出售”，会给消费者带来物美价廉的感觉，从而吸引消费者购买商品。这种定价方法对市场接受程度低或销路不太好的商品比较有效。

（二）折扣定价策略

折扣定价策略是指在一定条件下，以降低商品的销售价格来刺激购买者，从而扩大商品销售量的定价策略。具体有以下几种方式：

（1）数量折扣。这是一种按购买者购买数量的多少所给予的价格折扣。购买数量越多，折扣越大；反之，则越小。它鼓励购买者大量或集中向本企业购买。数量折扣又分为累计和非累计数量折扣两种。非累计数量折扣，规定一次购买某种商品达到一定数量，给予折扣优惠，其目的是在鼓励购买者大量购买的同时，便于企业安排大批量生产和销售，节约生产和销售费用。累计数量折扣，规定购买者在一定时期内，购买数量如果达到一定数量或金额，可按总量大小给予不同的折扣。这样做的目的是鼓励购买者经常向本企业采购，成为稳定的长期客户。

（2）现金折扣。这是一种按购买者付款期限长短所给予的价格折扣，其目的在于鼓励购买者尽早偿付货款，加速资金周转。

（3）季节性折扣。这是一种对购买者在商品淡季购买所给予的价格折扣。这样做既鼓励购买者提早采购，减轻企业的仓储压力，又加快企业资金周转，充分发挥企业的生产能力。

（三）综合定价策略

很多企业经常生产或经营两种以上彼此关联的商品，企业在对其中某一种商品定价时，就必须考虑到与它关联的相关商品，只有将它们作为一个整体加以综合考虑，才能保证企业取得最大的利益。

综合定价策略就是针对相关商品所采取的一种定价策略。它是根据相关商品在市场竞争中的不同情况，使各种商品价格有高有低，既能适应市场竞争的需要，又能促进商品的销售。相关商品的定价主要有以下三种情况：

（1）为具有互补关系的相关商品定价。互补关系的相关商品是指其使用价值的实现互为前提条件的两种或两种以上的商品。例如，钢笔与墨水，录音笔与录音带，照相机与胶卷等。这些商品的使用价值只有配套使用时才能实现，失去一方，另一方的使用价值就难以实现。为这类相关商品定价，可有意识地降低其中部分相关商品的价格，从而达到提高整体利润的目的。例如，美国派克公司生产的派克钢笔便宜而且耐用，当你购买了这样一支钢笔时，无形中你就成了价格高昂的派克墨水的长期顾客了，派克公司便可以从你长期不断的消费中获利。另外，便宜的照相机与高价的胶卷、廉价的整车与昂贵的配件等都是比较典型的定价实例。

（2）为具有配套关系的相关商品定价。具有配套关系的相关商品是指其使用价值既可单独发挥作用，又可与另一种商品配合发挥作用的商品。例如，西服套装中的上衣和裤子既可单独穿用，又可搭配穿用。为这类相关商品定价，可实行单件高价，配套优惠的策略。例如，购买一件西服上衣，按原价出售；如果购买西服套装，则可按八折出售，或者免费送出一件配套的衬衣。这样做既可节约流通费用，又可扩大销量，总体上有利于提高经济利益。

(3) 销售商品与服务维修的定价。如果企业为了方便客户使用，解除客户购物的后顾之忧，可以把产品价格定得高些，而把维修服务费定得低些；如果企业是为了鼓励客户积极购买产品，加速产品更新换代，则应把新产品价格定得低些，而把修理服务费定得高些。

第三节 产品功能成本决策

一、产品功能成本决策概述

在保证产品质量的前提下，改进产品设计结构可以大大降低产品成本。国内外有关资料显示，通过改进产品设计结构所降低的成本数额占事前成本决策取得成本降低额的70%～80%。可见，大力推广功能成本决策，不仅可以保证产品必要的功能及质量，而且可以确定努力实现的目标成本，从而降低产品成本。

产品功能成本决策是将产品的功能（产品所担负的职能或所起的作用）与成本（为获得产品一定的功能必须支出的费用）对比，寻找降低产品成本途径的管理活动。其目的在于以最低的成本实现产品适当的、必要的功能，提高企业的经济效益。

产品功能与成本之间的比值关系称为价值，可用公式表示为：

$$价值=\frac{功能}{成本}$$

从上式可以看出，功能与价值成正比，功能越高，价值越大，反之则越小；成本与价值成反比，成本越高，价值越小，反之则越大。因此，提高产品价值的途径可概括如下：

(1) 在产品成本不变的情况下，功能提高，将会提高产品的价值。

(2) 在产品功能不变的情况下，成本降低，将会提高产品的价值。

(3) 在产品功能提高的情况下，成本降低，将会提高产品的价值。

(4) 在产品成本提高的情况下，功能提高的幅度大于成本提高的幅度，将会提高产品的价值。

(5) 在产品功能降低的情况下，成本降低的幅度大于功能降低的幅度，将会提高产品的价值。

企业可以根据实际情况，从上述途径着手，运用功能成本决策方法确定目标成本。

二、产品功能成本决策的步骤

(一) 选择分析对象

由于企业的产品（或零部件）很多，实际工作中不可能都进行功能成本分析，而应有所选择。选择的一般原则是：

（1）从产量大的产品中选，可以有效地积累每一产品的成本降低额。

（2）从结构复杂、零部件多的产品中选，可以简化结构、减少零部件的种类或数量。

（3）从体积大或重量大的产品中选，可以缩小体积、减轻重量。

（4）从投产期长的老产品中选，可以改进产品设计，尽量采用新技术、新工艺、新方法加工。

（5）从畅销产品中选，不仅可以降低成本，而且能使该产品处于更有利的竞争地位。

（6）从原设计问题比较多的产品中选，可以充分挖掘改进设计的潜力。

（7）从工艺复杂、工序繁多的产品中选，可以简化工艺、减少工序。

（8）从成本高的产品中选，可以较大幅度地降低成本。

（9）从零部件消耗量大的产品中选，可以大幅降低成本、优化结构。

（10）从废品率高、退货多、用户意见大的产品中选，可以提高功能成本分析的效率。

（二）围绕分析对象收集各种资料

分析对象确定后，应深入进行市场调查，收集各种资料作为分析研究的依据。所需资料大致包括以下几个方面：

（1）产品的需求状况。例如，用户对产品性能及成本的要求、销售结构及数量的预期值、价格水平等。

（2）产品的竞争状况。例如，竞争对手的数量、分布、能力，以及竞争对手在产品设计上的特点及推销渠道等。

（3）产品设计、工艺加工状况。结合市场需求及竞争对手的优势，分析在产品设计、工艺加工技术方面本企业存在的不足等。

（4）经济分析资料。例如，产品成本构成、成本水平、消耗定额、生产指标等。

（5）国内外同类型产品的其他有关资料。

对于收集的各种资料应进行详细分析，去粗取精，去伪存真，增加分析资料的可靠性。

（三）功能评价

1.基本步骤

（1）以功能评价系数为基准，将功能评价系数与按目前成本计算的成本系数相比，确定价值系数。

（2）将目标成本按功能评价系数进行分配，并确定目标成本分配额与目前成本的差异值。

（3）选择价值系数低、降低成本潜力大的作为重点分析对象。

2.方法

（1）评分法。该方法按产品或零部件的功能重要程度打分，通过确定不同方案的价值系数来选择最优方案。

【例5-7】东泰公司为改进甲手表设计了3个可选择方案，分别从走时、夜光、防水、防震、外观等五个方面采用5分制评分，评分结果见表5-5。

表5-5 功能比较表

方案	走时	夜光	防水	防震	外观	总分	选择
1	3	4	5	4	5	21	√
2	5	5	3	5	4	22	√
3	5	4	4	3	4	20	×

要求：应选择哪个方案？

解析：

上述3个方案中，方案3的总分最低，初选淘汰。对于方案1和方案2应结合成本资料进行第二轮比较，有关成本资料见表5-6。

表5-6 成本比较表

方案	预计销售量（件）	单位直接材料、人工等（元）	制造费用（元）	单位制造成本（元）
1	5 000	280	80 000	296
2	5 000	270	50 000	280

进行价值分析。如果方案1的成本系数为100，则方案2的成本系数为：

$$\frac{280}{296} \times 100 = 94.59$$

方案1和方案2的价值系数分别为：

$$方案1的价值系数 = \frac{21}{100} = 0.21$$

$$方案2的价值系数 = \frac{22}{94.59} = 0.23$$

通过对比可知，方案2不仅成本较低，而且功能成本比值（价值系数）高，因而应该选择方案2。

（2）强制确定法。这种方法也称一对一比较法或0-1评分法，就是把组成产品的零件排列起来，一对一地对比，凡功能相对重要的零件得1分，功能相对不重要的零件得0分。然后，将全部零件得分总数除以各零件得分总数，即可求得零件的功能评价系数。

【例5-8】假设甲产品由A、B、C、D、E、F、G七个零件组成，按强制确定法计算功能评价系数见表5-7。

表5-7 功能评价系数计算表

零件名称	一对一比较结果							得分合计	功能评价系数
	A	B	C	D	E	F	G		
A	×	1	1	0	1	1	1	5	5/21=0.238
B	0	×	0	1	1	0	0	2	2/21=0.095
C	0	1	×	0	0	1	1	3	3/21=0.143

续表

零件名称	一对一比较结果							得分合计	功能评价系数
	A	B	C	D	E	F	G		
D	1	0	1	×	1	1	0	4	4/21=0.191
E	0	0	1	0	×	1	1	3	3/21=0.143
F	0	1	0	0	0	×	1	2	2/21=0.095
G	0	1	0	1	0	0	×	2	2/21=0.095
合计	—	—	—	—	—	—	—	21	1.000

要求：通过功能成本决策确定降低成本的重点对象。

解析：

在功能评价系数确定后，应计算各零件的成本系数和价值系数：

$$某零件的成本系数=\frac{该零件的目前成本}{所有零件目前成本合计}$$

$$某零件的价值系数=\frac{该零件的功能评价系数}{该零件的成本系数}$$

以表5-7中甲产品的7个零件为例，说明价值系数的计算，见表5-8。

表5-8 **价值系数计算表**

零件名称	功能评价系数	目前成本（元）	成本系数	价值系数
A	0.238	300	0.250	0.952
B	0.095	500	0.417	0.228
C	0.143	48	0.040	3.575
D	0.191	46	0.038	5.026
E	0.143	100	0.083	1.723
F	0.095	80	0.067	1.425
G	0.095	126	0.105	0.905
合计	1.000	1 200	1.000	—

价值系数表示功能与成本之比，如果价值系数等于1或接近1（如A、G零件），则说明零件的功能与成本基本相当，因而也就不是降低成本的主要目标。

如果价值系数大于1（如C、D、E、F零件），则说明零件的功能过剩或成本偏低，在该零件功能得到满足的情况下，已无必要进一步降低成本或减少过剩功能；如果价值系数小于1（如B零件），则说明与功能相比成本偏高，应作为降低成本的主要目标，进一步发掘提高功能、降低成本的潜力。

那么B零件的成本应降低到什么程度才能与功能相匹配呢？在产品目标成本已定的情

况下，可将产品目标成本按功能评价系数分配给各零件，然后与各零件的目前成本比较，即可确定各零件成本降低的数额。

假定甲产品的目标成本为1 000元，则各零件预计成本及成本降低额的计算见表5-9。

表5-9 各零件预计成本及成本降低额计算表

零件名称	功能评价系数	按功能评价系数分配目标成本（元）	目前成本（元）	成本降低额（元）
A	0.238	238	300	62
B	0.095	95	500	405
C	0.143	143	48	–95
D	0.191	191	46	–145
E	0.143	143	100	–43
F	0.095	95	80	–15
G	0.095	95	126	31
合计	1.000	1 000	1 200	200

从表5-9可以看出，目标成本与目前成本相比，应降低200元，其中A、B、G零件成本与其功能相比偏高，故应作为降低成本的对象，尤其是B零件应作为重点对象；至于C、D、E、F零件（特别是D零件），只有在功能过剩的情况下才考虑减少过剩功能以降低成本，否则应维持原状。

（四）试验与提案

在功能评价的基础上，即可对过剩功能和不必要的成本进行调整，从而提出新的可供试验的方案。然后按新方案进行试验生产，在征求各方面意见的同时，对新方案的不足加以改进。新方案经进一步调整即可作为正式方案提交有关部门审批，批准后可组织实施。

第四节 品种决策

品种决策旨在解决生产什么产品的问题，例如，生产何种新产品，亏损产品是否停产或转产、零部件是自制还是外购、半成品是否需要进一步加工、是否接受特殊价格追加订货等。

一、生产何种新产品的决策

如果企业有剩余的生产能力可供使用，或者可以利用过时老产品腾出来的生产能力，在有几种新产品可供选择时，一般采用边际贡献分析法进行决策。

边际贡献分析法是在成本性态分类的基础上，通过比较各备选方案边际贡献的大小来确定最优方案的分析方法。传统会计认为，只有当收入大于完全成本时才形成贡献；而管理会计则认为，只要收入大于变动成本就会形成贡献。因为固定成本总额在相关范围内并不随业务量（产销量）的增减变动而变动，因此，收入减去变动成本后的差额（即边际贡献）越大，则减去不变的固定成本后的余额（即利润）也就越大。也就是说，边际贡献的大小反映了备选方案对企业利润目标所做贡献的大小。

（1）在不存在专属成本的情况下，通过比较不同备选方案的边际贡献总额，能够正确地进行择优决策。

【例5-9】东泰公司原来生产A、B两种产品，现有C、D两种新产品可以投入生产，但剩余生产能力有限，只能将其中一种新产品投入生产。企业的固定成本为18 000元，并不因为新产品投产而增加。各种资料见表5-10。

表5-10 各种产品相关资料表

产品名称	A	B	C	D
产销数量（件）	3 000	2 000	1 800	2 400
售价（元）	10	8	6	9
单位变动成本（元）	4	5	3	5

要求：作出应该优先生产哪种产品的决策。

解析：根据题目中所给资料，只要分别计算C、D产品能够提供的边际贡献，加以对比，便可作出决策。具体计算分析见表5-11。

表5-11 边际贡献计算表

项目	C	D
预计销售数量（件）	1 800	2 400
售价（元）	6	9
单位变动成本（元）	3	5
单位边际贡献（元）	3	4
边际贡献总额（元）	5 400	9 600

以上计算表明，D产品的边际贡献额大于C产品的边际贡献额4 200元（9 600-5 400）。可见，生产D产品优于生产C产品。

这种决策的正确性可以通过表5-12和表5-13计算的两个方案的公司利润额加以证明。

表5-12 利润计算表（新投产C产品） 单位：元

项目	A	B	C	合计
销售收入	30 000	16 000	10 800	56 800
变动成本	12 000	10 000	5 400	27 400
边际贡献总额	18 000	6 000	5 400	29 400
固定成本	—	—	—	18 000
利润	—	—	—	11 400

表5-13 **利润计算表（新投产D产品）** 单位：元

项目	A	B	D	合计
销售收入	30 000	16 000	21 600	67 600
变动成本	12 000	10 000	12 000	34 000
边际贡献总额	18 000	6 000	9 600	33 600
固定成本	—	—	—	18 000
利润	—	—	—	15 600

（2）在存在专属成本的情况下，首先应计算备选方案的剩余边际贡献，然后通过比较不同备选方案的剩余边际贡献总额，能够正确地进行择优决策。

剩余边际贡献 = 边际贡献总额 - 专属成本

【例5-10】如果【例5-9】中C产品有专属成本（如专用设备的折旧）1 800元，D产品有专属成本6 500元。

要求：作出应该优先生产哪种产品的决策。

解析：根据题目中所给资料，在存在专属成本的情况下，只需计算C、D产品的剩余边际贡献，加以对比，便可作出决策。具体计算与分析见表5-14。

表5-14 **剩余边际贡献计算表** 单位：元

项目	C	D
边际贡献总额	5 400	9 600
专属成本	1 800	6 500
剩余边际贡献总额	3 600	3 100

在这种情况下，D产品的剩余边际贡献额比C产品少500元（3 600-3 100），因此生产C产品优于生产D产品。

（3）在企业的某项资源（如原材料、人工工时、机器工时等）受限制的情况下，可以通过计算、比较各备选方案的单位资源边际贡献，来正确进行择优决策。当然，也可以根据边际贡献总额作出决策。

$$单位资源边际贡献 = \frac{单位边际贡献}{单位产品资源消耗定额}$$

【例5-11】东泰公司现有设备的生产能力是40 000个机器工时，利用程度为70%。现准备利用剩余生产能力开发新产品A、B或C，有关资料见表5-15。

表5-15 **各产品相关资料表**

产品名称	A	B	C
单位产品定额工时（小时）	2	3	4
单位销售价格（元）	30	40	50
单位变动成本（元）	20	28	32

要求：作出应该优先生产哪种产品的决策。

解析：根据题目中所给资料，企业的机器工时受限，剩余机器工时为12 000小时（40 000×30%），只需计算A、B、C三种产品的单位资源边际贡献和边际贡献总额，加以对比，便可作出决策。相关计算表见表5–16。

表5–16 边际贡献计算表

项目	A	B	C
最大产量（件）	12 000÷2=6 000	12 000÷3=4 000	12 000÷4=3 000
单位销售价格（元）	30	40	50
单位变动成本（元）	20	28	32
单位边际贡献（元）	10	12	18
单位产品定额工时（小时）	2	3	4
单位资源边际贡献（元）	5	4	4.5
边际贡献总额（元）	60 000	48 000	54 000

从计算结果可知，开发A产品最有利。由于A、B、C三种产品可利用的机器工时均为12 000小时，三种产品的单位资源边际贡献相比较，A（5）>C（4.5）>B（4），所以优先安排生产A产品。另外，也可以比较边际贡献总额，A（60 000）>C（54 000）>B（48 000），结论同样是优先安排生产A产品。可见，两种方法得出的结论是一致的。

此外，尽管A产品的单位边际贡献最低，但由于其产量的影响，其边际贡献总额仍然最大。可见，边际贡献总额的大小既取决于单位产品边际贡献的大小，也取决于该产品的产销量，在决策中不能只根据单位边际贡献的大小来进行择优决策。

拓展阅读

从出租车司机的决策谈边际贡献分析的重要性

边际贡献分析法适用于收入成本型（收益型）方案的择优决策，尤其适用于多个方案的择优决策。

二、亏损产品是否停产或转产的决策

企业的一个部门、一种产品或一条生产线亏损经营时，就应该考虑是否停产的问题。一般认为，停产亏损产品可以使企业整体利润提高，事实上未必尽然。按成本性态分类，停产亏损产品一般只能减少变动成本而不会减少固定成本，因而，对亏损产品绝不能简单地予以停产，而必须综合考虑企业各种产品的经营状况、生产能力的利用及有关因素的影响，结合其边际贡献的情况，作出停产、继续生产、转产或出租等最优选择。

1.亏损产品停产后剩余生产能力无法转移

在剩余生产能力无法转移时，如果亏损产品的边际贡献大于零，即能为企业提供边际贡献，弥补一部分固定成本，就不能停产。因为一旦停产，全部亏损产品原先拥有的边际贡献便消失，一切固定成本都由其他产品负担。这时，企业的整体利润未必会增加，反而会减少。

【例5-12】东泰公司本年生产销售A、B、C三种产品，有关资料见表5-17。

表5-17 各产品相关资料表

产品名称	A	B	C
产销量（件）	2 000	1 000	3 000
销售单价（元）	50	80	100
单位变动成本（元）	30	60	70
单位产品生产工时（小时）	10	20	20
固定成本（元）	120 000（按各产品生产工时分配）		

年终按完全成本法计算三种产品的损益后，公司经理认为B产品为亏损产品，应当停产以提高公司的盈利水平，这样的决策似乎太武断了。

要求：请运用边际贡献分析法作出有关亏损产品是否停产的决策。

解析：固定成本的分配如下：

A产品生产工时=2 000×10=20 000（小时）

B产品生产工时=1 000×20=20 000（小时）

C产品生产工时=3 000×20=60 000（小时）

$$固定成本分配率 = \frac{120\,000}{20\,000 + 20\,000 + 60\,000} = 1.2（元/小时）$$

A产品负担的固定成本=20 000×1.2=24 000（元）

B产品负担的固定成本=20 000×1.2=24 000（元）

C产品负担的固定成本=60 000×1.2=72 000（元）

根据上述资料编制边际贡献和营业利润计算表，见表5-18。

表5-18 边际贡献和营业利润计算表 单位：元

项目	A	B	C	合计
销售收入	100 000	80 000	300 000	480 000
变动成本	60 000	60 000	210 000	330 000
边际贡献	40 000	20 000	90 000	150 000
固定成本	24 000	24 000	72 000	120 000
营业利润	16 000	-4 000	18 000	30 000

从计算结果可以看出，B产品全年亏损4 000元，为亏损产品。为了增加企业盈利，似乎应该停产B产品。但应用边际贡献分析法可以看出，B产品本身有边际贡献20 000元，之所以亏损是因为它分担的固定成本24 000元大于其所创造的边际贡献。如果盲目将B产品停产，不但不能使企业增加利润，反而会使其损失更多利润，损失额相当于该亏损产品所能提供的边际贡献，其停产后A、C两种产品的边际贡献和营业利润计算结果见表5-19。

表5-19　　边际贡献和营业利润计算表　　单位：元

项目	A	C	合计
销售收入	100 000	300 000	400 000
变动成本	60 000	210 000	270 000
边际贡献	40 000	90 000	130 000
固定成本	30 000	90 000	120 000
营业利润	10 000	0	10 000

由此可见，停止B产品生产，不但没有增加利润，反而使整个企业的利润降至10 000元，减少了20 000元，正好是B产品所创造的边际贡献。因此，当亏损产品的剩余生产能力无法转移时，只要亏损产品能提供边际贡献，即能够弥补部分固定成本，一般不停产。但如果亏损产品不能提供边际贡献，通常应考虑停产。

2.亏损产品停产后剩余生产能力可以转移

（1）亏损产品停产后，剩余生产能力可以转移。

如果亏损产品停产后，其闲置下来的生产能力可以转向生产其他产品，只要转产产品所创造的边际贡献（在存在专属成本时应计算剩余边际贡献）大于亏损产品所创造的边际贡献，那么这项转产方案就是可行的。相反，如果转产产品所创造的边际贡献小于亏损产品所创造的边际贡献，就不应当转产而应继续生产亏损产品。

【例5-13】沿用【例5-12】的相关资料，假定东泰公司在停止B产品生产后可将生产能力转产D产品，其销售单价为70元，单位变动成本（单位直接材料、单位直接人工与单位变动制造费用之和）为50元，通过市场销售预测，D产品一年可产销1 800件，转产D产品需追加机器投资4 000元。

要求：是否应停止B产品生产而转产D产品？

解析：D产品的剩余边际贡献计算如下：

D产品销售收入=70×1 800=126 000（元）

D产品变动成本=50×1 800=90 000（元）

D产品边际贡献=126 000-90 000=36 000（元）

D产品专属固定成本=4 000元

D产品剩余边际贡献=36 000-4 000=32 000（元）

从上述计算可以看出，D产品提供的剩余边际贡献（32 000元）大于B产品提供的边际贡献（20 000元），说明转产D产品比继续生产B产品更加有利可图。

（2）亏损产品停产后，剩余生产能力可以出租。

在亏损产品停产后，闲置的厂房、设备等固定资产可以出租时，只要出租净收入（指租金收入扣除合同规定的应由出租者负担的某些费用后的余额）大于亏损产品所提供的边际贡献，也应考虑停止亏损产品生产而采用出租的方案。

【例5-14】沿用【例5-12】的相关资料，假设B产品停产后，其腾出来的机器设备可以对外出租，租金为24 000元。

要求：亏损产品是否应停产？

解析：若出租，该企业可增加租金收入24 000元，若继续生产B产品，B产品提供的边际贡献额为20 000元，因为租金收入大于B产品提供的边际贡献，故应停产而出租设备。

综上所述，在不改变生产能力的短期决策中，固定成本一般不变，因而可以把固定成本排除在决策考虑因素外（但专属固定成本必须考虑），只需要比较各方案的边际贡献额即可选择最优方案。

亏损产品的决策是一个复杂的多因素综合考虑的过程，一般还应注意以下几点：

（1）在生产、销售条件允许的情况下，大力发展能够提供边际贡献额的亏损产品，也会扭亏为盈，并使企业的利润大大增加。

（2）对不提供边际贡献额的亏损产品，不能不加区别地予以停产。首先，应在努力降低成本上做文章，以期转亏为盈；其次，应在市场允许的范围内通过适当提高售价来扭亏为盈；最后，应考虑企业的产品结构和社会效益的需要。

思政案例

华为芯片断供，“中国芯”涅槃突围

总之，在实际工作中，对于亏损产品是否应该停产的决策需要考虑许多因素，需要从不同角度设计方案并采用恰当的方法优选方案。如亏损产品停产是否对客户关系造成损害，是否对企业产品配套问题造成不利影响，如由于钢材涨价，自行车制造厂生产车轮无利可图，但车轮是自行车必不可少的配件，因此还得照样生产。此外，还要考虑企业的产品结构和社会效益等因素。

三、自制还是外购的决策

对于那些具有加工能力的企业而言，常面临所需零配件是自制还是外购的决策问题。由于所需零配件的数量对于自制还是外购方案都是一样的，因而这类决策通常只需要考虑自制方案和外购方案成本的高低，在相同质量并保证及时供货的情况下，选择成本低的方案。

如果零部件的全年需要量确定，可以采用增量成本（实行某方案增加的成本）分析法进行决策分析；如果零部件的全年需要量不确定，则要采用成本无差别点分析法进行决策分析。

（一）企业已具备自制能力且零部件的全年需要量为固定常数

1.自制能力无法转移时

在企业已经具备的自制能力无法转移的情况下，与自制能力有关的固定成本就属于沉没成本，在决策中，不予考虑，同时，零部件全年的需要量确定，可以通过增量成本分析法进行决策分析。

自制零部件方案的增量成本只包括按零部件全年需用量计算的变动成本，由于外购零部件方案的增量成本，即购买零配件的价格（包括买价，负担的订购、运输、装卸、检验等费用），也是按零部件全年需用量计算的，因此，只要直接比较自制零部件的单位变动成本和外购单价的大小，就可以作出相应的决策，即自制单位变动成本高于外购单价时，应该外购；自制单位变动成本低于外购单价时，应该自制。

【例5-15】东泰公司生产某产品所需要的A零件下一年需要量为18 000个，利用车间生产能力进行自制，每个零件的直接材料费30元，直接人工费20元，变动制造费用8元，固定制造费用6元，合计64元。如外购，自制能力无法转移，外购单价为64元，而且质量更好、保证按时送货上门。

要求：作出自制还是外购A零件的决策。

解析：自制单位变动成本=30+20+8=58（元）

由于自制单位变动成本58元小于外购单位价格64元，所以，应选择自制。

2.自制能力可以转移时

在自制能力可以转移的情况下（如出租、转产其他产品），由于出租剩余生产能力能获得租金收入，转产其他产品能提供边际贡献额。因此，在采用增量成本分析法将自制方案增量成本与外购方案增量成本对比时，自制方案的增量成本除了包括变动成本外，还包括与自制能力转移有关的机会成本（租金收入或转产产品的边际贡献额），这时，应将自制方案的变动成本与机会成本之和与外购成本相比，择其低者。

【例5-16】沿用【例5-15】的相关资料，假设自制A零件的生产能力也可用于对外加工B零件，预计加工B零件可产生边际贡献10万元。

要求：作出自制还是外购A零件的决策。

解析：在计算、比较外购和自制这两个方案的增量成本时，应将转产B零件的边际贡献10万元作为自制方案的机会成本，增量成本分析表见表5-20。

表5-20 **增量成本分析表** 单位：元

项目 \ 方案	自制增量成本	外购增量成本
外购成本		64×18 000=1 152 000
自制变动成本	58×18 000=1 044 000	
自制机会成本	100 000	
合计	1 144 000	1 152 000

计算结果表明，选择自制方案是有利的，比外购方案减少成本8 000元。

（二）企业尚不具备自制能力且零部件的全年需要量不确定

在企业尚不具备自制能力，且零部件的全年需要量不确定的情况下，自制方案的单位增量成本不仅包括单位变动成本，还应包括单位专属固定成本，由于单位专属固定成本随产量的增加而减少。因此，不能直接通过比较自制方案与外购方案的单位增量成本来进行决策，这种情况下，可采用成本无差别点分析法进行决策。

成本无差别点是指在该业务量水平上，两个不同方案的总成本相等，但当高于或低于该业务量水平时，不同方案则具有不同的业务量优势区域。利用不同方案的不同业务量优势区域进行最优化方案选择的方法，称为成本无差别点分析法。

在成本按性态分类的基础上，任何方案的总成本都可以用$y = a + bx$表述。

设：x为成本无差别点业务量；a_1，a_2分别为方案Ⅰ、方案Ⅱ的固定成本总额；b_1，b_2分别为方案Ⅰ、方案Ⅱ的单位变动成本；y_1，y_2分别为方案Ⅰ、方案Ⅱ的总成本。

则：

$$y_1 = a_1 + b_1x$$

$$y_2 = a_2 + b_2x$$

根据成本无差别点上两个方案总成本相等的原理，令：

$$y_1 = y_2$$

则：

$$a_1 + b_1x = a_2 + b_2x$$

变形得：

$$x_0 = \frac{a_1 - a_2}{b_2 - b_1}$$

这时，整个业务量被分割为两个区域：0～x及x～∞，其中x_0为成本无差别点（如图5-2所示）。

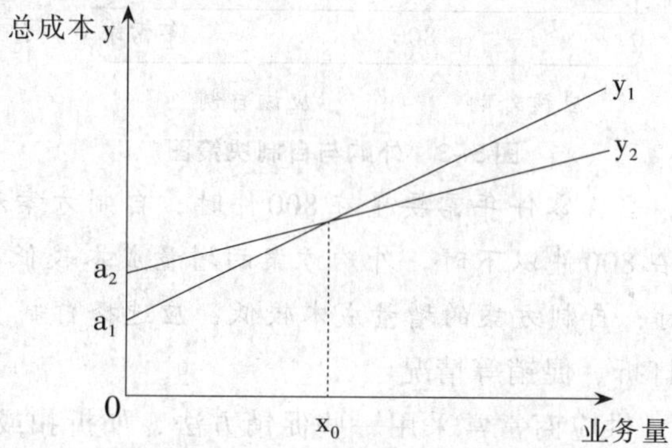

图5-2 成本无差别点分析法

在成本无差别点上，方案Ⅰ和方案Ⅱ的总成本相等，也就是说两个方案都可取，而低于或高于该点，方案Ⅰ和方案Ⅱ就具有不同的选择价值。如果低于成本无差别点，则应选固定成本低（或单位变动成本高）的方案作为最优方案；如果高于成本无差别点，则应选固定成本高（或单位变动成本低）的方案作为最优方案。

1.外购零部件不存在打折、促销等情况

【例5-17】东泰公司每年需要用A零件，以前一直外购，购买价格每件11元。现该公司有无法移作他用的多余生产能力可以用来生产A零件，但将增加专属固定成本2 400元，自制单位变动成本为8元。

要求：作出自制还是外购的决策。

解析：设外购增量成本为y_1，自制增量成本为y_2，A零件的年需求量为x，则：

外购增量成本 $y_1 = 11x$

自制增量成本 $y_2 = 2\,400 + 8x$

外购增量成本与自制增量成本相等时的年需求量，即成本无差别点，为：

$$11x = 2\,400 + 8x$$

$x = \frac{2\,400}{11-8} = 800$（件）

所以，成本无差别点的公式为：

$$成本无差别点 = \frac{自制增加的专属固定成本}{外购单价 - 自制单位变动成本}$$

成本无差别点将整个需求量划分为800件以内和800件以上两个区域，要确定这两个区域中哪个方案有利，可借助图5-3。

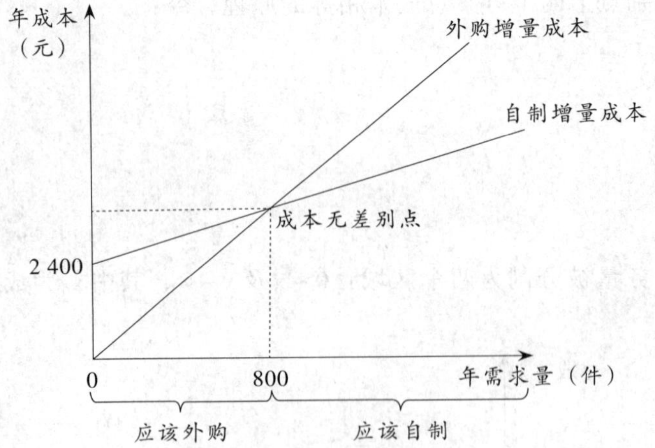

图5-3 外购与自制决策图

从图5-3可以看出，当A零件年需要量在800件时，自制方案和外购方案的成本是相等的。当A零件需要量在800件以下时，外购方案的增量成本较低，应选择外购；当A零件需要量在800件以上时，自制方案的增量成本较低，应选择自制。

2.外购零部件存在打折、促销等情况

为了促进产品销售，供应商常常采用一些促销方法，如折扣或折让。在这种情况下，外购方案就应考虑购买价格的变动，以作出正确的决策。

【例5-18】东泰公司生产需要一种零件，若自制，单位变动成本为1元，并需购置一台年折旧额为2 000元的设备；若外购，供应商规定，凡一次购买量在3 000件以下时，单位售价2元，超过3 000件时，单位售价1.5元。

要求：作出自制还是外购的决策。

解析：设外购增量成本为y_1，自制增量成本为y_2，零件的年需要量为x，则：

$$外购增量成本\ y_1 = \begin{cases} 2x & x < 3\,000 \\ 1.5x & x \geqslant 3\,000 \end{cases}$$

自制增量成本 $y_2 = 2\,000 + x$

设自制方案的成本与一次购买量在3 000件以下的成本无差别点为x_1，则：

$2x_1 = 2\,000 + x_1 \quad x_1 = 2\,000$（件）

设自制方案的成本与一次购买量在3 000件以上的成本无差别点为x_2，则：

$1.5x_2 = 2\,000 + x_2 \quad x_2 = 4\,000$（件）

于是，整个需要量被划分为四个区域：2 000件以下、2 000～3 000件、3 000～4 000件、4 000件以上，至于各个区域内自制有利还是外购有利，可借助图5-4。

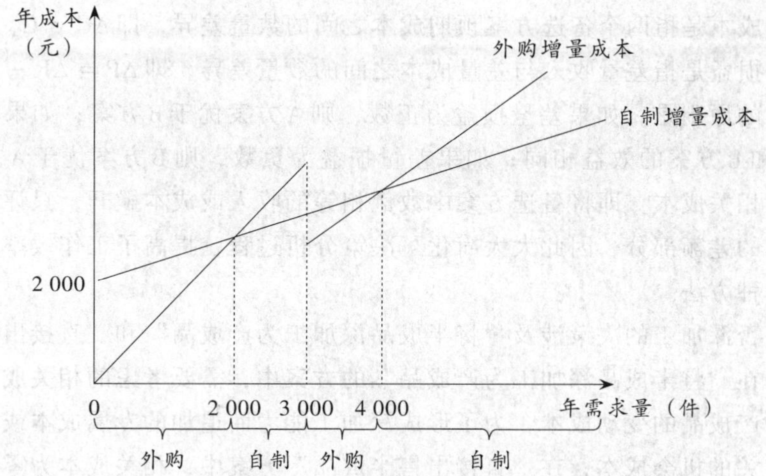

图5-4 外购与自制决策图

从图5-4中可以看出：当零件需要量低于2 000件或为3 000（含）～4 000件时，外购成本低，外购比较有利；零件需要量为2 000～3 000件或在4 000件以上时，自制成本低，自制比较有利；2 000件和4 000件时，自制、外购均可。

四、半成品是否深加工的决策

半成品是一个与产成品相对立的概念，是指那些经过初步加工而形成的，已具备独立使用价值，但尚未最终完成全部加工过程的特殊产品表现形式。半成品经过进一步深加工就可以变成产成品，从这个意义上说半成品是产成品的原料（但必须注意的是，未经过加工的原材料不能说是半成品）。产成品是已经完成全部加工过程的产品，两者的完工程度不同。

半成品是否深加工的决策是指企业对于那种既可以直接出售，又可以经过深加工变成产成品之后再出售的半成品所做的决策，简称半成品深加工决策。这种决策适合采用差量分析法来完成。

差量分析法是指在决策过程中只分析计算不同方案间的差量部分，通过差量部分的对比，得出最优方案的一种决策方法。差量分析表见表5-21。

表5-21 差量分析表

项目＼方案	A方案	B方案	差异额
相关收入	R_A	R_B	ΔR
相关成本	C_A	C_B	ΔC
差量损益			ΔP

在运用差量分析法时，应首先明确几个概念：

（1）差量是指两个备选方案同类指标之间的数量差异。

（2）差量收入是指两个备选方案预期收入之间的数量差异，即$\Delta R = R_A - R_B$。

（3）差量成本是指两个备选方案预期成本之间的数量差异，即$\Delta C = C_A - C_B$。

（4）差量损益是指差量收入与差量成本之间的数量差异，即$\Delta P = \Delta R - \Delta C$。

评选方案的原则是，如果差量损益为正数，则A方案优于B方案；如果差量损益等于0，则A方案和B方案的效益相同；如果差量损益为负数，则B方案优于A方案。差量分析法剔除了非相关成本，即将备选方案中数额相等的收入或成本撇开，只评价备选方案中的收入或成本的差额部分，因此大大简化了决策分析过程，提高了工作效率，成为经营决策最常用的一种方法。

半成品是否深加工的决策涉及“将半成品深加工为产成品”和“直接出售半成品”两个备选方案。在“将半成品深加工为产成品”的方案中，需要考虑的相关成本包括：将半成品深加工为产成品的变动成本，为了形成深加工能力而追加的专属成本或与可以转移的深加工能力有关的机会成本；在“直接出售半成品”方案中，相关成本为零。因为半成品的成本（无论是固定成本还是变动成本）属于与决策方案无关的沉没成本，故不予考虑。两个方案的相关收入需要按照产成品和半成品的单价分别乘以它们的相关业务量来确定。

1.企业已具备100%的深加工能力且无法转移

【例5-19】东泰公司每年生产A半成品5 000件，A半成品单位变动成本4元，固定成本11 000元，销售单价9元。如果把A半成品进一步深加工为B产成品，销售单价可提高到14元，但需要追加单位变动成本2元。

假定A和B的投入产出比是1∶1，企业已具备100%的深加工能力且无法转移。

要求：作出是否将全部A半成品深加工为B产成品的决策。

解析：采用差量分析法进行决策分析，计算过程和结果见表5-22。

表5-22 差量分析表 单位：元

项目 \ 方案	深加工	直接出售	差异额
相关收入	14×5 000=70 000	9×5 000=45 000	25 000
相关成本	10 000	0	10 000
其中：变动成本	2×5 000=10 000	0	—
差量损益			+15 000

决策结论：应当将全部A半成品加工成B产成品，这样可以使企业多获得15 000元的利润。

2.企业已具备100%的深加工能力且能够转移

在企业已具备100%的深加工能力，但能够转移的情况下，“将全部半成品深加工为产成品”方案的相关成本中，除了包括将半成品深加工为产成品追加的变动成本，还必然包括与可以转移的深加工能力有关的机会成本。

【例5-20】沿用【例5-19】的相关资料，假定企业已具备将全部A半成品深加工为B产成品的能力，但如果可以将与此有关的设备对外出租，预计可获得8 000元的租金收入，其他条件不变。

要求：作出是否将全部A半成品深加工为B产成品的决策。

解析：采用差量分析法进行决策分析，计算过程和结果见表5-23。

表5-23 差量分析表 单位：元

项目 \ 方案	深加工	直接出售	差异额
相关收入	14×5 000=70 000	9×5 000=45 000	25 000
相关成本	18 000	0	18 000
其中：变动成本	2×5 000=10 000	0	—
机会成本	8 000	0	—
差量损益			+7 000

决策结论：应当将全部A半成品深加工为B产成品，这样可以使企业多获得7 000元的利润。

3.企业尚不具备深加工能力

在企业尚不具备深加工能力的情况下，"将全部半成品深加工为产成品"方案的相关成本中，除了包括将半成品深加工为产成品追加的变动成本，还必然包括与追加深加工能力有关的"专属成本"。

【例5-21】沿用【例5-19】的相关资料，假定企业尚不具备深加工能力，如果追加16 000元固定成本，可将全部A半成品深加工为B产成品，其他条件不变。

要求：作出是否将全部A半成品深加工为B产成品的决策。

解析：采用差量分析法进行决策分析，计算过程和结果见表5-24。

表5-24 差量分析表 单位：元

项目 \ 方案	深加工	直接出售	差异额
相关收入	14×5 000=70 000	9×5 000=45 000	25 000
相关成本	26 000	0	26 000
其中：变动成本	2×5 000=10 000	0	—
专属成本	16 000	0	—
差量损益			−1 000

决策结论：不应当将全部A半成品深加工为B产成品，否则将使企业多损失1 000元的利润。

4.企业已具备部分深加工能力

在企业已具备部分深加工能力的情况下，需要注意相关收入和相关成本计算时相关业务量的计算。

【例5-22】沿用【例5-19】的相关资料，假定企业已具备80%的深加工能力，但可以将与此有关的设备对外出租，预计可获得8 000元的租金收入，其他条件不变。

要求：作出是否将全部A半成品深加工为B产成品的决策。

解析：采用差量分析法进行决策分析，计算过程和结果见表5-25。

表5-25　　差量分析表　　单位：元

项目＼方案	深加工	直接出售	差异额
相关收入	14×4 000=56 000	9×4 000=36 000	20 000
相关成本	16 000	0	16 000
其中：变动成本	2×4 000=8 000	0	—
机会成本	8 000	0	—
差量损益			+4 000

决策结论：应当将80%的A半成品深加工为B产成品，这样可以使企业多获得4 000元的利润。

5.半成品与产成品的投入产出比不是1∶1

在半成品与产成品的投入产出比不是1∶1的情况下，必须根据实际的投入产出比来计算两个方案的相关业务量；同时还必须考虑是否已具备深加工能力，以及已经具备的深加工能力能否转移。

【例5-23】沿用【例5-19】的相关资料，假定企业已具备将全部的A半成品深加工为B产成品的能力，且不能转移。A和B的投入产出比为1∶0.9，同时需要追加专属固定成本16 000元，其他条件均不变。

要求：作出是否将全部A半成品深加工为B产成品的决策。

解析：采用差量分析法进行决策分析，计算过程和结果见表5-26。

表5-26　　差量分析表　　单位：元

项目＼方案	深加工	直接出售	差异额
相关收入	14×4 500=63 000	9×5 000=45 000	18 000
相关成本	25 000	0	25 000
其中：变动成本	2×4 500=9 000	0	—
专属成本	16 000	0	—
差量损益			−7 000

决策结论：不应当将全部A半成品深加工为B产成品，否则将使企业多损失7 000元的利润。

综合上述情况，半成品是否深加工的决策可套用差量分析法的决策模板，相关成本中的各项要根据给定的条件来确定。具体见表5-27。

表5-27 差量分析表

项目 \ 方案	深加工	直接出售	差异额
相关收入	产成品单价×产成品销售量	半成品单价×半成品销售量	ΔR
相关成本	以下各项合计	0	ΔC
其中：变动成本	单位加工变动成本×加工量	0	—
专属成本	题目条件（追加专属固定成本）	0	—
机会成本	题目条件（加工能力可转移）	0	—
差量损益			ΔP

决策结论：如果差量损益>0，则选择将半成品进行深加工；如果差量损益<0，则选择将半成品直接出售；如果差量损益为0，则深加工或直接出售均可。

五、是否接受特殊价格追加订货的决策

特别订货是指企业在正常经营过程中，利用暂时闲置的生产能力而接受的临时订货。追加订货的单价称为特殊单价，它不仅比正常单价要低而且还可能比正常订货的单位完全生产成本要低，是一种水平偏低的价格。

在现实的经济活动中，追加的订货量可能小于、等于或大于剩余生产能力。如果追加订货量小于或等于剩余生产能力，企业就可以利用现有的剩余生产能力来完成追加订货量的任务，这是比较正常的。但也会出现追加订货量大于剩余生产能力的情况，也就是剩余生产能力不足。要完成追加订货，就要考虑不同的处理方案：可以与客户协商，减少追加订货量；可以租入或购买设备，弥补生产能力不足，但会发生相应的专属成本；还可以既不减少追加订货量，也不追加专属成本，而是将正常订货的一部分用于追加订货以弥补剩余生产能力的不足，这样就会发生冲击正常任务的现象。

是否接受特殊价格追加订货的决策一般采用“差量分析法”，且往往涉及“接受追加订货”和“拒绝追加订货”两个备选方案。其中，拒绝追加订货方案的相关收入和相关成本均为零；接受追加订货方案的相关收入等于追加订货的价格与追加订货量的乘积，该方案相关成本要根据给定的条件来确定，一般需考虑变动成本、机会成本和专属成本。

（一）追加订货量小于剩余生产能力（特别订货不冲击正常任务）

1.剩余生产能力无法转移

在剩余生产能力无法转移的情况下，接受特别订货方案的相关成本只有变动成本。只要特别订货方案的相关收入大于其相关成本，即特别订货的单价大于单位变动成本，就可作出接受特别订货的决策。

【例5-24】东泰公司只生产一种产品，每年最大生产能力为1 200件。本年已与其他企业签订了1 000件的供货合同，单位价格为120元，单位变动成本为60元，固定成本为20 000元。假定该企业剩余生产能力无法转移。

现有一客户要求以90元的单价向该企业订货100件，追加订货无特殊要求。

要求：作出是否接受特殊价格追加订货的决策。

解析：因为特别订货的单价90元大于单位变动成本60元，所以应该接受。

该结论也可以通过差量分析法进行分析，决策过程见表5-28。

表5-28　　差量分析表　　单位：元

项目＼方案	接受特别订货	拒绝特别订货	差异额
相关收入	90×100=9 000	0	9 000
相关成本	6 000	0	6 000
其中：变动成本	60×100=6 000	0	—
差量损益			+3 000

因为差量损益大于0，所以应该接受追加订货，接受特别订货能使企业增加利润3 000元。

2.剩余生产能力可以转移

企业剩余生产能力转移出去可以获得相关收益，如果接受这项特别订货，这部分收益就会丧失，所以应作为“接受特别订货”方案的机会成本。

【例5-25】沿用【例5-24】的相关资料，假定该企业剩余生产能力可承揽加工业务，预计可获得2 000元的边际贡献，其他条件不变。

要求：作出是否接受特殊价格追加订货的决策。

解析：采用差量分析法进行决策分析，计算过程和结果见表5-29。

表5-29　　差量分析表　　单位：元

项目＼方案	接受特别订货	拒绝特别订货	差异额
相关收入	90×100=9 000	0	9 000
相关成本	8 000	0	8 000
其中：变动成本	60×100=6 000	0	—
机会成本	2 000	0	—
差量损益			+1 000

因为差量损益大于0，所以应该接受追加订货，接受特别订货能使企业增加利润1 000元。

3.特别订货需追加一定专属成本以满足特殊要求

如果特别订货有特殊要求，必须追加专属成本才能完成，则该专属成本应纳入“接受特别订货”方案的相关成本之中。

【例5-26】沿用【例5-24】的相关资料，假定追加订货有特殊工艺要求，需要追加4 000元的专属成本，其他条件不变。

要求：作出是否接受特殊价格追加订货的决策。

解析：采用差量分析法进行决策分析，计算过程和结果见表5-30。

表5-30 **差量分析表** 单位：元

方案 项目	接受特别订货	拒绝特别订货	差异额
相关收入	90×100=9 000	0	9 000
相关成本	10 000	0	10 000
其中：变动成本	60×100=6 000	0	—
专属成本	4 000	0	—
差量损益			−1 000

因为差量损益小于0，所以不应当接受这项特别订货，如果接受，企业将损失1 000元。

（二）追加订货量大于剩余生产能力（特别订货冲击正常任务）

当追加订货量大于剩余生产能力时，接受特别订货就会冲击正常生产任务，只得用一部分正常订货来弥补生产能力的不足，从而导致这部分产品不能按正常单价出售。这种情况下所发生的不能按正常价格出售的正常订货收入，应当作为接受追加订货的机会成本。另外，变动成本的计算应以剩余生产能力为限。具体计算如下：

机会成本 = 正常单价 × 冲击正常任务量

式中：

冲击正常任务量 = 追加订货量 − 剩余生产能力

变动成本 = 单位变动成本 × 剩余生产能力

【例5-27】沿用【例5-24】的相关资料：假设客户要求以90元/件的价格追加订货300件产品，追加订货无特殊要求。

要求：作出是否接受特殊价格追加订货的决策。

解析：采用差量分析法进行决策分析，计算过程和结果见表5 31。

表5-31 **差量分析表** 单位：元

方案 项目	接受特别订货	拒绝特别订货	差异额
相关收入	90×300=27 000	0	27 000
相关成本	24 000	0	24 000
其中：变动成本	60×200=12 000	0	—
机会成本	120×100=12 000	0	—
差量损益			+3 000

因为差量损益大于0，所以应该接受追加订货，接受特别订货能使企业增加利润3 000元。

综合上述情况，是否接受特殊价格追加订货的决策通常采用差量分析法，可参考差量分析法的决策模板，相关成本中的各项要根据给定的条件来确定。具体见表5-32。

表5-32 差量分析表

项目 \ 方案	接受特别订货	拒绝特别订货	差异额
相关收入	特殊价格×追加订货量	0	ΔR
相关成本	以下各项合计	0	ΔC
其中：变动成本	单位变动成本×min（追加订货量，剩余产能）	0	
机会成本Ⅰ	与剩余生产能力可转移有关	0	
机会成本Ⅱ	正常价格×冲击正常任务量	0	
专属成本	与特殊工艺要求有关	0	
差量损益			ΔP

决策结论：如果ΔP > 0，则选择接受特别订货；如果ΔP < 0，则选择拒绝特别订货；如果ΔP = 0，则接受或拒绝均可。

第五节 产品组合优化决策

产品组合优化决策适用于多品种产品生产的企业。在多品种产品的生产过程中，各种产品的生产都离不开必要的条件或因素，如机器设备、人工、原材料等，而其中有些因素可以用于不同产品的生产，如果各种产品共用一种或几种因素，而这些因素又是有限的，就应使各种产品的生产组合达到最优化的结构，以便有效、合理地使用这些限制因素。产品组合优化决策就是通过计算、分析进而作出各种产品应生产多少，才能使各个生产因素得到合理、充分的利用，并能获得最佳经济效益的决策。

产品组合优化决策的方法主要有逐次测算法和线性规划图解法两种。

【例5-28】东泰公司生产A、B两种产品，两种产品共用设备工时总数为18 000小时，共用人工工时总数为24 000小时。A产品单位产品所需设备工时3小时，人工工时5小时，单位边际贡献额为42元；B产品单位产品所需设备工时5小时，人工工时6小时，单位边际贡献额为60元。预测市场销售量：A产品为3 000件，B产品为2 000件。

要求：根据上述资料，企业如何既充分利用现有生产能力，又使未来利润最高，即企业应怎样安排A、B两种产品的生产数量？

下面用两种方法进行决策。

一、逐次测算法

逐次测算法是根据企业有限的各项生产条件和各种产品的情况及各项限制因素等数据资料，分别计算单位限制因素所提供的边际贡献并加以比较，在此基础上经过逐步测算，使各种产品达到最优组合。

（1）计算并比较两种产品单位限制因素所提供的边际贡献额，见表5-33。

表5-33 **单位资源边际贡献计算表**

项目	A产品	B产品	限制因素（小时）
单位设备工时边际贡献（元）	14	12	18 000
单位人工工时边际贡献（元）	8.4	10	24 000

比较两种产品单位限制因素所提供的边际贡献可知，A产品每单位设备工时的边际贡献多于B产品，而B产品每单位人工工时边际贡献多于A产品。由此可见，利用单位资源边际贡献无法进行判断。

（2）第一次测试。从表中资料无法了解A、B产品的数量为多少才最合算，可以假设优先安排A产品生产，剩余因素再安排B产品的生产。根据约束条件，A产品销售量预测为3 000件，则安排最大生产量为3 000件。其安排结果见表5-34。

表5-34 **第一次生产安排测试表**

项目	产量（件）	所用设备工时（小时）	所用人工工时（小时）	边际贡献（元）
A产品	3 000	9 000	15 000	126 000
B产品	1 500	7 500	9 000	90 000
合计	—	16 500	24 000	216 000
限制因素	—	18 000	24 000	—
剩余因素	—	1 500	0	—

以上测试结果表明，按照这种组合方式所确定的两种产品的生产量来进行生产，可获得的边际贡献总额为216 000元，机器设备工时剩余1 500小时。考虑到生产单位B产品所用设备工时多于生产单位A产品所用设备工时，为充分利用各项因素，可进行第二次测试，将B产品的生产安排先于A产品，即先满足B产品的生产，剩余因素再生产A产品。由于B产品的市场销售量为2 000件，所以，所安排的最大生产量也应为2 000件。

第二次测试情况见表5-35。

表5-35 **第二次生产安排测试表**

项目	产量（件）	所用设备工时（小时）	所用人工工时（小时）	边际贡献（元）
B产品	2 000	10 000	12 000	120 000
A产品	2 400	7 200	12 000	100 800
合计	—	17 200	24 000	220 800
限制因素	—	18 000	24 000	—
剩余因素	—	800	0	—

将两次测试的结果进行分析比较，从中可以看出，采用第二次测试的产品组合方式比采用第一次测试的产品组合方式多获得边际贡献4 800元（220 800-216 000），同时又提

高了设备利用率，即减少了剩余设备工时，由原来的剩余设备工时1 500小时减少到剩余设备工时800小时。所以，第二次测试的产品组合，即生产A产品2 400件、B产品2 000件，是最优产品组合。

二、线性规划图解法

上述问题如果用线性规划图解法求最优产品组合将更为简便和直观。线性规划是在满足用线性不等式表示的约束条件的情况下，使线性目标函数最优化的一种数学方法。如果只有两个变量，可以配合图解法来确定目标函数的最优化，现对上例运用线性规划图解法求解最优产品的组合。

设x为A产品的产量，y为B产品的产量，S为可获得的边际贡献，则目标函数为：

$$S = 42x + 60y$$

两种产品的产量受到如下约束条件的限制：

$$\begin{cases} 5x + 6y \leqslant 24\,000 & (L_1) \\ 3x + 5y \leqslant 18\,000 & (L_2) \\ 0 \leqslant x \leqslant 3\,000 & (L_3) \\ 0 \leqslant y \leqslant 2\,000 & (L_4) \end{cases}$$

用图解法求解以上线性规划模型，即在满足以上约束条件的前提下，求S的最大值。

（1）在平面直角坐标系中根据约束方程画出几何图形，如图5-5所示。

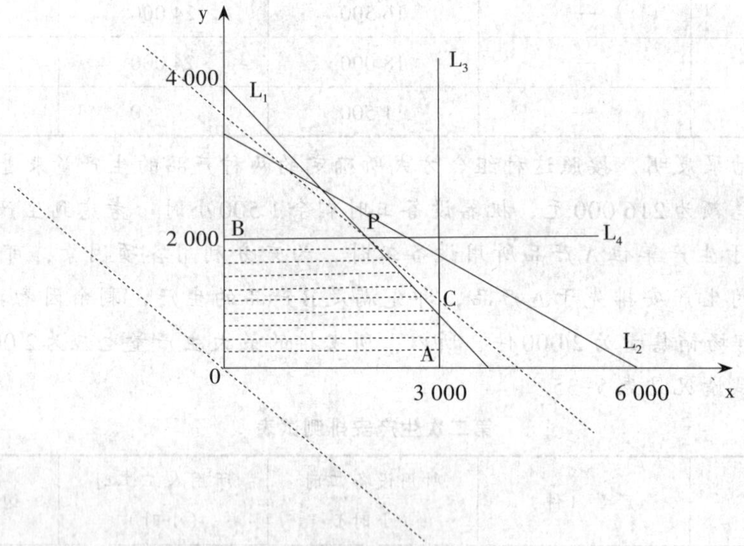

图5-5 决策区域

图5-5中，四个方程的直线L_1，L_2，L_3，L_4围成一个可行解区域，满足约束条件的方程解必位于阴影区域，即可行解区域内。

（2）根据目标函数$S = 42x + 60y$绘出等利润线。

以虚线表示的等利润线$y =-\dfrac{7}{10}x + \dfrac{S}{60}$的斜率为$-\dfrac{7}{10}$，截距为$\dfrac{S}{60}$，等利润线有无限条，即凡在可行解范围内与这条等利润线平行的无限条直线，都称为等利润线，等利润线的纵截距越大，能提供的边际贡献越多。

从图5-5中可以直观地看出，在可行解区域内，通过L_1和L_4的交点P处的那条等利润线距原点的距离最大，所获得的利润也最大。P点的坐标可由直线L_1和L_4的联立方程组求解：

$$\begin{cases} 5x + 6y \leqslant 24\,000 & (L_1) \\ 0 \leqslant y \leqslant 2\,000 & (L_4) \end{cases}$$

解得：x = 2 400，y = 2 000

S = 42 × 2 400 + 60 × 2 000 = 220 800（元）

即A产品生产2 400件，B产品生产2 000件，企业获得的边际贡献最大，是产品组合决策的最优解。

※ 章节测试

一、单项选择题（每小题4分，共40分）

1.下列成本中，（　　）为相关成本。

A.可延缓成本　B.共同成本　C.联合成本　D.沉没成本

2.下列成本中，（　　）为无关成本。

A.沉没成本　B.专属成本　C.付现成本　D.增量成本

3.当利润实现最大化时，边际成本与边际收入的关系是（　　）。

A.边际收入大于边际成本　B.边际收入小于边际成本

C.边际收入等于边际成本　D.边际收入与边际成本无关

4.在存在专属成本的情况下，通过比较不同备选方案的（　　）来进行择优决策。

A.边际贡献总额　B.剩余边际贡献总额

C.单位边际贡献　D.单位剩余边际贡献

5.在产销平衡的情况下，一家企业同时生产多种产品，其中一种单位边际贡献为正的产品最终变为亏损产品，其根本原因是（　　）。

A.该产品存在严重积压　B.该产品总成本太高

C.该产品分担的固定成本相对较高　D.该产品的销量太小

6.有一企业生产三种产品甲、乙、丙，它们的单位边际贡献分别是200元、120元和130元，现在这三种产品的年利润分别是5 000元、5 200元和-800元，这时企业有多种方案可供选择，则其中最好的是（　　）。

A.将亏损800元的丙产品停产

B.丙产品停产，用腾出的生产能力生产总边际贡献较大且超过产品丙的产品

C.继续生产亏损产品丙

D.丙产品停产，利用其腾出的生产能力转而生产利润最高的产品乙

7.半成品是否进行深加工的决策中，深加工前的产品成本属于（　　）。

A.估算成本　B.重置成本　C.机会成本　D.沉没成本

8.在零部件自制或外购的决策中，如果零部件的需用量尚不确定，应当采用的决策方法是（　　）。

A.边际贡献分析法　B.差量分析法

C.增量成本分析法　　D.成本无差别点法

9.成本无差别点业务量是指能使两方案（　　）。

A.标准成本相等的业务量　　B.变动成本相等的业务量

C.固定成本相等的业务量　　D.总成本相等的业务量

10.某厂需要零件甲，其外购单价为10元，若自行生产，单位变动成本为6元，且需要为此每年追加10 000元的固定成本，通过计算可知，当该零件的年需要量为（　　）件时，外购、自制两方案等效。

A.2 500　　B.3 000　　C.2 000　　D.1 800

二、多项选择题（每小题6分，共30分）

1.当剩余生产能力无法转移时，亏损产品不应停产的条件有（　　）。

A.该亏损产品的变动成本率大于1　　B.该亏损产品的变动成本率小于1

C.该亏损产品的边际贡献大于0　　D.该亏损产品的单位边际贡献大于0

2.用边际贡献法进行决策分析时，必须以（　　）判断备选方案的优劣。

A.边际贡献总额　　B.单位小时边际贡献

C.单位边际贡献　　D.机器小时边际贡献

3.折扣定价包括（　　）。

A.数量折扣　　B.现金折扣　　C.交易折扣　　D.季节性折扣

4.围绕产品功能成本评价的分析对象，应收集的资料包括（　　）。

A.产品的需求状况　　B.产品竞争状况

C.产品设计、工艺加工状况　　D.经济分析资料

5.对亏损产品进行成本分析之后，可作出（　　）的决策。

A.停产　　B.继续生产　　C.出让　　D.出租

三、判断题（每小题3分，共30分）

1.对于亏损产品来说，不存在是否应当增产的问题。（　　）

2.利用成本无差别点法进行生产经营决策时，如果业务量大于成本无差别点，应选择固定成本较高的方案。（　　）

3.在不存在专属成本的情况下，通过比较不同备选方案的边际贡献总额，能够正确地进行择优决策。（　　）

4.进行功能成本分析时应选择价值系数高、成本降低潜力大的作为重点分析对象。（　　）

5.凡是亏损产品都应该停产。（　　）

6.当企业不具备自制零部件的能力时，企业为获得该自制能力所发生的专属成本不属于相关成本。（　　）

7.半成品是否深加工的决策中，生产半成品的成本属于相关成本。（　　）

8.当产品处于成长期时，无论采取什么策略，都应当通过提高价格来获取更高的利润。（　　）

9. 渗透策略是指在新产品刚刚投入市场时制定较高的价格，然后逐步降低价格。（　　）

10. 企业在确定产品组合时，最优的决策是边际贡献最大的产品组合。（　　）

章节测试

第六章

存货决策

课程目标

价值塑造：

1.通过“广州浪奇——不翼而飞的存货”案例，引导学生对企业库存造假现象的思考，帮助学生树立诚实守信的观念，建立正确的价值观，并增强其法律意识。

2.在企业存货决策实施过程中，培养学生善于思考、辩证分析并解决问题的思维模式与能力。

3.通过活学活用中对合理库存的思考，以小见大，引导学生认识到事物有效运行是有一定规律的，帮助其在处理企业存货时有一定的思路和方法。

4.培养命运共同体意识，在分析存货决策时要考虑供货方、存货管理等多项因素。

知识传授：

1.掌握：存货的成本分类、经济订货批量基本模型、有数量折扣时的决策、允许缺货时的决策。

2.理解：存货的概念和作用、不确定情况下的存货决策、订单批量受限时的决策、ABC存货管理方法。

3.了解：JIT管理与零存货管理。

能力培养：

1.能够通过判断企业的存货相关成本来计算企业的经济订货批量。

2.能够掌握经济订货批量模型的扩展模型，以解决不同状况下的存货决策问题。

3.能够利用存货管理与控制的相关方法，提高企业存货资金管理的效果。

4.能够举一反三，将存货决策方法灵活应用到企业实践中。

导入案例

某企业一直采用年度所需材料或零部件在年初一次性集中采购，仓库集中保管，生产按进度领用的材料管理制度。一次讨论时，财务总监提出这样做会多占用资金、增加成本。本企业一年需要钢材10万吨，每吨购买价格4 000元，年初一次性集中采购就要占用资金4亿元，如果按借款利率8%，平均占用资金2亿元算，借款利息就达到1 600万元。试想一下，如果一年分上半年、下半年采购两次，则减少占用资金2亿元，按借款利率8%、平均占用资金1亿元算，借款利息就减少800万元。

此时，主管生产的副总插话道：“按照你的说法，一年分四个季度采购，则进一步减少占用资金1亿元，按借款利率8%、平均占用资金0.5亿元算，借款利息进一步减少400万元，岂不更好吗？”

仓库主管发言：“我们不能只从资金角度看问题，还要从保障生产的角度思考，如果库存材料不能满足生产需要，停工怎么办？再有，如果价格上涨，多点库存不更好吗？”①

讨论与思考：你怎么看待这个问题？如何有效地进行存货控制？怎样优化存货库存，避免不必要的库存？

思维导图

第一节 基本存货模型及其应用

一、存货的含义和作用

存货是指企业在日常活动中持有以备出售的产成品或商品、处在生产过程中的在产品、在生产过程或提供劳务过程中耗用的材料和物料等。在制造企业中，存货一般包括各种原料、燃料、委托加工材料、包装物和低值易耗品、在产品及自制半成品、产成品等；在商品流通企业中，存货主要有商品、材料物资、低值易耗品、包装物等。在企业中，各种存货不仅品类繁多，而且所占用的资金数量很大，一般可达到企业资金总量的30%～40%。因此，企业在材料物资上占用的资金，其利用效果如何，对企业的财务状况与经营成果将有很大的影响。这样，加强存货的计划与控制，在存货的功能与成本之间进行利弊权衡，运用科学的方法来确定并保持存货的最优水平，使这部分资金得到最经济合理地使用，就成为企业经营管理必须研究的重要问题。

思政案例

广州浪奇——“不翼而飞的存货”

存货对于大部分企业来说都是必需的，它不仅对生产运作很重要，而且有助于满足顾客需求。一般来说，存货有以下作用：

（1）节约订货费用和采购成本。企业在每次订货的过程中，都会发生一定的订货费用，如资料信息的收集整理费用、电话通信费用、采购人员的差旅费等。在企业的年需求总量既定的前提下，大批量订货可以减少年订货次数，节约订货费用。同时，大批量订货可以获得一定的数量折扣，降低采购成本。

（2）避免不确定性因素影响，维持生产经营过程的顺利进行。在企业的生产过程中，存在大量的不确定性因素，对整个生产过程产生严重的影响，可能导致生产过程暂停或中断，使企业面临无法及时交货的困境。此时，一定量的存货储备是十分必要的。例如，当供应延迟或中断（罢工、恶劣的天气和企业破产等都是引起供应中断的不确定性事件）时，原材料和零配件等存货缓冲储备的存在可确保生产顺利进行。此外，考虑到生产过程会产生大量的不合格品，公司为了满足顾客的需求，会按照超出需要量的生产量组织生产。同样，为保证顾客供应和生产供应的连续性（即使是在某台机器出故障、生产量下降的情况下），也需要一定的存货缓冲储备。

① 孙茂竹，张玉周．管理会计：微课版［M］．北京：人民邮电出版社，2019．

（3）平滑生产需求。面临季节性需求的企业总是在淡季积累库存，满足特定季节的过高需求，这种库存称为季节性库存。加工新鲜水果蔬菜的公司和生产季节性商品的企业都会涉及季节性库存。

（4）避免价格上涨等不利因素的影响。当公司预测物价要上涨时，为避免增加成本，就会以超过平时正常水平的数量进行采购，储存多余商品的能力也允许公司利用更大订单获取价格折扣。

二、存货的成本

存货管理的任务在于如何恰当地控制存货水平，在保证销售和耗用正常进行的情况下，尽可能节约资金、降低存货成本。因此，在存货决策中通常需要考虑以下几项成本。

（一）采购成本

采购成本是指由购买存货而发生的买价（购买价格或发票价格）和运杂费（运输费用和装卸费用）构成的成本，其总额取决于采购数量和单位采购成本。在存货的年需求量既定的情况下，进价通常保持稳定，但是，在单次进货量较大时，供应商会在进价上给予一定的数量折扣。在存货决策中采购成本是决策相关成本还是无关成本，需要分情况讨论：

（1）当不存在数量折扣时，单位采购成本一般不随采购数量的变动而变动，年采购成本与年需求量正相关。当年需求量既定时，无论企业如何安排订货次数或每次订购量，存货的采购成本都是相对稳定的，对订货决策没有影响。在这种情况下进行订购决策时，存货的采购成本不需要考虑，属于决策无关成本。

（2）当存在数量折扣时，采购成本不仅与年需求量有关，还与数量折扣的折扣率有关。在这种情况下，必须把采购成本纳入决策之中，充分考虑不同折扣率对订货总成本的影响。

（二）订货成本

订货成本是指为订购货物而发生的各种成本，包括采购人员的工资、采购部门的一般性费用（如办公费、水电费、折旧费、取暖费等）和采购业务费（如差旅费、邮电费、检验费等）。根据与订货次数的关系，订货成本可以分为变动订货成本和固定订货成本。

变动订货成本与订货的次数有关，如差旅费、检验费、电话通信费等费用支出，这些支出与订货次数成正比例变动，属于决策的相关成本。

固定订货成本与订货次数的多少无关，是为维持一定的采购能力而发生的各期金额比较稳定的成本，如专设采购机构的基本开支等，属于决策的无关成本。

在存货决策中，一般无须考虑固定订货成本，因此订货成本通常指的是变动订货成本，即订货成本随订货次数的变化而变化。

（三）储存成本

储存成本是指为储存存货而发生的各项费用，通常包括两大类：一是付现成本，包括支付给储运公司的仓储费、按存货价值计算的保险费、陈旧报废损失、年度检查费用以及企业自设仓库发生的水电费、库管人员工资等费用；二是资本成本，包括由于存货占用资金而形成的机会成本和购置存货的银行借款利息。

储存成本分为两部分：凡总额稳定，与存货数量的多少及储存时间长短无关的成本，称为固定储存成本，如仓库折旧费、库管人员工资等，这类成本属于决策的无关成本；凡总额大小取决于存货数量的多少及储存时间长短的成本，称为变动储存成本，如存货资金的应计利息、存货残损和变质的损失、按存货价值计算的保险费等，这类成本属于决策的相关成本。

（四）缺货成本

缺货成本是指由于存货数量不能及时满足生产和销售的需要而给企业带来的损失。例如，因停工待料而发生的损失（如因无法按期交货而支付的罚款），由于商品存货不足而失去的盈利额，因采取应急措施补足存货而发生的超额费用等。缺货成本大多属于机会成本，由于单位缺货成本（短缺一个单位存货一次给企业带来的平均损失）往往大于单位储存成本，尽管计算比较困难，也应采用一定的方法估算，以供决策之用。

缺货成本是否作为决策相关成本，应视企业是否允许出现存货短缺而定，若允许缺货，则缺货成本是与决策相关的成本，若不允许缺货，则缺货成本是与决策无关的成本。

三、经济订货批量基本模型

（一）经济订货批量的含义

经济订货批量是指在保证生产经营需要的前提下，能使企业在存货上花费的相关总成本最低的每次订货量。

（二）基本假设

影响存货总成本的因素很多，为了解决比较复杂的问题，有必要简化或舍弃一些变量，先研究解决简单的问题，然后再扩展到复杂的问题。这需要设立一些假设，在此基础上建立经济订货批量的基本模型。经济订货批量的基本模型是一种理想的市场状况，需建立在以下假设基础上才能成立。

（1）企业能够适时补充存货，需要存货时便可立即取得存货，即不需要订货提前期。

（2）能集中到货，而不是陆续入库。

（3）不允许缺货，即无缺货成本。

（4）全年需求量、一次订货的订货费用、单位存货的年储存费用、固定订货成本以及固定储存成本都是常数。

（5）存货单价不变，不考虑数量折扣，因此在年需求量已知的情况下，购买成本也是决策的无关成本。

（6）企业现金充足，不会因现金短缺而影响进货。

（三）经济订货批量基本模型计算

在以上假设条件下，因为不存在数量折扣，在年需求总量一定的条件下，年采购成本是既定的，与订货批次的多少无关，即采购成本为决策无关成本；同时由于不允许缺货，缺货成本也是决策无关成本。因此，最后进入基本模型的存货成本只有订货成本与储存成本。

即：

年存货相关总成本 = 年订货成本 + 年储存成本

在年需求量一定的情况下，降低订购批量，必然增加订货批次。一方面，使存货的储存成本（变动储存成本）随平均储存量的下降而下降；另一方面，使订货成本（变动订货成本）随订购批次的增加而增加。反之，减少订购批次必然要增加订购批量，在减少订货成本的同时，储存成本将会增加，如图6-1所示。因此，基本经济订货批量模型必须在持有存货的储存成本与订货成本之间取得平衡，使这两种成本合计数最低。

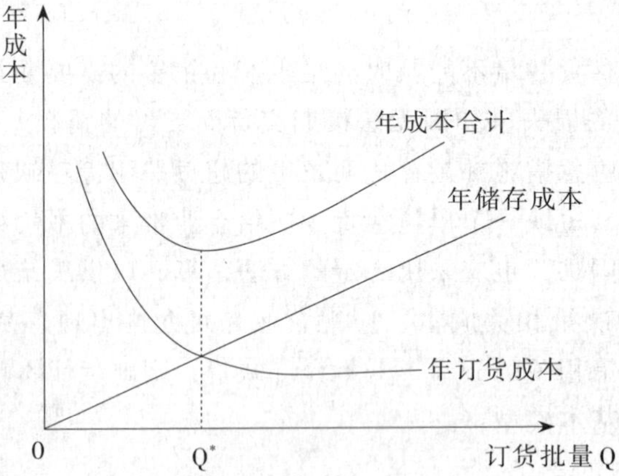

图6-1 经济订货批量基本模型

为了建立经济订购批量的数学模型，设A为某种存货全年需要量；Q为订购批量；Q^*为经济订购批量；P为每批订货成本；C为单位存货年储存成本；TC为年成本合计。

则：

年订货成本 $= \frac{A}{Q} \times P$

年储存成本 $= \frac{Q}{2} \times C$

年存货总成本TC $= \frac{Q}{2} \times C + \frac{A}{Q} \times P$

式中，$\frac{Q}{2}$表示平均储存量，每次采购存货到达时，最高储存量为Q，第二次采购存货到达前，储存量为0，则平均储存量为$\frac{0+Q}{2} = \frac{Q}{2}$，如图6-2所示。

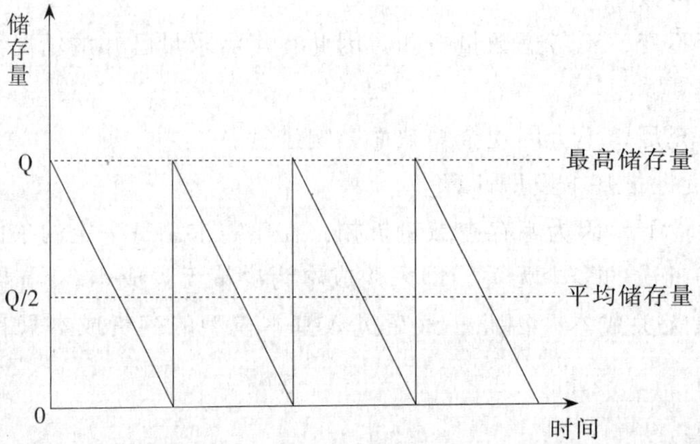

图6-2 储存量变化示意图

从数学意义上讲，经济订货量问题就是以每次订货量Q为自变量，当Q取何值时，年存货总成本TC能取得极小值，此时Q的取值即为经济订货量，记为Q^*。根据函数极值的必要条件理论，令函数TC（Q）的一阶导数为零，年存货总成本取极小值。其推导过程为：

$$TC'=(\frac{Q}{2}\cdot C+\frac{A}{Q}\cdot P)'=\frac{C}{2}-\frac{AP}{Q^2}$$

令$TC'=0$，则：

$$\frac{C}{2}-\frac{AP}{Q^2}=0$$

$$Q^2=\frac{2AP}{C}$$

则：

$$经济订货批量Q^*=\sqrt{\frac{2AP}{C}}$$

$$经济订货批次=\frac{A}{Q^*}=\sqrt{\frac{AC}{2P}}$$

$$年最低总成本合计TC^*=\sqrt{2APC}$$

【例6-1】东泰公司需耗用A材料4 000吨，平均每次订货成本为20元，单位储存成本为1元，材料单价为每吨20元。

要求：计算经济订货批量、经济订货批次和年最低相关总成本。

解析：根据题意可知A=4 000，P=20，C=1，则：

$$Q^*=\sqrt{\frac{2AP}{C}}=\sqrt{\frac{2\times 4\,000\times 20}{1}}=400（吨）$$

$$\frac{A}{Q^*}=\sqrt{\frac{AC}{2P}}=\sqrt{\frac{4\,000\times 1}{2\times 20}}=10（次）$$

$$TC^*=\sqrt{2APC}=\sqrt{2\times 4\,000\times 20\times 1}=400（元）$$

上述计算表明，经济订货批量为400吨，最佳订货次数为10次，最低总成本为400元。

第二节 存货模型的扩展应用

经济订货批量基本模型只是建立在各种假设基础上的一种理想化的进货控制方法。实际工作中，通常还存在着数量优惠（即商业折扣）以及允许一定程度的缺货情形发生等，这就使得上述假设条件很难完全具备。因此，企业不能机械套用这一基本模型来确定存货的经济订货批量，而必须同时结合价格折扣及缺货成本等不同的情况具体分析，灵活运用。

一、一次订货、边进边出的决策

在实际生产过程中，每次订购的货物不一定是一次全部到达，有可能分批陆续到达，同时企业生产经营也不是等到货物全部运抵仓库后才开始耗用，而是边入库边耗用。在这种情况下，可以将一个订货周期分为两个阶段：第一阶段为库存形成周期，是指从订货开始收到时点到货物全部运抵仓库这段时间，此时间段内，存货的进库速度通常大于出库速度，当货物全部运抵仓库时，有最高的库存量；第二阶段是从货物全部运抵仓库到下次订货开始收到时点，此时，存货只出不进，在存货储存量下降到零时，下一批订货又将开始分批陆续到达，如此循环往复，如图 6-3 所示。

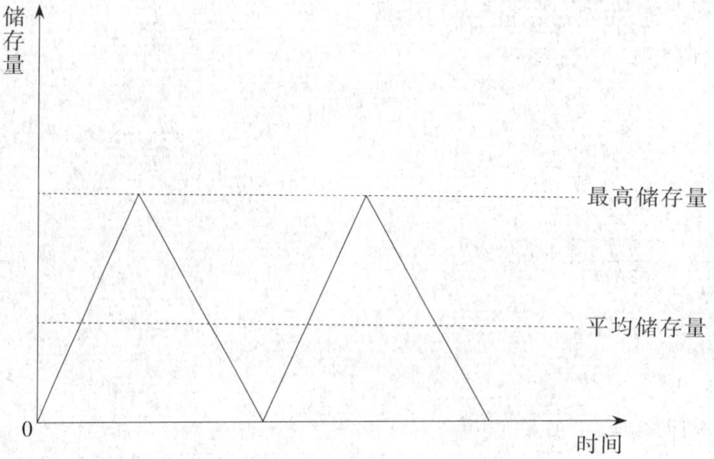

图 6-3　存货储存情况图

在一次订货、边进边出的模型中，决策相关成本包括订货成本和储存成本。其中，储存成本又与存货的每日进库量和每日耗用量相关。设 X 为每日进库量；Y 为每日耗用量。

则：

一次订货全部到达所需日数 $= \frac{Q}{X}$

入库期间存货耗用量 $= \frac{Q}{X} \cdot Y$

存货最高储存量 $= Q - \frac{Q}{X} \cdot Y = Q \times (1 - \frac{Y}{X})$

平均储存量 $= \frac{1}{2} Q \times (1 - \frac{Y}{X})$

年储存成本 $= \frac{1}{2} Q \times (1 - \frac{Y}{X}) \times C$

年订货成本 $= \frac{A}{Q} \cdot P$

年成本合计 $TC = \frac{1}{2} Q \times (1 - \frac{Y}{X}) \times C + \frac{A}{Q} \cdot P$

以 Q 为自变量，对 TC 求导，并令其为零，则推导出一次订货、边进边出时经济订货批量及最低年成本合计的计算公式为（推导过程略）：

经济订货批量 $Q^* = \sqrt{\frac{2AP}{C(1 - \frac{Y}{X})}}$

年最低总成本合计 $TC^* = \sqrt{2APC(1 - \frac{Y}{X})}$

【例 6-2】东泰公司生产某产品，全年需用 A 零件 10 000 件，每次订购成本为 120 元，每件A零件年储存成本为1.2元。该零件每日进库量为200件，每日耗用量为100件。

要求：为使存货相关总成本达到最低值，该企业应如何确定A零件的经济订货批量？存货总成本最低值为多少？

解析：将本例有关数据代入上述公式，则：

$$Q^* = \sqrt{\frac{2AP}{C\left(1-\frac{Y}{X}\right)}} = \sqrt{\frac{2 \times 10\,000 \times 120}{1.2 \times \left(1-\frac{100}{200}\right)}} = 2\,000\text{（件）}$$

计算结果表明，在A零件陆续到达并陆续使用的条件下，其经济订货批量为2 000件。此时，最低总成本合计为：

$$TC^* = \sqrt{2APC\left(1-\frac{Y}{X}\right)} = \sqrt{2 \times 10\,000 \times 120 \times 1.2 \times \left(1-\frac{100}{200}\right)} = 1\,200\text{（元）}$$

二、有数量折扣时的决策

在经济订货批量基本模型中，假定采购单价不变，因而采购成本作为决策无关成本，不予考虑。但实际情况下，供应商为扩大销售，往往随着订货量增加给予购货者一定的数量折扣。对于供应商而言，给予一定的数量折扣可以鼓励买方大量购货，从而扩大自己的销售量，提高自己在市场上的声誉和地位；对于购货方而言，实行数量折扣，可以获取商品降价的收益，但也受到增加储存费用、占压资金、多付利息等不利因素的影响。此时，企业管理者应该全面权衡接受数量折扣的利弊得失，为保障企业的经济利益制定正确的存货数量折扣决策。

当存在数量折扣时，采购成本成为决策相关成本，此时经济订货批量模型中存货总成本不仅包括订货成本和储存成本，还应包括采购成本。

即：

年存货相关总成本 = 年采购成本 + 年订货成本 + 年储存成本

实行数量折扣的经济订货批量具体确定步骤如下：

（1）按照经济订货批量基本模式确定经济订货批量。

（2）计算按经济订货批量进货时的存货总成本。

（3）计算按给予数量折扣的进货批量进货时的存货总成本。如果给予数量折扣的进货批量是一个范围，如进货数量在100～199千克可享受3%的价格优惠，以后每递增100千克可增加1%的优惠待遇时，一般应按给予数量折扣的最低进货批量，即按100千克计算存货总成本，以此类推，如按200千克计算存货总成本，按300千克计算存货总成本等。因为在给予数量折扣的进货批量范围内，无论进货量是多少，存货进价都是相同的，而存货总成本的变动规律是进货批量越小，存货总成本越低。

（4）比较不同进货批量的存货总成本，最低存货总成本对应的订货批量，就是实行数量折扣的最佳经济订货批量。

【例6-3】东泰公司全年需要A材料4 000千克，每次订货的成本为60元，单位储存成本为3元，假定供货方规定：当A材料的一次订货量小于1 000千克时，购货单价是20元；当每次订货量等于或大于1 000千克、小于2 000千克时，价格优惠2%；当每次订货量等于或大于2 000千克时，价格优惠3%。

要求：计算A材料的经济采购批量和全年最低的相关总成本。

解析：依题意

（1）如果不考虑商业折扣，按经济订货批量基本模式确定经济订货批量为：

$$Q^* = \sqrt{\frac{2AP}{C}} = \sqrt{\frac{2 \times 4\,000 \times 60}{3}} = 400\text{（千克）}$$

（2）每次进货400千克时的存货总成本为：

$$\text{存货总成本} = 20 \times 4\,000 + \frac{4\,000}{400} \times 60 + \frac{400}{2} \times 3 = 81\,200\text{（元）}$$

（3）如果每次的采购量为1 000千克，适用的价格优惠比例是2%，则全年存货相关总成本为：

$$\text{存货总成本} = 20 \times (1 - 2\%) \times 4\,000 + \frac{4\,000}{1\,000} \times 60 + \frac{1\,000}{2} \times 3 = 80\,140\text{（元）}$$

（4）如果每次的采购量为2 000千克，适用的价格优惠比例是3%，则全年存货相关总成本为：

$$\text{存货总成本} = 20 \times (1 - 3\%) \times 4\,000 + \frac{4\,000}{2\,000} \times 60 + \frac{2\,000}{2} \times 3 = 80\,720\text{（元）}$$

比较各种批量下的相关总成本：由于每次采购量是1 000千克时的总成本最低，为80 140元，因此经济采购批量是1 000千克，经济订货次数是4次，全年最低相关成本总额是80 140元。

三、订单批量受限时的决策

实际工作中，许多供应商只接受整数批量的订单，如按打、百件、吨等单位来计量。在这种情况下，最佳经济订货批量的决策思路是：采用经济订购批量基本模型计算出来的Q^*，如果不等于允许的订购量，就必须在Q^*的两边确定两个允许数量，通过计算各自的年存货成本总额来比较优劣。

【例6-4】某供应商销售A材料时，由于包装运输原因，只接受300件的整数倍批量的订单（如300件、600件、900件等），不接受有零数或非300件整数倍的订单。该购货单位全年需用A材料2 000件，每次订货成本为120元，每件年储存成本为3元。

要求：计算最佳订货量。

解析：

（1）计算不考虑订单批量限制时的经济订购批量。

$$Q^* = \sqrt{\frac{2AP}{C}} = \sqrt{\frac{2 \times 2\,000 \times 120}{3}} = 400\text{（件）}$$

由于经济订购批量为400件，不是供应商所要求的整数批量。因而只能在400件的左右选择300件和600件，通过比较这两个批量的年存货总成本来确定最佳订购批量。

（2）订购300件时的年存货总成本。

$$\text{储存成本} = \frac{Q}{2} \times C = \frac{300}{2} \times 3 = 450\text{（元）}$$

$$\text{订购成本} = \frac{A}{Q} \times P = \frac{2\,000}{300} \times 120 = 800\text{（元）}$$

$$\text{年成本合计} = 450 + 800 = 1\,250\text{（元）}$$

（3）订购600件时的年存货总成本。

$$储存成本 = \frac{Q}{2} \times C = \frac{600}{2} \times 3 = 900（元）$$

$$订购成本 = \frac{A}{Q} \times P = \frac{2\,000}{600} \times 120 = 400（元）$$

年成本合计 = 900 + 400 = 1 300（元）

可见，订购批量受限时的最佳决策是每次订购300件。

四、允许缺货时的存货决策

在经济订货批量基本模型中，假定企业不允许缺货。但是在实际生产经营过程中，由于种种原因，存货短缺的情况经常发生。允许缺货是指由于某种原因导致存货短缺，但只需支付少量的缺货费用，对企业信誉、生产经营活动并不造成重大损失；或者为避免存货短缺而增加保险储备量所付出的代价，比因缺货而发生的经济损失还要大，此时，发生存货短缺在经济上对企业是有利的，故应当允许缺货。这时，企业管理者的职责就是：对存货短缺的具体情况进行分析，确定在允许缺货条件下的经济订货批量，以使其存货成本达到最低水平。

在允许缺货条件下，企业对经济订货批量的确定，除了要考虑订货成本与储存成本以外，还需对可能发生的缺货成本加以考虑，即能使三项成本总和最低的批量是经济订货批量。

假设U代表缺货量，K代表单位年缺货成本，d代表存货日消耗量，T_1为不缺货的天数，T_2为缺货天数，如图6-4所示。

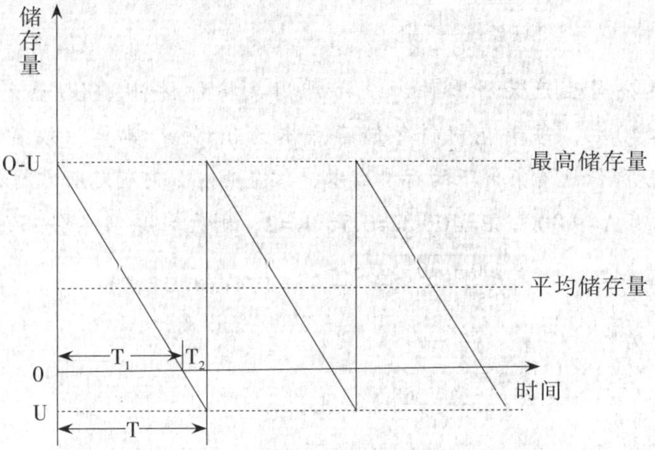

图6-4　允许缺货条件下的存货储存量变化图

由图6-4易知：T时间段内最高储存量为（Q-U）；T_1时间内平均储存量为（Q-U）/2；T_2时间内平均储存量为U/2，则：

$$T_1 = \frac{Q - U}{d}$$

$$T_2 = \frac{U}{d}$$

$$T = T_1 + T_2 = \frac{Q - U}{d} + \frac{U}{d} = \frac{Q}{d}$$

由此可得：

$$平均储存量=\frac{T_1\cdot\frac{Q-U}{2}}{T}=\frac{\frac{Q-U}{d}\times\frac{Q-U}{2}}{\frac{Q}{d}}=\frac{(Q-U)^2}{2Q}$$

$$平均缺货量=\frac{T_2\cdot\frac{U}{2}}{T}=\frac{\frac{U}{d}\times\frac{U}{2}}{\frac{Q}{d}}=\frac{U^2}{2Q}$$

则：

$$年订货成本=\frac{A}{Q}\times P$$

$$年储存成本=\frac{(Q-U)^2}{2Q}\times C$$

$$年缺货成本=\frac{U^2}{2Q}\times K$$

$$年存货总成本TC=\frac{A}{Q}\times P+\frac{(Q-U)^2}{2Q}\times C+\frac{U^2}{2Q}\times K$$

以U和Q为自变量，对TC求偏导，并令其为0，则推导出在允许缺货条件下经济订货批量的相关计算公式为（推导过程略）：

$$经济订货批量Q^*=\sqrt{\frac{2AP}{C}\cdot\frac{C+K}{K}}$$

$$允许缺货量U=Q\cdot\frac{C}{C+K}$$

$$年最低总成本合计TC^*=\sqrt{2APC\cdot\frac{K}{C+K}}$$

【例6-5】东泰公司生产某种零件，全年需用某特种材料9 000千克，假设企业允许缺货，每次订货成本40元，每千克材料年储存成本为0.5元，其单位缺货损失为2元。

要求：为尽可能降低缺货条件下的存货成本，该企业应如何确定所需材料的经济订货批量？

解析：依题意有A=9 000，P=40，C=0.5，K=2，则允许缺货条件下的经济订货批量为：

$$Q^*=\sqrt{\frac{2AP}{C}\cdot\frac{C+K}{K}}=\sqrt{\frac{2\times9\,000\times40}{0.5}\times\frac{0.5+2}{2}}=1\,341.64\text{（千克）}$$

允许的缺货量为：

$$U=Q\cdot\frac{C}{C+K}=1\,341.64\times\frac{0.5}{0.5+2}=268.33\text{（千克）}$$

最低存货总成本为：

$$TC^*=\sqrt{2APC\cdot\frac{K}{C+K}}=\sqrt{2\times9\,000\times40\times0.5\times\frac{2}{0.5+2}}=536.66\text{（元）}$$

计算结果表明，该企业在目前允许缺货的条件下，经济订货批量为1 341.64千克，允许缺货量为268.33千克，这样可使其相关总成本最低，为536.66元。

五、不确定情况下的存货决策

上述的存货决策是建立在存货耗用率及发出订单到订货到达之间的时间（通常称采购间隔期）已确定的基础之上的，但当存货耗用率因不可预见的情况发生变化，或采购间隔期由于客观事件而有所变化时，就应采用适当的方法进行决策。

（一）安全库存量和库存耗竭成本

在存货耗用率和采购间隔期稳定不变时，企业可以及时发出订单，按照经济订购批量订货，在原有存货耗尽之时新的存货恰好入库，如图6-5所示。

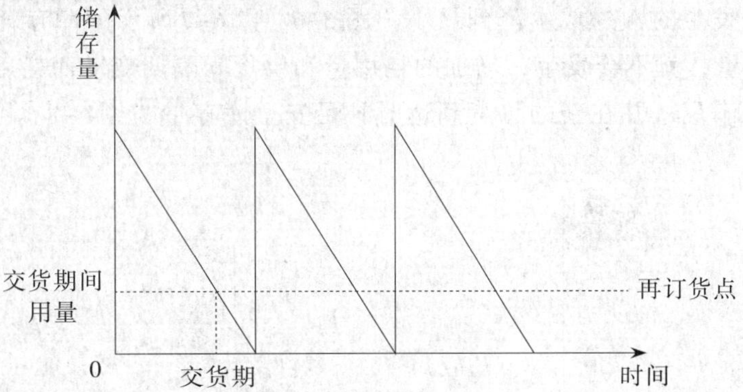

图6-5　安全库存量

但如果某项存货的耗用比预计要快，或者采购间隔期比预期时间长，就有可能发生库存耗竭，从而出现停工待料的现象。两种库存耗竭的情况，分别如图6-6和图6-7所示。

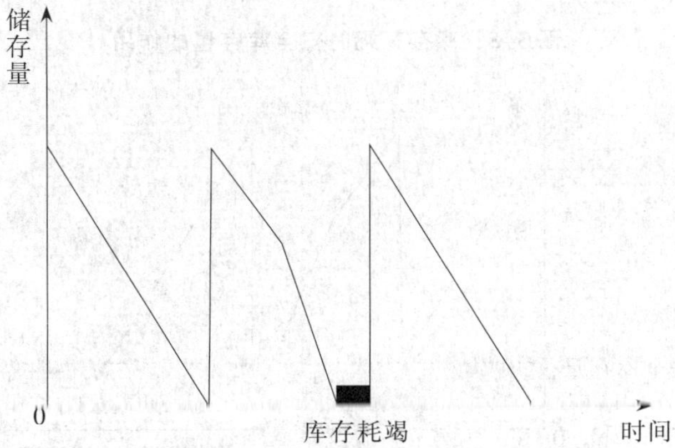

图6-6　耗用量增加导致库存耗竭

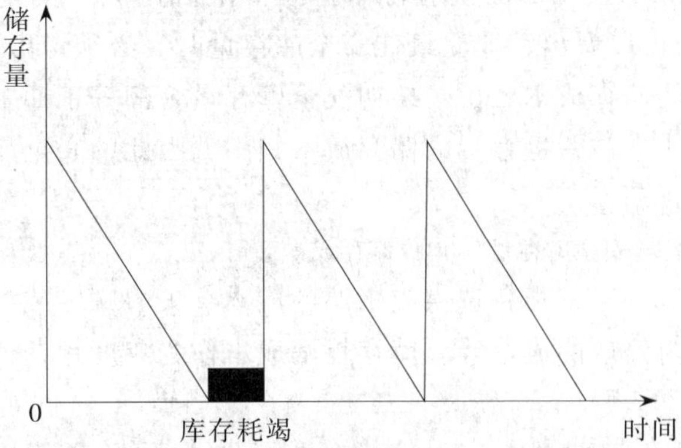

图6-7　采购间隔期延长导致库存耗竭

在图6-6中，由于耗用量增加了，结果在新存货到达前，库存存货已耗尽；在图6-7中，耗用量保持不变，但由于原订存货尚未运达，以致原库存存货耗尽。

库存耗竭的发生往往会给企业带来不利的影响：专程派人采购材料，停产等待新的材料运达，或者失去顾客。为避免上述不利影响，企业应建立保险储备并确定最佳安全库存量，从而将可能发生的额外成本降到最小。图6-6、图6-7所示的库存耗竭现象，如果有充足的安全库存量，就不会发生，增加的耗用量和供货间隔期变动而耗用的存货可以从安全库存量中得到满足，并在新的订货到达时补足安全库存量，图6-8、图6-9可以清楚地说明这一点。

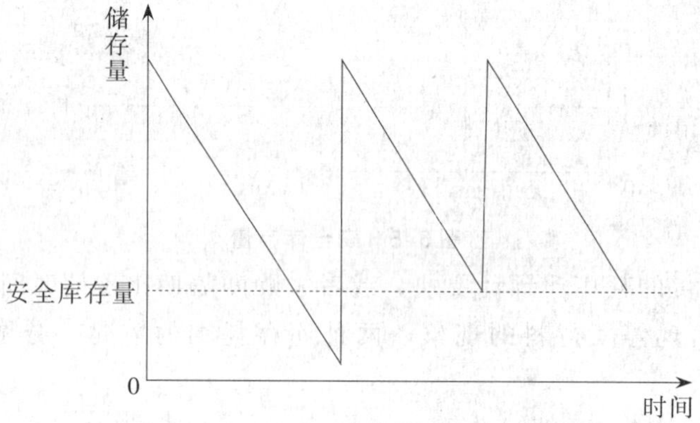

图6-8　库存耗竭时安全库存量的作用

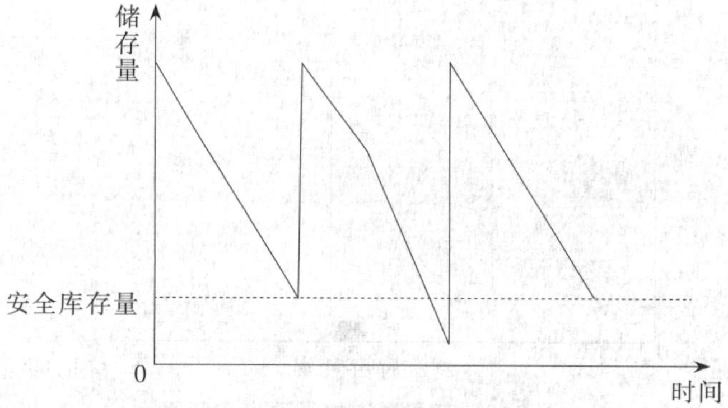

图6-9　库存耗竭时安全库存量的作用

从图6-8、图6-9可以看出，建立最佳安全库存量时，必须考虑两项成本：

（1）安全库存量的储存成本。由于期初安全库存量余额等于期末安全库存量余额，安全库存量的单位储存成本与营运存货的储存成本相同，因此，安全库存量储存成本的计算公式为：

安全库存量储存成本 = 安全库存量 × 单位储存成本

活学活用

合理库存的测算

（2）库存耗竭成本。通常指备选供应来源的成本、失去顾客或商业信誉的成本、库存耗竭期内停产的成本等。库存耗竭成本作为年度预期值，其计算公式为：

库存耗竭成本 = 某项库存耗竭成本 × 每年订购次数 × 一次订购的库存耗竭概率

安全库存量决策的目的在于确定多大的保险储备才能使储存成本和库存

耗竭成本之和达到最低。

（二）安全库存量的确定方法

1.经验法

对于品种繁多、价值较小的存货，其安全库存量由经验丰富的经理人员在安全库存量上限范围内加以规定的方法确定。该方法称为经验法。其一般计算公式如下：

安全库存量上限 = 最长交货期 × 最高每日用量 − 交货期正常天数 × 平均每日用量

由上式可见，安全库存量的上限，实际是按照交货期最长和每日耗用量最大这两种不正常现象同时发生为基础计算的。

2.不连续概率法

库存耗竭成本的准确估计必须根据历史资料统计库存耗竭的数量和概率。在不连续概率法下，应按不同档次的相应概率计算不同安全库存量的库存耗竭成本，并进行比较。比较时，可以计算不同安全库存量的预期库存耗竭成本与该安全库存量对应的储存成本之和，然后选择成本总额最低的安全库存量。

【例6-6】东泰公司每年需用A材料360 000千克，每千克A材料的年平均储存成本为16元，每次订购费用648元，最优订货批量为5 400千克。由于每种安全库存量水平均会对应一种不同的库存耗竭概率，因此，根据历史资料估计：

如不保持安全库存量，则库存耗竭概率为0.6；如有200千克的安全库存量，则库存耗竭概率为0.3；如有350千克的安全库存量，则库存耗竭概率为0.05；如有600千克的安全库存量，则库存耗竭概率为0.015；如有800千克的安全库存量，则库存耗竭概率只有0.01。

据估计，如果不能及时到货而动用备选供货渠道，需增加成本约2 000元，停产待料损失约3 000元。

要求：计算分析该企业应确定多少安全库存量？

解析：根据题目资料，在确定安全库存量时，应比较不同安全库存量时的成本总额（储存成本与预期库存耗竭成本之和），并作出选择，具体见表6-1。

表6-1 安全库存量的成本分析

安全库存量（千克）	储存成本（元）	预期库存耗竭成本（元）	成本总额（元）
0	0 × 16 = 0	$\frac{360\,000}{5\,400}$ × 0.6 ×（2 000 + 3 000）= 200 000	200 000
200	200 × 16 = 3 200	$\frac{360\,000}{5\,400}$ × 0.3 ×（2 000 + 3 000）= 100 000	103 200
350	350 × 16 = 5 600	$\frac{360\,000}{5\,400}$ × 0.05 ×（2 000 + 3 000）= 16 666.67	22 266.67
600	600 × 16 = 9 600	$\frac{360\,000}{5\,400}$ × 0.015 ×（2 000 + 3 000）= 5 000	14 600
800	800 × 16 = 12 800	$\frac{360\,000}{5\,400}$ × 0.01 ×（2 000 + 3 000）= 3 333.33	16 133.33

从表6-1可以看出，最佳选择应为600千克的安全库存量，因为安全库存量在600千克时，储存成本和库存耗竭成本之和最低。但即使在最佳安全库存量水平上，仍然有0.015的库存耗竭概率，在该公司每年大约订购67次（360 000÷5 400≈66.67）的情况下，预期A材料每年库存耗竭1次（66.67×0.015=1）。即便如此，由此发生的库存耗竭成本也比保持增加安全库存量更为经济。事实上，完全消除库存耗竭也是不可能的。存货决策旨在寻找有关安全库存量水平和库存耗竭两者的最低成本。

（三）再订货点的确定

在存货管理和控制过程中，通常会遇到发出订单与收到货物不在同一个时点的情况。从发出订单到收到货物的这段时间称为采购间隔期。再订货点（Reorder Point，ROP）则是指发出新订单的时点。

再订货点模型是根据库存数量和采购间隔期来确定再订货点的一个函数模型，一旦库存数量下降至某一事先确定的数量，就会发生再订货，在库存存货量等于安全库存量时，新的货物预期可运到。根据这一原理，再订货点的计算公式如下：

$$\text{再订货点}=(\text{采购间隔日数}\times\text{平均每日用量})+\text{安全库存量}$$

【例6-7】假设某种原材料的安全库存量为80吨，采购间隔期为7天，年度耗用总量为12 000吨，假设每年有300个工作日。

要求：计算原材料还剩下多少吨的时候就应该发出订单？

解析：根据题意，由再订货点公式得：

$$\text{再订货点}=\frac{12\,000}{300}\times 7+80=360\text{（吨）}$$

当原材料库存还剩下360吨时，就应该发出订单。

第三节 存货管理与控制的相关方法

一、ABC存货管理法

（一）ABC存货管理法的意义

某些大中型企业如果存货品种繁多，数量、价格差别较大，其存货可以考虑实施ABC存货管理法进行管理。ABC存货管理法认为，企业中的某些存货尽管品种不多，数量也很少，但每件存货的金额巨大，管理稍有不善会给企业造成极大的损失。相反，有的存货虽然品种繁多，数量巨大，但其总金额在存货总占用资金量中的比重较低，对于这类存货即使管理当中出现一些问题，也不至于对企业产生太大的影响。因此，从经济角度和人力物力财力有限的角度看，企业应该对不同的存货给予不同程度的关注。ABC存货管理法的目的即在于使企业分清主次，突出重点，提高存货资金管理的效果。

（二）ABC存货管理法的操作步骤

ABC存货管理法的具体操作通常分为以下步骤：

（1）首先按一定的标准将企业的存货分类。分类的标准主要有金额标准和数量标准。其中金额标准是最基本的，品种数量标准仅作为参考。例如，先将企业各种存货按其单位成本、数量、年平均耗用总额排序（年平均耗用总额=全年平均耗用量×单位成本）。

（2）按照一定金额标准把它们分成A、B、C三类。其中A类存货单位价值大、数量少，这类存货一般只占用年耗用总数量的10%，但其价值占年耗用金额的70%；B类存货金额一般，品种数量相对较多；C类存货品种数量繁多，但是价值很小，只占年耗用金额的10%，但占年耗用总数量的70%。如一家拥有上万种商品的百货公司，精品服饰、皮具、高档金饰、手表、家用电器、大型家具、健身器材等商品的品种数量并不很多，价值却相当大；大众化的服装、鞋帽箱包、床上用品、文具用品等商品品种数量比较多，但价值相对前述商品要小得多；至于各种小百货，如日用百货、化妆品等品种数量非常多，但所占的金额很小。

（3）ABC各类存货的分类划定以后，就可以针对不同存货实行分品种重点管理、分类别一般控制和按总额灵活掌握的存货管理方法。由于A类存货占用企业绝大多数的资金，只要能控制好A类存货，基本上就不会出现较大的问题，因此必须对A类存货实行分品种重点管理，即对每一种存货都列出详细的数量、单价情况，严格按照事先计算确定的数量和时间进行订货，使日常存量达到最优水平，同时对每件存货的订购、收入、发出、结余情况都详细登记。由于B类存货的品种数量远远多于A类存货，企业通常没有能力对每一具体品种进行控制，因此可以通过划分类别的方式管理，即将B类存货中相似的存货归类，以这些类别来控制存货收发的数量和金额。尽管C类存货品种数量繁多，但其所占金额很小，对此，企业只要把握总金额就可以了。

【例6-8】某车间某年计划耗用零件15种，其具体的单位成本、年均耗用量和耗用总成本见表6-2，现拟采用ABC存货管理法对该车间的零件存货进行管理，分类标准为耗用总成本：耗用总成本大于等于40 000元的列入A类存货重点管理；耗用总成本大于等于20 000元但小于40 000元的归为B类存货一般管理；耗用总成本小于20 000元的归入C类存货综合管理。

表6-2 某车间零件计划耗用情况表

零件编号	单位成本（元）	年均耗用量（件）	耗用总成本（元）
1001	18.00	2 200	39 600
1002	42.00	2 530	106 260
1003	2.00	7 600	15 200
1004	5.00	5 420	27 100
1005	1.60	9 900	15 840
1006	0.50	16 500	8 250
1007	71.00	1 500	106 500
1008	7.00	4 800	33 600

续表

零件编号	单位成本（元）	年均耗用量（件）	耗用总成本（元）
1009	2.20	4 000	8 800
1010	19.00	2 550	48 450
1011	5.00	4 000	20 000
1012	0.80	12 300	9 840
1013	0.15	30 800	4 620
1014	15.60	4 200	65 520
1015	55.00	2 900	159 500
合计	—	111 200	669 080

要求：根据表6-2编制ABC存货分类表。

解析：根据表6-2提供的资料，计算每种零件实物数量和金额占比情况，具体见表6-3。

表6-3　**每种零件数量和金额占比情况表**

零件编号	数量比例（%）	金额比例（%）	类别
1001	1.98	5.92	B
1002	2.28	15.88	A
1003	6.83	2.27	C
1004	4.87	4.05	B
1005	8.90	2.37	C
1006	14.84	1.23	C
1007	1.35	15.92	A
1008	4.32	5.02	B
1009	3.60	1.32	C
1010	2.29	7.24	A
1011	3.60	2.99	B
1012	11.06	1.47	C
1013	27.70	0.69	C
1014	3.78	9.79	A
1015	2.61	23.84	A
合计	100.00	100.00	—

按实物数量和占用金额分别计算各类存货在总量中所占的比重，编制ABC分析表，见表6-4。

表6-4 ABC分析表

类别	数量（件）	数量百分比（%）	耗用总成本（元）	金额百分比（%）
A	13 680	12.31	486 230	72.67
B	16 420	14.77	120 300	17.98
C	81 100	72.92	62 550	9.35
合计	111 200	100.00	669 080	100.00

从表6-4中可以看出，A类存货虽然数量只占总量的12.31%，其价值却占了存货总价值的72.67%；而C类存货正好相反，数量虽然占了总量的72.92%，价值却只占9.35%；B类存货介于A类存货和C类存货之间。对于这种情况，该车间应该对A类存货实行分品种重点管理，至于B类和C类存货，则按具体情况采取适当的分类别控制和总额控制。

二、JIT管理与零存货管理

20世纪中叶以前，世界汽车制造业均采用福特式的大批量生产、高生产准备成本的总动员生产方式，这种生产方式以其规模制造的成本优势为企业创造了巨大的收益。然而随着经济的不断发展，需求的异质性暴露了福特式传统生产模式的缺陷。一方面，技术进步缩短了产品生命周期，使得产品花色品种不断多样化和独特化，市场需求也向多品种、小批量转变，这对大批量生产、生产准备成本高的国内公司形成了巨大的挑战；另一方面，市场竞争已经突破了国界的限制。运输和通信手段的进步推动全球竞争市场的形成，外国公司将高质量、低成本并且各具特色的产品推向市场。这促使本国公司在追求提高产品质量、增加花色品种的同时，还要积极降低总成本。

在这种背景下，日本丰田汽车公司副总裁大野耐一意识到必须采取一种更灵活、更能适应市场需求变化的生产方式。他综合了批量生产和单件生产的特点和优点，创造了一种在多品种小批量混合生产条件下高质量、低消耗的生产方式，即准时制（Just in Time，JIT）。这种生产方式促进了日本汽车制造业的飞速发展，被当作日本企业成功的秘诀，在全世界受到广泛尊崇和推广。

拓展阅读

存货管理控制的深入思考

（一）JIT管理的基本理念与零存货管理

传统生产属于推压式生产，各项生产是从购入原材料开始被推动着通过整个生产系统的。当某个工作岗位上的工作完成时，产出物就被“推”到下一个工作岗位；或者在最终作业阶段，产出物被推进产成品库。推压式系统中的工作随着自己的结束而前进，不管下道工序是否已经做好准备，因此，工作可能会堆积在由于设备故障或发现质量问题而落后于进度安排的某些岗位上。

在准时制生产环境下，这一过程倒了过来。准时制主张生产应由现在的需求拉动，市场上产品需求的信号是企业进行生产的命令，下一环节需要什么，上一环节就供给什么，整个生产过程被需求拉动。在这种方式下，生产信号是顾客的要求；生产中可能隐藏的问题能够及时暴露、及时解决；各种物资的控制可通过简单、醒目的自动控制实现，无须通过传统的进出存账簿记录或报表、单据等来实现；生产过程和产品质量的监控不再是生产调度和质检部门的事，而是由生产一线工人随时直接进行。

零存货是准时制的特征之一，也是其显著成果之一。在传统推压式生产中，原材料在等待着生产的耗用，产品要尽量多地生产出来，以备需求。因此，必然产生较多的存货。而准时制要求零存货管理，要求企业按需要引入存货，并通过不懈努力减少存货，降低存货成本。零存货管理的最终目的是消除存货，以达到总成本最低。在准时制下，存货被认为对企业的经营存在以下负面影响：

（1）企业持有存货，占压流动资金。当企业持有大量存货时，相应数额的资金就会暂时沉淀下来，直到产成品销售出去才能重新参加周转。如果企业存货严重积压，为了支付工资、水电费等必要的开支，企业可能被迫增加举债，支付额外的利息；反之，如果企业能够大量减少存货，甚至是零存货，并将这部分资金运用到其他方面，如投资于证券等，则可以取得投资收益。可见，企业持有存货是存在机会成本的。

（2）企业持有存货，会发生仓储成本。大量存货必然要占用仓储空间，要耗费企业人工进行管理，存货本身在仓储过程中也可能发生损耗。这些仓储成本和管理成本都将提高企业的成本水平。

（3）企业持有存货，可能掩盖生产质量问题，掩盖生产的低效率，增加企业信息系统的复杂性。例如，在企业后一道工序进行加工过程中，如果发现从在产品库中取出的在产品有次品，则可以再去在产品库中取用合格品，这时次品的出现不会导致严重的后果，不会立即引起管理人员的重视，不利于企业寻找次品出现原因以不断提高产品质量。再如，假设企业生产效率低，当市场需要大量成品时，有库存成品起缓冲的作用，不利于督促企业提高生产效率。

JIT存货管理是追求一种无库存的生产系统，或使库存最小化的生产系统，是消除一切只增加成本而不向产品中增加价值的过程，即存货水平最低，浪费最小，空间占用最小，事务量最小。准时制的核心是一个没有中断倾向的系统，根据产品品种及其所能控制的数量范围而具备柔性，最终形成一个使材料平滑、迅速地流经整个系统的和谐系统。

（二）实施JIT管理的措施

1.根据市场供求状况采用拉动式生产或推动式生产

企业面临的市场环境有两种：卖方市场和买方市场。在不同的市场环境下，企业应采用不同的生产模式。

（1）在卖方市场环境中，由于产品供应量小于产品需求量，市场结构性矛盾是生产不出来，企业应该采用推动式生产模式，即通过提高生产效率、扩大生产规模来满足需求。

企业计划部门按照设备产能和生产班次确定产品产量，计算各零件的需求量和各生产阶段的生产提前期，确定每种零件的投入产出计划，按计划发出生产和订货的指令。每一生产车间和每道工序都按计划制造零件，将实际完成情况反馈到计划部门，并将加工完的零件送到后续生产车间和后一道工序，不管后续车间和工序当时是否需要。生产控制就是保证按生产作业计划的要求按时完成。

（2）在买方市场环境中，由于产品供应量大于产品需求量，市场结构性矛盾是卖不出去，企业应该采用拉动式生产模式，即以销定产。

生产首先从产品装配出发，每道工序和每个车间按照当时的需求向前一道工序和车间提出要求，发出工作指令，前面的工序和车间完全按这些指令进行生产。每一道工序的员工致力于补充后续工序的员工耗用掉的存货，绝对禁止生产超量的存货。当存货量达到确定的上限时，该工序要停止工作，直到后续工序从在产品库中取走在产品为止。因此，后续工序从在产品库中取走在产品这一行为决定了该工序将继续生产。

管理者必须接受这样的观念：宁可让员工闲着，也不要让他们生产出超出限额的存货。在生产间歇，工人可以对机器设备进行保养，防止在生产过程中出现由于机器故障而停产的现象。

拉动式生产模式可以进一步扩展到销售和订货领域。企业首先根据订单确定最后一道工序需要生产的数量，再根据最后一道工序的生产数量倒推前一道工序需要加工的数量，一直倒推至第一道工序需要加工的在产品数量，根据生产的进度和原材料需求量，最终确定发送给供货商的订单。如果每道工序都按其后一道工序的要求，在适当的时间、按需要的产品和数量生产，就可以实现真正的按需生产。

2.改变材料采购策略

在准时制生产模式下，既要求企业持有尽可能低水平的存货，只在需要的时间购进需要的材料，又不允许企业因原材料供应中断影响生产正常进行。这就给企业的采购部门提出了很高的要求：一是材料供应的及时性；二是采购的原材料在质量上必须有保证。为解决这一问题，企业和供货商之间应建立一种全新的利益伙伴关系。建立这种关系的原则为：

（1）在原材料采购上，只与有限数量、比较了解的供货商发展长期合作关系。当企业提出原材料需求时，采购部门可以直接与长期合作的供货商联系，缩短材料订货时间，同时可以节约订货成本。由于经过选择和长期合作，企业对供货商的信誉、材料质量及后续服务等都很了解，原材料质量有保证，可以适当减少对购进材料的检验，甚至取消检验，以降低检验成本。由于企业与供货商之间长期合作，供货商多批次、小批量供应材料可以进一步降低材料存货水平。

（2）在选择供货商时既要考虑其供货的价格，也要考虑其服务的质量（即供货商能否在企业临时提出需求时快速交货）和材料质量。

（3）在可能的情况下，建立生产组织直接向经批准的供货商订购生产所需原材料的流程。

（4）供货商将货物直接送至生产场所。传统上企业订购的材料在检验之后必须入材料库存放，从而增加储存成本和管理成本。在准时制生产模式下，只有在生产需要时才订购材料，原材料到位后可以直接投入生产，因此供货商可以直接将材料运抵生产车间。这样做既缩短了从订货到投入生产的时间，保证了供货的及时性；又缩短了搬运距离，节约了人工搬运成本。

（5）为达到减少材料存货的效果，企业和供货商都需要付出努力。制造企业在选择供货商时应慎重并全盘考虑，主要侧重供货的价格、质量和及时性。确定供货商后，应和供货商签订长期合同。供货商必须明确一点：供货商与制造企业的经济利益是密切相关的，紧密的长期合作关系对双方都是有利的。

3.减少不增加价值的活动，缩短生产周期

企业的生产活动可分为两种：一是使物料实体发生改变（如制造加工和包装），增加产品价值的生产活动；二是不改变物料的实体，只是使物料的地理位置等发生改变（如检验和仓储），不增加产品价值的生产活动。

从材料投入生产到产成品完工所需的全部时间称为生产周期，由生产准备时间、加工时间、搬运时间、等候时间和检验时间构成。生产准备时间是为生产特定产品准备机器设备所需的时间；加工时间是生产产品所耗费的时间；搬运时间是在生产场所之间或检验场所之间搬运产品所耗费的时间；等候时间是产品等待加工、搬运或检验，暂时储存所耗费的时间；检验时间是产品接受检验所耗费的时间。在这五个时间中，只有加工时间内的活动才增加产品价值，其他时间内的活动都不增加产品价值，理论上应该压缩到最低水平。其中，缩减生产准备时间最为关键，因为它能够直接缩减生产周期。减少生产准备时间的关键在于提高生产系统的柔性，而提高生产系统的柔性有两个途径：一是改变劳动工具，购置更智能化、有柔性的加工设备体系，如数控机床、柔性制造单元等；二是改变劳动对象，运用成组技术进行加工。通过采用准时制系统，哈雷·戴维森公司在试验的机器上缩减了75%以上的生产准备时间，从几个小时降至不到一个小时。缩短生产周期还可以从企业与供货商的关系入手，把企业的生产过程与供货商的生产过程联系起来。

4.快速满足客户需求

在准时制生产模式下，客户订单是整个企业开始生产的最原始动力和指令。收到了客户订单，就要按照交货的时间，开始最后一道工序生产的规划，并使生产向前道工序展开，直至原材料和零部件的采购环节。

为了尽可能减少存货，企业收到客户订单时的产成品存货往往是非常有限的，在合同规定的时间内交付客户订购的高质量产品的方法就是提高生产效率。当企业在材料采购、产品生产中采用一系列措施，缩短订购时间、等候时间、检验时间、搬运时间等，进而缩短生产周期，即缩短接到订单到交货的时间，企业就可以在接到订单之后很短的时间内生产出客户所需要的产品。

5.避免停工

要在存货水平很低的情况下，保证企业生产经营连续、有序进行，就要避免停工。大多数停工是以下原因造成的：机器故障、材料次品和材料未运达。以往，企业是通过存货（甚至是安全库存）来避免停工的，但却没有真正解决上述问题。准时制生产理论认为：保证设备的可靠性十分重要，必须确保设备处于可用状态，在运行中不发生故障。因此，可以通过全面预防性维护和全面质量控制，以及与供货商建立良好的关系、培训员工成为多面手、实行看板制等措施解决上述问题。

（三）JIT的局限性

JIT的实施是一个渐进的过程。比如，与供货商建立有效的协作关系需要时间。坚持要求供货商在送货次数和产品质量方面作出迅速的改变是不切实际的，有可能导致公司与供货商之间形成对抗。从长远看，供货商会寻找新的市场，寻找卖出更高价格的各种途径，或寻求宽松的条款。上述种种行为都会抵消许多JIT带来的收益。因此，合作而不是强制，应该成为与供货商关系的基础。

另外，工人也会受到JIT管理的影响。研究表明，存货缓冲储备显著降低后，工作流程将被严密地组织起来，生产工人的劳动紧张程度将提高。有人提议应有计划地、审慎地降低存货水平，激发工人的独立自主性，鼓励他们积极参与，追求更广泛的进步。

JIT的最大缺陷在于没有储备存货作为缓冲来应对生产中断的局面，当期的销售时时受到预料之外的生产中断的威胁。事实上，JIT的对策是在继续生产活动以前，找出并解决该问题。如果需求的增加远远超出了零售商存货的供应，零售商就不可能迅速地对订货作出调整，从而无法避免失去销售额、触怒顾客。

然而，尽管存在这些不利因素，零售商似乎仍十分喜爱JIT，因为由于意外打击造成的销售额损失要小于保持大量存货所付出的代价。推行JIT的制造企业为了确保实现未来的销售额，也愿意让本期的销售额承受风险。这种保证来源于更优的质量、更快的反应速度，以及更小的营运成本。即便如此，我们也必须意识到，销售额的丧失就是永远的丧失，建立一个中断次数非常少的JIT系统，不是一项短期就能完成的工作。

※ 章节测试

一、单项选择题（每小题4分，共40分）

1.下列各项中，不属于建立经济订货批量基本模型所依据的假设是（　　）。

A.允许缺货　　B.一定时期需求量可以确定

C.存货集中到货　　D.存货进价稳定

2.下列各项中，不属于订货成本的是（　　）。

A.采购部门的折旧费　　B.检验费

C.按存货价值计算的保险费　　D.差旅费

3.下列成本中，属于决策无关成本的是（　　）。

A.订货成本　　B.固定订货成本

C.变动订货成本　　D.变动储存成本

4.下列各项中，与经济订货批量无关的是（　　）。

A.每日消耗量　　B.每日供应量

C.变动储存成本　　D.订货提前期

5.在不同的情况下，经济订货批量控制的相关成本所包含的内容是（　　）。

A.相同的　　B.不同的

C.变化无常的　　D.无法确定

6.在允许缺货的情况下，衡量是否达到经济订货批量的关键标志是（　　）。

A.订货成本与储存成本相等

B.缺货成本与储存成本之和最低

C.订货成本与储存成本之和最低

D.订货成本、储存成本和缺货成本之和最低

7.某企业全年需要A材料240吨，每次进货成本为40元，每吨材料的年储存成本为12元，则每年的最优进货次数为（　　）次。

A.3　　B.4　　C.6　　D.9

8.按照ABC存货管理法，品种多且单位价值低的材料（　　）。

A.属于B类存货　　B.属于A类存货

C.不属于A、B、C中的任何一类　　D.属于C类存货

9.首先从产品装配出发，每道工序和每个车间都按照当时的需要向前一道工序和车间提出要求，发出工作指令，前面的工序和车间完全按这些指令进行生产的方式称为（　　）。

A.推动式生产　　B.拉动式生产

C.预算工时　　D.实际工时

10.为避免由于延迟到货、生产速度加快及其他情况的发生，而将满足生产、销售需要的存货量称为（　　）。

A.安全库存　　B.营运库存　　C.超额库存　　D.经营库存

二、多项选择题（每小题6分，共30分）

1.在基本经济订货批量模型中，以下项目与经济订货批量有关的有（　　）。

A.存货的订购成本　　B.年度计划存货需要量

C.存货的缺货成本　　D.变动储存成本

2.下列各项中属于缺货成本的有（　　）。

A.停工期间的固定成本

B.因停工待料发生的损失

C.无法按期交货而支付的罚款

D.因采取应急措施补足存货而发生的超额费用

3.企业为控制存货缺货成本，采取的方法主要有（　　）。

A.提前订货　　B.增加每日送达存货的数量

C.设置安全库存　　D.供应与耗用保持一致

4.安全库存量的确定方法主要有（　　）。

A.经验法　　B.差量法

C.作业成本计算法　　D.不连续概率法

5.在有数量折扣、不允许缺货的情况下，属于订购批量决策相关成本的有（　　）。

A.订货成本　　B.缺货成本　　C.采购成本　　D.储存成本

三、判断题（每小题3分，共30分）

1.接货人员的工资及仓库租金并不随购入量、储存量或订单数的变动而变动，属于固定订货成本或固定储存成本，与决策无关。（　　）

2.在有数量折扣的决策中，订货成本、储存成本是订购批量决策中的相关成本，而采

购成本则与决策无关。（ ）

3.库存耗竭成本是一项储存成本。（ ）

4.为采购存货而发生的借款利息属于不相关成本。（ ）

5.在某种存货全年需求量已定的情况下，降低订货批量，必然增加订货批次。（ ）

6.安全库存量的储存成本等于安全库存量乘以存货的单位储存成本。（ ）

7.在允许缺货的情况下，缺货成本是与决策无关的成本。（ ）

8.准时制存货管理法的目的是消灭存货，以达到成本最低。（ ）

9.宁可让员工闲着，也不要让他们生产出超出限额的存货，是推动式生产模式的要求。（ ）

10.从零存货管理的要求看，管理在于暴露问题，而不是掩盖问题。（ ）

章节测试

第七章

长期投资决策

课程目标

价值塑造：

1.理解货币时间价值的含义，通过“校园贷案例”使学生理解复利的计算，树立理性消费观、正确的金钱观，培养大学生的规则意识和契约精神，加强信用教育。

2.通过计算“校园贷案例”中的名义利率和实际利率，引导学生认清校园贷的“真面目”，警惕校园贷的圈套，并结合《中华人民共和国民法典》和《中华人民共和国刑法》有关规定，增强法治观念，懂法遵法守法。

3.引导学生增强风险意识，培养底线思维，正确理解风险与收益的关系。

知识传授：

1.掌握：货币时间价值计算方法及应用、现金流量的计算方法、资本成本的计算方法、长期投资决策指标的计算方法及应用。

2.理解：货币时间价值的概念、敏感性分析在长期投资决策中的应用。

3.了解：敏感性分析的定义、长期投资决策指标的比较与分析。

能力培养：

1.能够熟练运用货币时间价值、现金流量、资本成本等计算方法对具体投资方案进行计算，并能举一反三，利用所学知识解决实践中的问题。

2.能够运用非贴现和贴现评价指标分析长期投资方案的可行性，解决实践中的长期投资决策问题。

3.能够利用敏感性分析，抓住重点，分清主次，预先防范，从而在长期投资决策中减少失误。

导入案例

某企业投资240 000元购建一条新的生产线，预计可使用5年，每年生产产品10 000件，每件售价60元，单位变动成本32元，固定成本总额为200 000元。该企业固定资产采用直线法计提折旧，所得税税率为25%，资本成本为10%。

思维导图

讨论与思考：该投资方案是否合理？为什么？

第一节 长期投资决策的基础

长期投资是指企业需要投入大量资金，以增加生产经营能力并期望在未来获取收益的经济活动。广义而言，它包括投资于厂房、机器设备等方面的固定资产投资，也包括无形资产投资、长期流动资产投资和长期有价证券投资。因为长期投资中固定资产占的比重大，所以狭义而言，长期投资专指对企业长期资产如固定资产等实物资产的投资（本章主要对固定资产投资进行决策分析）。长期投资决策是指对各种长期投资方案的投资支出和投资收入进行比较、分析、判断和评价后作出的决定和选择，即从若干备选方案中选择最优方案的过程。要正确计算和评价长期投资项目的经济效益，必须考虑的决策基础主要有货币时间价值、现金流量和资本成本。

一、货币时间价值

（一）货币时间价值的概念

货币时间价值是指货币经过一定时间的投资与再投资后所增加的价值。

经济生活中，人们往往都会发现，今天的1元钱在经过1年的时间后，其数值并不相同，后者一般总是大于前者。这除了通货膨胀和风险的因素影响外，还有“时间”这个影响因素的作用。我们知道，在商品经济中，投资离不开资金（货币），但投资者自己所拥有的货币往往不足以投资其所选定的项目，因此只有去筹集资金，可是货币的拥有者不会白白地把钱提供给投资者使用，投资者在使用别人货币的同时必须向货币的拥有者支付一定的报酬，这就是通常我们把100元钱存入银行，1年后便可得到105元的原因（假定银行年利率为5%）。也可以说，我们的100元经过1年的投资，增长到105元，这多出来的5元就是货币的时间价值（如果不考虑通货膨胀）。在财务管理领域，人们习惯用相对数字来表示货币的时间价值，即用所增长的价值占原价值的百分数来表示。因此，上述货币的时间价值即为5%。

如果将这105元再次存入银行继续投资，它仍旧会以5%的比例递增。如此循环反复，货币价值将随着时间的延续，按几何级数的方式不断增长，从而使货币具有时间价值。

货币的时间价值从量的规定性上说，就是在没有通货膨胀和风险的条件下的社会平均资本利润率。在日常生活中，由于政府债券的风险很小（接近零），因此，当通货膨胀率很低时，人们为方便起见，也常常将政府债券利率视同货币的时间价值。

由于市场竞争的结果，市场经济中各部门的投资利润率趋于一致。每个投资者的投资目的都是使自己的投资尽快增值，这必然要求投资报酬率高于社会平均利润率，否则不如把钱存入银行或购买国债，以取得社会平均利润率。因此货币的时间价值就成为投资决策中评价投资方案的基本标准，只有当投资报酬率高于货币的时间价值时，该项目才可能被接受，否则就必须放弃此项目。

思政案例

抵制不良校园贷

（二）货币时间价值的计算

由于货币时间价值随着时间的推移呈几何级数方式增长，与银行复利的增长方式相同，因此，通常采用银行复利的计算方法来计算货币的时间价值。按照这种方法，每经过一段固定的时间，就要将所产生的利息加入本金中，再计算下一段时间的利息，如此循环下去。这里的“一段固定的时间”叫作计息期，如果不作特别说明，计息期通常指1年。

货币时间价值的计量形式主要有：复利终值、复利现值、年金终值、年金现值。

1.复利终值

复利终值指的是某特定资金经过一段时间后，按复利计算的最终价值（本利和）。其计算公式为：

$$FV = PV\cdot(1+i)^n = PV\cdot FVIF_{i,n}$$

上式是计算复利终值的一般公式，式中PV为现值，FV为终值（本利和），$(1+i)^n$称作复利终值系数，用$FVIF_{i,n}$或(F/P，i，n)表示，其含义为当利率为i，经过n期后，1元本金的最终价值，可以查阅复利终值系数表获得。n为计息期，可以以年计算，也可以以季或月计算，只要式中的i是同期的利率即可。

【例7-1】东泰公司现从银行一次借入100万元，投资建设一项目。该项目建设期为5年，银行规定，采用复利计息，年利率为10%。

要求：建设期满时的本利和是多少？

解析：建设期满时的本利和为：

$$FV = PV\cdot FVIF_{i,n} = 100\times FVIF_{10\%,5} = 100\times 1.6105 = 161.05\text{（万元）}$$

2.复利现值

复利现值是指为取得将来某一时点上的本利和，现在所需要的本金是多少，即未来一定时间的特定资金按复利计算的现在价值。

可见，复利现值计算实际上是复利终值计算的逆运算，计算公式为：

$$PV = \frac{FV}{(1+i)^n} = FV\cdot(1+i)^{-n} = FV\cdot PVIF_{i,n}$$

式中，$(1+i)^{-n}$是复利终值系数的倒数，称为复利现值系数，用符号$PVIF_{i,n}$或(P/F，i，n)表示，其含义为当利率为i时，为取得n期后的1元，现在需要多少本金，可查阅复利现值系数表获得。其他符号含义同前。

【例7-2】某项投资4年后可得收益40 000元，按年利率5%计算。

要求：现值应为多少？

解析：

$$PV = FV\cdot PVIF_{i,n} = 40\,000\times PVIF_{5\%,4} = 40\,000\times 0.8227 = 32\,908\text{（元）}$$

3.名义利率与实际利率

前面提到复利的计息期不一定是1年，也可以是季、月或者是日，即在1年内可以复利若干次，此时给出的年利率就叫作名义利率，实际利率则是指复利期为1年时的复利率。

实际利率与名义利率的关系是：

$$1+i=(1+\frac{r}{M})^{M}$$

式中，i为实际利率；M为每年复利次数；r为名义利率。

【例7-3】已知年利率为10%，一年复利4次。

要求：实际利率为多少？

解析：

$$1+i=(1+\frac{r}{M})^{M}$$

$$i=(1+\frac{r}{M})^{M}-1=(1+\frac{10\%}{4})^{4}-1=1.1038-1=10.38\%$$

【思政课堂】

校园贷实际利率的“庐山真面目”

某职业技术学院大四学生王同学因创业急需一笔资金，在互联网上找到一家放贷平台，对比了该平台上的网贷产品，最终选择了“最低月利率0.99%”的网贷产品，通过该公司借款10 000元，分12期还款，每期还款932元，但该平台需预扣2 000元的咨询费，放贷平台承诺：如果借款人还款没有任何逾期，合同到期时2 000元的咨询费会退回借款人的银行账户。

讨论与思考：

（1）放贷平台的月利率0.99%是怎么来的？你认为正确吗？请计算真实的月利率。

（2）利用名义利率与实际利率的关系计算校园贷实际利率为多少？结合《中华人民共和国民法典》和《中华人民共和国刑法》的相关规定，谈谈校园贷的“贷价”。

4.普通年金

年金指的是等额、定期的系列收入或支出。普通年金是在每期期末收入或支出的年金，所以又叫后付年金。

（1）普通年金终值计算。普通年金的终值指的是自第一次收入（或支出）到最后一次收入（或支出）时，全部收入（或支出）金额按复利计算的最终本利和。即已知每期收入或支出金额A，收付期n，利率i，求复利终值FV。用图形表示，如图7-1所示。

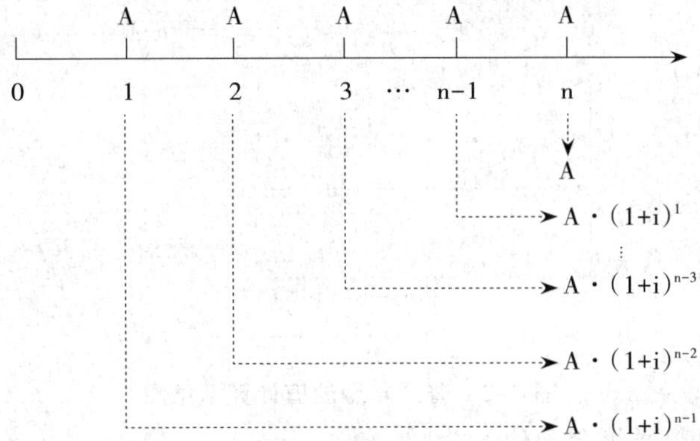

图7-1 普通年金终值计算示意图

因此

$$FVA = A \cdot \sum_{t=0}^{n-1}(1+i)^t = A \cdot \frac{(1+i)^n - 1}{i} = A \cdot FVIFA_{i,\ n}$$

上式是计算普通年金终值的一般公式，式中的$\frac{(1+i)^n - 1}{i}$称作普通年金终值系数，用$FVIFA_{i,\ n}$或（F/A，i，n）表示，其含义为每期末收入或支出的普通年金1元，当利率为i，经过n期后的最终价值，可查阅普通年金终值系数表获得。

利用该公式，可在已知利率i，复利期n和年金A的情况下，计算年金的终值；也可以在已知利率i，计算期n及终值FVA时，计算年金A，这是普通年金终值的逆运算，我们把它称之为偿债基金的计算，计算公式为：

$$A = FVA \cdot \frac{i}{(1+i)^n - 1} = FVA \cdot (A/F,\ i,\ n)$$

式中，$\frac{i}{(1+i)^n - 1}$实际上就是普通年金终值系数的倒数，称为偿债基金系数，用（A/F，i，n）表示。

【例7-4】某人连续5年每年年末存入银行10 000元，假设年利率为10%。

要求：5年期满后可得本利和是多少？

解析：

$$FVA = A \cdot FVIFA_{i,n} = 10\,000 \times FVIFA_{10\%,5} = 10\,000 \times 6.1051 = 61\,051\text{（元）}$$

【例7-5】假设某人要在第5年年末归还10 000元债务，假设银行存款利率为10%。

要求：从现在开始，每年年末应存入银行多少钱？

解析：此题已知终值求年金，计算公式为：

$$A = \frac{FVA}{FVIFA_{i,n}} = \frac{10\,000}{FVIFA_{10\%,5}} = \frac{10\,000}{6.1051} = 1\,637.97\text{（元）}$$

（2）普通年金现值计算。普通年金的现值指的是为在将来若干期内的每期末收入（或支出）相同的金额，按复利计算，现在所需要的本金数。即已知计算期n，利率i，年金A，求本金PVA。用图形表示，如图7-2所示。

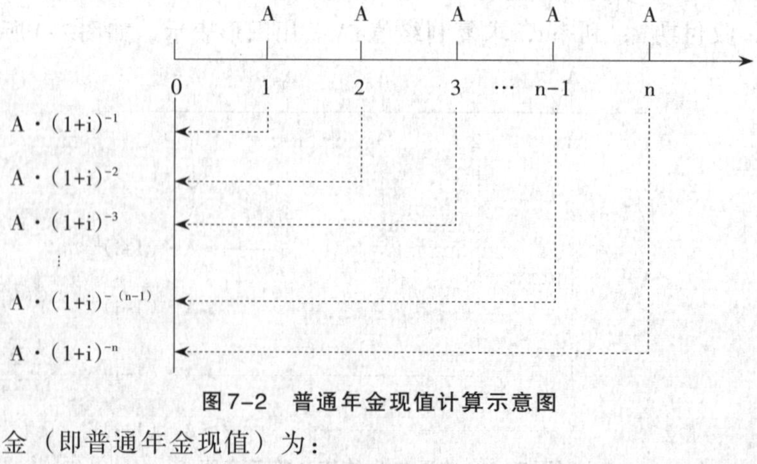

图7-2 普通年金现值计算示意图

因此，本金（即普通年金现值）为：

$$PVA = A \cdot \sum_{t=1}^{n}\frac{1}{(1+i)^t} = A \cdot \frac{1-(1+i)^{-n}}{i} = A \cdot PVIFA_{i,\ n}$$

式中，$\frac{1-(1+i)^{-n}}{i}$又称普通年金现值系数，用$PVIFA_{i,n}$或（P/A，i，n）表示，其含义为当利率为i时，n期普通年金1元的现值数额，可查阅普通年金现值系数表获得。

利用该公式，可在已知利率i，复利期n和年金A的情况下，计算年金的现值；也可以在已知利率i，计算期n及现值PVA时，计算年金A，这是普通年金现值的逆运算，我们把它称之为投资回收额的计算，计算公式为：

$$A=PVA\cdot\frac{i}{1-(1+i)^{-n}}=PVA\cdot(A/P,i,n)$$

式中，$\frac{i}{1-(1+i)^{-n}}$又称投资回收系数，是普通年金现值系数的倒数，用（A/P，i，n）表示，其含义为现在投资1元，当利率为i时，在今后的n期内每期末可得到的投资报酬数（即年金）。

活学活用

房贷的还款方式——等额本金和等额本息

【例7-6】某人计划在银行存入一笔钱，准备在未来5年中，每年年末取出10 000元，假设银行存款利率为10%。

要求：现在应一次性存入银行多少钱？

解析：

$$PVA=A\cdot PVIFA_{i,n}=10\,000\times PVIFA_{10\%,5}=10\,000\times3.7908=37\,908\text{（元）}$$

【例7-7】东泰公司向银行借入5年期10万元贷款，贷款利率为10%，银行要求该公司在5年内每年年末分期等额偿还。

要求：该公司每年年末的还款额为多少？

解析：此题已知现值求年金，计算公式为：

$$A=\frac{PVA}{PVIFA_{i,n}}=\frac{10}{PVIFA_{10\%,5}}=\frac{10}{3.7908}=2.64\text{（万元）}$$

因此，该公司每年年末应还款2.64万元，才能把现在借入的10万元贷款还清。

5.预付年金

预付年金是指每期期初支付（或收取）的年金，也叫先付年金。它与普通年金的区别在于其支付（或收取）期比普通年金提前了一期。

（1）预付年金终值。预付年金终值如图7-3所示。

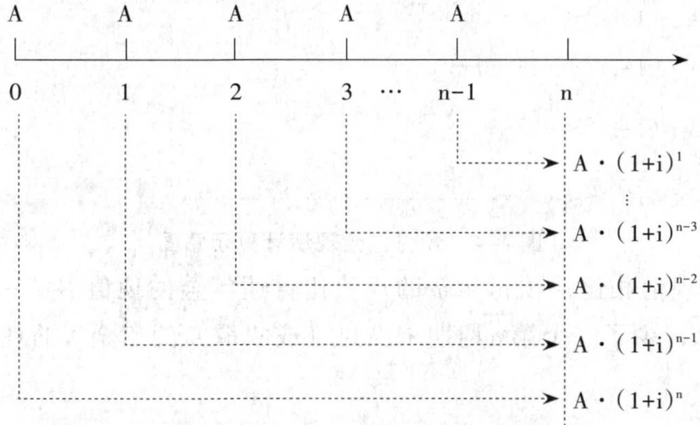

图7-3 预付年金终值计算示意图

与普通年金的终值相比，它比普通年金的终值多了一个第一期期初支付（或收取）的年金的终值，少了一个第n期期末支付（或收取）的年金数。预付年金终值的计算公式为：

$$FVA = A \cdot \sum_{t=1}^{n}(1+i)^t = A \cdot FVIFA_{i,n} \cdot (1+i) = A\left[\frac{(1+i)^{n+1}-1}{i}-1\right]$$

$$= A \cdot (FVIFA_{i,n+1} - 1)$$

式中，$\frac{(1+i)^{n+1}-1}{i}-1$称为预付年金终值系数。与普通年金终值系数相比，期数加1，系数减1。

因此，预付年金终值计算方法有两种：第一种方法是在普通年金终值的基础上乘以$(1+i)$即可；第二种方法可以利用普通年金终值系数表，先查得（n + 1）期的普通年金终值系数值，然后再减1，得到预付年金的终值系数，再乘以年金A，便可求出预付年金终值。

【例7-8】为给儿子上大学准备资金，王先生连续6年于每年年初存入银行3 000元。若银行存款利率为5%（复利计息）。

要求：在第6年年末能一次取出本利和多少钱？

解析：

方法一：

$$FVA = A \cdot FVIFA_{i,n} \cdot (1+i) = 3\,000 \times FVIFA_{5\%,6} \times (1+5\%)$$
$$= 3\,000 \times 6.8019 \times 1.05 = 21\,425.99（元）$$

方法二：

$$FVA = A \cdot (FVIFA_{i,n+1} - 1) = 3\,000 \times (FVIFA_{5\%,7} - 1)$$
$$= 3\,000 \times (8.1420 - 1) = 21\,426（元）$$

（2）预付年金现值。预付年金现值如图7-4所示。

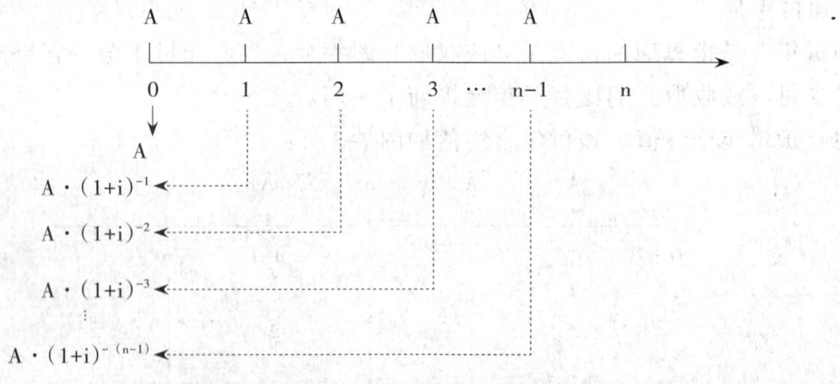

图7-4 预付年金现值计算示意图

与普通年金的现值相比，预付年金的现值比普通年金的现值多了一个第1期期初支付（或收取）的年金A，少了一个第n期期末支付（或收取）的年金A的现值。预付年金现值的计算公式为：

$$PVA = A \cdot \sum_{t=0}^{n-1} \frac{1}{(1+i)^t} = A \cdot PVIFA_{i,n} \cdot (1+i) = A \cdot \left[\frac{1-(1+i)^{-(n-1)}}{i} + 1 \right]$$

$$= A \cdot (PVIFA_{i,n-1} + 1)$$

式中，$\frac{1-(1+i)^{-(n-1)}}{i}+1$ 称为预付年金现值系数。与普通年金现值系数相比，期数减1，系数加1。

因此，预付年金现值计算方法有两种：第一种方法是在普通年金现值的基础上乘以（1+i）即可；第二种方法可以利用普通年金现值系数表先查得（n-1）期的值，然后再加1，得到预付年金的现值系数，再乘以年金A，便可求出预付年金现值。

【例7-9】某人拟采用分期付款方式购房，从现在起每年年初付20万元，连续支付5年，若目前的银行贷款利率是7%。

要求：该项分期付款相当于一次性现金支付的购买价为多少？

解析：

方法一：

$$PVA = A \cdot PVIFA_{i,n} \cdot (1+i) = 20 \times PVIFA_{7\%,5} \times (1+7\%)$$

$$= 20 \times 4.1002 \times (1+7\%) = 87.74 \text{（万元）}$$

方法二：

$$PVA = A \cdot (PVIFA_{i,n-1} + 1) = 20 \times (PVIFA_{7\%,4} + 1)$$

$$= 20 \times (3.3872 + 1) = 87.74 \text{（万元）}$$

6.递延年金

递延年金是指首期支付（或收取）发生在第2期或以后某期的年金，如图7-5所示。

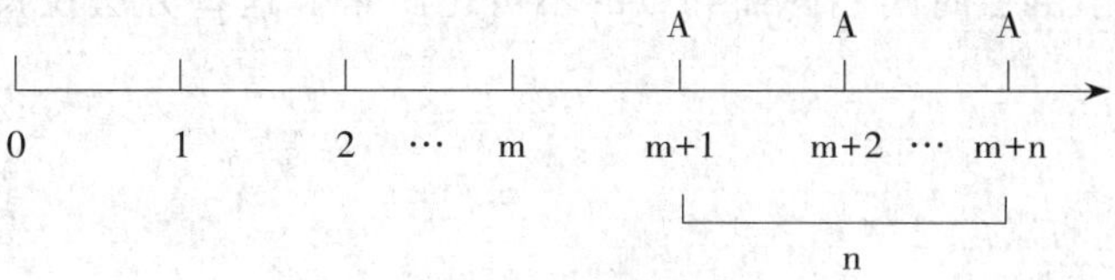

图7-5 递延年金

（1）递延年金终值。与普通年金相比，前面的m期未发生过支付（或收取），其实际支付（或收取）期为n期，因此，递延年金的终值计算与普通年金的终值计算方法相同，只要按其实际支付（或收取）期计算即可，即：

$$FVA = A \cdot \sum_{t=0}^{n-1} (1+i)^t = A \cdot FVIFA_{i,n}$$

（2）递延年金现值。递延年金现值的计算方法主要有以下三种：

方法一：由于没有前m期的年金收付，因此先计算（m+n）期的普通年金现值，再减去m期的普通年金现值，公式为：

$$PVA = A \cdot PVIFA_{i,m+n} - A \cdot PVIFA_{i,m}$$

方法二：先按普通年金的计算方法计算出第m期期末的年金现值，再将其折算成第1期期初的现值，公式为：

$$PVA = A \cdot PVIFA_{i,n} \cdot PVIF_{i,m}$$

方法三：先求递延年金终值，再折算成现值，公式为：

$PVA = A \cdot FVIFA_{i,n} \cdot PVIF_{i,m+n}$

【例 7-10】东泰公司向银行借入一笔款项，银行贷款的年利率为10%，每年复利一次，银行规定前5年不用还本付息，但从第6年至第20年每年年末偿还本息5 000元。

要求：计算这笔款项的现值。

解析：

方法一：

$PVA = 5\,000 \times (PVIFA_{10\%,20} - PVIFA_{10\%,5}) = 5\,000 \times (8.5136 - 3.7908) = 23\,614$（元）

方法二：

$PVA = 5\,000 \times PVIFA_{10\%,15} \times PVIF_{10\%,5} = 5\,000 \times 7.6061 \times 0.6209 = 23\,613.14$（元）

方法三：

$PVA = 5\,000 \times FVIFA_{10\%,15} \cdot PVIF_{10\%,20} = 5\,000 \times 31.7725 \times 0.1486 = 23\,606.97$（元）

三种方法计算结果的差异是因货币时间价值系数的小数点保留造成的，与方法无关。

7.永续年金

永续年金指的是无限期收付的年金。由于它没有终止收付的时间，因此也就没有终值。永续年金的现值可通过普通年金现值的计算公式推导来计算。

$$PVA = \frac{A\left[1-(1+i)^{-n}\right]}{i}$$

当$n \to \infty$时，$(1+i)^{-n} \to 0$，因此

$$PVA = \frac{A}{i}$$

利用上述各种计算货币时间价值的方法，就可以将不同时间的货币统一在同一个时点上进行比较，消除了由于时间不同而导致的不可比因素。这些方法在长期投资决策中都有广泛的应用。

二、现金流量

（一）现金流量的概念

现金流量是指与长期投资决策有关的现金流入和流出的数量。它是评价投资方案是否可行的基础数据，绝大部分投资决策指标的计算都以投资项目的现金流量为基础。之所以在投资决策中使用现金流量而非利润，原因在于现金流量是项目价值的最终衡量指标，而反映企业经营成果的利润指标是权责发生制的产物。账面利润未必能够全部变成现金，即便能够变现，大多数情况下也是在不同的时间变现。而在投资决策中，需要计算不同时点的现金流量。

（二）现金流量的具体内容

根据现金流动的方向，现金流量具体分为现金流入量、现金流出量和现金净流量。

1.现金流入量

现金流入量是指由于投资项目实施引起的现金收入的增加额，简称现金流入。主要包括：

（1）营业收入。营业收入是指投资项目投产后每年实现的全部营业收入，它是构成经营期内现金流入量的主要内容。为简化核算，假定正常经营年度内，每年发生的赊销额与

回收的应收账款大致相等。

（2）固定资产的残值收入。固定资产的残值收入是指投资项目的固定资产在终结报废清理时的残值收入，或中途变价转让时得到的变价收入。

（3）垫支流动资金回收。垫支流动资金回收是指投资项目使用期限终止时，收回与该项目相联系的投放在各种流动资产上的投资。

固定资产的残值收入和垫支流动资金收回统称为回收额，一般假定回收额在投资项目终结时即经营期最后1年发生。

2.现金流出量

现金流出量是指由于投资项目实施引起的现金支出的增加额，简称现金流出。主要包括：

（1）建设投资。建设投资是指在项目建设期间按一定生产经营规模和建设需要进行的投资，具体包括：①固定资产投资，包括房屋、建筑物的造价，设备的买价或建造成本，关税，运输费和安装成本等；②无形资产投资是指用于取得专利权、专有技术、商标权等无形资产而产生的投资；③开办费投资是指项目筹建期间所发生的，但不能划归固定资产和无形资产的那部分投资。

建设投资是建设期间发生的主要现金流出量。

（2）垫支的流动资金。垫支的流动资金是指投资项目建成投产后为开展正常经营活动而投放在流动资产项目上的投资，建设投资与垫支的流动资金之和称为项目的原始总投资。原始总投资不论是一次投入还是分次投入，均假设它们是在建设期内投入的，经营期间不再有新的投资发生。

（3）付现成本。付现成本是指项目投产后生产经营过程中发生的各项用现金支付的成本费用，又称经营成本，它是生产经营期间最主要的现金流出量项目。一般来说，变动成本均为付现成本，固定成本除折旧、摊销以外也均为付现成本。

（4）所得税税额。所得税税额是指投资项目建成投产后，因应纳税所得额增加而增加的所得税。

需要注意的是，只有将企业作为投资主体时才应把所得税列入现金流出量项目，如果将国家作为投资主体就不应把企业所得税列入现金流出量项目。

3.现金净流量

现金净流量是指投资项目在整个计算期（包括建设期和经营期）内现金流入量和现金流出量的差额，记为NCF。

为了便于理解和简化现金净流量的计算，通常假设现金净流量是以年为时间单位发生，并发生于某时点，主要是每年的年初或年末，例如建设投资在建设期内有关年度的年初发生；垫支的流动资金在建设期的最后1年年末即经营期的第1年年初发生；经营期内各年的营业收入、付现成本、折旧摊销、利润、所得税等项目均在年末发生；固定资产残值回收和流动资金回收均发生在经营期最后1年年末。

现金净流量的计算公式如下：

年现金净流量（NCF）= 年现金流入量 - 年现金流出量

（三）现金净流量的计算

根据现金流量发生的时间，现金流量可以分为初始现金流量、经营现金流量和终结现金流量。在计算投资决策指标时，需要各个时间点（一般以年为时间单位）的现金流量数据。由于一个项目从准备投资到项目结束，经历了项目准备及建设期、生产经营期及项目终结期三个阶段，所以需计算初始现金净流量、经营现金净流量和终结现金净流量。

1.初始现金净流量

初始现金净流量是指建设期投资时产生的现金净流量，包括投资在固定资产上的资金和投资在流动资产上的资金两部分。

如果是新建项目，所得税对初始现金净流量没有影响。

初始现金净流量 =- 该年原始投资额

如果是以企业原有的旧设备进行投资，在计算初始现金净流量时，一般以设备的变现价值作为其现金流出量（但是该设备的变现价值通常并不与其折余价值相等）。另外，还必须注意将这个投资项目作为一个独立的方案进行考虑，即假设企业将该设备出售可能得到的收入（设备的变现价值），以及企业由此可能支付或减免的所得税，即：

$$\text{初始现金净流量}=-\left[\text{垫支的流动资金}+\text{设备的变现价值}-\left(\text{设备的变现价值}-\text{折余价值}\right)\times\text{所得税税率}\right]$$

2.经营现金净流量

经营现金净流量一般以年为单位计算。经营现金流入量是指经营现金收入，经营现金流出量是指经营现金支出（付现成本）和缴纳的税金。计算公式为：

经营现金净流量 = 营业收入 - 付现成本 - 所得税

或

经营现金净流量 = 税后净利润 + 折旧、摊销

=（营业收入 - 总成本）×（1 - 所得税税率）+ 折旧、摊销

=（营业收入 - 付现成本）×（1 - 所得税税率）+ 折旧、摊销 × 所得税税率

上述公式体现了计算经营现金净流量的两种不同思路，一种是直接法，即用现金流入量减去现金流出量；一种是间接法，即把权责发生制下的净利润调节为经营现金净流量，具体是依据那些影响利润但不影响现金流量的非付现成本对净利润进行调整。

3.终结现金净流量

终结现金净流量是指投资项目终结时即经营期最后一年年末所产生的现金净流量。计算公式为：

终结现金净流量 = 该年经营现金净流量 + 固定资产残值收入 + 垫支的流动资金回收

【例 7-11】东泰公司准备购置一套生产设备，共需170万元，另需投入20万元的流动资金。该设备预计使用年限为8年，采用直线法计提折旧，预计净残值10万元。投产后，每年可获80万元的销售收入，且第1年付现成本为40万元，从第2年起需要增加设备维修费用1万元，此后设备维修费用逐年递增1万元。企业所得税税率为25%。

要求：计算该投资项目各年的现金净流量。

解析：

（1）初始现金净流量：

$NCF_0=-(170+20)=-190$（万元）

（2）经营现金净流量：

经营现金净流量＝(营业收入－总成本)×(1－所得税税率)＋折旧、摊销

$$年折旧额=\frac{170-10}{8}=20（万元）$$

因此，各年经营现金净流量为：

$NCF_1=(80-40-20)\times(1-25\%)+20=35$（万元）

$NCF_2=(80-40-1-20)\times(1-25\%)+20=34.25$（万元）

$NCF_3=(80-40-2-20)\times(1-25\%)+20=33.5$（万元）

$NCF_4=(80-40-3-20)\times(1-25\%)+20=32.75$（万元）

$NCF_5=(80-40-4-20)\times(1-25\%)+20=32$（万元）

$NCF_6=(80-40-5-20)\times(1-25\%)+20=31.25$（万元）

$NCF_7=(80-40-6-20)\times(1-25\%)+20=30.5$（万元）

（3）终结现金净流量。

$NCF_8=(80-40-7-20)\times(1-25\%)+20+20+10=59.75$（万元）

三、资本成本

资本成本指的是企业筹集和使用资金必须支付的各种费用。资本成本包括用资费用和筹资费用。

（1）用资费用。用资费用是指企业在使用资金中支付的费用，如股利、利息等，其金额与使用资金的数额多少及时间长短成正比，它是资本成本的主要内容。

（2）筹资费用。筹资费用是指企业在筹集资金中支付的费用，如借款手续费、证券发行费等，其金额与资金筹措方式有关而与使用资金的数额多少及时间长短无关。

由于存在筹资费用，企业计划筹资额与实际筹资额是不相等的，实际筹资额等于计划筹资额减筹资费用，因此企业使用资金的实际代价高于名义代价。如果不考虑所得税因素，资本成本应按下列公式计算：

$$资本成本=\frac{每年的用资费用}{筹资金额-筹资费用}=\frac{每年的用资费用}{筹资金额\times(1-筹资费用率)}$$

如果考虑货币时间价值，资本成本的计算会稍微复杂些。筹资方案的现金流入量是指实际筹集到的资金，等于企业计划筹资额减筹资费用，它发生在筹资时。筹资方案的现金流出量是指用资费用，它发生在筹资后不同的时间点。资本成本就是使得筹资方案现金流出量折现后等于筹资方案现金流入量的折现率。如果不考虑筹资费用，那么筹集资金方的资本成本就是资金提供方的回报率。企业将筹集的资金运用于投资项目，其必然要求所获得的回报能够弥补筹资成本，因此资本成本就成为筹集资金后投资于项目所要求的最低报酬率，即必要报酬率。

资本成本在企业筹资决策、投资决策中都具有重要的作用。其中在投资决策中，当采用净现值指标决策时，常以资本成本作为折现率，此时净现值为正则投资项目可行，否则

不可行；当以内部收益率指标决策时，资本成本是决定项目取舍的一个重要标准，只有当项目的内部收益率高于资本成本时，项目才可能被接受，否则就必须放弃。

（一）个别资本成本

个别资本成本就是各种长期资本的使用成本。在数额上等于每种长期资金的年实际占用费与其筹资净额的比值。

为了便于分析和比较，资本成本通常不考虑时间价值，用一般通用模型计算相对数即资本成本率表达。计算时，将初期的筹资费用作为筹资额的一项扣除，扣除筹资费用后的筹资额称为筹资净额，通用的计算公式是：

$$K=\frac{D}{P-F}=\frac{D}{P(1-f)}$$

式中，K表示资本成本，以百分数表示；D表示用资费用额；P表示筹资总额；F表示筹资费用额；f表示筹资费用率，即筹资费用与筹资总额的比率。

1.长期借款资本成本的计算

长期借款资本成本包括借款利息和借款手续费用，利息费用税前支付，可以起抵税作用，一般计算税后资本成本。税后资本成本与股权资本成本具有可比性。银行借款的资本成本按一般模式计算为：

$$K_1=\frac{I_1(1-T)}{L-F_1}=\frac{I_1(1-T)}{L(1-f_1)}$$

式中：K_1为长期借款资本成本；L为长期借款筹资额；I_1为长期借款年利息；F_1为长期借款筹资费用；f_1为长期借款筹资费用率；T为所得税税率。

长期借款的筹资费用主要是手续费，一般数额很小，有时可以忽略不计。长期借款年利息为长期借款筹资额乘以长期借款利率，即$I_1=L\times i_1$。这时，长期借款成本可以按下列公式计算：

$$K_1=i_1(1-T)$$

式中，i_1表示长期借款利率。

对于长期借款，若考虑时间价值问题，还可以用折现模式计算资本成本。

【例7-12】东泰公司取得5年期长期借款200万元，年利率为10%，每年付息一次，到期一次还本，借款费用率为0.2%，企业所得税税率为25%。

要求：计算该项借款的资本成本。

解析：

$$K_1=\frac{10\%\times(1-25\%)}{1-0.2\%}\times100\%=7.52\%$$

2.公司债券资本成本的计算

公司债券资本成本包括债券利息和借款发行费用。债券可以溢价发行，也可以折价发行，其资本成本按一般模式计算为：

$$K_b=\frac{I_b(1-T)}{B(1-f_b)}$$

式中：K_b为债券资本成本；B为债券筹资额，按债券发行价格确定；I_b为公司债券年利息；f_b为债券筹资费用率；T为所得税税率。

【例7-13】东泰公司以1 100元的价格，溢价发行面值为1 000元、期限为5年、票面利率为7%的公司债券一批。每年付息一次，到期一次还本，发行费用率为3%，所得税税率为25%。

要求：计算该批债券的资本成本。

解析：

$$K_b = \frac{1\,000 \times 7\% \times (1 - 25\%)}{1\,100 \times (1 - 3\%)} \times 100\% = 4.92\%$$

3.普通股资本成本的计算

按照资本成本实质上是投资的必要报酬率的思路可知，普通股的资本成本就是普通股投资的必要报酬率。其测算方法一般有三种：股利折现模型、资本资产定价模型和债券投资报酬率加股票投资风险报酬率。

（1）股利折现模型。股利折现模型的基本表达式是：

$$P_c = \sum_{t=1}^{\infty} \frac{D_t}{(1 + K_c)^t}$$

式中，P_c表示普通股筹资净额，即发行价格扣除发行费用后的余额；D_t表示普通股第t年的股利；K_c表示普通股投资的必要报酬率，即普通股资本成本。

运用上述公式测算普通股资本成本，其结果会因不同的股利政策而有所不同。我们讨论固定股利政策和固定增长股利政策两种情况。

第一，如果公司实行固定股利政策，即每年分派现金股利D元，则资本成本可按下式测算：

$$K_c = \frac{D}{P_c}$$

【例7-14】东泰公司普通股市价为30元/股，筹资费用率为2%，本年发放现金股利每股0.6元，长期保持不变。

要求：该公司普通股资本成本为多少？

解析：

$$K_c = \frac{0.6}{30 \times (1 - 2\%)} \times 100\% = 2.04\%$$

第二，如果公司实行固定增长股利政策，股利固定增长率为g，则普通股资本成本为：

$$K_c = \frac{D_0(1 + g)}{P_c} + g = \frac{D_1}{P_c} + g$$

【例7-15】东泰公司普通股市价为30元/股，筹资费用率为2%，本年发放现金股利每股0.6元，预期股利年增长率为10%。

要求：该公司普通股资本成本为多少？

解析：

$$K_c = \frac{0.6 \times (1 + 10\%)}{30 \times (1 - 2\%)} \times 100\% + 10\% = 12.24\%$$

（2）资本资产定价模型。资本资产定价模型（Capital Asset Pricing Model，CAPM）可以简要地描述为：普通股投资的必要报酬率等于无风险报酬率加上风险报酬率。用公式表示如下：

$$K_c = R_f + \beta_i (R_m - R_f)$$

式中，K_c表示普通股投资的必要报酬率；R_f表示无风险报酬率；R_m表示市场报酬率；β_i表示第i种股票的贝塔系数。

在已确定无风险报酬率、市场报酬率和某种股票的β值后，即可测算该股票的必要报酬率，即资本成本。

【例7-16】已知某股票的β值为1.5，市场报酬率为10%，无风险报酬率为6%。

要求：该股票的资本成本测算为多少？

解析：

$$K_c = 6\% + 1.5 \times (10\% - 6\%) = 12\%$$

（3）债券投资报酬率加股票投资风险报酬率。一般而言，从投资者的角度，股票投资的风险高于债券，因此，股票投资的必要报酬率可以在债券利率的基础上加上股票投资高于债券投资的风险报酬率。

4. 优先股资本成本的计算

优先股的股利通常是固定的，公司利用优先股筹资需花费发行费用，因此，优先股资本成本的测算类似于普通股。其测算公式是：

$$K_p = \frac{D_P}{P_P}$$

式中，K_p表示优先股资本成本；D_P表示优先股每股年股利；P_P表示优先股筹资净额，即发行价格扣除发行费用。

5. 留存收益资本成本的计算

留存收益是企业税后净利形成的，是一种所有者权益，属于股权资本，其实质是所有者向企业的追加投资。企业利用留存收益筹资无须发生筹资费用。如果企业将留存收益用于再投资，所获得的收益率低于股东自己进行一项风险相似的投资项目的收益率，企业就应该将其分配给股东。留存收益资本成本，表现为股东追加投资要求的报酬率，其计算与普通股资本成本基本相同，不同点在于留存收益资本成本不考虑筹资费用。

（二）综合资本成本

在实际工作中，企业筹措资金往往同时采用几种不同的方式。综合资本成本是指多元化筹资方式下的平均资本成本，反映了企业资本成本整体水平的高低。综合资本成本就是指一家企业各种不同筹资方式总的平均资本成本，它是以各种资本所占的比重为权数，对各种资本成本进行加权平均而得到的总资本成本，所以又称加权平均资本成本。其计算公式为：

$$K_w = \sum_{j=1}^{n} K_j W_j$$

式中，K_w为综合资本成本；K_j为第j种个别资本成本；W_j为第j种个别资本在全部资本中的比重。

【例 7-17】东泰公司2021年年末的长期资本账面总额为1 000万元，其中：银行长期贷款400万元，占40%；长期债券150万元，占15%；普通股450万元，占45%。长期贷款、长期债券和普通股的个别资本成本分别为5%、6%、9%。

要求：计算该公司的综合资本成本。

解析：

$$K_w = 5\% \times 40\% + 6\% \times 15\% + 9\% \times 45\% = 6.95\%$$

第二节 长期投资决策指标

长期投资决策指标包括非贴现现金流量指标和贴现现金流量指标。非贴现现金流量指标主要有静态投资回收期、平均报酬率等。贴现现金流量指标主要有净现值、获利指数、内部报酬率等。

一、非贴现现金流量指标

非贴现现金流量指标是指不考虑货币时间价值的各种指标。

（一）静态投资回收期

静态投资回收期（Static Investment Payback Period）是指回收初始投资所需要的时间，一般以年为单位，是一种使用很久很广的投资决策指标。其有两种形式：包含建设期的投资回收期（PP）和不包含建设期的投资回收期（PP′），显然，包含建设期的投资回收期=不包含建设期的投资回收期+建设期。静态投资回收期越短，说明可以及早收回投资，承担的风险越少，经济效果越好；反之，静态投资回收期越长，则承担的风险越大。通过测算各投资方案的静态投资回收期，来评价投资方案优劣的方法叫作静态投资回收期法。

静态投资回收期的计算，因每年的营业现金净流量是否相等而有所不同。

（1）如果每年的营业现金净流量（NCF）相等，则静态投资回收期可按下式计算：

$$静态投资回收期(PP') = \frac{初始投资额}{年营业现金净流量}$$

（2）如果每年NCF不相等，静态投资回收期的计算要考虑各年年末的累计现金净流量。

【例 7-18】东泰公司准备购入一台设备以扩充生产能力。现有甲、乙两个方案可供选择，甲方案需投资10 000元，使用寿命为5年，采用直线法计提折旧，5年后设备无残值。5年中每年销售收入为6 000元，每年的付现成本为2 000元。乙方案需投资12 000元，采用直线法计提折旧，使用寿命也为5年，5年后有残值收入2 000元。5年中每年的销售收入为8 000元，付现成本第一年为3 000元，以后随着设备陈旧，逐年将增加修理费400元，另需垫支营运资金3 000元。假设所得税税率为25%，企业要求的平均报酬率为15%。甲、乙两个方案每年的现金流量见表7-1。

表7-1　　甲、乙两个方案每年的现金流量　　单位：元

项 目	第0年	第1年	第2年	第3年	第4年	第5年
甲方案：						
固定资产投资	-10 000					
营业现金净流量		3 500	3 500	3 500	3 500	3 500
现金净流量合计	-10 000	3 500	3 500	3 500	3 500	3 500
乙方案：						
固定资产投资	-12 000					
营运资本垫支	-3 000					
营业现金净流量		4 250	3 950	3 650	3 350	3 050
固定资产残值						2 000
营运资本回收						3 000
现金净流量合计	-15 000	4 250	3 950	3 650	3 350	8 050

要求：计算甲、乙两个方案的静态投资回收期。

解析：

甲方案每年NCF相等，因此：

甲方案静态投资回收期（PP′）=10 000÷3 500=2.86（年）

因为甲方案的建设期为0，因此PP也是2.86年。

乙方案每年NCF不等，所以应先计算其各年尚未回收的投资额（见表7-2）。

表7-2　　静态投资回收期的计算　　单位：元

年　度	每年营业净现金流量	年末尚未收回的投资额
1	4 250	10 750
2	3 950	6 800
3	3 650	3 150
4	3 350	-200
5	8 050	-8 250

乙方案静态投资回收期（PP′）=3+3 150÷3 350=3.94（年）

因为乙方案的建设期为0，因此PP也是3.94年。

甲方案的静态投资回收期小于乙方案的静态投资回收期，所以甲方案优于乙方案。

静态投资回收期法的概念容易理解，计算也比较简便，但这一指标的缺点是没有考虑货币的时间价值，没有考虑回收期满后的现金流量状况，因而不能充分说明问题。

（二）平均报酬率

平均报酬率（Average Rate of Return，ARR）是指投资项目寿命周期内平均的年投资报酬率，也称平均投资报酬率。平均报酬率有多种计算方法，其最常见的计算公式为：

$$平均报酬率=\frac{年平均现金净流量}{初始投资额}\times 100\%$$

采用平均报酬率这一指标时，应事先确定一家企业要求达到的平均报酬率，或称必要平均报酬率。在进行决策时，只有高于必要平均报酬率的方案才能入选。而在多个互斥方案的选择中，则选用平均报酬率最高的方案。

【例7-19】沿用【例7-18】的有关资料。

要求：计算甲、乙两个方案的平均报酬率。

解析：

$$ARR_{甲方案}=\frac{3\,500}{10\,000}\times 100\%=35\%$$

$$ARR_{乙方案}=\frac{4\,250+3\,950+3\,650+3\,350+8\,050}{5}\div 15\,000\times 100\%=31\%$$

从计算结果可以看出，甲、乙方案的平均报酬率均大于企业要求的平均报酬率，甲、乙两个方案均为可行方案，但甲方案的平均报酬率高于乙方案，故甲方案优于乙方案。

平均报酬率法的优点是简明、易算、易懂。其主要缺点是没有考虑货币时间价值，第一年的现金流量与最后一年的现金流量被看作具有相同的价值，所以，有时会作出错误的决策。

二、贴现现金流量指标

微型案例

净现值法在项目投资决策中的应用

贴现现金流量指标是指考虑了货币时间价值的指标。

（一）净现值

净现值（Net Present Value，NPV）是指在项目计算期内，按行业基准收益率或投资者设定的贴现率计算的各年现金净流量现值的代数和。其计算公式为：

$$NPV=\sum_{t=0}^{n}\frac{NCF_t}{(1+i)^t}$$

式中：NPV为净现值，NCF_t为第t年的现金净流量，i为贴现率（资本成本或企业要求的报酬率），n为项目预计使用年限。

净现值的计算可分为两种情况：

（1）经营期内各年的现金净流量相等时，计算公式为：

净现值=经营期每年相等的现金净流量×年金现值系数-初始总投资现值

（2）经营期内各年的现金净流量不相等时，计算公式为：

$$净现值=\sum(经营期各年现金净流量\times 各年复利现值系数)-初始总投资现值$$

在只有一个备选方案的采纳与否决策中，净现值为正者则被采纳，净现值为负者不被采纳。在有多个备选方案的互斥选择决策中，应选用净现值是正值中的最大者。

【例 7-20】沿用【例 7-18】的有关资料，假设资本成本为 10%。

要求：计算甲、乙两个方案的净现值，并用净现值法作出投资决策。

解析：甲方案的NCF相等，可用公式计算：

$NPV_{甲方案}$ = 经营期每年相等的现金净流量 × 年金现值系数 - 初始总投资现值

$= 3\,500 \times PVIFA_{10\%,5} - 10\,000$

$= 3\,500 \times 3.7908 - 10\,000$

$= 13\,267.80 - 10\,000$

$= 3\,267.80$（元）

乙方案的NCF不相等，可用公式计算：

$NPV_{乙方案} = \sum$（经营期各年现金净流量 × 各年复利现值系数）- 初始总投资现值

$= 4\,250 \times PVIF_{10\%,1} + 3\,950 \times PVIF_{10\%,2} + 3\,650 \times PVIF_{10\%,3} + 3\,350 \times PVIF_{10\%,4} + 8\,050 \times PVIF_{10\%,5} - 15\,000$

$= 4\,250 \times 0.9091 + 3\,950 \times 0.8264 + 3\,650 \times 0.7513 + 3\,350 \times 0.6830 + 8\,050 \times 0.6209 - 15\,000$

$= 17\,156.495 - 15\,000$

$= 2\,156.50$（元）

从上面的计算我们可以看出，两个方案的净现值均大于零，故都是可取的。但甲方案的净现值大于乙方案，故该公司应选用甲方案。

净现值是长期投资决策评价指标中最重要的指标之一。其优点在于：①充分考虑了货币时间价值，能较合理地反映投资项目的真正经济价值；②考虑了项目计算期的全部现金净流量，体现了流动性与收益性的统一；③考虑了投资风险性，贴现率选择应与风险大小有关，风险越大，贴现率就可选得越高。但是，该指标的缺点也是明显的：①净现值是一个绝对值指标，无法直接反映投资项目的实际投资收益率水平；当各项目投资额不同时，难以确定投资方案的好坏。②贴现率的选择比较困难，很难有一个统一标准。

（二）获利指数

获利指数又称利润指数（Profitability Index，PI），是投资项目未来报酬的总现值与初始投资额的现值之比。其计算公式为：

PI = 经营期现金净流量的总现值 ÷ 初始投资额的总现值

在只有一个备选方案的采纳与否决策中，获利指数大于或等于1，则被采纳，否则就拒绝。在有多个方案的互斥选择决策中，应采用获利指数超过1最多的投资项目。

【例 7-21】仍沿用【例 7-18】的资料。

要求：计算甲、乙两个方案的获利指数，并根据获利指数法作出投资决策。

解析：

$PI_{甲方案} = 13\,267.80 \div 10\,000 = 1.33$

$PI_{乙方案} = 17\,156.495 \div 15\,000 = 1.14$

甲、乙两个方案的获利指数都大于1，故两个方案都可进行投资，但因甲方案的获利指数更大，故应采用甲方案。

获利指数法的优点是，考虑了货币的时间价值，能够真实地反映投资项目的盈亏程度。由于获利指数是用相对数来表示，所以，有利于在初始投资额不同的投资方案之间进行对比。获利指数法的缺点是获利指数这一概念不便于理解。

（三）内部报酬率

内部报酬率又称内含报酬率（Internal Rate of Return，IRR），是使投资项目的净现值等于零的贴现率。

内部报酬率实际上反映了投资项目的真实报酬率，目前越来越多的企业使用该指标对投资项目进行评价。内部报酬率的计算公式为：

$$NPV=\sum_{t=0}^{n}\frac{NCF_t}{(1+IRR)^t}=0$$

式中：NPV为净现值，NCF_t为第t年的现金净流量，IRR为内部报酬率，n为项目使用年限。

1.内部报酬率的计算过程

（1）如果建设期为0，全部投资均于建设起点一次投入，每年的NCF相等，则按下列步骤计算：

第一步，计算年金现值系数。

年金现值系数 = 初始投资额 ÷ 每年NCF

第二步，查年金现值系数表，在相同的期数内，找出与上述年金现值系数相邻的较大和较小的两个贴现率。

第三步，根据上述两个相邻的贴现率和已求得的年金现值系数，采用插值法计算该投资方案的内部报酬率。

（2）如果建设期不为0，初始投资分次投入或经营期每年的NCF不相等，则需要采用逐次测算法，并结合插值法计算。计算步骤如下：

第一步，先预估一个贴现率，并按此贴现率计算净现值。如果计算出的净现值为正数，则表示预估的贴现率小于该项目的实际内部报酬率，应提高贴现率，再进行测算；如果计算出的净现值为负数，则表明预估的贴现率大于该方案的实际内部报酬率，应降低贴现率，再进行测算。经过如此反复的测算，找到净现值由正到负并且比较接近零的两个贴现率。

第二步，根据上述两个相邻的贴现率再使用插值法，计算方案的实际内部报酬率。

2.内部报酬率法的决策规则

在只有一个备选方案的采纳与否决策中，如果计算出的内部报酬率大于或等于企业的资本成本或必要报酬率就采纳；反之，则拒绝。在有多个备选方案的互斥选择决策中，应选用内部报酬率超过资本成本或必要报酬率最多的投资项目。

【例7-22】仍沿用【例7-18】的资料。

要求：计算甲、乙两个方案的内部报酬率，并利用内部报酬率法作出投资决策。

解析：由于甲方案每年的NCF相等，因而，可采用如下方法计算内部报酬率。

年金现值系数 = 初始投资额 ÷ 每年NCF = 10 000 ÷ 3 500 = 2.8571

查年金现值系数表，甲方案的内部报酬率应该在20%～25%，现用插值法计算如下：

折现率	年金现值系数
20%	2.9906
IRR	2.8571
25%	2.6893

$$\frac{IRR - 20\%}{25\% - 20\%} = \frac{2.8571 - 2.9906}{2.6893 - 2.9906}$$

IRR = 22.22%

甲方案的内部报酬率为22.22%。

乙方案每年的NCF不相等，因而必须逐次进行测算。

（1）当选用折现率11%时：

$$NPV_{乙} = -15\,000 + 4\,250 \times PVIF_{11\%,1} + 3\,950 \times PVIF_{11\%,2} + 3\,650 \times PVIF_{11\%,3} + 3\,350 \times PVIF_{11\%,4} + 8\,050 \times PVIF_{11\%,5}$$
$$= -15\,000 + 4\,250 \times 0.9009 + 3\,950 \times 0.8116 + 3\,650 \times 0.7312 + 3\,350 \times 0.6587 + 8\,050 \times 0.5935$$
$$= 1\,687.85\text{（元）}$$

（2）当选用折现率16%时：

$$NPV_{乙} = -15\,000 + 4\,250 \times PVIF_{16\%,1} + 3\,950 \times PVIF_{16\%,2} + 3\,650 \times PVIF_{16\%,3} + 3\,350 \times PVIF_{16\%,4} + 8\,050 \times PVIF_{16\%,5}$$
$$= -15\,000 + 4\,250 \times 0.8621 + 3\,950 \times 0.7432 + 3\,650 \times 0.6407 + 3\,350 \times 0.5523 + 8\,050 \times 0.4761$$
$$= -379.07\text{（元）}$$

按11%的贴现率进行测算，净现值为1 687.85元，大于0，说明所选用的折现率偏低。按16%进行第二次测算，净现值变为负数，说明内部报酬率一定在11%～16%。

折现率	净现值
11%	1 687.85
IRR	0
16%	−379.07

$$\frac{IRR - 11\%}{16\% - 11\%} = \frac{0 - 1\,687.85}{-379.07 - 1\,687.85}$$

IRR = 15.08%

乙方案的内部报酬率为15.08%。

从以上计算出的两个方案的内部报酬率可以看出，甲方案的内部报酬率较高，因此甲方案效益比乙方案好。

内部报酬率法考虑了货币的时间价值，反映了投资项目的真实报酬率，概念也易于理解。但这种方法的计算过程比较复杂，特别是当投资项目的现金净流量每年不相等时，一般要经过多次测算才能求得。

三、长期投资决策指标的比较与分析

（一）净现值和内部报酬率的比较

一般认为净现值法从理论上要优于内部报酬率法，这主要基于两个方面的原因。

首先，尽管净现值和内部报酬率都是衡量投资项目盈利性的指标，但前者直接揭示了投资项目与企业财富绝对额增加的关系，使投资决策分析与股东财富最大化的企业经营目标保持一致。而内部报酬率与企业财富或者股东财富之间的联系不如净现值明显，在互斥项目的决策中甚至会得出和股东财富最大化的目标不一致的结论。譬如，对初始投资不同的互斥项目进行决策分析时，两种方法可能会出现相反的选择。

其次，净现值法和内部报酬率法采用了不同的再投资假设。净现值法以在计算中采用的资本成本为再投资报酬率，而内部报酬率法以项目本身的报酬率作为再投资报酬率。一般认为净现值法以资本成本作为再投资报酬率，相对更为科学。

（1）投资项目的收益是边际收益，在充分的市场竞争条件下，受资本和产品供求关系的影响，边际收益呈现下降趋势，企业投资能获得超出资本成本的报酬率的现象是暂时的，超额报酬率会逐步趋于零。因而，以高于资本成本的现有项目报酬率作为再投资报酬率不符合经济学的一般原理，对于企业来说，必将高估再投资项目以及现有决策项目的效益，这是一种不稳健的做法。

（2）项目的现金流入量可以再投资，但并不是投资于原项目，而是投资于相应时期的其他可选择项目。内部报酬率法采用原方案本身的报酬率作为再投资报酬率，由于各方案往往会有不同的内部报酬率，因此会有不同的再投资报酬率，而这里的不同并不是出于对不同方案的再投资报酬率的合理预期，而是人为计算上的原因，不仅影响指标的客观性，也不利于各方案之间的比较。净现值法所用的折现率是一定风险情况下的资本成本（机会成本），在计算净现值时，假设各项目具有相同风险，因此采用同样的折现率，其中也隐含着各项目的再投资报酬率相同的假设。在没有其他更确切的信息时，应该说净现值法的再投资报酬率假设是较为合理的预期。因此，从这一点上说，净现值法的再投资报酬率假设相对更为客观和合理。

（3）由于其再投资假设，在存在非常规（现金流量的正负符号出现多次改变）的现金流量时，内部报酬率法会存在多重解的情况；而净现值法采用已知且固定的资本成本作为再投资报酬率，因而避免了这一问题。

（二）实践中的长期投资决策指标

在理论上，考虑货币时间价值的贴现投资决策指标优于非贴现投资决策指标，但实际情况如何呢？美国杜克大学的格雷汉姆等调查了美国首席财务官的投资决策实践。首席财务官基本认同理论的观点，内部报酬率和净现值是他们在投资决策时使用最多的指标，但静态投资回收期的使用也很广泛。在大公司和有工商管理硕士（MBA）学位的首席财务官的公司中，净现值和内部报酬率比较流行，而静态投资回收期则在规模较小的公司使用更广泛。

内部报酬率与净现值的使用不分伯仲，因为在一般情况下它们的决策结果是一致的。而体现为比率的内部报酬率更符合人们的直觉。同为贴现投资指标的获利指数运用者寥寥，原因在于获利指数本身仅是净现值的变形，只是把现金流入量现值减去现金流出量现值变为现金流入量现值除以现金流出量现值。前面我们指出静态投资回收期存在重大缺陷，但它在实践中的运用如此广泛，多少会令人惊讶。静态投资回收期不仅在美国广泛使用，对欧洲公司的问卷调查结果也表明，静态投资回收期的使用也很广泛。原因主要有两点：第一，小公司资金有限，融资能力也有限，静态投资回收期计算简单且鼓励现金流量回收快的项目，这使得公司更有财务弹性。当投资决策面临的环境具有高度不确定性时，静态投资回收期长的项目风险更大。而且随着回收期的延长，各种参数预测的误差也会变大，这使得理论上更优的净现值和内部报酬率的结果不可靠。因此，静态投资回收期广泛使用在针对政治、经济不稳定地区的国际投资项目，以及石油开采等国内投资项目中。第二，即便对于大公司，当公司面临融资约束时，静态投资回收期也更受青睐。因为静态投资回收期衡量了公司收回现金流量的快慢，这对需要现金流量偿债或追逐其他投资项目的公司来说很重要。职业生涯的考虑也会使一些管理者倾向于静态投资回收期。为了迅速体现业绩，获得声誉以及升职，管理者也可能会更倾向于选择在其任期内就能够快速见效的项目。

总的来说，没有一种投资决策指标是完美无缺的。与其他投资决策指标相比，净现值的缺点更少。每个指标都有适用的情景，只不过有的指标适用情景更广些。

第三节 长期投资决策的应用

以固定资产修理或更新的决策、固定资产购买或租赁的决策为例，说明长期投资决策分析方法的具体应用。

一、固定资产修理或更新的决策

固定资产修理或更新的决策是在假定维持现有生产能力不变的情况下，决定是继续使用旧设备还是购买新设备。

【例 7-23】东泰公司考虑是否需要更新一台已使用 1 年的设备，新旧设备生产能力相同。最低投资报酬率为 10%，企业所得税税率为 25%。其他有关资料见表 7-3。

表7-3 新旧设备的有关资料 金额单位：元

项目	旧设备	新设备
原价	60 000	60 000
税法规定残值（5%）	3 000	3 000
税法规定使用年限	5	4
已使用年限	1	0
尚可使用年限	4	4
每年营运成本（付现）	16 000	10 000
两年后大修成本	20 000	
最终报废残值	5 000	8 000
目前变现价值	40 000	
每年折旧额	直线法	年数总和法
第 1 年	11 400	22 800
第 2 年	11 400	17 100
第 3 年	11 400	11 400
第 4 年	11 400	5 700

要求：作出是继续使用旧设备还是购买新设备的决策。

解析：将新旧设备的现金流出总现值进行比较，见表7-4。

表7-4　　新旧设备现金流出总现值计算表　　金额单位：元

项目	现金流量	时间（年次）	折现系数	现值
继续使用旧设备				
每年营运成本（付现）	16 000 ×（1 － 25%）=（12 000）	1—4	3.1699	（38 038.8）
每年折旧抵税	11 400 × 25% = 2 850	1—4	3.1699	9 034.22
两年后大修成本	20 000 ×（1 － 25%）=（15 000）	2	0.8264	（12 396）
残值变现收入	5 000	4	0.6830	3 415
残值变现收入多纳税	（5 000 － 3 000）× 25% =（500）	4	0.6830	（341.5）
合计				（38 327.08）
购买新设备：				
旧设备变现价值	40 000	0	1	40 000
旧设备变现损失减税	[40 000 －（60 000 － 11 400）] × 25% = 2 150	0	1	2 150
设备投资	（60 000）	0	1	（60 000）
每年营运成本（付现）	10 000 ×（1 － 25%）=（7 500）	1—4	3.1699	（23 774.25）
每年折旧抵税：				
第1年	22 800 × 25% = 5 700	1	0.9091	5 181.87
第2年	17 100 × 25% = 4 275	2	0.8264	3 532.86
第3年	11 400 × 25% = 2 850	3	0.7513	2 141.21
第4年	5 700 × 25% = 1 425	4	0.6830	973.28
残值变现收入	8 000	4	0.6830	5 464
残值变现收入多纳税	（8 000 － 3 000）× 25% =（1 250）	4	0.6830	（853.75）
合计	—	—	—	（25 184.78）

说明：加括号的数字表示现金流出。

计算结果表明，购买新设备的现金流出总现值为25 184.78元，比继续使用旧设备的现金流出总现值38 327.08元要少13 142.30元，因此，该公司宜考虑购买新设备。

在此例中，假设固定资产的生产能力相同，并且未来尚可使用年限相同，因此，可以通过比较其现金流出总现值来判断投资方案的优劣。如果未来尚可使用年限不同，则需要计算固定资产平均年成本，然后进行比较，选择平均年成本较低的方案。考虑到货币的时间价值，固定资产平均年成本是未来使用年限内现金流出总现值与年金现值系数的比值，即平均每年的现金流出。

【例 7–24】东泰公司有一台旧设备，重置成本为16 000元，年营运成本（付现）12 000元，两年后大修成本8 000元，4年后报废无残值。如果用50 000元购买一台新设备，年营运成本（付现）为11 000元，使用年限8年，不需大修，预计净残值4 000元。新旧设备的产量及产品销售价格相同，企业采用直线法计提折旧，最低投资报酬率为10%，企业所得税税率为25%。

要求：作出是继续使用旧设备还是购买新设备的决策。

解析：因为旧设备尚可使用4年，而新设备可使用8年，未来尚可使用年限不同，因此，需要计算新旧设备的平均年成本，然后进行比较。

继续使用旧设备：

（1）旧设备重置成本 = 16 000元

（2）两年后大修成本现值 = $8\,000 \times (1 - 25\%) \times PVIF_{10\%,\ 2}$

$= 6\,000 \times 0.8264 = 4\,958.40$（元）

（3）折旧抵税现值 = $16\,000 \div 4 \times 25\% \times PVIFA_{10\%,4}$

$= 1\,000 \times 3.1699 = 3\,169.90$（元）

（4）总营运成本现值 = $12\,000 \times (1 - 25\%) \times PVIFA_{10\%,4}$

$= 9\,000 \times 3.1699 = 28\,529.10$（元）

平均年成本 = 现金流出总现值 ÷ 年金现值系数

$= (16\,000 + 4\,958.40 - 3\,169.90 + 28\,529.10) \div PVIFA_{10\%,4}$

$= 46\,317.60 \div 3.1699 = 14\,611.69$（元）

购买新设备：

（1）设备投资=50 000元

（2）折旧抵税现值 = $(50\,000 - 4\,000) \div 8 \times 25\% \times PVIFA_{10\%,\ 8}$

$= 1\,437.50 \times 5.3349 = 7\,668.92$（元）

（3）总营运成本现值 = $11\,000 \times (1 - 25\%) \times PVIFA_{10\%,\ 8}$

$= 8\,250 \times 5.3349$

$= 44\,012.93$（元）

（4）残值变现现值 = $4\,000 \times PVIF_{10\%,\ 8} = 4\,000 \times 0.4665 = 1\,866$（元）

平均年成本 = 现金流出总现值 ÷ 年金现值系数

$= (50\,000 - 7\,668.92 + 44\,012.93 - 1\,866) \div PVIFA_{10\%,\ 8}$

$= 84\,478.01 \div 5.3349 = 15\,834.98$（元）

计算结果表明，使用新设备的平均年成本为15 834.98元，比继续使用旧设备的平均年成本14 611.69元要多1 223.29元，因此，该企业宜继续使用旧设备。

二、固定资产购买或租赁的决策

固定资产购买或租赁的决策是在假定满足生产能力要求的情况下，决定是购买设备还是租赁设备。

【例 7–25】东泰公司需要一台生产用设备，若购买，需支付设备价款400 000元，该设备使用寿命10年，预计净残值20 000元；若采用租赁的方式租入设备，每年将支付65 000元的租赁费用，租赁期10年。最低投资报酬率为10%，企业所得税税率为25%。

要求：作出是购买设备还是租赁设备的决策。

解析：

如果购买设备：

（1）支付设备价款 = 400 000元

（2）折旧抵税现值 =（400 000 − 20 000）÷ 10 × 25% × $PVIFA_{10\%,10}$

= 38 000 × 25% × 6.1446 = 58 373.70（元）

（3）设备残值变现现值 = 20 000 × $PVIF_{10\%,10}$ = 20 000 × 0.3855 = 7 710（元）

（4）购买设备的现金流出总现值 = 400 000 − 58 373.70 − 7 710 = 333 916.30（元）

如果租赁设备：

（1）支付租赁费用现值 = 65 000 × $PVIFA_{10\%,10}$ = 65 000 × 6.1446 = 399 399（元）

（2）租赁费用抵税现值 = 65 000 × 25% × $PVIFA_{10\%,10}$

= 16 250 × 6.1446 = 99 849.75（元）

（3）租赁设备的现金流出总现值 = 399 399 − 99 849.75 = 299 549.25（元）

计算结果表明，租赁设备的现金流出总现值299 549.25元，比购买设备的现金流出总现值333 916.30元要少34 367.05元，所以该公司宜租入设备进行生产。

第四节 敏感性分析在长期投资决策中的应用

在长期投资决策中，敏感性分析主要是用来考察如果与决策有关的某变量发生了变动，那么该项决策的预期结果将会受到怎样的影响。凡某变量在很小幅度内发生变动就会影响决策结果，就表明该变量的敏感性强；反之，若某变量在较大幅度内发生变动才会影响决策结果，则表明该变量的敏感性弱。

一般用敏感系数作为反映敏感程度的指标。敏感系数是目标值的变动百分比与变量值的变动百分比的比值。其计算公式为：

$$敏感系数 = \frac{目标值的变动百分比}{变量值的变动百分比}$$

敏感系数大，表明该变量对目标值的影响程度大；反之，敏感系数小，表明该变量对目标值的影响程度小。

长期投资决策中的敏感性分析通常用来研究以下问题：如果投资方案的现金净流量或固定资产使用年限发生变动，那么对该方案的净现值或内部报酬率将会产生多大程度的影响？通过分析，管理人员能够预测投资方案的现金净流量或固定资产使用年限在多大幅度内变动，尚不致影响投资方案的可行性；如变动超过此幅度，则投资方案不可行。

敏感性分析有助于管理人员对投资决策所应注意的问题做到心中有数，预先防范，从而减少失误。

一、以净现值为基础的敏感性分析

以净现值为基础的敏感性分析就是现金净流量或固定资产使用年限的变动对净现值的敏感性分析。

【例 7-26】东泰公司将投资A项目，该项目的总投资额为400 000元，建成后，预计可以使用5年，每年的现金净流量为125 000元，折现率为10%。

要求：进行现金净流量或固定资产使用年限的变动对净现值的敏感性分析。

解析：

$$\begin{aligned}\text{该项目的净现值} &= 125\,000 \times PVIFA_{10\%,5} - 400\,000\\ &= 125\,000 \times 3.7908 - 400\,000\\ &= 73\,850\text{（元）}\end{aligned}$$

净现值大于零，说明该项目的投资报酬率大于预定的折现率，该项目可行。但如果项目的年现金净流量或使用年限发生了变化，项目的可行性就将随之发生变化，敏感性分析就是用来解决项目的年现金净流量或使用年限可以在多大范围内变化，而该项目的投资报酬率仍然大于预定的折现率10%的问题。

（1）假定使用年限不变，年现金净流量的下限是多少？或年现金净流量在什么幅度内变动，尚不致影响投资方案的可行性？

假定使用年限5年不变，年现金净流量的下限就是使该项目的净现值为零时的年现金净流量，则：

$$\begin{aligned}\text{年现金净流量的下限} &= 400\,000 \div PVIFA_{10\%,\ 5}\\ &= 400\,000 \div 3.7908\\ &= 105\,518.62\text{（元）}\end{aligned}$$

可见，在使用年限不变的情况下，当年现金净流量下降到小于105 518.62元时，项目的净现值将小于零，则该项目不可行。

（2）假定年现金净流量不变，该项目的最低使用年限应为多少年？或该项目的使用年限在什么幅度内变动，尚不致影响投资方案的可行性？

假定年现金净流量125 000元不变，该项目的最低使用年限就是使该项目的净现值为零时的使用年限，则：

$$125\,000 \times PVIFA_{10\%,\ m} - 400\,000 = 0$$

$$PVIFA_{10\%,\ m} = 400\,000 \div 125\,000 = 3.2$$

查年金现值系数表，$PVIFA_{10\%,\ 4} = 3.1699$，$PVIFA_{10\%,\ 5} = 3.7908$，采用插值法计算如下：

$$\text{最低使用年限}\ n = 4 + (3.2 - 3.1699) \div (3.7908 - 3.1699) = 4.05\text{（年）}$$

可见，在项目年现金净流量不变的情况下，当固定资产使用年限缩短到小于4.05年时，项目的净现值将小于零，则该项目不可行。

从上述计算可知，年现金净流量和固定资产使用年限都会影响投资项目的净现值，从而影响投资决策。

二、以内部报酬率为基础的敏感性分析

进一步通过计算敏感系数来分析年现金净流量或固定资产使用年限对内部报酬率影响程度的大小。

【例 7-27】沿用【例 7-26】的资料。

要求：计算敏感系数来分析年现金净流量或固定资产使用年限对内部报酬率影响程度

的大小。

解析：该项目的内部报酬率：

$125\,000 \times PVIFA_{i,5} - 400\,000 = 0$

$PVIFA_{i,5} = 400\,000 \div 125\,000 = 3.2$

查年金现值系数表，$PVIFA_{15\%,5} = 3.3522$，$PVIFA_{16\%,5} = 3.2743$，采用插值法计算如下：

内部报酬率$=15\% + (16\% - 15\%) \times (3.3522 - 3.2) \div (3.3522 - 3.2743) = 16.95\%$

$$\text{年现金净流量对内部报酬率的敏感系数} = \frac{(16.95\% - 10\%) \div 16.95\%}{(125\,000 - 105\,518.62) \div 125\,000} = 2.63$$

$$\text{使用年限对内部报酬率的敏感系数} = \frac{(16.95\% - 10\%) \div 16.95\%}{(5 - 4.05) \div 5} = 2.16$$

从上面的计算可知，年现金净流量对内部报酬率的敏感系数比使用年限对内部报酬率的敏感系数大，说明年现金净流量对内部报酬率的影响比使用年限大。内部报酬率以2.63倍的速率随年现金净流量变化，而以2.16倍的速率随使用年限变化。由于它们的敏感系数都大于1，所以都属于敏感因素。

※ 章节测试

一、单项选择题（每小题4分，共40分）

1.一定时期内每期期初等额收付的系列款项是（　　）。

A.预付年金　　B.永续年金　　C.递延年金　　D.普通年金

2.与偿债基金系数互为倒数的是（　　）。

A.普通年金现值系数　　B.普通年金终值系数

C.预付年金现值系数　　D.预付年金终值系数

3.下列评价指标中，属于非贴现评价指标的是（　　）。

A.获利指数　　B.平均报酬率　　C.内部报酬率　　D.净现值

4.假设某投资方案经营期现金净流量现值总和为200 000元，初始投资额为100 000元，则获利指数为（　　）。

A.0.5　　B.1　　C.2　　D.4

5.下列说法不正确的是（　　）。

A.资本成本越高，净现值越小

B.当内部报酬率大于资本成本时，投资方案可行

C.资本成本越低，获利指数越大

D.当内部报酬率等于资本成本时，获利指数为0

6.某企业投资某一项目，当资本成本为10%时，净现值为2 000元；当资本成本为15%时，净现值为-1 000元，则该项目的内部报酬率是（　　）。

A.12.5%　　B.13.33%　　C.13.8%　　D.14.3%

7.某投资项目在经营期年销售收入为100万元，付现成本为50万元，折旧费用为10万元，摊销费为10万元，所得税税率为25%，则年营业净现金流量为（　　）万元。

A.42.5　　B.37.5　　C.57.5　　D.30

8.下列各项年金中，只有现值没有终值的是（　　）。

A.永续年金　　　B.递延年金　　　C.普通年金　　　D.预付年金

9.下列项目不属于现金流出的是（　　）。

A.折旧费　　　B.经营成本　　　C.各项税款　　　D.建设投资

10.小李为了买房，向银行借入100万元贷款，贷款年利率为12%，银行要求小李10年内每年年末分期等额偿还，则小李每年需还款（　　）万元。

A.10　　　B.16.8　　　C.17.7　　　D.18

二、多项选择题（每小题6分，共30分）

1.以下关于年金的说法，正确的有（　　）。

A.年金包括普通年金、预付年金、递延年金和永续年金

B.递延年金终值和现值的计算与递延期无关

C.当计息期短于一年时，实际年利率通常要比名义年利率高

D.偿债基金系数与普通年金终值系数互为倒数，投资回收系数与普通年金现值系数互为倒数

2.投资项目的现金流入一般包括（　　）。

A.项目运营期的营业收入　　　B.项目报废收回的净残值或中途变现收入

C.项目初期垫支的营运资金　　　D.经营成本

3.长期投资决策中需要考虑的因素包括（　　）。

A.货币时间价值　　　B.资本成本　　　C.项目寿命　　　D.现金流量

4.下列表述中，正确的有（　　）。

A.复利终值系数和复利现值系数互为倒数

B.普通年金终值系数和普通年金现值系数互为倒数

C.普通年金终值系数和偿债基金系数互为倒数

D.普通年金现值系数和投资回收系数互为倒数

5.净现值指标的优点主要有（　　）。

A.考虑了货币时间价值

B.考虑了整个项目计算期的全部现金净流量

C.考虑了投资的风险

D.从动态角度反映了项目的实际收益率水平

三、判断题（每小题3分，共30分）

1.净现值很大的方案一定是最优方案。（　　）

2.NPV≥0、获利指数≥0或内部报酬率≥资本成本，均表明方案是可行的。（　　）

3.在采纳与否决策中，净现值法、获利指数法、内部报酬率法都能得出一致的结论；而在互斥选择决策中，不同的决策方法可能得到不同的结论。（　　）

4.在固定资产的经济寿命期满时更新固定资产是最佳时机。（　　）

5.预付年金的终值与现值，可在普通年金终值与现值的基础上除以1+i得到。（　　）

6.在不考虑时间价值的前提下，静态投资回收期越短，投资获利能力越强。（　　）

7.一个净现值较大的投资方案，其内部报酬率至少高于资本成本。（　　）

8. 名义利率是指在1年内复利计息期小于1年时所给出的年利率，它通常小于实际利率。 （ ）

9. 以资本成本为贴现率计算净现值并进行项目评价时，有时会夸大项目的效益。 （ ）

10. 计算投资项目的终结现金流量时，需要考虑的内容有终结点的净利润、年折旧额、固定资产的残值变价收入、投资项目的初始投资额。 （ ）

章节测试

第八章

标准成本法

课程目标

价值塑造：

1. 通过案例“中烟红塔——‘最佳成本’探索之路”的分析，引导学生领悟在标准成本制定过程中的突破精神和创新精神。

2. 在企业成本差异分析过程中，培养学生辩证思维能力，找准主要矛盾和矛盾的主要方面，以此来解决复杂问题。

3. 通过对实际成本与标准成本差异的思考，引导学生认识到在实践过程中成本的超支或节约均反映了企业内部管理存在问题，理解“过满则溢，过刚则折”，通过适度原则维持企业内部平衡。

4. 通过“失宠的老干妈”案例分析，结合习近平总书记“三个转变”的精神，启发学生思考成本控制中的质量问题，引导学生关注产品质量和国有品牌。

5. 在明确成本差异的产生原因并确定责任中，培养学生的责任意识。

知识传授：

1. 掌握：标准成本的分类、直接材料的差异计算与分析、直接人工的差异计算与分析、变动制造费用的差异计算与分析、固定制造费用的差异计算与分析。

2. 理解：标准成本的制定过程及作用。

3. 了解：标准成本的制定方法、标准成本法。

能力培养：

1. 能够掌握标准成本的制定方法，根据企业的资料制定标准成本。

2. 能够在企业成本差异计算中抓住成本差异产生的原因，并能在成本控制中有效使用。

3. 能够举一反三，将标准成本法灵活应用到不同企业成本分析与成本控制中。

导入案例

某公司以生产小家电为主，如榨汁机、豆浆机、电饭煲等各种家用小家电。由于小家电品牌的增加、线上产品种类的增加以及受到疫情的影响，该公司的经营状况不是太好，近几年出现了亏损的现象，公司利润经常为负数，该公司正面临着十分严峻的考验。

根据相关会计法律法规，该公司选择传统的实际成本法进行会计核算，企业使用这种方法时费用的分配和结算只能在期末进行，所以缺乏时效性。运用这种方法导致了该公司即使推行低成本战略，也无法确定一个标准，于是很难控制成本。

讨论与思考：如果新上任的财务经理建议该公司实施标准成本控制制度来控制生产成本，那么该公司应该怎样来制定标准成本呢？

思维导图

第一节 标准成本法概论

一、标准成本概述

（一）标准成本的概念

标准成本是指在正常和高效率的运转情况下制造产品的成本，而不是指实际发生的成本，是有效经营条件下发生的一种目标成本，它是根据企业目前的生产技术水平，在有效的经营条件下可能达到的成本。

（二）标准成本的特点

标准成本是一种预先制定的成本目标。制定后一般不做调整和改变，实际生产费用与标准成本的偏差，通过成本差异来反映，具有以下几个特点：

（1）科学性和客观性。它是通过实际调查、分析和技术测定，用科学方法制定的。

（2）正常性。标准成本是企业在正常的生产经营条件下按“平均消耗量”计算出来的。

（3）稳定性。标准成本一经制定，只要依据不变，一般不做修改和调整。

（4）尺度性和目标性。标准成本是控制和评价实际成本的尺度，也是企业职工努力争取的目标。

（三）标准成本的作用

标准成本制度的产生，标志着“先干后算”的成本核算模式被“先算后干”的成本核算模式所代替，对成本的控制从事后发展到了事前。实行标准成本制度，既有利于企业加强成本控制、进行经营决策，又有利于简化日常成本核算。由于事先确定标准成本、事中计算成本差异、事后进行成本差异分析，建立和运用标准成本具有以下作用：

（1）有利于预算的编制和执行。用标准成本进行预算的编制和分解，能使各项预算指标更加符合生产实际，消除预算执行过程中的人为不利因素，进一步提高预算完成准确率。

（2）可以为企业的例外管理提供数据。标准成本与实际成本进行比较产生的差异，是企业进行例外管理的必要信息。

（3）有利于成本控制、正确评价业绩。明确成本中心的责任后，使成本控制的责任下放到车间和班组，便于车间和班组把成本标准、成本指标层层分解到个人，形成激励和约束机制，加强考核，使奖金与成本业绩挂钩，同时实现企业效益最大化。

（4）有利于进行决策。一方面，管理层可根据差异分析情况作出采取新工艺、新操作、新技术的决策，以控制成本；另一方面，管理层针对标准成本状况，作出营销决策。

（5）可以简化存货的计价以及成本核算工作。标准成本法下，原材料、在产品、产成品均以标准成本计价，所产生的差异均可由发生期间负担，这样一来，可以大大减少成本核算的工作量。

（四）标准成本的分类

按照制定标准成本所依据的生产技术和经营水平分类，标准成本可分为理想标准成本、正常标准成本和现实标准成本。

1. 理想标准成本

理想标准成本是指在最优条件下，利用现有的规模和设备能够达到的最低成本。

制定理想标准成本的依据，是理论上的业绩标准、生产要素的理想价格和可能实现的最高生产经营能力利用水平。理论业绩标准是指在生产过程中毫无技术浪费时生产要素消耗量，最熟练的工人全力以赴工作、不存在废品损失和停工时间等条件下可能实现的最优业绩。最高生产经营能力利用水平是指理论上可能达到的设备利用程度，只排除不可避免的问题。理想价格是指原材料、劳动力等生产要素在计划期间最低的价格水平。因此，这种标准很难成为现实，即使暂时出现也不可能持久。它的主要用途是提供一个完美的目标，揭示实际成本下降的潜力。因其提出的要求太高，不能作为考核的依据。

2. 正常标准成本

正常标准成本是根据正常的工作效率、正常的生产经营能力利用程度和正常价格等条件制定的标准成本，它一般只用来估计未来的成本变动趋势。

制定这种标准成本时，把生产经营活动中一般难以避免的损耗和低效率等情况也计算在内，使之切合下一期的实际情况，成为切实可行的控制标准。要达到这种标准不是没有困难，但却是可能达到的。从具体数量上看，它应大于理想标准成本，但又小于历史平均水平，实施以后实际成本更大的可能是逆差而不是顺差，是要经过努力才能达到的一种标准，因而可以调动职工的积极性。正常标准成本是实际工作中常采用的标准成本。

3. 现实标准成本

现实标准成本亦称可达到标准成本，是在现有生产技术条件下进行有效经营的基础上，根据下一期最可能发生的各种生产要素的耗用量、预计价格和预计的生产经营能力利用程度而制定的标准成本。

这种标准成本可以包含管理层认为短期内还不能完全避免的某些不应有的低效、失误和超量消耗。因其最切实可行，最接近实际成本，因此不仅可用于成本控制，也可以用于存货计价。这种标准成本最适宜在经济形势变化多端的情况下使用，标准成本法一般也采用这种标准成本。

知识拓展

管理会计应用指引第302号——标准成本法

二、标准成本法概述

（一）标准成本法的概念

标准成本法，是指企业以预先制定的标准成本为基础，通过比较标准成本与实际成本，计算和分析成本差异、揭示成本差异动因，进而实施成本控制、评价经营业绩的一种成本管理方法。标准成本法是西方管理会计的重要组成部分，其核心是按标准成本记录和反映产品成本的形成过程和结果，并借以实现对成本的控制。

标准成本法的内容主要包括标准成本的制定、成本差异的计算和分析、成本差异的账务处理三部分。其中标准成本的制定是采用标准成本法的前提和关键，据此可以达到成本事前控制的目的；成本差异的计算和分析是标准成本法的重点，借此可以促成成本控制目标的实现，并据以进行经济业绩考评。

（二）标准成本法的特点

（1）根据企业的生产技术、经营管理和人员素质条件为每一个成本项目制定标准成本。

（2）标准成本加上成本差异构成产品的实际生产成本。

（3）与成本核算有关的材料、生产成本、产成品和销售成本账户可按标准成本直接入账，简化了账务处理工作。

（4）标准成本的制定和分析过程也是企业内部各部门管理水平的检查过程、员工积极性的激励过程和企业业绩的评价过程。成本计算、成本管理和成本控制实现了有机结合。

（5）标准成本法也要根据生产特点和管理要求来处理各生产流程的成本累积过程，所以也要结合使用几种主要的成本核算方法。因此，标准成本法下的成本计算对象、成本计算期和是否计算半成品成本也依所采用的这些方法而定。

标准成本法一般适用于产品品种较少的大批量生产企业，尤其是存货品种变动不大的企业，并且对企业的管理有很高的要求。而单件、小批量和试制性生产企业因为要反复制定、修改标准成本，所以得不偿失，比较少采用。

第二节 标准成本的制定

企业要进行成本控制，必须规定合理的标准。如标准定得过低，轻而易举就能完成，则达不到激励的目的；反之，标准定得过高，难以实现，则使生产人员失去信心。因此，企业要进行成本控制，必须制定合理的标准。

思政案例

中烟红塔——“最佳成本”探索之路

一、标准成本的构成

标准成本的准确性与标准成本系统实施成效关系极大，因而在确定标准时，要求较全面地实行技术经济分析，借以为标准成本系统的有效性奠定坚实的基础。标准成本的成本项目与会计日常核算所使用的成本项目应当一致，由于产品成本是由直接材料、直接人工和制造费用三个成本项目构成的，因而也应根据这些项目的特点分别制定其标准成本。

直接材料可以按材料的不同种类或规格详细列出标准，直接人工可以按不同工种列出标准，制造费用应按固定制造费用和变动制造费用分项列出标准，将各个成本项目的标准成本加总，即构成产品标准成本。

二、标准成本的制定方法

制定成本标准，主要包括两个方面的内容：一是数量标准，如原材料、工时的消耗量标准；二是价格标准，如原材料的标准价格、人工标准工资率等。这两个标准确定后，“价格”标准与“数量”标准相乘之积，是某项成本的标准成本。一般“数量”标准由工程技术部门测算确定，“价格”标准由管理部门与相应责任部门协商确定。标准成本构成见表8-1。

表8-1 标准成本的构成

成本项目	数量标准	价格标准
直接材料	材料的消耗量	材料的价格
直接人工	直接人工工时	工资率
制造费用	直接人工工时或机器小时	制造费用分配率

（一）直接材料标准成本的制定

直接材料的标准成本是由材料的价格标准和数量标准来确定的。

在制定直接材料标准成本时，其基本程序是：首先，区分直接材料的种类；其次，逐一确定它们在单位产品中的标准用量和标准价格；再次，按照种类分别计算各种直接材料的标准成本；最后，汇总得出单位产品的直接材料标准成本。其计算公式是：

直接材料标准成本 = 直接材料价格标准 × 直接材料标准消耗量

直接材料的价格标准通常采用企业编制的计划价格，它通常是以订货合同的价格为基础，并考虑到未来物价、供求等各种变动因素后按材料种类分别计算的。

直接材料的数量标准是指单位产品耗用原料及主要材料的数量，通常也称材料消耗定额。材料的数量标准应根据企业产品的设计、生产和工艺的现状，结合企业经营管理水平的情况和降低成本任务的要求，考虑材料在使用过程中发生的必要损耗，并按照产品的零部件来制定。它一般由财务部门和采购部门等共同制定。

（二）直接人工标准成本的制定

直接人工标准成本是由直接人工的价格和直接人工数量两项标准决定的，也就是指直接人工的工资率标准和工时用量标准。

直接人工的标准成本可按照下面的公式来计算：

直接人工标准成本 = 标准工时 × 标准工资率

直接人工的数量标准即工时用量标准，是指在现有的生产技术条件、工艺方法和技术水平的基础上，生产单位产品所耗用的必要的工作时间，包括对产品直接加工工时、必要的间歇或停工工时以及不可避免的废次品所耗用的工时等。它一般由生产技术部门、劳动工资部门等运用特定的技术测定方法和分析统计资料后确定。

直接人工的价格标准即标准工资率，通常由劳动工资部门根据用工情况制定。当采用计件工资制时，标准工资率是指标准计件工资；当采用计时工资制时，标准工资率就是单位标准工资率，其计算公式如下：

$$标准工资率 = \frac{标准工资总额}{标准总工时}$$

（三）制造费用标准成本的制定

制造费用标准成本是在企业正常生产经营条件下，生产单位产品所发生的制造费用成本。与直接材料、直接人工的标准成本数据一样，制造费用标准成本一方面用于确定产品成本，另一方面则用于与实际制造费用比较，以便企业管理层进行成本规划和控制。

制造费用的标准成本包括制造费用价格标准和制造费用数量标准两方面，其计算公式为：

$$\text{制造费用标准成本} = \text{制造费用标准分配率} \times \text{标准工时}$$

制造费用的数量标准，即工时用量标准，其含义与直接人工用量标准相同。

制造费用价格标准，即制造费用的分配率标准，其计算公式为：

$$\text{制造费用标准分配率} = \frac{\text{制造费用预算总额}}{\text{标准总工时}}$$

制造费用的标准成本通常分为变动制造费用标准成本和固定制造费用标准成本两部分。

1.变动制造费用标准成本的制定

变动制造费用标准成本由工时标准和变动制造费用标准分配率两个因素决定。其计算公式为：

$$\text{变动制造费用标准成本} = \text{标准工时} \times \text{变动制造费用标准分配率}$$

其中，标准工时的含义与直接人工标准工时相同；变动制造费用标准分配率计算公式如下：

$$\text{变动制造费用标准分配率} = \frac{\text{变动制造费用预算总额}}{\text{标准总工时}}$$

2.固定制造费用标准成本的制定

在变动成本法下，固定制造费用作为期间费用全部计入当期损益，因而不包括在产品成本中。在完全成本法下，固定制造费用要在产品之间进行分配，因而需要制定单位产品的固定制造费用标准成本。

固定制造费用标准成本的制定，包括标准工时的制定和固定制造费用标准分配率的制定两个方面。其计算公式为：

$$\text{固定制造费用标准成本} = \text{标准工时} \times \text{固定制造费用标准分配率}$$

其中，标准工时的含义与直接人工标准工时相同；固定制造费用标准分配率计算公式如下：

$$\text{固定制造费用标准分配率} = \frac{\text{固定制造费用预算总额}}{\text{标准总工时}}$$

三、标准成本卡

标准成本一经确定就应编制标准成本卡，标准成本卡的内容与核算方法有关。在变动成本法下，标准成本卡只包括直接材料、直接人工和变动制造费用三项内容。在完全成本法下，标准成本卡还要包括固定制造费用。企业通常需要为每一种产品设置一张标准成本卡，并在该卡中分别列明各项成本的价格标准和数量标准，产品标准成本卡见表8-2。

微型案例

长江电工的标准化成本体系构建

表8-2　　**产品标准成本卡**

成本项目	价格标准	数量标准	标准成本
直接材料			
A材料	50元/千克	10千克/件	500元/件
B材料	40元/千克	20千克/件	800元/件
小计			1 300元/件
直接人工	5元/小时	10小时/件	50元/件
变动制造费用	6元/小时	10小时/件	60元/件
固定制造费用	8元/小时	10小时/件	80元/件
单位产品标准成本			1 490元/件

第三节　成本差异的计算与分析

成本差异是在标准成本控制系统中，实际成本与标准成本之间的差额。通过实际发生额与标准成本相比较，分析差异的形成和发生差异的原因，采取相应的措施，实现对成本的控制。其中，实际成本高于标准成本而形成的不利差异称为超支差异；实际成本低于标准成本而形成的有利差异称为节约差异。这里的有利与不利是相对的，并不是有利差异越大越好。

成本差异包括直接材料成本差异、直接人工成本差异和制造费用差异三个部分。制造费用差异又可分为变动制造费用差异和固定制造费用差异两部分。各种成本差异的关系如图8-1所示。

- 成本差异
  - 直接材料成本差异
    - 直接材料价格差异
    - 直接材料数量差异
  - 直接人工成本差异
    - 直接人工工资率差异
    - 直接人工效率差异
  - 制造费用差异
    - 变动制造费用差异
      - 变动制造费用耗费差异
      - 变动制造费用效率差异
    - 固定制造费用差异
      - 固定制造费用耗费差异
      - 固定制造费用能量差异
        - 固定制造费用产量差异
        - 固定制造费用效率差异

图8-1　成本差异分类

一、直接材料成本差异的计算与分析

直接材料成本差异是指为完成实际产量所消耗的直接材料按实际成本计算与按标准成

本计算之间的差额。直接材料成本差异按其形成原因可分为价格差异和数量差异两种。

直接材料成本差异的计算公式如下：

直接材料成本差异 = 直接材料实际成本 − 直接材料标准成本

其中，

直接材料实际成本 = 直接材料实际价格 × 直接材料实际用量

直接材料标准成本 = 直接材料标准价格 × 直接材料标准用量

直接材料实际用量 = 单位产品材料实际耗用量 × 实际产量

直接材料标准用量 = 单位产品材料标准耗用量 × 实际产量

（一）直接材料价格差异

直接材料价格差异是指在实际产量下，由于材料的实际价格与标准价格的不同而导致的差异。其计算公式如下：

直接材料价格差异 =（实际价格 − 标准价格）× 实际用量

直接材料价格差异的形成受各种主客观因素的影响，较为复杂。但由于它与采购部门的关系更为密切，所以其主要责任部门是采购部门。

（二）直接材料数量差异

直接材料数量差异是指在实际产量下，由于材料实际用量与标准用量的不同而导致的差异。其计算公式如下：

直接材料数量差异 =（材料实际用量 − 材料标准用量）× 标准价格

直接材料数量差异的形成原因是多方面的，有生产部门的原因，也有非生产部门的原因。直接材料数量差异的责任需要通过具体分析才能确定，但主要责任往往应由生产部门承担。

现将以上公式综合列示，如图 8-2 所示。

实际价格×实际用量（1）

标准价格×实际用量（2）

标准价格×标准用量（3）

直接材料价格差异=（1）−（2）

直接材料数量差异=（2）−（3）

直接材料成本差异=（1）−（3）

图 8-2 直接材料成本差异公式

【例 8-1】东泰公司生产甲产品需用 A 直接材料，标准价格为 10 元/千克，单位产品的标准用量为 30 千克/件；本期共生产甲产品 2 000 件，实际耗用 A 材料 50 000 千克，A 材料的实际价格为 9 元/千克。

要求：计算 A 材料价格差异、数量差异及 A 材料的成本差异。

解析：

A 材料价格差异 =（9 − 10）× 50 000 =−50 000（元）（有利差异）

A 材料数量差异 =（50 000 − 30 × 2 000）× 10 =−100 000（元）（有利差异）

产品直接材料成本差异 = 9 × 50 000 − 10 × 30 × 2 000 =−150 000（元）（有利差异）

或 =−50 000+（−100 000）=−150 000（元）（有利差异）

从【例 8-1】中可以知道，在材料成本总差异中，材料价格方面的原因使材料成本减少了 50 000 元，材料用量的节约使材料成本下降了 100 000 元，综合来看，成本减少了 150 000 元。

在对直接材料的成本差异进行分析的时候需要注意以下两点：

（1）确定成本差异的责任部门。材料价格差异通常应由采购部门负责，因为影响材料采购价格的因素（如采购批量、供应商的选择、交货方式、材料质量、运输工具等）一般由采购部门控制并受其决策影响。材料数量差异通常应由生产部门负责，因为影响材料用量的因素（如任务安排、人员调配、设备使用、现场组织等）一般由生产部门控制并受其决策影响。

（2）明确成本差异产生的原因并确定责任。直接材料价格差异发生的原因很多，如市场价格的变动、材料采购来源的变动、订货批量的大小、运输方式与途径不同、可利用的数量折扣、紧急订货等，任何一项脱离制定标准成本时的预定要求，都将形成价格差异。因此对直接材料价格差异的形成和责任，应当根据具体情况作具体的分析，有的属于外部原因，有的则属于企业本身的责任。凡属采购工作所引起的差异应由采购部门负责；生产上的原因所造成的差异，如紧急订货，则应由生产部门负责。只有明确原因，分清责任，才能发挥价格差异计算分析应有的作用。影响直接材料数量差异的因素也是多方面的，如技术革新、综合利用、修旧利废、改进配方、合理下料等，都是降低材料用量的途径；而废品损失、跑冒漏滴、大材小用、优材劣用等，则是增加材料消耗的重要原因。直接材料数量差异通常是在生产过程中形成的，一般应由生产部门负责。但有时也可能由采购工作所引起，如购进了质量较差的材料引起耗用量的增加，由此形成的不利差异应由采购部门负责，不能归咎于生产部门。

思政案例

“失宠”的老干妈

二、直接人工成本差异的计算与分析

直接人工成本差异是指在实际产量下直接人工实际成本与实际产量下标准成本之间的差异。它可分解为直接人工工资率差异和效率差异。

直接人工成本差异的计算公式如下：

直接人工成本差异 = 直接人工实际成本 − 直接人工标准成本

其中，

直接人工实际成本 = 实际工资率 × 实际工时

直接人工标准成本 = 标准工资率 × 标准工时

实际工时 = 单位产品实际耗用工时 × 实际产量

标准工时 = 单位产品工时标准 × 实际产量

$$实际工资率 = \frac{实际工资总额}{实际总工时}$$

$$标准工资率 = \frac{标准工资总额}{标准总工时}$$

（一）直接人工工资率差异

直接人工工资率差异即直接人工的价格差异，是指由于实际小时工资率脱离预定标准而形成的差异。其计算公式如下：

直接人工工资率差异 =（实际工资率 − 标准工资率）× 实际工时

直接人工工资率差异形成的原因包括直接生产工人升级和降级使用、奖励制度未产生实效、工资调整、加班或使用临时工、出勤率变化等，原因复杂而且难以控制，一般说来应归属于人事劳动部门管理，差异的具体原因可能涉及生产部门或其他部门。

（二）直接人工效率差异

直接人工效率差异即直接人工的数量差异，是指由于实际使用的人工工时脱离预定标准而形成的差异。其计算公式如下：

直接人工效率差异 =（实际工时 − 标准工时）× 标准工资率

直接人工效率差异形成的原因包括工作环境不良、工人经验不足、劳动情绪不佳、新工人上岗过多、机器或工具选用不当、设备故障较多、作业计划安排不当、产量太少无法发挥批量节约优势等，这些主要是生产部门的责任，但也不是绝对的，例如材料质量不好也会影响生产效率。

现将以上公式综合列示，如图8-3所示。

实际工资率×实际工时（1）

直接人工工资率差异=（1）−（2）

标准工资率×实际工时（2）

直接人工成本差异=（1）−（3）

直接人工效率差异=（2）−（3）

标准工资率×标准工时（3）

图8-3 直接人工成本差异公式

【例8-2】东泰公司本期生产甲产品200件，实际消耗人工工时8 000小时，实际工资总额80 000元，平均每工时工资10元。标准小时工资率为9元，单位甲产品工时定额消耗量为28小时。

要求：计算直接人工的工资率差异、效率差异及直接人工成本差异。

解析：

直接人工工资率差异 =（10 − 9）× 8 000 = 8 000（元）（不利差异）

直接人工效率差异 = 9 ×（8 000 − 28 × 200）= 21 600（元）（不利差异）

直接人工成本差异 = 10 × 8 000 − 9 × 200 × 28 = 29 600（元）（不利差异）

或 = 8 000 + 21 600 = 29 600（元）（不利差异）

从【例8-2】的计算可以知道，由于实际小时工资率高于标准小时工资率，造成直接人工成本增加8 000元，由于实际人工工时消耗量超过标准人工工时消耗量产生的直接人工工时消耗量增加21 600元，综合来看，成本增加了29 600元。

在对直接人工的成本差异进行分析的时候需要注意：

（1）实际小时工资率高于标准小时工资率可能是由于生产过程中工资级别较高、技术水平较高的工人从事了要求较低的工作，从而造成了工资费用的超支。

（2）直接人工效率差异是考核每个工时生产能力的重要指标，降低单位产品成本的关键在于不断提高单位工时的生产能力。影响直接人工工时利用的因素是多方面的，包括生产工人的技术水平和熟练程度、生产过程的安排和组织、生产工艺的选择、原材料的质量以及设备的状况等。

所以，在找出差异的同时要分析产生差异的具体原因，分清不同的责任部门，才能采取有效的控制措施。

三、变动制造费用差异的计算与分析

变动制造费用的差异是指实际产量下实际发生的变动制造费用与标准变动制造费用的差异，可以分解为耗费差异和效率差异两部分。

变动制造费用差异的计算公式如下：

变动制造费用差异 = 实际变动制造费用 − 标准变动制造费用

其中，

实际变动制造费用 = 变动制造费用实际分配率 × 实际工时

标准变动制造费用 = 变动制造费用标准分配率 × 标准工时

$$变动制造费用实际分配率 = \frac{实际变动制造费用}{实际总工时}$$

$$变动制造费用标准分配率 = \frac{标准变动制造费用}{标准总工时}$$

（一）变动制造费用耗费差异

变动制造费用耗费差异即变动制造费用的价格差异，它是因变动制造费用实际分配率脱离标准而导致的成本差异，也称变动制造费用分配率差异。其计算公式为：

变动制造费用耗费差异 =（实际分配率 − 标准分配率）× 实际工时

变动制造费用耗费差异的产生主要是各部门主管的责任，他们应严加管理，将变动制造费用控制在预算标准之内。

（二）变动制造费用效率差异

变动制造费用效率差异即变动制造费用的数量差异，它是因实际耗用工时脱离标准而导致的成本差异。其计算公式为：

变动制造费用效率差异 =（实际工时 − 标准工时）× 标准分配率

变动制造费用效率差异是由于实际工时脱离了标准工时，多耗用工时导致的费用增加，主要还是生产部门负责。

现将以上公式综合列示，如图8-4所示。

实际分配率×实际工时（1）
标准分配率×实际工时（2）
标准分配率×标准工时（3）

变动制造费用耗费差异=（1）−（2）
变动制造费用效率差异=（2）−（3）

变动制造费用差异=（1）−（3）

图8-4　变动制造费用差异公式

【例8-3】东泰公司本期生产甲产品100件，实际消耗工时为8 000小时，实际发生变动制造费用20 000元，变动制造费用实际分配率为2.5元/小时。假设变动制造费用标准分配率为3元/小时，定额消耗工时为6 000小时。

要求：计算变动制造费用的耗费差异、效率差异及变动制造费用差异。

解析：

变动制造费用耗费差异 =（2.5 − 3）× 8 000 =−4 000（元）（有利差异）

变动制造费用效率差异 = 3 ×（8 000 - 6 000）= 6 000（元）（不利差异）

变动制造费用差异 = 20 000 - 3 × 6 000 = 2 000（元）（不利差异）

或 =-4 000 + 6 000 = 2 000（元）（不利差异）

变动制造费用是一个综合性费用项目，对其差异的分析应结合构成变动制造费用的具体明细项目作进一步的分析。在实际工作中，通常根据变动制造费用弹性预算的明细项目，结合同类项目的实际发生数进行对比分析，从而找出差异的原因及责任归属。

四、固定制造费用差异的计算与分析

固定制造费用差异是指实际固定制造费用与实际产量下的标准固定制造费用之间的差额。其计算公式为：

固定制造费用差异 = 实际固定制造费用 - 标准固定制造费用

其中，

实际固定制造费用 = 固定制造费用实际分配率 × 实际工时

标准固定制造费用 = 固定制造费用标准分配率 × 标准工时

$$\text{固定制造费用实际分配率} = \frac{\text{实际固定制造费用}}{\text{实际工时}}$$

$$\text{固定制造费用标准分配率} = \frac{\text{固定制造费用预算总额}}{\text{预算工时}}$$

预算工时 = 单位产品标准工时 × 预算产量

固定制造费用是固定成本，在一定业务量范围内不随业务量的变动而变动。因此，固定制造费用差异不能简单地分为价格差异和数量差异两种类型。根据固定制造费用不随业务量的变动而变动的特点，为了计算固定制造费用标准分配率，必须设定一个预算工时，实际工时与预算工时之间的差异造成的固定制造费用的差异称为固定制造费用生产能力利用程度差异。固定制造费用差异分析方法可分为两因素差异分析法和三因素差异分析法两种。

（一）两因素差异分析法

两因素差异分析法将固定制造费用差异分解为固定制造费用耗费差异和固定制造费用能量差异。

1.固定制造费用耗费差异

固定制造费用耗费差异，又称固定制造费用开支差异、固定制造费用预算差异，是指固定制造费用的实际金额与固定制造费用预算金额之间的差额。固定制造费用与变动制造费用不同，不因业务量而变，故差异分析有别于变动制造费用。在考核时不考虑业务量的变动，以原来的预算数作为标准，实际数超过预算数即视为耗费过多。其计算公式为：

固定制造费用耗费差异 = 实际固定制造费用 - 预算产量下标准固定制造费用

其中，

预算产量下标准固定制造费用 = 标准分配率 × 预算产量下标准工时

2.固定制造费用能量差异

固定制造费用能量差异是指固定制造费用预算与固定制造费用标准成本的差额，或者说是实际业务量的标准工时与生产能量的差额用标准分配率计算的金额。它反映未能充分使用现有生产能量而造成的损失。其计算公式为：

固定制造费用能量差异 =（预算产量下标准工时 － 实际产量下标准工时）× 标准分配率

【例 8-4】东泰公司本期甲产品计划产量为 2 100 件，实际产量为 2 000 件；实际发生固定制造费用 91 000 元；计划总工时为 10 000 小时，实际耗用工时为 9 000 小时；工时标准为 4 小时，固定制造费用标准分配率为每小时 10 元。

要求：采用两因素差异分析法计算固定制造费用耗费差异及能量差异。

解析：

固定制造费用耗费差异=91 000−2 100×4×10=7 000（元）（不利差异）

固定制造费用能量差异=（2 100×4−2 000×4）×10=4 000（元）（不利差异）

（二）三因素差异分析法

三因素差异分析法是指将固定制造费用的成本差异区分为耗费差异、产量差异和效率差异三部分。其中耗费差异计算方法与两因素差异分析法中相同：

固定制造费用耗费差异=实际固定制造费用−预算产量下标准固定制造费用

不同的是，在一定时期内，企业生产能力没有被充分利用以及劳动生产率的改变，而导致固定制造费用产生能量差异。因此，固定制造费用能量差异还可进一步分解为产量差异和效率差异两部分。

1. 固定制造费用产量差异

固定制造费用产量差异是实际工时未达到标准能量而形成的差异，又称生产能力利用差异，可体现现有生产能力是否充分利用。其计算公式如下：

固定制造费用产量差异 =（预算产量下标准工时 － 实际产量下实际工时）× 标准分配率

2. 固定制造费用效率差异

固定制造费用效率差异是实际工时脱离标准工时而形成的效率差异，可体现单位产品的生产效率是否改变。其计算公式如下：

固定制造费用效率差异 =（实际产量下实际工时 － 实际产量下标准工时）× 标准分配率

【例 8-5】沿用【例 8-4】的资料。

要求：采用三因素差异分析法计算固定制造费用耗费差异、产量差异及效率差异。

解析：

固定制造费用耗费差异=91 000−2 100×4×10=7 000（元）（不利差异）

固定制造费用产量差异=（2 100×4−9 000）×10=−6 000（元）（有利差异）

固定制造费用效率差异=（9 000−2 000×4）×10=10 000（元）（不利差异）

以上固定制造费用差异有关公式综合列示如图 8-5 所示。

实际分配率×实际工时（1）

　　固定制造费用耗费差异=（1）−（2）

标准分配率×预算工时（2）

　　固定制造费用产量差异=（2）−（3）　　固定制造费用差异=（1）−（4）

标准分配率×实际工时（3）

　　固定制造费用效率差异=（3）−（4）

标准分配率×标准工时（4）

图 8-5　固定制造费用差异公式

在一定的业务量范围内，固定制造费用不随业务量的变动而变动，表现出相对的固定性。对固定制造费用的分析和控制通常是通过编制固定制造费用预算以及将实际发生数与预算数对比来进行的。

由于固定制造费用是由各个部门的众多明细项目构成的，因此，固定制造费用预算应就每个部门及明细项目分别编制。于是，固定制造费用应该按每个部门及明细项目分别记录，固定制造费用成本差异的分析和控制应该就每个部门及明细项目分别进行。

拓展阅读

政府公共服务成本核算管理

※ 章节测试

一、单项选择题（每小题4分，共40分）

1.根据正常的耗用水平、正常的价格和正常的生产经营能力利用程度制定的标准成本是（　　）。

A.平均标准成本　B.理想标准成本　C.正常标准成本　D.现实标准成本

2.计算数量差异要以（　　）为基础。

A.标准价格　B.实际价格　C.标准成本　D.实际成本

3.直接材料数量差异一般应由（　　）负责。

A.采购部门　B.生产部门　C.人事部门　D.质量控制部门

4.固定制造费用的实际发生额与固定制造费用预算额之间的差异称为（　　）。

A.耗费差异　B.能量差异　C.效率部门　D.产量差异

5.标准成本是一种（　　），它是根据历史资料，结合目前已拥有的技术、经营水平，应用一定的经济技术分析方法来确定的生产产品所必需的各项成本。

A.生产成本　B.目标成本　C.销售成本　D.理想成本

6.以现有生产经营条件处于最优状态为基础确定的最低水平的成本，称为（　　）。

A.理想标准成本　B.正常标准成本

C.现实标准成本　D.可达到标准成本

7.在标准成本控制下的成本差异是指（　　）。

A.实际成本与标准成本的差异　B.实际成本与计划成本的差异

C.预算成本与标准成本的差异　D.实际成本与预算成本的差异

8.在实际工作中运用较为广泛的标准成本是（　　）。

A.基本标准成本　B.理想标准成本　C.正常标准成本　D.现实标准成本

9.材料价格差异一般由（　　）负责。

A.生产部门　B.采购部门　C.财务部门　D.工程技术部门

10.计算价格差异要以（　　）为基础。

A.标准数量　B.实际数量　C.标准价格　D.实际价格

二、多项选择题（每小题6分，共30分）

1.在材料成本差异分析中，（　　）。

A.价格差异的大小是由价格脱离标准的程度以及实际用量高低决定的

B.价格差异的大小是由价格脱离标准的程度以及标准用量高低决定的

C.数量差异的大小是由用量脱离标准的程度以及标准价格高低决定的

D.数量差异的大小是由用量脱离标准的程度以及实际价格高低决定的

2.直接人工成本差异计算包括（　　）。

A.（实际工时-标准工时）×实际工资率

B.（实际工时-标准工时）×标准工资率

C.（实际工资率-标准工资率）×实际工时

D.（实际工资率-标准工资率）×标准工时

3.下列各项中，属于价格差异的是（　　）。

A.直接人工效率差异　　B.直接人工工资率差异

C.变动制造费用耗费差异　　D.变动制造费用效率差异

4.固定制造费用差异由（　　）构成。

A.固定制造费用的耗费差异　　B.固定制造费用的人工差异

C.固定制造费用的效率差异　　D.固定制造费用的产量差异

5.可以用“数量差异”和“价格差异”模式的成本项目是（　　）。

A.直接材料　　B.直接人工　　C.期间费用　　D.变动制造费用

三、判断题（每小题3分，共30分）

1.当直接材料价格差异表现为正数时，表示的是由于价格上升引起的超支。（　　）

2.变动制造费用的价格差异指的是变动制造费用效率差异。（　　）

3.实际成本超过标准成本所形成的差异称为有利差异。（　　）

4.采用计时工资制度时，标准工资率是指单位工时标准工资率。（　　）

5.变动制造费用差异的分析方法可以采用两因素分析法和三因素分析法。（　　）

6.材料成本脱离标准的差异、人工成本脱离标准的差异、变动制造费用脱离标准的差异，都可以分为“量差”和“价差”两部分。（　　）

7.制造费用差异按形成原因可以分为价格差异和数量差异。（　　）

8.计算数量差异要以标准价格为基础。（　　）

9.在制定标准成本时，理想标准成本由于要求高而成为最合适的一种标准成本。（　　）

10.固定制造费用标准分配率=预算固定制造费用/实际工时。（　　）

章节测试

第九章

作业成本法

课程目标

价值塑造：

1.通过案例“中车四方效益突破之路”的分析，引导学生了解作业成本法对于企业降本减负的意义，认识到国家对节约资源的重视，并增强环保意识。

2.在企业作业成本法实施过程中，培养学生全面看待问题的思维模式，通过设置不同作业中心来规划成本走向。

3.通过对新技术、新时代背景下作业成本法应用范围的拓展，引导学生认识到智能制造环境下作业成本法的发展，培养学生利用新技术不断创新以解决实际问题的意识。

知识传授：

1.掌握：作业成本法的含义及相关概念、作业成本法的计算程序、增值作业和非增值作业的划分。

2.理解：作业成本法的评价与适用条件。

3.了解：作业成本法的产生及发展阶段、作业管理与作业成本管理的含义。

能力培养：

1.能够通过作业成本法的应用条件判断是否适合企业。

2.能够将作业成本的相关概念熟练掌握，理解资源、作业、成本动因之间的相关关系。

3.能够理解并掌握作业成本法计算的程序，能够在企业中灵活应用作业成本法。

导入案例

许继电气是许继电气股份有限公司的简称，该公司系国家电力系统自动化及继电保护控制行业大型骨干和主导企业，公司开发、生产的继电保护及自动化产品均已达到世界先进水平。许继电气最初采用传统的成本核算模式核算成本，随着工艺及生产技术的进步，传统核算已经严重脱离实际，难以满足企业管理、考核和控制等决策的需要。公司开始探索作业成本核算和管理体系的构建，最终成功地设计出了一套科学合理的作业成本核算系统（ABC）并实施了作业管理。成本核算内容可以分成两大部分：一部分是生产性费用，另一部分是非生产性费用（期间费用）。下面以生产性费用在生产部门的处理为例，详细介绍该公司的作业成本核算：

（1）直接费用。主要是直接材料，运用合适的软件直接计入成本对象。

（2）人工费用。由于许继电气的人工费用是按照以产值折算的工时比例分配到各个合同的，实际上也属于间接费用，而非传统意义上的直接人工，因此运用作业成本法，通过作业分析计入各个作业中心的资源耗费，再通过作业动因将其分配到产品或者下一个作业中心。

（3）制造费用。运用作业成本法，通过作业分析计入成本对象。

（4）在以上划分的基础上，通过作业成本核算体系重新计算合同、产品的成本，并利用核算数据进行分析。

讨论与思考：许继电气采用作业成本法与采用传统的成本核算方法有哪些不同？

思维导图

第一节 作业成本法概述

一、作业成本法的产生

作业成本法的产生与其他新生事物一样，是生产力发展与作用的直接结果，也是传统成本核算的局限性导致的，其产生原因有如下两点：

（一）生产力发展导致企业内外部环境变化

20世纪70年代以后，世界经济形势发生了比较大的变化，表现在企业生产条件方面尤为明显。从企业的外部环境看，以计算机技术为代表的高科技广泛应用于企业，如计算机辅助设计技术、计算机辅助制造技术和计算机一体化制造系统等的推广，使得企业的生产日益自动化和程序化，企业的制造环境和制造工艺发生明显变化，从而促使企业的生产环境由传统劳动密集型生产逐渐向技术密集型生产转化。与此同时，随着社会生产力的极大提高，人们可支配收入不断增长，社会呈现富裕状态，市场消费明显改变，产品由卖方市场完全转为买方市场，顾客的行为变得更具选择性，对产品的要求突出个性化，追求时尚。

从企业内部环境看，随着高新技术的蓬勃发展，企业生产条件显著变动，使得产品成本结构明显改变。一方面产品成本中的制造费用比重急剧增长，而直接人工比重则相对下降。与此同时，为了适应顾客的多样化需求，企业的生产组织体系更多地出现了单件小批式的生产，进而导致常规式生产与柔性制造的有机结合。

企业内外环境的变化导致制造费用的构成更加繁杂，制造费用属于间接成本，需要分配计入产品成本。详细分析这些费用发生的原因也是多种多样的，而这些项目的分配必须具有合理性，所以，人们开始关注间接费用分配的准确性，作业成本法由此诞生。

（二）传统间接费用分配方法存在缺陷

间接费用从具体的成本核算项目来看，实际上指的是制造费用。伴随着企业内外环境的显著改变，人们逐渐发现传统间接费用分配方法存在显著的缺陷。

20世纪70年代前，企业的生产总体上属于劳动密集型生产，制造费用占成本比重不大，在这种情况下，企业管理层往往只重视对直接材料、直接人工等直接成本的计算和控制，相对而言，对制造费用的计算和控制关注较少。与此种生产条件和环境相适应，传统制造费用的分配方法是：以直接人工工时、机器工时或直接人工成本作为分配标准，只计算一个分配率，依据分配标准将制造费用分配给各产品，如图9-1所示。

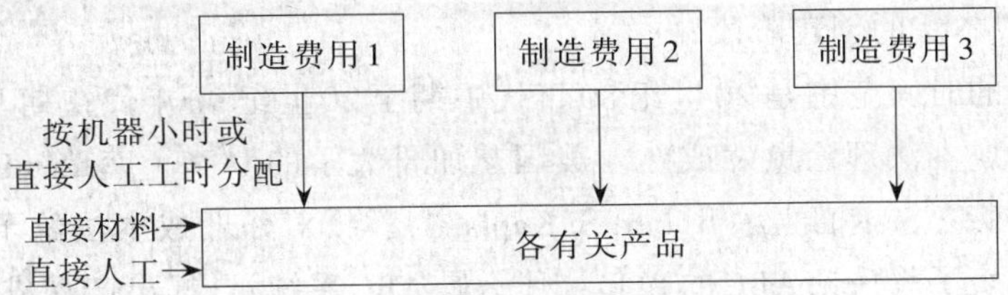

图9-1 传统成本法下制造费用分配图

随着企业生产条件和工艺的明显改观，随着制造费用比重的明显增长，仍以单一数量为基础分配制造费用就显得不相适宜。在高度自动化的生产条件下，有些制造费用与数量的关系较为紧密，而大部分的制造费用与数量没有必然的联系，在这种情况下，仍采用单一的分配率分配制造费用就会使制造费用的分配不准确，进而会导致产品成本扭曲。

另外，在过去劳动密集型生产条件下，企业追求规模经济效益，产品品种较少，常常进行大批量生产；而在技术密集型生产条件下，生产较为灵活，产品品种呈多样化趋势，生产变为小批量生产。如果按照传统制造费用分配方法来分配费用，会使生产数量多的产品承担较多的制造费用，而生产数量少的产品则承担较少的制造费用，这与事实不符。事实上，在技术密集型生产条件下，大批量生产产品的设计和加工程序一般较为简单，容易生产；而小批量生产产品的设计和加工程序通常较为复杂，不容易生产。在这种情况下，前者应少分配一些制造费用而后者应相对多分配一些制造费用，但按传统的费用分配方法结果刚好与此相反。

从上述两方面分析可以看出，如果采用传统的制造费用分配方法进行分配，无论从费用分配率来看，还是从费用分配过程来看，都会由于制造费用分配不准确而使其失去真实性，从而造成成本信息严重失真，这不利于企业进行正确的价格决策。为了克服传统成本核算的弊端，从而能够较为准确地核算产品成本，作业成本法应运而生。

二、作业成本法的发展

作业成本法产生于20世纪80年代中后期的西方，之后不断发展完善，成为现今炙手可热的一种新兴的产品成本核算方法。其产生和发展可以划分为以下四个阶段：萌芽阶段、创建阶段、发展阶段和稳定阶段。

（一）作业成本法的萌芽阶段

该阶段涉及的时间范围是20世纪30年代末至20世纪80年代中期。20世纪30年代末，最早的作业成本计算思想由美国会计学家科勒提出，科勒当时对水力发电行业的间接成本核算精确性提出质疑，并变革其成本核算方式，由此形成早期的作业成本核算思想。但由于所述行业极其特殊，不具有普遍性，另外核算思想也不系统，因此没有引起人们的广泛关注。

1954年，斯托布斯（G. T. Staubus）在《收益的会计概念》中揭开了全面研究“决策有用性目标”的序幕，并以此作为其理论研究的基点来研究作业成本法。他相继在1971年和1988年出版《作业成本计算和投入产出会计》和《服务与决策的作业成本计算——决策有用框架中的成本会计》等著作，提出了一系列作业成本观念，但仅仅是其独家观点。

（二）作业成本法的创建阶段

该阶段涉及的时间范围是20世纪80年代中期至20世纪90年代初期。进入20世纪80年代中期，作业成本法理论愈发成熟。美国芝加哥大学的罗宾·库珀（Robin Cooper）和哈佛大学的罗伯特·S.卡普兰（Robert S. Kaplan）教授对作业成本法给予了明确的解释。1988年，库珀发表了《一论ABC的兴起：什么是ABC系统》，提出产品成本是制造和运送产品所需全部作业的成本总和，成本计算的最基本对象是作业。随后库珀又连续发表了《二论ABC的兴起：何时需要ABC系统》、《三论ABC的兴起：需要多少成本动因并如何选择》和《四论ABC的兴起：ABC系统看起来到底像什么》等研究成果。同年9月和10月，库珀与卡普兰合作在《哈佛商业评论》上发表了《计量成本的正确性：制定正确的决策》一文。这些研究成果奠定了作业成本法研究的基石，标志着作业成本法的真正诞生，他们被公认为是作业成本法的首创者或奠基人。

作业成本法英文原文为Activity-based Costing，简称ABC，当时的研究成果实质上涉及两部分内容，既有作业核算思想，也有作业管理思想，但比较而言，作业成本核算体系相对成型，而作业管理仅仅是萌芽状态，看不到内容全貌，一切都处于探索之中。主张实施作业核算的专家与学者认为，产品成本核算结果严重扭曲，到了必须变革的时候。他们引入作业成本动因探讨间接费用的分配，产品成本核算以完全成本法为基础，以精确性为目标，探求基于作业的产品成本核算。

（三）作业成本法的发展阶段

该阶段涉及的时间范围是20世纪90年代初期至21世纪初。1990年Raffish和Tourney提出了关于作业成本管理的十字模型，该模型从纵向上看反映作业成本核算思想，从横向上看揭示了作业成本管理思想，整体分析以作业成本计算为基础，作业成本管理概念由此提出。其中拓展作业成本核算范畴是作业成本管理的一个层面，是指将产品成本核算拓展到产品盈利能力分析。从管理角度进行的盈利能力分析，所涉及的成本不再仅仅局限于产品成本，而是拓展到期间成本，由此形成的损益确定形式与传统的核算形式有一定的差异，作业成本法由此成为一种较为宽泛的成本核算方法。

2004年11月，卡普兰和安德森在《哈佛商业评论》上发表了新作《时间驱动作业成本法》，引起世人关注。该方法通过引入时间因素，使作业成本法的实施更加具有可操作性。与此同时，理论界纷纷探讨作业成本法与现行制度的账务结合途径。可见，在作业成本法的发展过程中，对作业成本法的探讨是全方位的，其理论日益完善。

（四）作业成本法的稳定阶段

该阶段涉及的时间范围是21世纪初至今。随着作业成本法理论的日臻完善，关于作业成本法的争议基本趋于一致，其实务应用程序也基本清晰，理论界的目光完全转移到该种方法的推广应用中，自此作业成本法进入平稳发展时期。

20世纪90年代初作业成本法传入我国，并形成研究热潮。随着网络及信息技术的发展，我国一直紧随西方步伐，对其的研究不断深入。2013年8月16日财政部印发《企业产品成本核算制度（试行）》，并于2014年1月1日起在除金融保险业以外的大中型企业范围内施行，同时鼓励其他企业执行。该制度第三十六条明确指出：制造企业可以采用作业成本法核算间接制造费用；第四十六条指出：允许信息传输、软件及信息技术服务等企业采用作业成本法。这标志着作业成本法在我国已有明确的法律地位，在政府的推动下，应用企业会不断增加。

三、作业成本法的含义

作业成本法是一种以作业为基础，通过对所有作业活动进行动态追踪，根据各项作业费用的消耗情况，将间接成本和辅助费用更准确地分配到产品和服务的一种成本计算方法。

知识拓展

管理会计应用指引第304号——作业成本法

作业成本法认为，企业的全部经营活动是由一系列相互关联的作业组成的，企业每进行一项作业都要耗用一定种类和一定数量的资源，而企业生产的产品（包括提供的服务）需要通过一系列的作业来完成。实际上产品成本即企业生产该产品的全部作业所消耗的资源的总和。因此，在计算产品成本时，首先按经营活动中发生的各项作业来归集成本，计算作业成本；然后按各项作业与成本对象（产品、服务或活动）之间的因果关系，将作业成本追溯到成本对象，最终完成成本计算过程。

四、作业成本法的相关概念

（一）资源

资源是指企业生产经营过程中，初始形态上的各种劳动耗费。它是作业成本、费用的来源，也可以视为一定期间内为了生产产品或提供服务而发生的各类成本、费用的具体项目耗费，或者是作业执行过程中需要花费的代价。企业的资源可能包括时间、材料、占地面积、设备、技术和其他有价值的物力。通常在企业财务部门编制的预算中可以比较清楚地得到各种资源项目的耗费值。例如发出订单是采购部门的一项作业，那么相应办公场地的折旧、采购人员的工资、电话费、办公费等都是订货作业的资源耗费。制造行业中典型的资源项目一般有：原材料、辅助材料、燃料和动力费用、工资及福利费、折旧、办公费、修理费、运输费等。

（二）作业

作业是成本分配的第一对象。资源耗费是成本被汇集到各作业的原因，而作业是汇集资源耗费、分配计算成本的对象。

从技术或管理角度看，作业是指企业生产过程中的各工序和环节，但从管理角度看，作业是基于一定的目的、以人为主体、消耗一定资源的特定范围内的工作。作业应具备如下特征：

（1）作业是以人为主体的一项工作。尽管现代制造业机械化、自动化程度很高，但仍然离不开人的参与，人掌握并且操纵各种机器设备，仍然是现代制造行业中各项具体生产工作的主体，也是作业的主体。

（2）作业消耗一定的资源。作业以人为主体，至少要消耗一定的人力资源，作业是人力作用于物的工作，因而也要消耗一定的物质资源。

（3）区分不同作业的标志是作业目的。在制造企业中，现代化程度越高，生产程序的设计和人员分工越合理，企业经营过程的可区分性也就越强。这样，可以把企业制造过程按照每一部分工作的特定目的区分为若干作业，每个作业负责该作业职权范围内的工作，这些作业互补并且互斥，构成了完整的生产经营过程。

（4）对于一家生产程序不尽合理的企业而言，作业可以区分为增值作业（该增值作业可以进一步分为低增值作业和高增值作业）和不增值作业。这里，不增值作业虽然也消耗资源，但不是合理或有效消耗，对制造产品本身并无直接贡献。如企业内部产品的搬运作业以搬运距离为动因消耗资源，但作业成本法认为，这种搬运作业可以通过缩短搬运距离（即紧凑经营）逐步消除。

（三）作业链和价值链

企业的一切活动都表现为作业活动，因此，现代企业实质上就是一个为了满足顾客需要而建立的一系列前后有序的作业集合体。这个有序的集合体就是作业链概念。各项作业之间彼此成为顾客，将作业链上的所有作业汇总起来，即可为外部顾客提供有价值的服务。

作业链同时表现为价值链。每完成一项作业要消耗一定量的资源，而作业的产生又形成了一定的价值，转移给下一个作业，按此逐步推移，直到最终将产品提供给企业的外部客户。最终产品作为企业内部一系列需要的总产出，凝聚了各个作业上形成的最终转移给顾客的价值。因此，作业链同时表现为价值链，作业的推移同时也表现为价值逐步在企业内部积累和转移，最后形成转移给外部客户的总价值，这个总价值就是产品的成本。

（四）成本动因

成本动因是指作业成本或产品成本的驱动因素。例如，产量增加时，直接材料成本就增加，产量是直接材料成本的驱动因素，即直接材料的成本动因；再如，检验成本随着检验次数的增加而增加，检验次数就是检验成本的驱动因素，即检验成本的成本动因。在作业成本法中，成本动因分为资源成本动因和作业成本动因两种。

1.资源成本动因

资源成本动因是引起作业成本增加的驱动因素，用来衡量一项作业的资源消耗量。依据资源成本动因可以将资源成本分配给各有关作业。例如，产品质量检验工作（作业）需要有检验人员、专用的设备，并耗用一定的能源（电力）等。检验作业作为成本对象（亦称成本库），耗用的各项资源构成了检验作业的成本。其中，检验人员的工资、专用设备的折旧费等成本，一般可以直接归属于检验作业；而能源成本往往不能直接计入，需要根据设备额定功率（或根据历史资料统计的每小时平均耗电数量）和设备开动时间来分配，此处的“设备的额定功率乘以开动时间”即能源成本的动因。设备开动导致能源成本发生，设备的功率乘以开动时间的数值（即动因数量）越大，耗用的能源越多。按“设备的额定功率乘以开动时间”这一动因作为能源成本的分配基础，可以将检验专用设备耗用的能源成本分配到检验作业当中。

2.作业成本动因

作业成本动因用来衡量一个成本对象（产品、服务或顾客）需要的作业量，是产品成本增加的驱动因素。作业成本动因计量各成本对象耗用作业的情况，并作为作业成本的分配基础。例如，每批产品完工后都需进行质量检验，如果对任何产品的每一批次进行质量检验所发生的成本相同，则检验的“次数”就是检验作业的成本动因，它是引起产品检验成本增加的驱动因素。某一会计期间发生的检验作业总成本（包括检验人工成本、设备折旧、能源成本等）除以检验的次数，即为每次检验所发生的成本。某种产品应承担的检验作业成本等于该种产品的批次乘以每次检验发生的成本。产品完成的批次越多，则需要进行检验的次数越多，应承担的检验作业成本越多；反之，则应承担的检验作业成本越少。

第二节 作业成本计算

一、作业中心与制造中心

作业中心是负责完成一项特定产品制造功能的一系列作业的集合。传统制造企业的采购、生产和销售三大环节，从作业成本计算的角度看都可以称为作业中心。当然，一级作业中心（如生产作业中心）可以细分为若干二级作业中心（如冶金企业的炼铁、炼钢、轧钢车间），甚至再细分成若干三级作业中心（如钳工车间下设的车、铣、刨、锍、磨）。作业中心是对相同或相似工作的分类，例如，车工车制零部件的工作称为作业中心，车工车制不同种类的零部件称为作业。设置作业中心，一是为了寻找相同或相似工作的共性和规律，提高管理效率；二是方便对资源耗费价值进行归集，正确计算资源成本。

制造中心是指能够独立完成一种产品或一个系族多种产品生产的中心，由一系列作业中心集合而成。一般一家大型制造企业可以划分为若干制造中心，划分制造中心的依据是各制造中心只生产一种产品或一个系族多种产品。如制笔厂按照产品类别，可以划分为铅笔、钢笔、圆珠笔等制造中心；机床生产厂可以按照机床种类划分制造中心（车床生产中心、铣床生产中心、刨床生产中心、锍床生产中心、磨床生产中心等）；纺织总厂可以划分为纺纱、织布、印染等制造中心。制造中心的产品是相对于该制造中心而言的（即该阶段的完工产品，如纱锭），未必是企业的最终产品（即完成全部加工的产成品，如花布）。此时，这些制造中心前后相接，共同构成完整的制造过程，前一个制造中心只是为后一个制造中心生产可供进一步加工的半成品而已。

由某制造中心生产同一系族的产品往往更加合理、有效。同一系族产品是指生产工艺相似、制造手段一致而产品结构和用途又有明显差别的各种产品。如制笔厂的圆珠笔制造中心，其所生产的圆珠笔可以认为是同一系族产品。该制造中心又包含笔壳和笔芯两个作业中心。按照作业成本计算理论，要计算各种圆珠笔的成本，就要在该制造中心追踪由这两个作业中心生产组合形成的每一型号圆珠笔的生产状况，进而计算产品成本。

思政案例

中车四方的效益突围之路

于是，在作业成本计算法下，资源耗费的价值通过作业、作业中心、制造中心归集到产品上，最终形成产品成本。

二、作业成本法计算程序

作业成本法是把企业消耗的资源按资源动因分配到作业，再把作业归集的作业成本按作业动因分配到成本对象的核算与管理方法。

作业成本法的基础是“成本驱动因素”理论：生产导致作业的发生，作业消耗资源并导致成本的发生，产品则消耗作业。由此可见，作业成本的实质就是在资源耗费和产品耗费之间借助作业来分离、归纳、组合，然后形成各种成本计算对象（如产品、责任中心）的成本。

因此，作业成本法计算的基本程序分为两大阶段。第一阶段是将各种资源耗费形成的费用分配到相同性质的作业成本库中，计算每一个成本库的分配率（即单位作业成本）；第二阶段是按作业成本库的分配率，把费用分摊到成本计算对象（如产品、责任中心）中，计算成本计算对象的成本。其具体计算过程如下：

1.确认作业中心，将资源耗费价值归集到各作业中心

在作业成本计算中，本步骤是资源耗费价值的归集过程。归集的方向受到两方面的限制：一是资源的种类；二是作业中心的种类。在实务操作中，对某个制造中心下属的每一作业中心都按资源类别设立资源库，把该制造中心资源耗费价值归集到各资源库中。例如，圆珠笔生产车间作为制造中心，分别对制芯和制壳这两个作业中心设立材料费、动力费、折旧费、办公费等资源库，就可以从资源耗费的最初形态上把握将各种资源归集到各作业中心的状况。

2.确认作业，将作业中心汇集的各资源耗费价值予以分解并按照资源动因分配到各作业成本库中

由于作业的划分根据管理需要可粗可细，因此应选出相对独立的、对产品的形成影响较大的主要作业，并确定与作业主要成本消耗相关性较大的成本动因。作业确认后，一般不轻易发生变动。在对资源库的资源耗费价值进行分配时，面临的是已确定的作业种类。我们为每一项作业设立一个成本库，在成本分配过程中，各资源库的资源耗费价值要根据资源动因逐项分配到各作业成本库中。将每个作业成本库各种资源要素价值相加就形成了作业成本库价值。

3.将各作业成本库价值按照作业动因分配计入最终产品成本计算单，计算完工产品成本

与传统成本计算法一样，我们为制造中心投产的每一种（或批）产品设立成本计算单，成本计算单中按该产品生产所涉及的作业种类设立作业成本项目。这样，该成本计算步骤即把各作业成本库的价值结转到各产品成本计算单上，而作业动因是指各作业被最终产品或服务消耗的方式和原因。可见，作业动因是将作业成本库价值分配到产品或服务的标准，也是沟通作业耗费与最终产出的中介。既然作业是依据作业动因确认的，那么就每一项作业而言，成本计算就简单了。如订单作业是一种批别动因作业，我们只需将该作业成本除以当期订单份数即可得到分配率；将此分配率乘以某批产品所用订单份数即可得到应计入该批产品成本计算单中“订单”这个项目的价值。在把作业成本库价值计入各产品成本计算单后，如何得出完工产品成本就很简单了。如果把作业成本计算法应用于财务会计，则在期末有必要在完工产品与在产品之间分配成本，如果认为作业成本计算法只是一种管理会计手段，则用成本计算单追踪到产品全面完工即可。

三、作业成本法计算举例

从作业成本法的计算程序可以看出，作业成本法最终计算的是产品成本，直接成本直接计入产品成本，而间接成本则按照“资源-作业-产品”这一顺序进行确认、计量和分配。

【例9-1】假设东泰公司生产甲、乙两种产品，两种产品都属于订单式生产，没有在产品。该公司拟实施作业成本法，有关资料见表9-1。

表9-1 甲、乙产品的相关资料

项目	甲产品	乙产品
产量（件）	20 000	2 000
直接人工工时（小时）	80 000	10 000
机器小时（小时）	84 000	16 000
单位产品直接材料成本（元）	12.5	15
单位产品直接人工成本（元）	7.5	36
制造费用总额（元）	987 250	

该公司通过对作业的归并，共设立五个作业成本库：订单处理、生产准备、机器运行、设备维护、质量检验。各作业成本库的资源耗费已分配完毕，各作业成本库归集的作业成本及成本动因情况见表9-2。

表9-2 作业成本及成本动因相关资料

作业成本库	作业动因	作业动因数		作业成本（元）
		甲产品	乙产品	
订单处理	订单份数（份）	10	16	52 000
生产准备	生产调整次数（次）	2 000	500	34 000
机器运行	机器小时（小时）	20 000	5 000	697 000
设备维护	直接人工工时（小时）	40 000	10 000	95 500
质量检验	检验次数（次）	20	30	108 750

要求：

（1）按照作业中心计算甲、乙两种产品应分配的间接成本；

（2）分别采用作业成本法和完全成本法计算A、B两种产品的单位产品成本。

解析：依据所给资料：

（1）直接材料、直接人工属于直接成本，制造费用属于间接成本。按照作业中心分配间接成本时需要计算各作业成本库的作业成本分配率并分配作业成本，相关的计算见表

9-3。

表9-3 作业成本分配表

作业成本库	作业动因数			作业成本（元）④	分配率 ⑤=④/③	分配作业成本（元）	
	甲产品 ①	乙产品 ②	合计 ③=①+②			甲产品 ⑥=①×⑤	乙产品 ⑦=②×⑤
订单处理（份）	10	16	26	52 000	2 000	20 000	32 000
生产准备（次）	2 000	500	2 500	34 000	13.60	27 200	6 800
机器运行（小时）	20 000	5 000	25 000	697 000	27.88	557 600	139 400
设备维护（小时）	40 000	10 000	50 000	95 500	1.91	76 400	19 100
质量检验（次）	20	30	50	108 750	2 175	43 500	65 250
合计	—	—	—	987 250	—	724 700	262 550

（2）在作业成本法下：

$$甲产品单位产品成本 = 12.5 + 7.5 + \frac{724\,700}{20\,000} = 56.235（元）$$

$$乙产品单位产品成本 = 15 + 36 + \frac{262\,550}{2\,000} = 182.275（元）$$

在完全成本法下：

以机器小时为标准分配制造费用：

制造费用分配率 = 987 250 ÷（84 000 + 16 000）= 9.8725（元/小时）

甲产品分摊的制造费用 = 84 000 × 9.8725 = 829 290（元）

乙产品分摊的制造费用 = 16 000 × 9.8725 = 157 960（元）

甲、乙两种产品的单位产品成本为：

$$甲产品单位产品成本 = 12.5 + 7.5 + \frac{829\,290}{20\,000} = 61.4645（元）$$

$$乙产品单位产品成本 = 15 + 36 + \frac{157\,960}{2\,000} = 129.98（元）$$

计算结果表明，在两种不同的成本计算方法下，单位产品成本计算结果相差较大。比较而言，甲产品属于大批量生产类型产品，而乙产品属于小批量生产类型产品，作业成本法下的甲产品单位产品成本是56.235元，较完全成本法下的计算结果要低5.2295元；而乙产品的单位产品成本为182.275元，较完全成本法下的计算结果高52.295元。作业成本法下的计算结果更加接近实际，原因在于甲产品的产量高，生产过程相对简单，产品技术含量低，而乙产品的产量低，生产过程复杂，产品技术含量高，在这种情况下，对于技术含量较高的乙产品依据不同的成本动因分摊较多的制造费用是正确而合理的。如果采用传统的单一业务量为标准进行分配，会使技术含量较低的甲产品由于机器小时高而多分摊制造费用，这种计算结果与事实不符。

第三节 作业成本管理

一、作业管理与作业成本管理的含义

作业管理是将企业看作由顾客需求驱动的一系列作业组合而成的作业集合体，在管理中努力提高增加顾客价值的作业效率，消除或遏制不增加顾客价值的作业，实现企业生产经营的持续改善。作业管理的基本管理思想是：以顾客链为导向，以作业链（即价值链）为中心，对企业的作业流程进行彻底的改造。强调协调企业内外部顾客的关系，从企业整体出发，协调各部门、各环节的关系，要求企业物资供应、生产和销售等环节的各项作业形成连续、同步的作业流程，消除作业链中一切不能增加价值的作业，使企业处于持续改善状态，促进企业整体价值链的优化，增强企业的竞争优势。因此，作业管理与其说是一项管理工作，不如说是不断改进和完善企业作业链与价值链的过程。作业管理除了涉及作业成本管理外，还涉及诸如生产周期、质量管理、灵活性、柔性和顾客服务等非成本方面，而本节主要讨论作业成本管理的问题。

作业成本管理是应用作业成本计算提供的信息，从成本的角度，合理安排产品或服务的销售组合，寻找改变作业和生产流程、改善和提高生产效率的机会。作业成本管理主要从成本方面来优化企业的作业链和价值链，是作业管理的中介，是作业管理的核心方面。不增加顾客价值的作业是非增值作业，由非增值作业引发的成本是非增值作业成本。作业成本管理就是要努力找到非增值作业成本并努力消除或使之降到最低，提高增值作业效率，从而降低成本，增加价值。

二、增值作业和非增值作业的划分

增值作业与非增值作业是站在顾客角度划分的。最终增加顾客价值的作业是增值作业，否则就是非增值作业。在一家企业中，区别增值作业和非增值作业的标准就是看这个作业的发生是否有利于增加顾客的价值，或者说增加顾客的效用。作业管理的核心就是识别出不增加顾客价值的作业，从而找到可以改进的地方。一般来说，在一家制造企业中，非增值作业包括：等待加工作业，材料或者在产品堆积作业，产品或者在产品在企业内部迂回运送作业，产品废品清理作业，次品处理作业，返工作业，无效率重复某工序作业，由于订单信息不准确造成没有准确送达需要再次送达的无效率作业等。

三、作业成本法的评价

（一）作业成本法较传统成本计算法的优势

1.作业成本法是一种先进的成本计算方法

传统的成本计算法以产品为核心，除了直接材料和直接人工以外，将其他的制造成本全部归入制造费用，并按单一的与产量联系的标准进行分配。这种分配建立在所有这些费用的发生与分配标准之间存在线性比例关系的假设基础上。但实际上，许多组织资源的消耗并不直接为最终的产出服务，而是服务于一系列的辅助作业，要准确计算产品成本，不能就成本而论成本。而作业成本法首先确定产生作业的成本动因，再根据成本动因计算作业对资源的消耗，确定作业成本，最后按产品对作业的消耗，将作业成本分配到产品上。

这种方法以作业为中心，通过设置多样化的成本库并按多样化的成本动因来分配制造费用，使间接成本的分配过程建立在产出与投入之间的因果关系之上，计算过程明细化，计算的可归属性大大提高，即提高了产品成本分配的技术经济依据，从而提高了产品成本计算的准确性。

2.作业成本法实现了成本计算与成本管理的结合

在现代竞争性的经营环境下，企业的经营管理突破了部门与部门之间的界限，由不同部门的员工共同协作来完成某项工作，与此同时将资源转化为产出。作业成本法以作业为中心，突破制造部门的界限，按同质作业建立成本库，按成本动因归集成本的思路，和现代企业价值链分析的思想不谋而合。现代企业观认为，企业是为最终满足顾客需要而设计的一系列作业的集合，是一个由此及彼、由内到外的作业链。作业成本法不是就成本而论成本，而是把重点放在成本发生的前因和后果上，以作业为核心，以资源流动为线索，以成本动因为媒介，通过对成本形成过程进行动态的追踪反映，实现对作业成本的有效控制。在企业管理中，根据作业成本法所提供的有关企业经营流程的数据，以及产品成本形成过程的分析，可以深入了解不同的产品、作业、业务流程等的盈利能力，对作业链上的所有作业进行分析修正，尽量消除不增值的作业，提高增值作业的效益，从而全面提高企业的经营效益。因此，作业成本法既是一种成本计算方法，也是一种管理手段。

（二）作业成本法的局限性

1.开发和维护费用较高

作业成本法的成本动因多于完全成本法，成本动因的数量越大，开发和维护费用越高。即使有了计算机和数据库技术，采用作业成本法仍然需要付出大量的成本。如果将作业成本法仅仅作为一项会计创举，不能通过作业成本数据的使用改善决策和作业管理，提高公司的竞争力，则很可能得不偿失。

2.作业成本法不符合对外财务报告的需要

作业成本法的产品成本概念与对外财务报告的成本概念存在一定的差异，可能造成对外报告数据和管理报告数据的不一致，可能产生一定的误解。为了使对外财务报告符合会计准则的要求，采用作业成本法的企业就需要重新调整成本数据。这种调整不仅工作量大，而且技术难度大，有可能出现混乱。

3.确定成本动因比较困难

间接成本并非都与特定的成本动因相关联，有时找不到与成本相关的驱动因素，或者设想的若干驱动因素与成本的相关程度都很低，或者取得驱动因素数据的成本很高。此时，就会出现人为主观分配，扭曲产品成本数据的情况。

4.不利于管理控制

完全成本法按部门建立成本中心，为实施责任会计和业绩评价提供了方便。作业成本系统的成本库与企业的组织结构不一致，不利于提供管理控制的信息，因此许多管理人员和会计人员持反对态度。作业成本法倾向于以牺牲管理控制信息为代价，换取经营决策信息的改善，降低了会计数据对管理控制的有用性。

（三）作业成本法的适用条件

采用作业成本法的公司一般应具备以下条件：

（1）从成本结构看，这些公司的制造费用在产品成本中占有较大比重，它们若使用单一的分配率，成本信息的扭曲会比较严重。

（2）从产品品种看，这些公司的产品多样性程度高，包括产品产量的多样性、规模的多样性、产品制造或服务复杂程度的多样性、原材料的多样性和产品组装的多样性。产品的多样性是引起传统成本系统在计算产品成本时发生信息扭曲的原因之一。

（3）从外部环境看，这些公司面临的竞争激烈。传统的成本计算方法是在竞争较弱、产品多样性较低的背景下设计的。当竞争变得激烈、产品的多样性增加时，传统成本计算方法的缺点被放大，增加了决策失误，这种情况下实施作业成本法就变得有利。

（4）从公司规模看，这些公司的规模比较大。由于大公司拥有更为强大的信息沟通渠道和完善的信息管理基础设施，并且对信息的需求更为强烈，所以它们比小公司对作业成本法更感兴趣。

总之，在企业生产自动化程度较高、直接人工比较少、企业的作业流程比较清晰、企业相关业务数据完备而且可获得、企业信息化基础工作较好、易产生成本扭曲并且准确的成本信息具有较大价值时，适宜采用作业成本法。企业可以根据自身经营管理的特点和条件利用现代信息技术，采用作业成本法对不能直接归属于成本核算对象的成本进行归集和分配，通过作业成本法对产品的盈利能力、客户的获利能力、企业经营中的增值作业和非增值作业等进行分析，发挥更强大的管理作用。

拓展阅读

智能制造环境下作业成本法的发展

※ 章节测试

一、单项选择题（每小题4分，共40分）

1.作业成本计算法把企业看成最终满足顾客需要而设计的一系列（　　）的集合。

A.契约　　B.作业　　C.产品　　D.生产线

2.在现代制造业中，（　　）的比重极大地增加，结构也彻底发生了改变。

A.直接人工　　B.直接材料　　C.间接费用　　D.期间费用

3.作业成本计算法下的成本计算程序，首先要确认作业中心，将（　　）归集到各作业中心。

A.资源耗费价值　　B.直接材料　　C.直接人工　　D.制造费用

4.从作业成本计算的角度看，（　　）是基于一定的目的、以人为主体、消耗一定资源的特定范围内的工作。

A.资源　　B.作业　　C.作业中心　　D.制造中心

5.作业成本法的缺陷有（　　）。

A.实施成本较高　　B.工作量较传统计算方法小

C.计算结果不够准确　　D.间接费用的分配与产出量的相关性较弱

6.作业成本法是把企业消耗的资源按（　　）分配到作业以及把作业汇集的作业成本按（　　）分配到成本对象的核算方法。

A.资源动因、作业动因　　B.资源动因、成本动因

C.成本动因、作业动因　　D.作业动因、资源动因

7.下列关于作业成本法的说法中，不正确的是（　　）。

A.产品的成本实际上就是企业全部作业所消耗资源的总和

B.成本动因分为资源动因和作业动因

C.作业成本法下，所有成本都需要先分配到有关作业，然后再将作业成本分配到有关产品

D.作业成本法的基本指导思想是“作业消耗资源、产品消耗作业”

8.作业成本法适用于具有以下特征的企业（　　）。

A.间接生产费用比重较大　　B.作业环节较少

C.间接生产费用比重较小　　D.产品品种较少

9.（　　）是将作业成本分配到产品或者服务中的标准，也是将作业耗费与成本标的相联结的因子。

A.资源动因　　B.作业动因　　C.成本动因　　D.价值动因

10.（　　）是将各项资源费用归集到不同作业的依据，反映了作业与资源的关系。

A.资源动因　　B.作业动因　　C.成本动因　　D.价值动因

二、多项选择题（每小题6分，共30分）

1.作业按照对价值的贡献，分为（　　）。

A.采购作业　　B.生产作业　　C.增值作业　　D.不增值作业

2.作业应具备的特征包括（　　）。

A.作业是以人为主体的　　B.作业消耗一定的资源

C.区分不同作业的标志是作业目的　　D.作业可以分为增值作业和非增值作业

3.划分制造中心的依据可以是（　　）。

A.生产某一种产品　　B.生产某个系族多种产品

C.生产步骤　　D.生产批次

4.作业成本核算的基础是成本驱动因素理论，包括（　　）。

A.生产经营导致作业的发生　　B.消耗资源并导致成本的发生

C.间接成本分配计入　　D.直接成本直接计入

5.下列各项中，属于非增值作业的有（　　）。

A.从仓库到车间的材料运输作业　　B.零部件加工作业

C.零部件组装作业　　D.产成品质量检验作业

三、判断题（每小题3分，共30分）

1.作业成本计算法认为，产品成本实际上就是企业为生产该产品的全部作业所消耗的资源的总和。（　　）

2.作业成本计算法下的产品成本是完全成本。（　　）

3.能增加股东回报的作业称为增值作业。（　　）

4.作业中心既是成本汇集中心，也是责任考核中心。（　　）

5.作业成本计算法认为，产品直接消耗资源。 ( )

6.制造中心既可以依据产品来划分，也可以依据生产步骤来划分。 ( )

7.作业成本法与传统成本法是相互排斥的。 ( )

8.作业成本法中，诱致成本发生的原因包括成本动因和作业动因。 ( )

9.作业成本法的原理是产品消耗作业，客户消耗资源。 ( )

10.资源即使被消耗，也不一定都是对形成最终产出有意义的消耗。 ( )

章节测试

第十章

预算管理

课程目标

价值塑造：

1.通过“中国文化中的预算”，感知预算在中国文化中的体现，增强文化自信。

2.通过解读“国家账本”引导学生了解预算对国家、社会和企业的作用，理解中央预算与企业财务预算之间的区别，感知国家账本背后的国计民生，领悟我国财政制度的优越性，增强家国情怀。

3.通过绘制全面预算管理体系，剖析各部分的钩稽关系，加强学生领悟整体与部分的哲学思维。

4.通过不同预算编制方法的思考，理解不同预算编制方法的优缺点，树立辩证的哲学思维。

知识传授：

1.掌握：全面预算的内容、经营预算的编制过程、专门决策预算与财务预算的编制、增量预算与弹性预算、固定预算与弹性预算、定期预算与滚动预算。

2.理解：预算管理与其他管理手段的关系、全面预算的含义与作用、概率预算。

3.了解：预算与预算管理的内涵、预算管理组织体系。

能力培养：

1.能够掌握全面预算的含义及内容，剖析全面预算管理体系各部分的钩稽关系。

2.能够熟练掌握全面预算的编制过程，并能在企业中灵活应用。

3.能够理解并掌握预算编制的方法，在实践中根据企业情况选择适合的预算编制方法。

导入案例

上海汽车集团股份有限公司（简称上汽集团）通过有效运用全面预算管理工具，为集团经营目标的合理制定和有效执行提供了坚实的数据基础。上汽集团早在2005年就不断提高管理精细化程度，将全面预算管理融入日常管理中。经过10余年的操作和完善，上汽集团逐渐将全面预算管理工作制度化、系统化和常态化。预算管理已经成为企业管理的基石。

全面预算管理作为上汽集团的特色管理应用实践，有以下四个特点：一是管理层以预算管理为重心，不仅专设预算管理委员会，而且由集团总裁亲自牵头部署和下达预算工作；二是重点突出“全面”，该公司独创并长期实践“人人成为经营者”的管理模式，将每名员工或若干员工组成的基准单位设定为独立核算的“经营体”，将核算单位分解细化为企业相关管理资源和技术资源的最小利用单位；三是始终将预算跟踪和分析作为预算管控的重点，不仅关注数据，更深入挖掘造成偏差的经营实质，为管理层决策提供支持；四是推行全面预算管理信息化。全面预算管理工作在集团内的推行和不断完善，保障了上汽集团经营目标的合理制定和有效执行。[①]

讨论与思考：上汽集团是如何构建全面预算管理体系的？怎样才能使全面预算管理发挥最大效用？

思维导图

第一节 预算管理概述

一、预算与预算管理

（一）预算的概念

“预算”一词起源于法语Bougete（公文包），最初是政府部门规划和管理财政收支的专业手段，即财政预算。企业预算是以经营目标和经营计划为指引，沿着业务流程和组织体系，对未来一定时期制定的资源获取与使用规划，是对资源配置过程与预计配置结果的完整反映。在应用中，企业预算通常是由内部各部门立足于资源基础和经营目标，评估下一阶段经营计划的资源需求与预计资源供给，进而形成的一种资源配置计划。

【思政课堂】

中国文化中的“预算”

《礼记·中庸》中提出“凡事预则立，不预则废”，指出做任何事情，事前有准备就可以成功，没有准备就会失败，充分彰显了古人对预算的重视。宋朝《太平经国之书·理财》中提出“非理其入”，“非理天下之财”，即要关注在漕政、盐政和水利方面国家的支出。南宋郑伯谦建议将主管会计稽核之职与主管财务行政之职分别由不同的官司掌管，以便能充分执行其“纠察钩考”的会计监督职能（《太平经国之书·会计上》）。北宋政府曾实行“凡一岁用度及郊祀大费，皆编著定式”（《宋史·食货志·会计》），以作为财政开支的准则之后，明代丘进一步提出编造年度财政收支的周密步骤，类似于近代国家预算的编制程序。

（二）预算管理的内涵

知识拓展

2017年9月，财政部印发《管理会计应用指引第200号——预算管理》，对预算管理的概念、内容、原则、应用程序、应用环境以及预算编制方法、预算执行与考核等进行了阐述。

管理会计应用指引第200号——预算管理

指引中明确指出：预算管理是指企业以战略目标为导向，通过对未来一定期间内的经营活动和相应的财务结果进行全面预测和筹划，科学、合理配置企业各项财务和非财务资源，并对执行过程进行监督和分析，对执行结果进行评价和反馈，指导经营活动的改善和调整，进而推动实现企业战略目标的管理活动。

① 刘金星．管理会计实训与案例［M］．大连：东北财经大学出版社，2020.

预算管理的起点通常是预算编制，具有事先控制的作用。企业在预算编制中以发展目标，尤其是盈利目标作为预算目标，以预算目标为指引，预算管理通过预算编制寻求达成目标的途径。所以，预算编制是将对市场环境的预测和公司发展目标衔接起来的管理机制。对编制好的预算的执行进行监控，是预算管理的事中控制职能。一年或一定经营周期结束时对预算执行进行汇总和考核评价，即决算与考评，具有事后控制的作用。总之，预算管理具有事前计划，事中和事后控制、评价等多种管理职能，是管理会计为企业价值创造提供管理支持的重要手段。

二、预算管理与其他管理手段的关系

预算管理作为企业管理体系的重要组成部分，与其他管理手段存在衔接与协作的关系，这是预算管理行之有效的重要前提，有必要理清预算管理与其他管理手段的关系。

（一）预算管理与战略规划

战略规划是在战略决策的基础上，为实现战略目标所拟定的行动路线和资源配置计划，是在企业长期经营方向的指导下配置及约束相关经营资源。预算则是对战略目标和战略规划的分解，它服务于战略规划，并以战略规划为起点。战略规划首先分解为各项详细的计划，如销售计划、资金计划等。而预算就是在这些计划的基础上，通过合理配置资源，制定各项详细预算，如成本费用预算、收入预算，最终形成预算报表。全面预算实际上是指导资源分配以实现战略目标的连续控制过程。

总体上，预算是工作计划的量化体现，同时促进工作计划目标明确并且相互衔接。而要保持预算的合理性、可行性，就需要以战略目标为指引，开展科学预测。预算管理将企业内部的各种预测、计划与预算联结为一个整体，它们相互衔接并相互钩稽，共同组成了综合的预算管理体系。

（二）预算管理与预测

预测是运用一定的科学预测方法，对市场趋势和企业未来经济活动可能产生的经济效益和发展趋势进行预计与推测，它是计划的基础。预算管理则是在预测的基础上，对企业未来发展所提出的对策性方案和计划的数量表述，它是以货币的形式对企业未来的收入、现金流量和财务状况进行的量化。

（三）预算管理与经营计划

预算管理与经营计划关系密切。企业经营计划是对企业一定期间各种生产经营活动的一系列规划，包括以市场预测为依托的销售计划，以生产资源安排为主线的生产计划、材料采购计划、库存计划、薪酬计划、资金计划等。从预算与经营计划的关系来看，预算编制的过程就是依据经营计划，基于资源配置制定企业的各项预算，最后形成预算报表。可以说，预算是在计划量化基础上所做的价值量的表述和安排。

三、预算管理的组织体系

为保证预算工作的有序进行和有效实施，在管理体制上一般要求企业在内部设立预算管理委员会专门负责预算的编制并监督实施。预算管理委员会通常由负责企业全面管理工作的总经理和分管生产、销售、财务等各主要职能部门的负责人组成，其主要职责是制定和颁布有关预算制度的各项政策，审查和协调各部门的预算申报，调解并解决部门间在预算编制和执行过程中出现的争执和问题，批准预算，监督检查预算的执行，分析并调整预算，促使各方协调运作，共同完成预算规定的目标和任务。

预算管理的组织体系包括决策机构、工作机构和执行单位三个层次。

（一）预算管理的决策机构

预算管理的决策机构在企业的组织架构中属于公司治理层，通常直接归属于公司董事会，其主要职责包括：

1.制定企业全面预算管理制度，明确企业预算管理的政策、措施、办法和要求等。

2.根据企业战略规划和年度经营目标拟定预算目标，并确定预算目标分解方案、预算编制方法和程序。

3.组织编制、综合平衡预算草案，并下达经批准的正式年度预算。

4.审议预算调整方案，并协调解决预算编制和执行过程中遇到的重大问题。

5.审议预算考核和奖惩方案，并对企业全面预算的执行情况进行考核。

（二）预算管理的工作机构

预算管理的工作机构是企业预算管理工作的常设管理机构，其主要职责一般包括：

1.按照预算管理决策机构的要求拟定企业全面预算管理制度，并负责检查预算管理制度的执行。

2.根据预算管理决策机构拟定的预算目标，拟定年度预算总目标分解方案及有关预算编制程序、方法的草案，报决策机构审定。

3.组织和指导各级预算单位开展预算编制工作，并预审各预算单位的预算初稿，综合平衡，提出修改意见和建议。

4.汇总编制企业全面预算草案。

5.负责跟踪、监控企业预算执行情况，定期对各预算单位的预算执行情况进行汇总、分析，将有关分析报告提交决策机构。

6.协调解决企业预算编制和执行中的有关问题，并审查各预算单位的预算调整申请，汇总后制订年度预算调整方案，提交决策机构审议。

7.向决策机构提交预算考核和奖惩方案，并组织开展对预算执行单位的预算执行情况的考核，将考核结果和奖惩建议提交决策机构。

（三）预算管理的执行单位

企业预算管理的执行单位是指在实现预算总目标的过程中，能够按照其所起的作用和所负的职责，承担一定的经济责任并享有相应权力和利益的企业内部单位，如企业内部的职能部门以及所属分（子）公司等。企业内部预算责任单位的划分通常与企业的组织机构设置一致。

预算管理的执行单位在预算管理决策机构及其工作机构的指导下开展工作，其主要职责一般为：

1.提供编制预算的各项基础资料，并负责本单位全面预算的编制和上报工作。

2.分解、落实本单位的预算指标，并监督检查本单位的预算执行情况。

3.及时分析、报告本单位的预算执行情况，解决预算执行中的问题。

4.根据内外部环境变化及企业预算管理制度，提出预算调整申请。

5.组织实施本单位内部的预算考核和奖惩工作。

6.配合预算管理部门做好企业总预算的综合平衡、执行监控、考核奖惩等工作。

应当按照不相容职务相互分离的原则，划分各部门、各岗位在预算管理体系中的职责、分工与权限，明确预算编制、执行、分析、调整及考核等各环节的授权审批制度与工作程序。只有这样，才能做到分工明确、职责分明，通过层层分解将各项预算指标落实到每一个岗位和员工，并通过相互制衡、层层考核，加强预算的执行力，确保企业目标的实现。

第二节 全面预算管理体系

一、全面预算的含义

全面预算作为对现代企业成熟与发展起重大推动作用的管理系统，是企业内部管理控制的一种主要方法。该方法自20世纪20年代在美国的通用电气、杜邦、通用汽车公司运用以来很快就成了大型工商企业的标准作业方法。从最初的计划、协调，发展到现在成为兼具控制、激励、评价等诸多功能的综合贯彻企业经营战略的管理工具，全面预算在企业内部控制中发挥着核心作用。正如美国著名管理学家戴维·奥利所说，全面预算是为数不多的能把企业的资金流、实物流、业务流、信息流、人力流等相整合的管理控制方法之一。

全面预算是指在预测与决策的基础上，按照企业既定的经营目标和程序，规划与反映企业未来的销售、生产、成本、现金收支等各方面活动，以便对企业特定计划期内全部生产经营活动有效地作出具体组织与协调，最终以货币为主要计量单位，通过一系列预计的财务报表及附表展示其资源配置情况的有关企业总体计划的数量说明。

全面预算的全面主要体现在以下三个方面：

第一，全面预算的全面体现在预算管理对象的全方位上。预算编制全方位地覆盖企业的各项运营和管理活动，将企业的人、财、物等各类资源，以及供、产、销等各个环节均纳入预算管理范畴，而且通过预算的编制、分解、下达以及执行、分析、调整、考核及奖惩，对企业各项经营活动进行事前、事中和事后的全过程管理。

第二，全面预算的全面体现在预算管理对其他管理手段的全面运用上。作为一种管理控制方法，全面预算管理将企业计划、协调、控制、激励、评价等综合管理功能融合到一起，整合和优化配置企业资源，提升企业运行效率，帮助企业实现发展目标。

第三，全面预算的全面体现在预算管理主体的全员参与上。全面预算要求企业所有部门、单位以及岗位都参与到预算的编制与实施过程中，共同进行管理，通过全员参与的方式促使企业的预算管理最大限度地吸收企业流程中的各项信息，保证预算编制的准确性以及预算考核的合理性。

因此，全面预算是促进企业实现其发展战略和经营目标的有效管理方法，也是实现业务与财务融合的一个管理抓手。

二、全面预算的作用

全面预算作为企业管理层对未来生产经营活动的总体规划，其作用主要表现在以下四个方面：

1.明确工作目标

预算以数量形式规定了企业一定时期的经营总目标，并将经营目标按企业内部各职能部门的职责范围层层落实，使经营总目标成为各职能部门工作的具体目标。这样就保证了经营总目标与部门分管的具体目标协调一致，使各部门了解和明确自己在完成经营总目标中的职责以及努力的方向，从而使企业总目标通过具体目标的实现得以最终实现。

2.协调各部门之间的关系

全面预算将企业各方面和各部门的工作纳入一个统一的、有序的预算体系，各部门的预算相互衔接、环环相扣，在保证最大限度地实现企业总目标的前提下，有效地组织企业各方面和各部门的生产经营活动。例如，根据以销定产的经营方针，生产预算必须以销售预算为依据，材料采购预算又必须与生产预算相衔接。

3.控制经济活动

编制预算的目的，是在预算执行过程和预算执行完成后，对预算的执行情况和执行结果进行计量、对比，对实际脱离预算的差异及原因进行分析，找出企业经营管理活动中存在的问题，并采取有效措施消除偏差，尽最大努力使实际执行结果与预算所确定的目标相一致。因此，全面预算是控制企业经济活动的依据。

4.评价工作业绩

全面预算不仅是控制企业经济活动的依据，还是考核与评价企业及其各职能部门工作业绩的标准。在评价企业和各部门工作业绩时，要以全面预算的标准作为依据，通过对比和分析，划清和落实经济责任，并结合一定的奖惩制度，促使企业和各部门为完成预算目标而努力工作。

三、全面预算的内容

一个完整的全面预算一般包括经营预算（也称业务预算）、专门决策预算和财务预算三个组成部分。

1.经营预算

经营预算也称业务预算，是指企业预算期日常发生的基本业务活动的预算。其主要包括销售预算、生产预算、直接材料预算、直接人工预算、制造费用预算、期末存货预算、产品成本预算、销售与管理费用预算等。

2.专门决策预算

专门决策预算是指企业为不经常发生的非基本业务活动编制的预算。例如，企业根据长期投资决策编制的资本支出预算，根据融资决策编制的筹资预算等。

3.财务预算

财务预算是指反映企业预算期现金收支、经营成果和财务状况的预算，具体包括现金预算和预计财务报表（预计利润表、预计资产负债表、预计现金流量表）。

在全面预算体系中，各项预算相互衔接，互相对应，构成了一个有机整体，它们之间的相互关系如图10-1所示。

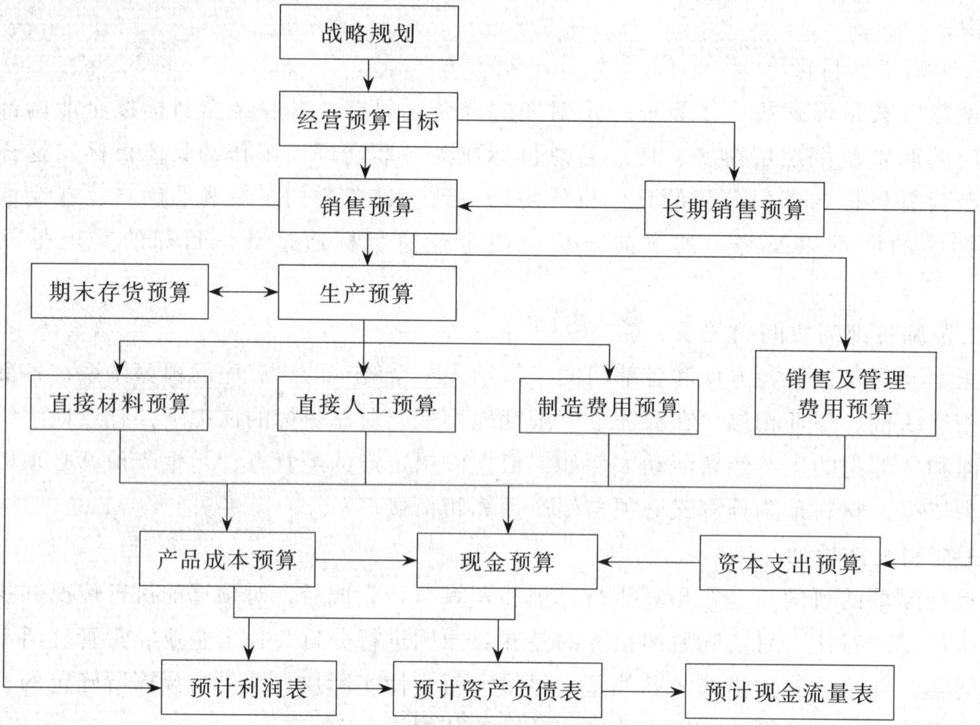

图10-1 全面预算管理体系

由图10-1可知，销售预算是全面预算的编制起点，产品成本预算和现金预算是相关预算的汇总，预计财务报表是全部预算的综合反映。

四、全面预算的编制程序

全面预算的编制是一项工作量大、涉及面广、时间性强、操作复杂的工作。为了保证预算编制工作有条不紊地进行，一般要在企业内部专设一个预算管理委员会负责预算编制并监督预算实施。预算管理委员会通常由总经理，分管销售、生产、财务等方面的副总经理和总会计师等高级管理人员组成，其主要任务是：制定和颁布与预算有关的各项政策；审查和协调各部门的预算申报工作；解决有关方面在编制预算时可能发生的矛盾和争执，批准最终预算，并经常检查预算的执行情况。

企业预算的编制涉及经营管理的各个部门，预算的具体执行部门（执行人）要来参与预算的编制，才能使预算成为他们自愿努力完成的目标。因此，预算的编制应采取自上而下、自下而上的方法，不断反复和修正，最后由有关机构综合平衡，并以书面形式向下传达，作为正式的预算落实到各有关部门付诸实施。

全面预算编制的一般程序为：

（1）在预测与决策的基础上，由预算管理委员会拟订企业预算总方针，包括经营方针、各项政策以及企业总目标和分目标，如利润目标、销售目标、成本目标等，并下发到各有关部门。

（2）组织各生产业务部门按具体目标要求编制本部门预算草案。

（3）由预算管理委员会平衡、协商、调整各部门的预算草案，并进行预算的汇总与分析。

（4）审议预算并上报董事会审议企业的综合预算和部门预算。

（5）将批准后的预算下达各级各部门执行。

微型案例

长江电工的全面预算“五步法”

第三节 全面预算的编制

一、经营预算的编制

（一）销售预算

销售预算是全面预算编制的起点，是经营预算和财务预算编制的基础。编制销售预算的主要依据是预计的销售量、销售价格和回收货款的情况。根据第4章所述的销售预测提供的未来期间预计的销售量和销售单价，可以求出预计的销售收入，其公式为：

预计销售收入=预计销售量×预计单价

同时销售预算通常结合企业商业信用政策，预计销售活动取得的现金流入，以作为现金预算的编制依据。

【例10-1】假设东泰公司只生产一种产品，销售单价为200元，全年各季度预计销售量分别为1 000件、1 500件、2 000件、1 800件，根据以往经验，销货款在当季可收到60%，其余部分在下一季度收到，预计预算年度第一季度可收回上年第四季度的应收账款62 000元。

要求：根据上述资料编制东泰公司的销售预算，并预计现金收入。

解析：据此编制的销售预算见表10-1。

表10-1 **销售预算**

项目	第一季度	第二季度	第三季度	第四季度	全年
预计销售量（件）	1 000	1 500	2 000	1 800	6 300
单价（元/件）	200	200	200	200	200
预计销售额（元）	200 000	300 000	400 000	360 000	1 260 000

根据销售预算、前期应收账款的收回及预计收到当期销货款的情况，能够编制出预计现金收入计算表，见表10-2。该计算表是编制现金预算的依据。

表10-2 **预计现金收入计算表** 单位：元

项目	第一季度	第二季度	第三季度	第四季度	全年
预计销售额	200 000	300 000	400 000	360 000	1 260 000
上季应收账款	62 000	80 000	120 000	160 000	422 000
收到本季销货款	120 000	180 000	240 000	216 000	756 000
现金收入合计	182 000	260 000	360 000	376 000	1 178 000

（二）生产预算

基于销售预测和销售预算，企业遵循以销定产的原则编制生产预算。生产预算编制的主要依据是预计销售量、预计期末产品库存量和期初产品库存量，其公式为：

预计生产量 = 预计销售量 + 预计期末产品库存量 - 预计期初产品库存量

【例 10-2】沿用【例 10-1】的有关资料，东泰公司期末存货量为下一季度销售量的10%，预计第一季度初存货量为100件，年末产品存货量为200件。

要求：编制东泰公司的生产预算。

解析：根据销售预算和上述有关资料，东泰公司预算年度的生产预算见表10-3。

表10-3 **生产预算** 单位：件

项目	第一季度	第二季度	第三季度	第四季度	全年
预计销售量	1 000	1 500	2 000	1 800	6 300
加：预计期末库存量	150	200	180	200	200
减：期初库存量	100	150	200	180	100
预计生产量	1 050	1 550	1 980	1 820	6 400

在企业生产和销售业务管理过程中，编制生产预算不仅要以销售预算为基础，还要结合企业的生产能力和仓库容量等条件，同时应考虑成本费用因素。此外，有些生产或销售客观上存在季节性或周期性，需要合理安排生产进度。

（三）直接材料预算

直接材料预算以生产预算为基础，计算出生产过程中直接材料的需要量，同时考虑预计期初、期末的材料存量，便可得到直接材料的采购量。直接材料预算编制的主要依据是：预计产量、单位产品直接材料耗用量、预计期初、期末材料存量和直接材料单价。直接材料采购量计算公式如下：

预计直接材料采购量=预计生产量×单位产品直接材料耗用量+期末材料存量-期初材料存量

在实际工作中，在编制直接材料预算的同时，还要编制预算现金支出计划表，用于编制现金预算，该表根据采购部门预期从供应商处取得的信用条件来编制。

【例10-3】沿用【例10-2】的有关资料，公司所生产的产品只需要一种原材料，单位产品消耗的材料用量为10千克/件，材料预算单价为5元/千克，上年年末材料存量为3 000千克，预算年度的年末存量为4 000千克，各季度的期末材料存量为下一季度生产需用量的20%。上年末的应付账款为23 500元，每季度的材料采购货款有50%在本季度内付清，另外50%在下季度付清。

要求：编制东泰公司的直接材料预算。

解析：根据预计的生产量和上述单位产品的材料消耗定额，以及期初、期末的材料存量，编制直接材料采购预算表，见表10-4。

编制直接材料预算后，还需根据材料采购预算的预计材料采购款的支付情况，编制材料采购现金支出预算表，见表10-5。

表10-4 直接材料预算

项目	第一季度	第二季度	第三季度	第四季度	全年
预计生产量（件）	1 050	1 550	1 980	1 820	6 400
单位产品材料用量（千克/件）	10	10	10	10	10
生产需要量（千克）	10 500	15 500	19 800	18 200	64 000
加：预计期末存量（千克）	3 100	3 960	3 640	4 000	4 000
减：预计期初存量（千克）	3 000	3 100	3 960	3 640	3 000
预计直接材料采购量（千克）	10 600	16 360	19 480	18 560	65 000
单价（元/千克）	5	5	5	5	5
预计采购额（元）	53 000	81 800	97 400	92 800	325 000

表10-5 预计现金支出计算表 单位：元

项目	第一季度	第二季度	第三季度	第四季度	全年
预计采购额	53 000	81 800	97 400	92 800	325 000
应付上季赊购款	23 500	26 500	40 900	48 700	139 600
应付本季现购款	26 500	40 900	48 700	46 400	162 500
现金支出合计	50 000	67 400	89 600	95 100	302 100

（四）直接人工预算

直接人工预算与直接材料预算相同，也是以生产预算为基础编制的，是用来确定预算期直接人工成本水平和人工工时消耗水平的，其编制的依据是预计生产量、单位产品标准或定额工时和小时工资率。由于直接人工工资一般全部用现金支付，因此无须另外预计现金支出，可直接参加现金预算的汇总。直接人工预算的计算公式如下：

直接人工预算=预计生产量×单位产品直接人工工时×小时工资率

【例10-4】沿用【例10-2】的有关资料，单位产品预算工时为10小时，小时工资率为2元，东泰公司以现金支付的直接人工工资均于当期付款。

要求：编制东泰公司的直接人工预算。

解析：根据预计生产量、单位产品的预算工时和小时工资率，可以编制直接人工预算表，见表10-6。

表10-6 直接人工预算

项目	第一季度	第二季度	第三季度	第四季度	全年
预计生产量（件）	1 050	1 550	1 980	1 820	6 400
单位产品工时（小时/件）	10	10	10	10	10
总工时（小时）	10 500	15 500	19 800	18 200	64 000
单位工时工资率（元/小时）	2	2	2	2	2
预计直接人工成本（元）	21 000	31 000	39 600	36 400	128 000

(五)制造费用预算

制造费用预算包括固定制造费用预算和变动制造费用预算两部分。变动制造费用以生产预算为基础，根据预计生产量乘以单位产品预定分配率进行预计，计算公式如下：

变动制造费用预算=预计生产量×单位产品预定分配率

固定制造费用与生产量之间不存在线性关系，其预算通常都是根据上年的实际水平，经过适当的调整而得到的。此外，固定资产折旧作为一项固定制造费用，由于不涉及现金支出，在编制制造费用预计现金支出计算表时，需从固定制造费用中扣除。

【例10-5】沿用【例10-2】的有关资料，假设东泰公司预算期内单位产品的变动制造费用为5元/件(其中，间接人工费用为1元/件，间接材料费用为1元/件，设备修理费用为2元/件，水电气费用为1元/件)，单位产品工时为10小时，每季度固定制造费用数据见表10-7，每季度固定制造费用中包含的折旧费用为10 000元。

表10-7 **固定制造费用** 单位：元

项目	第一季度	第二季度	第三季度	第四季度	全年
修理费	10 000	11 400	9 000	9 000	39 400
折旧费	10 000	10 000	10 000	10 000	40 000
管理人员工资	2 000	2 000	2 000	2 000	8 000
保险费	750	850	1 100	1 900	4 600
财产税	1 000	1 000	1 000	1 000	4 000
合计	23 750	25 250	23 100	23 900	96 000

要求：编制东泰公司制造费用预算。

解析：根据所给条件可编制制造费用预算，见表10-8。

表10-8 **制造费用预算**

项目	第一季度	第二季度	第三季度	第四季度	全年
预计生产量(件)	1 050	1 550	1 980	1 820	6 400
单位产品变动制造费用(元/件)	5	5	5	5	5
变动制造费用现金支出(元)	5 250	7 750	9 900	9 100	32 000
固定制造费用(元)	23 750	25 250	23 100	23 900	96 000
减：折旧费(元)	10 000	10 000	10 000	10 000	40 000
制造费用现金支出合计(元)	19 000	23 000	23 000	23 000	88 000

(六)产品成本和期末存货成本预算

产品成本预算根据直接材料预算、直接人工预算和制造费用预算编制，是编制预计利润表和预计资产负债表的依据之一。但在实际工作中要求企业实行标准成本制度，因而产品成本的预算就是单位产品的“标准成本单”。

【例10-6】沿用【例10-1】至【例10-5】的有关资料。

要求：编制东泰公司的产品成本预算和期末存货成本预算。

解析：根据上述例题的内容，可编制产品成本和期末存货成本预算表，见表10-9。

表10-9 产品成本预算和期末存货成本预算

项目	单位成本			生产成本（元）（6 400件）	期末存货成本（元）（200件）	销货成本（元）（6 300件）
	价格标准（元）	用量标准	成本（元）			
直接材料	5	10千克	50	320 000	10 000	315 000
直接人工	2	10小时	20	128 000	4 000	126 000
变动制造费用	0.5	10小时	5	32 000	1 000	31 500
固定制造费用	1.5	10小时	15	96 000	3 000	94 500
合计	—	—	90	576 000	18 000	567 000

注：变动制造费用分配率 $=\frac{32\,000}{6\,400\times10}=0.5$（元/小时）

固定制造费用分配率 $=\frac{96\,000}{6\,400\times10}=1.5$（元/小时）

其中，单位成本数据来自“直接材料预算”（见表10-4）、“直接人工预算”（见表10-6）和“制造费用预算”（见表10-8），生产数量、期末存量来自“生产预算”（见表10-3），销售数量来自“销售预算”（见表10-1），生产成本、期末存货成本和销货成本的数据，根据单位成本和有关数据计算得出。

（七）销售及管理费用预算

销售费用预算是对为实现销售预算而需要支出的费用所做的预算，在编制时应以销售预算为基础，对过去发生的销售费用进行细致分析，运用本量利分析等方法分析销售收入、销售利润与销售费用之间的关系，以合理安排销售费用，使之得到最有效的使用。

管理费用预算是对企业运营过程中需要支出的管理费用所做的预算，在编制时应以过去发生的实际支出为参考，结合分析企业的业务情况，使费用支出更合理、更有效。如果销售费用及管理费用预算包括的项目太多，也可以对各部分分别编制预算。

【例10-7】东泰公司在预算期间的变动销售及管理费用按销售量进行分配，单位变动销售及管理费用为4元，固定销售及管理费用总计180 000元。

要求：编制东泰公司的销售及管理费用预算。

解析：根据上述条件及前例的资料，可编制销售及管理费用预算表，见表10-10。

表10-10 销售及管理费用预算

项目	第一季度	第二季度	第三季度	第四季度	全年
预计销售量（件）	1 000	1 500	2 000	1 800	6 300
单位变动销售及管理费用（元）	4	4	4	4	4
变动销售及管理费用（元）	4 000	6 000	8 000	7 200	25 200
固定销售及管理费用（元）	45 000	45 000	45 000	45 000	180 000
预计销售及管理费用（元）	49 000	51 000	53 000	52 200	205 200

二、专门决策预算的编制

专门决策预算主要包括长期投资预算（资本支出预算）和筹资预算，它往往涉及长期建设项目的资金投放与筹集，并经常跨越多个年度。专门决策预算的要点是准确反映项目资金投资支出与筹资计划，是编制现金预算和预计资产负债表的依据。

【例10-8】沿用前例的相关资料，假设东泰公司董事会批准在预算期间的第一季度和第四季度分别购置一台设备，价款分别是500 000元和800 000元，同时，在第一季度借入长期借款300 000元，第四季度借入长期借款600 000元。

要求：编制东泰公司专门决策预算。

解析：根据上述资料，可编制东泰公司专门决策预算，见表10-11。

表10-11 专门决策预算 单位：元

项目	第一季度	第二季度	第三季度	第四季度	全年
投资支出预算	500 000	—	—	800 000	1 300 000
借入长期借款	300 000	—	—	600 000	900 000

三、财务预算的编制

思政案例

“国家账本”——预算安排背后的解读

（一）现金预算

现金预算的编制基础是经营预算和专门决策预算。编制现金预算的目的是合理安排现金的收入和支出，正确计算和确定现金多余或不足的时间和金额，进而确定资金运用或资金筹集的方式、时间和数额。现金预算一般包括四个部分：现金收入、现金支出、现金余缺、资金筹集与融通。

（1）现金收入。它包括期初现金余额和本期现金收入。本期现金收入包括销售现金收入、收回的应收账款和应收票据贴现收入等。

（2）现金支出。它包括预算期内以现金支付的材料采购款、直接人工费用、制造费用、销售及管理费用、税金、股利、偿还到期借款本息、购置固定资产、进行长期投资等。

（3）现金余缺。将各期现金收入与现金支出比较计算现金收支差额。若现金收入大于现金支出，现金收支差额为正，即现金有结余；若现金支出大于现金收入，现金收支差额为负，即现金短缺。

（4）资金筹集与融通。根据现金余缺可确定筹集资金或运用资金的时间和数额。如果现金不足，可通过向银行借款、发行短期企业债券等方式来弥补；如果有多余的现金，可用于偿还银行借款的本金和利息，或者用于短期投资等。对预算期内的资金融通预先做安排可以避免企业在需要用款时由于现金短缺而陷入麻烦，还可有效利用暂时多余的资金进行投资获取利益。

【例10-9】沿用前例的相关资料，东泰公司期初现金余额为80 000元，期初长期借款余额为1 200 000元，无短期借款，期末现金余额不得少于30 000元，否则将向银行短期借款，银行要求短期借款额必须是10 000元的整数倍，短期借款年利率为10%，长期借款年利率为12%，借款利息按季支付。假设新增借款发生在季度的期初，归还借款发生在季度的期末，归还借款是1 000元的整数倍。预计全年所得税为160 000元。预计年末支付股利80 000元。

要求：编制东泰公司的现金预算。

解析：根据上述资料和前例中各项预算的数据资料，可编制东泰公司的现金预算，见表10-12。

表10-12　　**现金预算**　　单位：元

项目	第1季	第2季	第3季	第4季	全年
期初现金余额	80 000	33 000	30 600	30 400	80 000
加：现金收入					
收回赊销款和现销收入（见表10-2）	182 000	260 000	360 000	376 000	1 178 000
可动用现金合计	262 000	293 000	390 600	406 400	1 352 000
减：现金支出					
直接材料（见表10-5）	50 000	67 400	89 600	95 100	302 100
直接人工（见表10-6）	21 000	31 000	39 600	36 400	128 000
制造费用（见表10-8）	19 000	23 000	23 000	23 000	88 000
销售及管理费用（见表10-10）	49 000	51 000	53 000	52 200	205 200
购买设备（见表10-11）	500 000			800 000	1 300 000
所得税费用（预计数）	40 000	40 000	40 000	40 000	160 000
支付股利				80 000	80 000
现金支出合计	679 000	212 400	245 200	1 126 700	2 263 300
现金余缺	（417 000）	80 600	145 400	（720 300）	（911 300）
现金筹措与运用					
借入长期借款（见表10-11）	300 000			600 000	900 000
取得短期借款	200 000			230 000	430 000
归还短期借款			65 000		65 000
短期借款利息（年利率10%）	5 000	5 000	5 000	9 125	24 125
长期借款利息（年利率12%）	45 000	45 000	45 000	63 000	198 000
期末现金余额	33 000	30 600	30 400	37 575	37 575

（二）预计利润表

预计利润表用来综合反映预算期内企业的经营成果，是整个预算体系的重要组成部分，它显示了公司的计划利润，并且是衡量企业预算期内经营绩效的标杆。编制预计利润表的依据是各项经营预算和财务预算。

【例10-10】根据前面例题的相关资料，编制东泰公司预计利润表。

解析：根据上述各有关预算，编制的东泰公司的预计利润表见表10-13。

表10-13 **预计利润表** 单位：元

项目	金额
销售收入（见表10-2）	1 260 000
减：销售成本（见表10-9）	567 000
销售毛利	693 000
减：销售及管理费用（见表10-10）	205 200
营业净利润	487 800
减：利息费用（见表10-12）	222 125
利润总额	265 675
减：所得税（见表10-12）	160 000
净利润	105 675

（三）预计资产负债表

预计资产负债表用来反映企业预算期末的财务状况。它是在预算期初资产负债表的基础上，依据预算期内所编制的各项经营预算、专门决策预算、现金预算和预计利润表进行编制的，它是全面预算的终点。

【例10-11】假设东泰公司预算期初的资产负债表见表10-14，东泰公司按照净利润的10%提取法定盈余公积。

表10-14 **期初资产负债表** 单位：元

资产	期初余额	负债和股东权益	期初余额
流动资产：		流动负债：	
货币资金	80 000	短期借款	0
应收账款	62 000	应付账款	23 500
原材料存货	15 000	流动负债合计	23 500
产成品存货	9 000	非流动负债：	
流动资产合计	166 000	长期借款	1 200 000
非流动资产：		非流动负债合计	1 200 000

续表

资产	期初余额	负债和股东权益	期初余额
固定资产	437 500	负债合计	1 223 500
在建工程	1 000 000	股东权益：	
非流动资产合计	1 437 500	股本	200 000
		资本公积	50 000
		盈余公积	100 000
		未分配利润	30 000
		股东权益合计	380 000
资产总计	1 603 500	负债和股东权益总计	1 603 500

要求：编制东泰公司预计资产负债表。

解析：根据前面各例的有关资料，编制的东泰公司预计资产负债表见表10-15。

表10-15 **预计资产负债表** 单位：元

资产	期末余额	负债和股东权益	期末余额
流动资产：		流动负债：	
货币资金（见表10-12）	37 575	短期借款（见表10-12）	365 000
应收账款（见表10-2）	144 000	应付账款（见表10-5）	46 400
原材料存货（见表10-4）	20 000	流动负债合计	411 400
产成品存货（见表10-9）	18 000	非流动负债：	
流动资产合计	219 575	长期借款（见表10-11）	2 100 000
非流动资产：		非流动负债合计	2 100 000
固定资产（见表10-8）	397 500	负债合计	2 511 400
在建工程（见表10-11）	2 300 000	股东权益：	
非流动资产合计	2 697 500	股本	200 000
		资本公积	50 000
		盈余公积	110 567.5
		未分配利润	45 107.5
		股东权益合计	405 675
资产总计	2 917 075	负债和股东权益总计	2 917 075

注：盈余公积 = 100 000 + 105 675 × 10% = 110 567.5（元）

未分配利润 = 期初余额 + 本期净利润 − 本期提取法定盈余公积 − 分配的股利

= 30 000 + 105 675 − 105 675 × 10% − 80 000 = 45 107.5（元）

第四节 预算编制的方法及应用

知识拓展

管理会计应用指引第201—203号

从全面预算的编制可以看出，企业全面预算的构成内容比较复杂，因此预算编制需要采用适当的方法。常见的预算编制方法主要有固定预算与弹性预算、增量预算与零基预算、定期预算与滚动预算、概率预算等。

一、固定预算与弹性预算

编制预算的方法按其是否可按业务量调整，分为固定预算和弹性预算两类。

（一）固定预算

固定预算（Fixed Budget）又称静态预算，是指根据预算期内正常的可能实现的某一固定业务量水平而编制的预算。上一节所述的销售预算、生产预算、销售费用预算等生产经营预算，均是以某一经营业务水平为基础编制的，故皆为固定预算。

固定预算的基本特征是：①不考虑预算期内业务活动水平可能发生的变动，而只按照预算期内计划预定的某一共同的业务活动水平为基础确定相应的数据；②将实际结果与按预算期内计划预定的某一共同的业务活动水平所确定的预算数进行比较分析，并据以进行业绩评价、考核。

但是，如果企业的实际执行结果与预期业务活动水平相距甚远，固定预算就难以为控制服务。因此，在市场变化较大或较快的情况下，不宜采用此法。

（二）弹性预算

弹性预算是为克服固定预算的缺点而设计的，是以业务量、成本和利润之间的依存关系为依据，按照预算期可预见的各种业务量水平，编制适用于一系列业务量变化的预算。企业需要结合业务量的各种水平编制相应的预算，这意味着弹性预算是建立在成本性态基础上的。

弹性预算的基本特征是：①它按预算内某一相关范围内的可预见的多种业务活动水平确定不同的预算额，也可按实际业务活动水平调整其预算额；②当实际业务量发生后，将实际指标与实际业务量相应的预算额进行对比，使预算执行情况的评价与考核建立在更加客观可比的基础上，更好地发挥预算控制作用。可见，弹性预算更便于区分和落实责任。

弹性预算和传统的固定预算在编制方法上有所不同，弹性预算是为一系列业务量水平而编制的，其适用范围比固定预算广，其预算与实际具有可比的基础，使预算控制和差异分析更有意义和说服力，一经编制，只要各项消耗标准和价格等依据不变，便可连续使用，从而大大减少了预算编制的工作量。

【例10-12】东泰公司预算期产品销售单价为200元，单位变动成本70元，固定成本总额45 000元，东泰公司充分考虑到预算期产品销售量发生变化的可能。

要求：分别编制销售量为1 100件、1 200件、1 300件、1 400件和1 500件时的弹性预算。

解析：东泰公司编制的弹性预算表见表10-16。

表10-16 东泰公司弹性预算

销售量（件）	1 100	1 200	1 300	1 400	1 500
销售收入（元）	220 000	240 000	260 000	280 000	300 000
减：变动成本（元）	77 000	84 000	91 000	98 000	105 000
边际贡献（元）	143 000	156 000	169 000	182 000	195 000
减：固定成本（元）	45 000	45 000	45 000	45 000	45 000
营业利润（元）	98 000	111 000	124 000	137 000	150 000

二、增量预算与零基预算

编制预算的方法按其编制的出发点不同，分为增量预算和零基预算两类。

（一）增量预算

增量预算，又称调整预算方法，是以基期的费用水平为基础，结合预算期业务量水平及有关影响因素的未来变动情况，通过调整有关原有费用项目而编制预算的一种方法。传统的预算编制方法基本上采用的是增量预算方法，即以基期的实际预算为基础，对预算值进行增减调整，这种预算方法比较简便。

编制增量预算时遵循的假设有：①企业现有业务活动是合理的，不需要进行调整；②企业现有各项业务活动的开支水平是合理的，在预算期予以保持；③以现有业务活动和各项业务活动的开支水平，确定预算期各项业务活动的预算数。因此，增量预算实际上承认过去发生的各项业务活动都是合理的，受原有费用项目和数额限制，在预算内容上没有大的改进，可能使原来不合理的费用开支延续下去，使不必要的开支合理化，造成预算浪费，可能导致预算结果的不准确，滋长预算中的平均主义和简单化。同时，采用此法，容易鼓励预算编制人员凭主观臆断按成本项目平均削减预算或只增不减，不利于调动各责任单位和员工降低费用的积极性，不利于企业的发展。

（二）零基预算

零基预算是针对传统的增量预算的不足提出的，它是指在编制预算时，完全不考虑以往费用支出的实际水平，一切从零开始，根据预算期的实际需要和可能，逐项审定各预算项目开支的必要性及数额，再根据成本效益原则对各预算项目进行成本效益分析比较、排序，确定预算支出数额。零基预算最初由美国得克萨斯工具公司的彼得·派尔（Peter A . Pyhrr）在1970年提出，现已被西方企业和政府机构广泛采用，作为编制费用预算的一种主要方法。

零基预算与传统的预算有着明显的不同，它不是在现有的费用支出水平上来规划预算期各项开支数额，而是以“零”为起点，对每一个费用项目进行成本效益分析，并按照重要性程度对费用项目进行排序，以便对企业有限的经济资源进行优化配置和分配。

零基预算的编制程序大致分为以下三个步骤：

（1）企业各部门根据预算总目标和本部门分管的具体预算目标，确定费用开支项目，并就每一费用项目详细说明开支的性质、用途和必要性，以及开支的具体数额。

（2）对每一费用项目进行成本效益分析，即将每一费用项目的所费和所得进行比较，用对比的结果来衡量和评价费用项目的经济效益，并据此确定各费用项目的重要程度和开支的先后顺序。

（3）将预算期实际可运用的资金按照各费用项目的先后顺序，在各项目之间进行择优分配。在分配资金时要做到保证重点，兼顾一般。

【例10-13】假设东泰公司按零基预算法编制销售与管理费用预算。该企业预算期用于销售和管理方面的资金总额为500 000元。

要求：编制企业销售与管理费用预算。

解析：销售与管理费用预算应按如下步骤编制：

第一步，由东泰公司的销售部门和行政管理部门根据本部门的预算目标和具体任务，经集思广益和反复讨论、协商后，提出本部门的费用预算方案，确定如下必需的开支费用项目及相关数据见表10-17。

表10-17 东泰公司必需的开支费用项目及相关预算数据 单位：元

项目	预算金额
销售佣金	56 000
运输费	157 000
广告费	85 000
管理人员工资	20 000
差旅费	34 000
办公费	23 000
职工教育经费	25 000
保险费	40 000
税金	63 000
业务招待费	80 000

第二步，经研究发现，销售佣金、运输费、管理人员工资、差旅费、办公费、保险费、税金这7项开支属于约束性费用，在预算期内必须全额保证它们对资金的需求；而广告费、职工教育经费和业务招待费这3项开支属于酌量性费用，可在满足约束性费用资金需求的前提下，将剩余的资金按照它们对企业收益的影响程度（即重要性程度）来择优分配。酌量性费用的重要性程度可通过成本效益分析来确定，见表10-18。

表10-18 成本效益分析

项目	各期平均发生额（元）	各期平均收益额（元）	成本收益率（%）	重要性程度
广告费	70 000	567 000	8.1	0.52
职工教育经费	20 000	100 000	5	0.32
业务招待费	100 000	250 000	2.5	0.16
合计	—	—	15.6	1

第三步，将预算期实际可运用的资金在各费用项目之间进行分配，具体分析计算如下：

（1）全额满足约束性费用的资金需求。约束性费用所需资金总额为：

56 000+157 000+20 000+34 000+23 000+40 000+63 000=393 000（元）

（2）将剩余的资金107 000元（500 000−393 000）在酌量性费用项目之间进行分配。各项目的分配结果的计算过程如下：

广告费分配资金数=107 000×0. 52=55 640（元）

职工教育经费分配资金数=107 000×0. 32=34 240（元）

业务招待费分配资金数=107 000×0.16=17 120（元）

可见，企业按照零基预算法编制各种费用预算，一方面最大限度地杜绝了不必要的费用开支，有利于企业降低费用支出水平；另一方面在最大限度保证企业各项经营业务资金需要的前提下，合理分配和使用资金，有利于提高企业的资金使用效益，特别适用于那些较难分辨其产出的服务性部门。但是，零基预算的方案评级及资源分析可能具有较大的主观性，容易引起部门间的矛盾。

三、定期预算与滚动预算

编制预算的方法按其预算期的时间特征不同，分为定期预算和滚动预算两类。

（一）定期预算

定期预算是指以不变的会计期间（如日历年度）作为预算期的一种编制预算的方法。定期预算的唯一优点是使预算期间与会计年度相衔接，便于考核和评价预算的执行结果。但按照定期预算方法编制的预算存在以下缺点：

第一，盲目性。由于定期预算往往是在年初甚至提前两三个月编制的，对于整个预算年度的生产经营活动很难作出准确的预算，尤其是对后期只能进行笼统的估算，数据笼统含糊，缺乏远期指导性，给预算的执行带来很多困难，不利于对生产经营活动进行考核与评价。

第二，滞后性。由于定期预算不能随情况的变化及时调整，当预算中所规划的各种生产经营活动在预算期内发生重大变化（如预算期临时中途转产）时，就会造成预算滞后过时，成为虚假预算。

第三，间断性。受预算期间的限制，经营管理者的视野局限于本期规划的经营活动，通常不考虑下期。

（二）滚动预算

为了克服定期预算的缺点，在实践中可采用滚动预算的方法编制预算。2017年9月，财政部印发的《管理会计应用指引第201号——滚动预算》等管理会计应用指引，对滚动预算概念、应用环境、应用程序及优缺点进行了阐述。滚动预算（Rolling Budget）又称永续预算或连续预算，是指企业根据上一期预算执行情况和新的预测结果，按既定的预算编制周期和滚动频率，对原有的预算方案进行调整和补充，逐期向后滚动，持续推进的预算编制方法。

滚动预算一般分为中期滚动预算和短期滚动预算。中期滚动预算的预算编制周期通常为3年或5年，以年度作为预算滚动频率。短期滚动预算通常以1年为预算编制周期，以月度、季度作为预算滚动频率。通常我们在实际工作当中较多地应用短期滚动预算进行企业生产经营规划，其基本特点是：预算执行过1个月后，即根据前1个月的经营成果结合执行中发生的变化等新信息，对剩余11个月加以修订，并自动后续1个月，重新编制新一年的预算，从而使总预算经常保持12个月的预算期。编制滚动预算时，前几个月的预算要尽可能详细，后几个月的预算可以粗略一些。随着时间的推移，将原先粗略、简单的预算调整修正为详细、复杂的预算并随之补充新的预算。滚动预算的编制如图10-2所示。

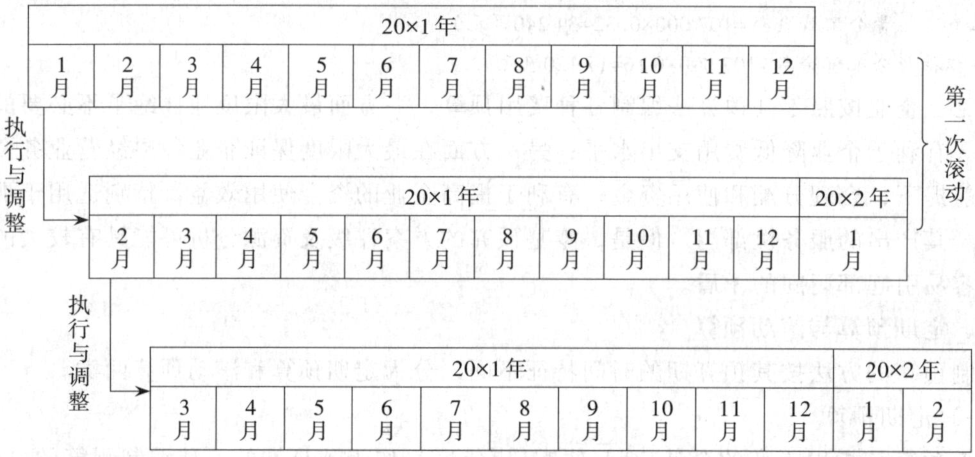

图10-2　滚动预算示意图

活学活用

海尔集团“161”预算执行制度

滚动预算的优点在于正好克服了定期预算的缺点，使企业管理层对未来一年的经营活动进行持续不断的计划，并在预算中经常保持一个稳定的视野，不至于等到原有预算执行快结束时，才仓促编制新预算，这样做有利于保证企业经营管理工作稳定有序地进行。企业通过持续滚动预算编制、逐期滚动管理，可以实现动态反映市场、建立跨期综合平衡，从而有效指导企业营运，强化预算的决策与控制职能。但是，滚动预算的延续工作会耗费大量的人力、物力，代价较大。

四、概率预算

在上述有关预算的编制过程中，假设生产和销售的情况是稳定的，所涉及的业务量、价格、成本等变量是确定的值，所编制的预算是一种确定的预算。但是，实际上企业生产经营的不确定性因素很多，在市场供求、产销变动比较大的情况下，业务量、价格、成本等变量有时甚至是难以确定的。这时企业就需要根据客观条件，对有关变量进行分析，估计它们可能变动的范围及其在该范围内出现的概率，然后结合概率对各变量进行调整，计算期望值，编制预算，这种运用概率编制预算的方法称为概率预算。用概率预算编制出的预算由于把各种可能性都考虑进去了，因而比较接近客观实际情况，同时还能帮助企业管理者对各种经营情况及其结果出现的可能性做到心中有数、有备无患。可以说，概率预算是在弹性预算的基础上加上各预定指标变化的概率。不过，企业未来的经营会面临较多的不确定性，难以对各预定指标变化的概率都作出准确估计，这是概率预算现实应用的主要制约。

【例10-14】东泰公司预算期产品销售单价为100元，销售量和变动成本的预期值和相应的概率以及其他有关数据见表10-19。

要求：编制东泰公司利润概率预算。

解析：根据所给资料，东泰公司编制的利润概率预算见表10-19。

表10-19　利润概率预算

销售量（件）	2 000			2 500			3 000		
销售收入（元）	200 000			250 000			300 000		
概率1	0.2			0.6			0.2		
单位变动成本（元）	55	60	65	55	60	65	55	60	65
概率2	0.3	0.4	0.3	0.3	0.4	0.3	0.3	0.4	0.3
变动成本总额	110 000	120 000	130 000	137 500	150 000	162 500	165 000	180 000	195 000
固定成本（元）	35 000	35 000	35 000	40 000	40 000	40 000	45 000	45 000	45 000
利润（元）	55 000	45 000	35 000	72 500	60 000	47 500	90 000	75 000	60 000
联合概率	0.06	0.08	0.06	0.18	0.24	0.18	0.06	0.08	0.06
利润期望值（元）	3 300	3 600	2 100	13 050	14 400	8 550	5 400	6 000	3 600
合计（元）	60 000								

可见，该企业的利润概率预算数为60 000元。

概率预算的合理性和准确性，关键在于准确预计有关因素的变动值及其相应的概率。

拓展阅读

大数据时代下国有企业预算管理的改进

※ 章节测试

一、单项选择题（每小题4分，共40分）

1.（　　）是其他预算编制的起点。

A.销售预测　　B.财务预算　　C.生产预测　　D.现金预算

2.直接人工预算额=（　　）×单位产品直接人工工时×小时工资率。

A.预计材料消耗量　　B.预计销售量　　C.预计生产量　　D.预计工时量

3.滚动预算的基本特点是（　　）。

A.预算期是相对固定的　　B.预算期是连续不断的

C.预算期与会计年度一致　　D.预算期不可随意变动

4.零基预算的编制基础是（　　）。

A.零　　B.基期的费用水平

C.国内外同行业费用水平　　D.历史上费用的最高水平

5.某企业编制第四季度的直接材料消耗与采购预算，预计季初材料存量为500千克，季度生产需用量为2 500千克，预计期末存量为300千克，材料采购单价为10元，若材料采购货款有40%当期付清，另外60%在下季度付清，则该企业预计资产负债表年末“应付账款”项目为（　　）元。

A.1 080　　B.13 800　　C.23 000　　D.1 620

6.变动制造费用预算编制的基础是（　　）。

A.材料预算　　B.制造费用预算　　C.生产预算　　D.销售预算

7.不属于业务预算内容的是（　　）。

A.生产预算　　B.制造费用预算　　C.现金预算　　D.销售预算

8.下列项目中，能够克服定期预算缺点的是（　　）。

A.固定预算　　B.弹性预算　　C.滚动预算　　D.零基预算

9.可以概括了解企业在预算期间盈利能力的预算是（　　）。

A.专门决策预算　　B.现金预算　　C.预计利润表　　D.预计资产负债表

10.（　　）又称永续预算或者连续预算。

A.弹性预算　　B.固定预算　　C.滚动预算　　D.零基预算

二、多项选择题（每小题6分，共30分）

1.编制预算的方法按其业务量基础的数量特征不同，可分为（　　）。

A.固定预算　　B.零基预算　　C.滚动预算　　D.弹性预算

2.在下列预算中，属于业务预算内容的有（　　）。

A.资本支出预算　　B.销售预算　　C.生产预算　　D.现金预算

3.财务预算包括（　　）。

A.预计利润表　　B.预计资产负债表　　C.现金预算　　D.资本支出预算

4.通常，完整的全面预算应包括（　　）三个部分。

A.经营预算　　B.销售预算　　C.专门决策预算　　D.财务预算

5.现金预算是各有关现金收支的预算的汇总，通常包括（　　）等四个组成部分。

A.现金收入　　B.现金支出　　C.现金节余或不足　　D.资金的筹集与应用

三、判断题（每小题3分，共30分）

1.预计生产量=预计销售量+预计期末产成品存货量-预计期初产成品存货量。（　　）

2.直接人工预算是以销售预算为基础编制的。（　　）

3.在编制制造费用预算时，需要将固定资产折旧从固定制造费用中扣除。（　　）

4.专门决策预算主要反映项目投资与筹资计划，是编制现金预算和资产负债表预算的依据之一。（　　）

5.日常经营预算中的所有预算都能够同时反映经营业务和现金收支活动。（　　）

6.零基预算是根据上期的实际经营情况，考虑本期可能发生的变化编制出的预算。（　　）

7.增量预算与零基预算的差别主要是编制预算的出发点不同。（　　）

8.预计财务报表的编制程序是先编制预计资产负债表，再编制预计利润表。（　　）

9.预计资产负债表和预计利润表构成了整个财务预算。（　　）

10.概率预算反映了各预定指标在企业实际经营过程中可能发生的变化。（　　）

章节测试

第十一章

业绩考核与评价

课程目标

价值塑造：

1.了解业绩评价指标的确立必须基于企业战略目标，引导学生以国家和集体利益为重，将个人梦和中国梦相结合，增强社会责任感和担当意识。

2.通过了解责任中心的划分，引导学生理解岗位与能力相匹配的原则，提高能力，全面发展，为社会作出更大的贡献。

3.通过对经济增加值的学习，引导学生注重长期价值的创造，不贪图眼前的安逸，努力学习，为国家和社会创造更长远的财富。

4.通过“贵州茅台捐资”案例，引导学生明白企业捐赠的程序应合法合规，努力树立社会责任意识。

5.通过了解绿色平衡计分卡，提高学生的环保意识，积极践行“绿色低碳”，促进社会的可持续发展。

知识传授：

1.掌握：责任中心的类型、内部转移价格的类型、责任中心的业绩考核与评价、经济增加值业绩评价的思路和方法、平衡计分卡的四个视角。

2.理解：业绩评价流程及其常用指标、经济增加值的基本模型、绩效棱柱模型的指标体系。

3.了解：业绩评价方法及演进、经济增加值的调整、绩效棱柱模型的概念及结构。

能力培养：

1.能够理解业绩评价的指标，有效地将财务指标和非财务指标相结合。

2.能够理解不同责任中心的特点并掌握各个责任中心的业绩评价指标，并能在实务中有效应用。

3.能够正确区分不同的内部转移价格，为企业制定科学的决策和战略目标提供有利的会计信息。

4.能够理解经济增加值基本模型的应用，促进企业为自身和社会创造价值财富。

5.能够理解平衡计分卡四个视角的业绩评价指标，能根据企业实际情况制订合理的业绩评价方案。

6.能够理解绩效棱柱模型的五个关键因素，为企业可持续发展创造良好的内外部环境。

导入案例

北京首都旅游股份有限公司（以下简称“首旅集团”）于1999成立，是一家实力雄厚的全国性、战略型控股投资企业集团，由北京市国资委控股，并于2000年6月成功挂牌上市。经过二十多年的跨越式发展，首旅集团成功跻身“2020中国品牌500强”，目前公司的主业为现代服务业及投资经营管理旅游业，经营业务涵盖了酒店、餐饮、旅游、汽车、景区和地产等诸多方面。

首旅酒店于2012年成为北京国企改革的首批试点企业之一。它积极响应国家的号召，在集团中推广经济增加值业绩评价机制的实施。在国企改革的大背景下，首旅酒店引入经济增加值业绩评价机制能够更加清晰地看到自身发展存在的问题，帮助企业经营管理者树立长远发展目标，进一步巩固混改成效。

讨论与思考：为什么首旅酒店要引入经济增加值评价机制？

思维导图

第一节 业绩评价概述

业绩评价是企业管理控制系统的核心部分，对企业不同层级的管理人员和部门来说都需要设计财务业绩衡量指标和非财务业绩衡量指标。

一、业绩评价方法及演进

传统的业绩评价以财务指标为核心，通过编制预算，设定投资报酬率、利润、现金流量和各种财务比率，比较实际指标与预算指标的差异，并据以进行业绩评价和奖惩。以财务指标为核心的业绩评价，可能会诱导管理层作出目光短浅的决策，强调决策的近期影响，而不能明确地把短期运作和长期战略联系起来，以致企业管理层过分关注短期业绩，缺乏对组织更为重要的长远发展的思考。现代组织处于快速变化和高度竞争的环境中，传统的业绩评价对决策的指导作用越来越小，仅仅依靠财务指标已不能完全反映当前的资源配置对未来财务业绩的意义。

20世纪90年代以来，企业预算的作用日趋减弱，出现了改进预算和超越预算等新的理论和方法，新的财务指标相继出现，非财务指标在业绩评价体系中越来越重要，并且强调对创新、学习和知识资本等无形资本的评价。业绩评价体系结构包含的内容越来越丰富，出现多维指标。比如，从收益观来考察业绩评价指标，至少可以有四种表达方式：①收益（会计“利润”）=收入-成本；②收益（现金流视角的投入产出“利润”）=流入-流出；③收益（边际贡献视角的管理学“利润”）=收入-变动成本；④收益（全面收益的经济学“利润”）=经营利润+资产增值。

二、业绩评价指标体系的建立

（一）业绩评价指标体系设计

进行科学的业绩评价的关键是设计一套合理的业绩评价指标体系。一般来说，设计业绩评价指标体系应考虑以下因素：

1.明确管理责任

在进行业绩评价时首先要明确评价对象的管理权限和责任，以可控性为标准，即业绩评价只能以评价对象可以控制的因素为限，评价对象不可控制的应该排除在衡量指标之外。

2.选取具有代表性的财务指标

选取的财务指标应具有代表性，能够全面衡量财务业绩，一般应包括收入增长率、利润、现金流、投资报酬率在内。

3.应用非财务指标

业绩评价不能只关注财务指标，应该同时考虑与企业各个经营层面（如行政、生产、营销、研发、人力资源管理等）相关联的非财务指标，以提高评价绩效的全面性和准确性。

4.绩效评价符合长远利益

一般绩效的评价很容易使各部门和经理只顾眼前利益，忽略长远的计划。设定评价指标时应注意与企业长远战略和发展结合起来。

（二）业绩评价的财务与非财务指标

传统的以财务为核心的考核体系更适用于比较稳定、复杂度较低的环境，而不适用于今天许多组织面临的剧烈变化和激烈竞争的环境。不断增加的全球竞争和全面质量管理扩大了对非财务指标的需求，对财务指标的批评凸显了非财务指标在业绩评价中的重要性，但非财务指标不可能取代财务指标，非财务信息对财务信息起补充作用，仅仅靠财务信息已经不能满足现代企业的业绩评价要求，不能支撑新的战略管理思想。为了克服财务指标过于综合和滞后的弊病，应获得更及时、更具体、更详尽的信息，许多企业的业绩评价把财务指标和非财务指标结合起来，将非财务信息作为财务信息的补充。表11-1和表11-2分别为2019年、2020年某国317家企业CEO业绩评价指标的统计信息。

表11-1　　2019年各种财务指标在全体样本（317家）中的比例

指标	使用率（%）	指标	使用率（%）
营业利润或税前利润	25.3	现金流	12.8
净利润	2.2	每股盈余	28.5
销售收入	13.7	经济增加值	0.9
资本投资报酬率	5.4	资产回报率	9.6
权益回报率	19.5	销售收益率	3.8
股价回报	4.4	成本降低	7.6
未指明的财务指标	3.2	其他财务指标	12.1

表11-2　　2020年各种非财务指标在使用非财务指标样本（114家）中的比例

指标	使用率（%）	指标	使用率（%）
客户满意度	36.8	员工满意度	8.7
产品或服务质量	21.0	效率或生产率	14.9
雇员安全	16.6	市场份额	11.4
非财务战略性目标	28.0	过程改进与再设计	8.7
新产品开发	6.1	创新	2.6

三、业绩评价流程

成功的业绩评价除了指标体系的构建，还需要考虑业绩评价过程中表现出来的一系列控制系统的重要特征。首先，控制成败的关键在于评价目标应该具有挑战性和可实现性，没有这样的明确目标，业绩就会低于它们理论上可以达到的水平；其次，业绩评价过程应该通过及时反馈，引导积极的组织行为，并确保员工的行为与组织战略目标一致；最后，为了建立目标责任，业绩评价结果应该与及时和容易理解的报酬和奖惩联系起来。整个业绩评价与控制流程如图11-1所示。

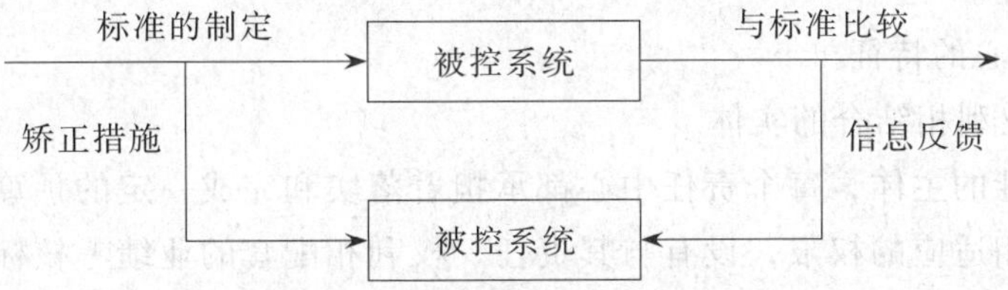

图11-1　业绩评价与控制流程

（一）业绩评价标准

通过设立业绩评价标准，可以把实际业绩指标与标准指标相比较，依此判断任务完成的好坏，作为奖惩的依据，并促进更高绩效实现。业绩评价标准的设立应该具备以下几个要点：

（1）具有挑战性。

（2）经过努力可以实现。

（3）标准要透明并且广为人知。

（4）尽可能量化，不能量化的要具体明确。

（5）应该将刚性和柔性要求结合起来。

在实际设立业绩评价标准时，通常有三种方法：一是预先确定好的标准，即预算标准；二是历史标准，以组织以前最好或优良的业绩作为现在的标准；三是外部标准，即把同类企业或部门的实际业绩作为本企业或部门业绩的评价依据。

（二）计量与反馈

设立标准以后，就可以在经营过程中计量实际业绩，并与标准相比较，把信息反馈到管理层，核算和分析差异，提出改进绩效的措施与办法。

（三）奖惩制度的依据

业绩评价的结果将被作为奖惩制度的依据，奖励业绩好的，惩罚业绩差的，以达到控制组织与员工行为、促进企业目标实现的目的。

第二节 以责任中心为主体的业绩考核与评价

一、责任中心概述

微型案例

山山家责任中心制度的建设

（一）责任中心的概念

责任中心是责任会计的核算单位，是指承担一定经济责任，并享有一定权利的企业内部（责任）单位，是实施责任会计的始点和基础。

责任中心将企业经营体分割成拥有独自产品或市场的几个绩效责任单位，然后将总部的管理责任授权给予这些单位之后，将各个单位处于市场竞争环境之下，透过客观性的利润计算，实施必要的业绩衡量与奖惩，以期达成企业设定的经营成果的一种管理制度。企业为了实行有效的内部协调与控制，责任中心通常都按照统一领导、分级管理的原则，在其内部合理划分责任单位，明确各个责任单位应承担的经济责任。

（二）责任中心的特征

1.是一个责权利相结合的实体

作为责任会计的主体，每个责任中心都承担着落实和完成一定的预算目标的责任，拥有与其管理职能相适应的权限，设有与其责任、权利相配套的业绩考核标准和利益分配机制。由于责任中心掌握了相当大的自主权，因此责任中心内部是否进行了正确的授权就十分关键，未能合理授权的责任中心实质上变成了职能部门，不利于调动全员的积极性。

2.责任和权利皆可控

对于责任中心而言，每个责任中心都只能对自己权责范围内可以控制或可以施加影响的成本、收入、利润或投入资金的使用效益与效果等承担责任；那些超出责任中心的可控范围、责任中心不能控制或不能施加影响的责任或考核指标，不能用于考核评价责任中心绩效。

3.各责任中心之间既有合作又有竞争

公司要让各个中心在相互竞争下给予适当奖惩而提高效率，除了授权部属自主管理外，需要让责任中心成员对其多作出的贡献可得到应有的回馈，故需采用奖惩等措施，让各中心彼此横向竞争刺激成长。事实上责任中心的目标正是企业总体目标的一个分解目标，完成责任中心的目标就是完成了企业目标的一部分，因此各个责任中心之间应该相互协调、相互合作，共同促进企业整体目标的实现。

4.有定期的考核与评价

责任中心需要有绩效管理的具体考评，而不是凭主观印象去区分好坏。评价标准必须客观、公平、公正、公开、合理，符合该责任中心的业务特点。这样才可以调动员工的积极性，使员工能够把注意力集中在责任中心的经营指标上，而不是以企业总体利益为借口，不努力执行具体目标。

（三）责任中心的类型

责任中心的建立是为了使各单位在其规定的责任范围内有责有权，积极工作，保证各中心目标的实现。责任中心可划分为成本中心、利润中心和投资中心。

1.成本中心

（1）成本中心的概念

成本中心是按成本水平评价、考核其工作成果的内部责任单位，是指只对成本或费用负责的责任中心，无须对收入、利润及投资负责。一般来说，凡是企业内部有成本发生、需要对成本负责并能实施成本控制的单位都可以成为成本中心，集团下属的子公司、车间、工段、班组甚至个人都可以成为成本中心。企业的职能部门实质上是费用中心，因为在履行管理职责时只发生费用而没有产品的生产，责任管理中一般把费用中心归为成本中心。

（2）成本中心的特点

成本中心具有以下特点：

① 只考虑成本费用。成本中心一般没有收入来源，故只对成本负责而无须对收入、利润及投资负责。

② 只对可控成本承担责任。可控成本是指其发生与否、发生的金额大小等受某一责任单位控制或影响的成本。可控成本应同时符合以下三个条件：责任中心能够通过一定的方式了解将要发生的成本；责任中心能够对成本进行计量；责任中心能够通过自己的行为对成本加以调节和控制。只有同时满足上述条件的成本才属于可控成本，不满足上述条件的则是不可控成本。

③ 只对责任成本进行考核和控制。成本中心所负责的成本称为责任成本，其主要任务是完成成本指标，降低成本，考核评价责任成本完成情况。

（3）成本中心的类型

成本中心包括技术性成本中心和酌量性成本中心。

技术性成本是指发生的数额通过技术分析可以相对可靠地估算出来的成本，如产品生产过程中发生的直接材料、直接人工、间接制造费用等。技术性成本在投入量与产出量之间有着密切联系，可以通过弹性预算予以控制。

酌量性成本是否发生以及发生数额的多少是由管理人员的决策所决定的，主要包括各种管理费用和某些间接成本项目，如研究开发费用、广告宣传费用、职工培训费等。酌量性成本在投入量与产出量之间没有直接关系，其控制应着重于预算总额的审批上。

2.利润中心

（1）利润中心的概念

利润中心是指拥有产品或劳务的生产经营决策权，是既对成本、费用负责又对收入、利润负责的单位，它有独立或相对独立的收入和生产经营决策权。利润中心的成本和收入，对利润中心来说都必须是可控的，以可控收入减去可控成本就是利润中心的可控利润，也就是责任利润。

在公司内部，利润中心视同一个独立的经营个体，在原材料采购、产品开发、制造、销售、人事管理、流动资金使用等经营上享有很高的独立性和自主权，能够编制独立的利润表，并以其盈亏金额来评价其经营绩效。一般说来，利润中心应将其产品大部分销售给外部客户，而且对于大部分原材料、商品和服务都有权选择供应来源。在利润中心，由于管理者没有责任和权力决定该中心资产的投资水平，因而利润就是其唯一的最佳业绩计量标准。但同时这些利润数字水平还需要补充大量短期业绩的非财务指标，采用适当方法计量的利润是判定利润中心管理者运用他们所取得的资源和其他投入要素创造价值能力的一个短期指标。在利润中心，管理者具有几乎全部的经营决策权，并可根据利润指标对其作出评价。

（2）利润中心的特点

利润中心具有以下特点：

① 利润中心一般是具有独立的收入来源或可以视为一个有独立收入的部门，一般还具有独立的经营权。

② 与成本中心相比，利润中心的权力和责任相对较大。

③ 利润中心既要控制成本，又要增加收入，强调相对成本节约。

（3）利润中心的类型

按照利润中心收入来源性质的不同，利润中心可以进一步细分为自然利润中心和人为利润中心。

自然利润中心是指在外界市场上销售产品或提供劳务取得实际收入，给企业带来利润的利润中心。这类利润中心一般是企业内部独立单位，具有材料采购权、生产决策权、价格制定权、产品销售权，有很大的独立性，如分公司、分厂等。它可以直接与外部市场发生业务上的联系，销售其最终产品和半成品或提供劳务，既有收入，又有成本，可以计算利润，将其完成的利润和责任预算中的预计利润对比，评价和考核其工作业绩。

人为利润中心是指在企业内部按照内部结算价格将产品或劳务提供给本企业其他责任中心取得收入，实现内部利润的责任中心。这类利润中心的产品主要在本企业内转移，一般不与外部市场发生业务上的联系，它们只有少量对外销售，或者全部对外销售均由企业专设的销售机构完成，如各生产车间、运输队等。由于人为利润中心能够为成本中心相互提供产品或劳务规定一个适当的内部转移价格，使得这些成本中心可以“取得”收入进而评价其收益，因此，大多数成本中心总能转化为人为利润中心。

3.投资中心

（1）投资中心的概念

投资中心是既要对成本和利润负责，还要对投资及投资收益负责的内部责任单位。投资中心是最高层次的责任中心，它拥有最大的决策权，也承担最大的责任。

投资中心是指当下级管理者具有利润中心所描述的全部职责，同时对营运资本和实物资产也具有责任与权力，并以其所使用的有形资产和财务资产的水平作为业绩计量标准的中心，如大型集团所属的子公司、分公司、事业部等。投资中心是利润中心的一般形式，其获利能力与其所使用的创造利润的资产相联系。

（2）投资中心与利润中心的区别

投资中心必然是利润中心，但利润中心并不都是投资中心，两者有所区别。

① 权利不同。利润中心没有投资决策权，只能在项目投资形成生产能力后进行具体的经营活动。而投资中心不仅在产品生产和销售上享有较大的自主权，而且能够相对独立地运用所掌握的资产，有权购建或处理固定资产，扩大或缩减现有的生产能力。

② 考核办法不同。考核利润中心的业绩时，不联系投资多少或占用资产的多少，即不进行投入产出的比较。而在考核投资中心的业绩时，必须将所获得的利润与所占用的资产进行比较。

投资中心的管理是较高程度的分权管理。成本中心、利润中心、投资中心这三类责任中心在分权管理的企业组织结构中分别处于不同层次，成本中心通常包括工厂、车间、工段、班组等，一般都不是独立法人；利润中心通常包括分公司以及一部分工厂甚至车间，有的是独立法人，有的不是；投资中心则通常包括各事业部和一部分分公司，一般都是独立法人。

成本中心、利润中心、投资中心这三类责任中心的控制范围及三者之间的关系大体如图 11–2 所示。

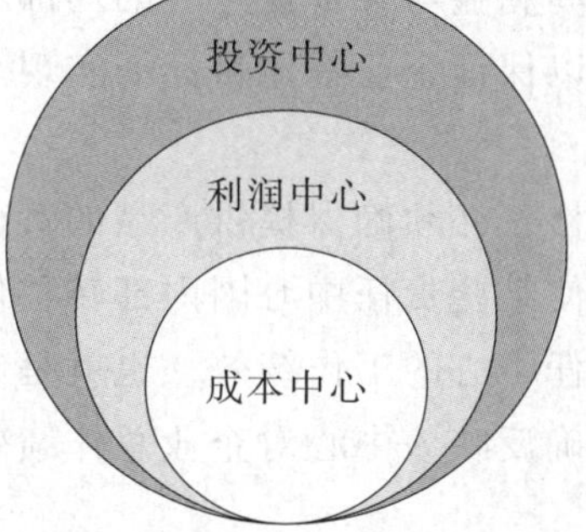

图 11–2 责任中心关系图

我们可以看出，一个利润中心必然同时是成本中心；一个投资中心必然同时是利润中心、成本中心。

二、内部转移价格

（一）内部转移价格概述

1. 内部转移价格的概念

知识拓展

管理会计应用指引第404号——内部转移定价

企业内部各责任单位在生产经营活动中既相互联系又相互独立地开展各自的活动，各责任中心在经营中常相互提供产品或劳务。为正确评价各个责任中心的经营业绩，明确区分各自的经营责任，使各个责任中心的业绩评价与考核建立在客观可比的基础上，从而有利于调动各责任中心的积极性，必须根据各责任中心业务活动的具体特点，制定具有充分经济依据的内部转移价格。

内部转移价格又称调拨价格，就是指企业内各部门之间由于相互提供产品、半成品或劳务而引起的相互结算、相互转账所需要的一种计价标准。这种计价结算并不动用企业的货币资金，而是一种观念上的货币结算，是一种资金限额指标的结算。

2.内部转移价格的作用

各责任中心用转移价格核算本单位的成本、费用、收入和利润，并在提供产品或劳务时与另一单位进行结算或转账。这种价格只是一种协商和约定的价格，只适用于企业内部。它不仅可以正确地考核、评价各责任中心的业绩，而且可以为制定科学的决策和战略目标提供有利的会计信息。具体来说，内部转移价格的作用包括如下三个方面：合理界定各责任中心的经济责任、有效测定各责任中心的资金流量、科学考核各责任中心的经营业绩。

3.内部转移价格的制定原则

如果一种产品的最终完成需要在企业内部的多个责任中心之间进行转移，由多个责任中心共同努力才能实现销售，那么即使仅有最终的产品才能给企业带来货币效益，实现的收益还是应该由这些中心共同分享，这时内部转移价格的制定就成为企业内部的利益分配机制。为促使企业财务目标的实现，制定内部转移价格应遵循下列原则：

（1）目标一致性原则

企业在制定内部转移价格的过程中，应整体考虑企业全局利益和各责任中心的局部利益，并使之协调一致。如果内部转移价格制定不合理，可能损害企业的全局利益或挫伤各责任中心的积极性，在企业全局利益与各责任中心的局部利益发生冲突时，企业应从整体利益出发制定内部转移价格，以保证企业整体目标的实现。

（2）公平性原则

企业制定出的内部转移价格，必须确保提供产品的责任中心和接受产品的责任中心双方均感到公平、合理，而不能使某些责任中心因内部转移价格上的缺陷而获得一些额外的收益，以致不能正确考评各责任中心的工作绩效，也就是说，根据内部转移价格确定出来的各责任中心的绩效应能够准确反映该中心对企业总体绩效所做的贡献。

（3）自主性原则

在目标一致的前提下，各责任中心要拥有自主制定本中心产品的内部转移价格的权利，自主性是责任中心行使权力的表现，其他部门和个人不得干涉。当各责任中心不能对内部转移价格达成一致意见时，任何一方都要尊重对方的意见，无权强制对方执行自己的意图。交易双方都应有讨价还价的权利，有选择产品、供应者和客户的自由，企业最高管理当局不宜过多地采取行政干预措施。

（4）科学性原则

这要求内部转移价格必须在较大程度上反映产品或劳务的实际劳动消耗水平。企业制定内部转移价格应该在广泛收集和认真整理相关资料的基础上，对各有关责任中心的成本费用开支状况进行科学的预计和分析，保证内部转移价格制定的科学性。同时，内部转移价格的制定，还应该有利于各责任中心进行正确的科学决策。

（二）内部转移价格的类型

常见的内部转移价格有四种：市场价格、协商价格、双重价格和成本转移价格。

1.市场价格

市场价格简称市价，即以产品或劳务的市场供应价格作为计价的基础。以市场价格作为内部转移价格，其前提是各责任单位必须有充分的外购外销产品（或劳务）的自主权，而且这些产品或劳务都具有进入竞争市场的价格优势。在中间产品存在完全竞争市场的情况下，市场价格减去对外的销售费用，是理想的转移价格。

通常认为市场价格是制定内部转移价格的最好依据，因为市价比较客观，对买卖双方均无所偏袒，而且能促使卖方努力改善经营管理，同时市价也最能体现责任中心的基本要求。

以市价作为内部转移价格时，应该注意两个问题：一是当中间产品有外部市场，可向外部出售或从外部购进时，可以市场价格作为内部转移价格，但并不等于直接将市场价格用于内部结算，而应在此基础上，对外部价格做一些必要调整，外部售价一般包括销售费、广告费以及运输费等。二是以市场价格为依据制定内部转移价格，一般假设中间产品有完全竞争的市场或中间产品提供部门无闲置生产能力。

在采用市场价格作为内部转移价格时，应尽可能使各责任中心进行内部转让，要遵循以下三个原则：①当供应方愿意对内销售，且售价不高于市价时，使用方有购买的义务，不得拒绝“购进”；②当供应方售价高于市场价格时，使用方有转向市场购入的自由；③当供应方宁愿对外界市场销售时，则应有尽量不对内销售的权利，但是，必须以不影响企业整体利益为前提。

以市场价格作为内部转移价格也有局限性，即企业内部转移的中间产品往往没有相应的市价作为依据。

2.协商价格

如果中间产品存在非完全竞争的外部市场，可以采用协商的办法确定转移价格，即双方部门经理就转移中间产品的数量、质量、时间和价格进行协商并设法取得一致意见。

协商价格又称议价，是指在正常的市场价格基础上，企业内部交易的供求双方通过定期协商，确定一个双方都能接受的内部转移价格。

通常而言，协商价格要比市场价格低一些。这是因为：一是内部转移价格中包含的广告宣传和管理费普遍低于外部市场价格；二是内部交易的产品或劳务一般数量较大，单位成本自然可以更低；三是内部交易的产品或劳务的提供方大多拥有剩余生产能力，对于提供方而言，只要内部转移价格高于单位变动成本就是合算的，不需要像外部市场价格那样在单位变动成本之外附加其他成本支出。进一步说，协商定价时确定内部转移价格的最高上限是市价，下限是单位变动成本，具体水平由买卖双方在这个范围内协商确定。

采用协商价格的前提是，责任中心转移的产品应有在非竞争性市场买卖的可能性，在这种市场内买卖双方有权自行决定是否买卖这种中间产品。如果买卖双方不能自行决定，或当价格协商的双方发生矛盾而又不能自行解决，或双方协商定价不利于企业最优决策时，企业高一级的管理层要进行必要的干预。

协商价格也存在一定的缺陷，协商定价的过程要花费人力、物力和时间，而且若协商定价双方为此僵持下去，则需要高层领导裁定，这样就弱化了分权管理的作用。

3.双重价格

当转移价格的定价在交易过程中没有给卖方部门带来利润时，转移价格的定价将起不到鼓励卖方部门从事内部交易的作用。因此，为了较好地满足买卖双方在不同方面的需要，激励双方在生产经营方面充分发挥其主动性和积极性，可以采用双重的内部转移价格来取代单一的内部转移价格。

双重价格是指对产品（半成品）的供应和耗用单位分别采用不同的内部转移价格作为计价基础而制定的价格，即采用不同内部转移价格作为计价基础。

双重价格有两种形式：

（1）双重市场价格。它是指当某种产品或劳务在市场上出现几种不同价格时，供应方采用最高市价，使用方采用最低市价。

（2）双重转移价格。它是指供应方按市场价格或议价作为基础，而使用方按供应方的单位变动成本作为计价的基础。

双重定价的好处在于：①能够使内部交易双方有一定的灵活性，从而满足供求双方的不同需要，提高二者在生产经营上的主动性和积极性；②有利于推动内部交易活动，提高企业资源的使用效率与效益，避免使用方因内部定价过高而拒绝从内部"购买"，或提供方因内部定价过低、拒绝向内部"销售"而导致部分生产能力闲置等情况。

但由于交易双方都按照最有利于自己的价格进行核算，会产生利润重复计算的问题，而且这一问题会随企业内部交易的增多而日益突出。同时，双重定价方法还会导致有关责任无人承担或责任不明的问题。只有当企业内部转移的产品或劳务有外部市场，提供方有剩余生产能力，而且采用单一的内部转移价格不能达到激励各责任单位的生产经营、保证责任中心与整个企业的经营目标一致时，方可考虑采用这一方法。

4.成本转移价格

成本转移价格就是以转移产品的成本为基础制定的内部转移价格。

由于成本的概念不同，成本转移价格也有多种不同形式，其中用途较为广泛的成本转移价格有三种：

（1）标准成本，即以产品（半成品）或劳务的标准成本作为内部转移价格。它同样适用于成本中心产品（半成品）或劳务的转移。其优点是将管理和核算工作结合起来，有利于克服实际成本定价法存在的产品或劳务提供方经营业绩与缺陷转嫁的问题，调动供需双方降低成本的积极性。采用这一成本作为内部转移价格时，成本差异应由提供中间产品或劳务的责任中心承担，能刺激提供者提高效率、降低成本。

（2）标准成本加成，即以产品（半成品）或劳务的标准成本加计一定的合理利润作为计价的基础。其优点是能分清相关责任中心的责任，有利于划清买卖双方的经济责任，激励双方降低成本、增加利润，也有利于正确评价双方经营业绩。但在确定加成利润率时，难免带有主观随意性。

（3）标准变动成本，即以产品（半成品）或劳务的标准变动成本作为内部转移价格。它符合成本习性，能够明确揭示成本与产量的关系，便于考核各责任中心的业绩，也利于经营决策。不足之处是产品（半成品）或劳务中不包含固定成本，不能反映劳动生产率变化对固定成本的影响，不利于调动各责任中心提高产量的积极性。

三、责任中心的业绩考核与评价

（一）成本中心的业绩考核与评价

成本中心是企业发生成本的部门或单位。由于它只对成本负责，因而对成本中心考核的重点是成本，并且是以可控成本即责任成本为主要内容。对成本中心的业绩考核，主要就是通过对成本中心的实际责任成本与预算责任成本进行比较，确定其成本发生和控制的绩效，并采取相应的奖惩措施予以激励实现的。

具体来说，在对成本中心的工作成果进行考核时，应从全部成本中区分可控成本并加总得到责任成本，进而将其实际发生额同预算额进行比较，揭示二者之间的差异及其金额、性质、形成的原因，并根据此差异分析的结果，对各责任中心的工作成果进行奖惩，以促进预算责任目标的完成。成本中心的考核指标包括成本（费用）变动额和成本（费用）变动率两项指标。

成本（费用）变动额=实际责任成本（费用）-预算责任成本（费用）

成本（费用）变动率=成本（费用）变动额/预算责任成本（费用）×100%

【例11-1】东泰公司包括甲、乙、丙三个成本中心，某时期的责任成本预算值分别为50 000元、60 000元、70 000元。其可控成本实际发生额分别是48 500元、62 500元、69 500元。

要求：分别计算甲、乙、丙三个成本中心的成本变动额及成本变动率。

解析：

甲成本中心成本变动额 = 48 500 － 50 000 =-1 500（元）

乙成本中心成本变动额 = 62 500 － 60 000 = 2 500（元）

丙成本中心成本变动额 = 69 500 － 70 000 =-500（元）

甲成本中心成本变动率 = -1 500 ÷ 50 000 × 100% = -3%

乙成本中心成本变动率 = 2 500 ÷ 60 000 × 100% = 4.17%

丙成本中心成本变动率 = -500 ÷ 70 000 × 100% = -0.71%

从求得的数据可以看出，甲、乙、丙三个成本中心中，甲成本中心的业绩表现是最好的，实际责任成本比预算降低3%，乙成本中心最差，实际责任成本比预算增加4.17%。

（二）利润中心的业绩考核与评价

利润中心不同于成本中心，它不仅对成本负责，而且对收入负责，并进一步将两者进行比较考核其利润。利润是销售量、价格、成本和费用等各因素综合作用的结果。对利润中心的业绩评价通常应该以收益指标为主，通过比较一定时期内的实际利润与预算利润，可以评价其责任履行情况。由于不同类型、不同层次的利润中心的可控范围不同，从而其用于评价的收益指标亦不同，常见的有利润中心边际贡献总额、利润中心营业利润等。

1.利润中心边际贡献总额

利润中心边际贡献总额=利润中心销售收入总额-可控成本总额（或变动成本总额）

注意：如果可控成本中只有变动成本，无可控固定成本，上式中的可控成本总额就等于变动成本总额。

此指标运用的优点在于：第一，由于把各责任中心可以影响和控制的一部分经营费用记到各责任中心的账上，所以这些费用的减少既有利于各责任中心边际贡献的增加，也有利于企业净收益的增加，保持了利润中心目标和企业总目标的一致性。第二，边际贡献指标更好地体现了可控性原则，能促使各责任中心充分利用公用设备，节约有关费用。第三，采用边际贡献指标有利于高层管理者的决策，例如当一个部门亏损时，只要它能创造边际贡献，在没有其他更佳方案的前提下，就应保留。

同时，此指标也有不足之处，边际贡献作为业绩评价依据不够全面，某些固定成本是在利润中心经理可以控制的范围内，而且在固定成本和变动成本的划分上部门经理有一定的选择权。若以边际贡献作为评价依据，可能部门经理为了提高自己的业绩人为调整变动成本和固定成本的划分标准。

【例 11-2】东泰公司有丁、戊两个利润中心，以边际贡献为考核指标。2021年的有关成本费用指标见表11-3。其中，变动成本为各利润中心的可控成本，租金、折旧费为共同成本（不可控成本）。

表11-3 **利润中心业绩比较** 单位：万元

利润中心	丁	戊	合计
销售净额	50 000	40 000	90 000
减：变动成本	29 000	15 000	44 000
边际贡献	21 000	25 000	46 000
减：固定成本			15 000
其中：租金			6 000
折旧费			9 000
营业利润			31 000

要求：评价各个利润中心的经营业绩。

解析：从表11-3中可以看出，戊利润中心的成本费用控制优于丁利润中心。虽然戊利润中心的销售净额低于丁利润中心，但其成本费用控制较好，所以边际贡献高于丁利润中心。

2. 利润中心营业利润

利润中心营业利润=利润中心边际贡献总额-不可控成本总额

采用营业利润作为评价指标，克服了上述边际贡献指标带来的利润中心目标和企业目标的不一致问题。但是，由于企业发生的间接费用都是间接地为各责任中心产品生产和销售服务的，而这些间接费用通常属于共同费用，它们不能直接确认、归属于某一部门，只能根据企业的具体情况，分别采用适当的比例加以分配。共同费用的分配必须有公平合理的基础，这不仅是保证营业利润可控的关键，并且还是保护各责任中心积极性的关键。

以利润中心税前营业利润作为评价指标，可能更适合评价利润中心对企业利润的贡献，因为有一部分固定成本不在其可控范围内而不适合对利润中心经理的业绩评价。

【例 11-3】沿用【例 11-2】的资料，该公司按照1：2的比例，对租金、折旧费在丁、戊两个利润中心间进行分摊，得到的有关指标见表11-4。

表11-4　**利润中心业绩比较**　单位：万元

利润中心	丁	戊	合计
销售净额	50 000	40 000	90 000
减：变动成本	29 000	15 000	44 000
边际贡献	21 000	25 000	46 000
减：固定成本	5 000	10 000	15 000
其中：租金	2 000	4 000	6 000
折旧费	3 000	6 000	9 000
营业利润	16 000	15 000	31 000

要求：评价各个利润中心的业绩。

解析：从表11-4中可以看到，在将丁和戊利润中心均不可控的固定成本进行分摊后，虽然二者的边际贡献总额未发生改变，但计算得到的营业利润的大小与边际贡献的大小方向相反，丁的营业利润大于戊的营业利润。因此，在依据营业利润进行考核评价时，丁的业绩优于戊。

（三）投资中心的业绩考核与评价

投资中心既能控制成本和收入，又能对投入资金进行控制，它既要对成本和利润负责，又要对资金的合理运用负责，其考核评价不仅要关注产出情况，而且需要关注投入与产出之间的关系，根据投资中心生产经营活动的特点，通常以投资报酬率和剩余收益作为评价和考核投资中心经营成果的主要指标。

1.投资报酬率

投资报酬率又称投资利润率，是指投资中心所获得的利润与投资额之间的比率，可用于评价和考核由投资中心掌握、使用的全部净资产的盈利能力。其计算公式为：

$$投资报酬率 = \frac{营业利润}{投资额} \times 100\%$$

也可以表示为：

投资报酬率 = 销售利润率 × 资产周转率

其中，投资额是指投资中心的总资产扣除对外负债后的余额，即投资中心的净资产。

【例11-4】东泰公司有A、B两个投资中心，公司期望的投资报酬率为10%，2021年两个投资中心资料见表11-5。

表11-5　**投资中心基本数据**　单位：万元

项目	A投资中心	B投资中心
净收益	240	80
投资额	2 000	500

要求：计算A、B两个投资中心的投资报酬率。

解析：

$$A投资中心投资报酬率 = \frac{240}{2\,000} \times 100\% = 12\%$$

$$B投资中心投资报酬率 = \frac{80}{500} \times 100\% = 16\%$$

营业利润一般是指税前盈利。盈利越高，投资报酬率就越大，企业的投资效果也就越好。为了正确地考核投资中心的绩效，一般是预先制定一个合适的投资报酬率作为考核的标准。在【例11-4】中，A、B两个投资中心的投资报酬率均高于期望值10%，因此，该公司圆满地完成了目标。

投资报酬率能反映投资中心的综合盈利能力，且由于剔除了因投资额不同而导致的利润差异的不可比因素，因而具有横向可比性，有利于判断各投资中心经营业绩的优劣；此外，投资报酬率可以作为选择投资机会的依据，有利于优化资源配置。

这一评价指标的不足之处是缺乏全局观念。当一个投资项目的投资报酬率低于某投资中心的投资报酬率而高于整个企业的投资报酬率时，虽然企业希望接受这个投资项目，但该投资中心可能拒绝它；当一个投资项目的投资报酬率高于该投资中心的投资报酬率而低于整个企业的投资报酬率时，该投资中心可能只考虑自己的利益而接受它，而不顾企业整体利益是否受到损害。

2.剩余收益

剩余收益是指投资中心获得的利润，扣减其投资额按规定（或预期）的最低收益率计算的投资收益后的余额，是一个部门的营业利润超过其预期最低收益的部分。其计算公式为：

剩余收益=营业利润-最低投资收益

=营业利润-投资额×预期最低投资收益率

最低投资收益率是为保证生产经营的正常、持续进行，投资中心必须达到的最低收益率水平。最低投资收益率一般可按整个企业各投资中心的加权平均投资收益率计算得到。

【例11-5】甲、乙两家公司的投资额均为600万元，实现的利润分别为120万元和90万元，投资所占用资金的利率分别为20%和10%。

要求：计算剩余收益并比较两家公司的经济效果。

解析：

$$甲公司的剩余收益 = 120 - 600 \times 20\% = 0$$

$$乙公司的剩余收益 = 90 - 600 \times 10\% = 30（万元）$$

剩余收益是一个正向指标，只有当剩余收益的金额大于0时，才说明被评价的投资中心有好的业绩表现；反之，则说明该投资中心的业绩未达到预期，经营业绩表现不佳。在【例11-5】中，甲公司的剩余收益为0，乙公司的剩余收益为30万元，可见乙公司的投资效果比甲公司好。

剩余收益指标的优点在于能够反映投入产出的关系，能避免本位主义，可以使业绩评价与企业的目标协调一致，使个别投资中心的利益与整个企业的利益统一起来，引导部门经理采纳高于企业资本成本的决策；同时，允许使用不同的风险调整资本成本。

剩余收益指标的不足之处在于，剩余收益指标是一个绝对数指标，因此不便于不同规模的公司和部门的比较；同时，它依赖于会计数据的质量。剩余收益的计算要使用会计数据，包括收益、投资的账面价值等。如果会计信息的质量低劣，必然会导致低质量的剩余收益和业绩评价。

第三节　基于经济增加值的业绩考核与评价

一、经济增加值的内涵

知识拓展

管理会计应用指引第602号——经济增加值

经济增加值（EVA），又称经济利润、经济附加值，是基于税后净营业利润和产生这些利润所需资本投入的总成本（即资本成本）的一种企业业绩评价指标。

经济增加值源于剩余收益和经济利润，是对剩余收益加以调整的结果。经济增加值的基本理念为：只有在企业的资本收益超过为获取该收益所投入资本的全部成本时，才能认为该企业为股东创造了财富。从这一角度讲，经济增加值度量的是企业的资本利润，而不是通常的企业利润。进一步说，经济增加值度量的是资本的社会利润，而不是个别利润。因为它在实际计算时，考察的是已投入全部资本的加权平均资本成本，而不是有着不同来源的单项资本对获利的个性化要求。经济增加值度量的是资本的超额收益，即高出正常利润的那部分剩余利润，而不是通常的利润总额。

二、经济增加值的基本模型

从算术角度说，经济增加值等于税后净营业利润减去股权和债务资本成本，是所有成本被扣除后的剩余收入。经济增加值是对真正“经济”利润的评价，或者说，是表示净营业利润与投资者用同样资本投资其他风险相近的有价证券的最低回报相比，超出或低于后者的量值。

经济增加值=税后净营业利润-资本成本

=税后净营业利润-加权平均资本成本×投资资本总额

其中，税后净营业利润=营业利润+财务费用+投资收益-EVA税收调整

加权平均资本成本=股权资本比例×股权资本成本率+债务资本比例×债务资本成本率×（1-所得税税率）

如果经济增加值的值为正，则表明公司获得的收益高于为获得此项收益而投入的资本成本，即公司为股东创造了新价值；相反，如果经济增加值的值为负，则表明股东的财富在减少。

【例11-6】东泰公司计算EVA的相关基础数据见表11-6。

表11-6　东泰公司EVA计算表

项目	2017年	2018年	2019年	2020年	2021年
净营业利润（万元）	122 330	106 702.25	144 256	147 062.5	135 358
资本总额（万元）	904 925	936 721	1 080 837	1 218 477	1 420 325
加权平均资本成本（%）	7	7.6	8.19	8.75	9.6

要求：根据以上数据，计算该公司2017—2021年的经济增加值，并据此对该公司的绩效进行评价。

解析：

2017年的EVA=122 330−904 925×7%=58 985.25（万元）

2018年的EVA=106 702.25−936 721×7.6%=35 511.45（万元）

2019年的EVA=144 256−1 080 837×8.19%=55 735.45（万元）

2020年的EVA=147 062.5−1 218 477×8.75%=40 445.76（万元）

2021年的EVA=135 358−1 420 325×9.6%=−993.2（万元）

可以看到，2017—2021年间，该公司连续4年的EVA均为正数，说明在此期间能够持续地为股东创造财富，公司的价值创造能力持续增强。然而，到2021年时，情况出现逆转，该公司的EVA为−993.2万元，说明该公司当年不仅没有继续为股东创造财富，而且还使公司价值下降993.2万元。我们需结合影响东泰公司会计利润创造能力的因素，以及影响加权平均资本成本的债务融资、股本融资及其成本的内外部环境等因素，进行详细而全面的分析，以了解该公司财务绩效出现上述波动的深层次原因，并采取有效措施，提升价值创造能力。

三、经济增加值的调整

在计算经济增加值时需要对以下会计报表科目的处理方法进行调整。

1.研究发展费用和市场开拓费用

EVA估价法下，研究发展费用被看作一项长期投资，有利于企业的长期稳定发展。因此，研究发展费用应作为有形资产，在企业的资产项目中列示。同样，市场开拓费用亦应当被看作一项长期性资产，根据受益年限分期摊销。

传统企业价值评估中，研究发展费用和市场开拓费用作为当期损益，在当期核销。EVA估价法下，经过调整，它们不在当期核销，而是作为企业的资产，分期摊销，从而有效地避免了经理层的短期行为，在使用EVA指标时，上市公司可根据内部数据自行调整。

2.商誉

在我国，非同一控制下的企业合并，当合并方购买成本超过按比例享有被合并方的净资产公允价值的份额时，就形成了商誉。根据我国企业会计准则的规定，商誉作为无形资产，列示在资产负债表上，在一定时期内摊销。这种计量方法存在其自身的缺陷：一是商誉之所以产生，主要与被收购公司的产品品牌、声誉、市场地位等有关，这些都是近似永久性的无形资产，不宜分期摊销；二是商誉摊销作为期间费用会抵减当期的利润，影响经营者的短期业绩。由于在财务报表中已经对商誉进行了摊销，因此在调整时就将以往累计摊销额加入资本总额，同时把本期摊销额加回税后净营业利润的计算。这种计算方法下，利润不再受商誉摊销的影响，而且可以鼓励有效的企业并购活动进行。

3.递延税项

所得税会计采取的资产负债表债务法，资产负债表中的资产和负债的账面价值和计税基础之间会产生差异，从而产生递延税项，影响税前会计利润和应纳税所得额，进而影响所得税费用金额。一般情况下，税法规定的折旧方法、折旧年限和传统会计规定的折旧方法、折旧年限可能不同，从而导致应纳税暂时性差异，形成递延所得税负债，公司存在未来存续期间纳税的义务。EVA估计法是将对递延税项的贷方余额加入资本总额，将递延税项的借方余额从资本总额中扣除。同时，将当期递延税项的变化加回税后净营业利润，即若本年递延税项贷方余额增加，则将增加值加到本年的税后净营业利润中；反之，则从税后净营业利润中减去。

4.各种准备

各种准备包括存货跌价准备、坏账准备、长短期投资减值准备等。传统会计计算中，基于稳健性原则，公司必须要为资产将来可能发生的损失提取准备金。准备金作为对应资产的抵减项，期末余额减期初余额的差额计入当期费用。但是，从公司股东的角度出发，这些准备金是一种可能发生的事项，并没有引起真正的现金支出。提取准备金不仅低估了投入的总的资本成本，也没有真正反映企业的现金利润。EVA估计法将准备金账户的余额加入资本总额，同时，将准备金余额的当期变化加入税后净营业利润。

四、经济增加值的评价

与传统评价指标相比，经济增加值的优点比较明显，不仅考虑了债务资本成本，而且考虑了股权资本成本，能够更准确地考查和反映企业实现资本保值增值和价值创造的能力，有助于更好地实现股东财富最大化和企业持续增长与发展。

但经济增加值在使用过程中也存在一定的局限性。经济增加值的计算既考虑了债务资本成本又考虑了股权资本成本，资本成本难以统一；同时，会计调整受收入实现、费用确认等会计处理方法及会计估计等因素的影响，难以避免企业的盈余操纵，而且调整项目需根据企业实际情况做不同的调整，主观判断的影响严重，增加了操作难度。

第四节 基于平衡计分卡的业绩考核与评价

一、平衡计分卡概述

平衡计分卡（Balanced Score Card，BSC），是由哈佛商学院的罗伯特S·卡普兰和诺朗诺顿研究所所长大卫·诺顿提出的从公司战略角度对部门进行考核的一种全新的组织绩效管理方法。该模型是指基于企业战略，从财务、客户、内部经营过程、学习与创新四个维度，将战略目标逐层分解转化为具体的、相互平衡的绩效指标体系，并据此进行绩效管理的方法。

知识拓展

管理会计应用指引第603号——平衡计分卡

平衡计分卡主要是通过财务与非财务考核手段之间的相互补充，使业绩考核上升到组织的战略层面，成为组织战略的实施工具，同时在定量评价和定性评价之间、客观评价和主观评价之间、指标的前馈指导和后馈控制之间、组织的短期增长与长期增长之间、组织的各个利益相关者之间寻求平衡，在此基础上完成业绩管理与战略实施过程。平衡计分卡将战略置于中心地位，并使管理者看到了公司业绩的广度与总额。

二、平衡计分卡的基本框架

平衡计分卡作为一种综合的业绩评价体系，分别从四个方面来考虑和评价企业的业绩，即财务视角、客户视角、内部经营过程视角以及学习与创新视角。由这四个方面形成的业绩评价体系如图11-3所示。

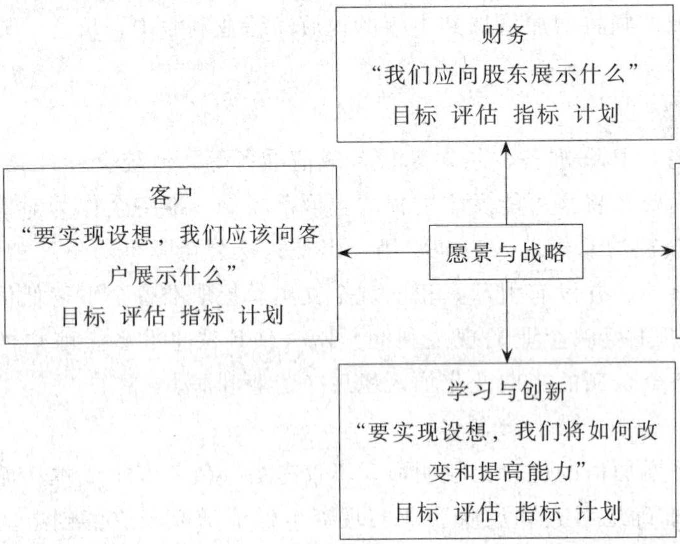

图11-3 平衡计分卡基本框架

这四个视角从不同方面诠释了组织的战略目标。此外，存在于其中的因果关系链涵盖了平衡计分卡的四个方面，说明这四个视角结合在一起构建了完整的、有内在联系的、一体化的业绩衡量指标体系。下面将详细介绍平衡计分卡的四个视角，以说明这四个方面在开发业绩评价指标时的作用。

（一）财务视角

平衡计分卡的财务视角明确了企业短期和长期财务业绩的目标，测量盈亏底线，如增长率、投资回报率以及其他传统财务指标。虽然财务指标的及时性和可靠性受到质疑，但是财务指标不会被其他指标完全代替，原因主要有两个：一是精心设计的财务与控制系统确实能增强而不是阻碍组织的总体管理规划；二是企业战略目标的实现和经营绩效的改善与财务上的成功之间存在紧密的联系。不同类型的企业的财务目标可能不同，因此在确定财务指标时应该有所选择。成长型企业财务目标的重点是销售额的增长，为此要保证充分的开支水平，这类企业通常的财务业绩评价指标为销售收入的增长率、目标市场占有率等。稳定型企业财务目标的重点是盈利能力，为此要不断扩大投资和规模，这类企业通常使用的财务业绩评价指标为经营收入、毛利率、资本回报率和经济增加值等。成熟型企业财务目标的重点是现金流量，为此要不断提高现金和利润的金额，这类企业通常使用的财务业绩评价指标为现金流量、营运资本占用的减少等。一般情况下，平衡计分卡财务视角的主要目标和相应的业绩评价指标见表11-7。

表11-7 财务视角的评价指标

一级指标	二级指标
收入	新产品收入占总收入的比例
	新地区收入占总收入的比例
	新客户收入占总收入的比例
	销售收入增长金额或增长率
	员工平均销售额
成本	产品单位成本
	客户单位成本
	每条渠道成本
	成本降低率
	间接费用占销售额的比率
	与竞争者比较的成本
资产利用	投资回报率
	资产回报率
	经济增加值（EVA）
创造利润	产品、客户类别利润额或利润率
	员工平均利润

（二）客户视角

平衡计分卡的客户视角通过客户如何感知企业提供的价值来衡量绩效。客户应该处于企业优先考虑的地位，因为无论是学习与创新还是内部经营过程，企业创造的价值只有在得到客户认可时才有意义。对于客户方面的业绩可以从表11-8所示的几个方面进行评价：

表11-8 客户视角的评价指标

一级指标	二级指标
市场份额	全部市场占有率
	服务市场占有率
	相对市场占有率
质量	废品率
	退货率
	不满意产品比率
	产品耐用度
	保修期内维修次数
客户价值	客户满意度
	客户保有率
	新客户人数
	新顾客比率
	客户创利能力

客户和服务的情况可以从产品的功能、质量、价格和送货时间来评价；形象和声誉可以通过广告和产品质量来提高；同客户的关系可以从满足客户要求作出及时反应的时间、交货期的长短、对客户购买产品感受的把握等方面来改善。

（三）内部经营过程视角

思政案例

贵州茅台捐资，中小股东要“说法”

通常是在制定财务和客户维度的目标与指标后，才制定企业内部经营过程视角下的目标与指标，这个顺序使企业能够抓住重点，专心衡量那些与股东和客户目标息息相关的流程。内部经营过程绩效考核应以对客户满意度和实现财务目标影响最大的业务流程为核心，一般来说，既包括短期的现有业务的改善，又涉及长远的产品和服务的革新。内部经营过程指标主要涉及企业业务流程和管理流程的改良、创新过程，经营过程和售后服务过程等，具体见表11-9。

表11-9 **内部经营过程视角的评价指标**

一级指标	二级指标
创新	新产品销售额占总销售额的比例
	新产品开发时间
	新产品研发支出占总销售额的比例
	新产品研发投入回报率
经营	产品合格率
	材料损耗率
	单位成本
	交货时间
	业务流程
售后服务	客户满意度
	售后一次成功的比例
	售后服务成本
	响应速度
	售后服务时间

（四）学习与创新视角

学习与创新视角的目标为其他三个视角的目标实现提供了基础架构，是驱使上述三个视角获得卓越成功的动力。面对激烈的全球竞争，企业现有的技术和能力已无法确保其不断实现未来的业务目标。尤其是在知识、技术和人工智能（AI）深刻影响未来的情况下，削减对企业学习与创新能力的投资虽然能在短期内增加财务收入，但由此造成的不利影响将在未来给企业带来沉重打击。学习与创新视角指标涉及员工的能力、信息系统的能力以及激励、授权与相互配合等，具体见表11-10。

表11-10 学习与创新视角的评价指标

一级指标	二级指标
员工能力	员工满意度
	员工流动率
	员工培训次数
	员工生产率
	员工技术水平
信息系统	信息系统投入成本
	信息系统更新周期
	信息系统覆盖率
组织配合	员工提出合理化建议的数量
	因员工合理化建议而改善的数量
	各部门沟通的有效性
	信息传达与反馈的时间

三、平衡计分卡的实施步骤

企业在实施平衡计分卡时，可遵循以下步骤进行：

1.确定公司的战略与目标

公司需要先建立明确的战略目标，同时成立平衡计分卡业绩评价委员会，由该委员会专门负责平衡计分卡模型设计与实施的相关事宜，并推动企业内部对战略达成共识。在此基础上，根据战略目标明确财务、客户、内部经营过程、学习与创新四个维度的具体目标。

2.设计并确定评价指标体系

根据战略目标及各维度的具体目标，分别确定各个维度的关键成功因素，找出最有衡量意义的关键业绩评价指标，并采用合适的方法设定四个维度评价指标的权重，建成完整的企业业绩评价指标体系。

3.加强企业内部传递与沟通

利用各种不同的沟通渠道，让企业内部各层级的管理人员及普通员工了解公司的战略和业绩衡量指标，获得他们的认可，确保该评价指标体系的顺利推行。

4.确定目标值或评价标准值

确定每月、每季、每年的业绩评价指标的目标值或评价标准，使其与公司的长短期计划相一致，与企业的经营预算、资本预算、财务预算相吻合。

5.反馈与修正

在业绩评价指标体系实施前，多听取并吸收员工的合理化建议，对平衡计分卡模型的初始评价指标进行修正，并结合企业运行的实际情况改进公司策略，调整评价指标。对不全面的地方要加以补充，对不合理之处要改进或取消，从而完善和提高业绩评价体系，确保业绩评价工作的科学性与有效性。

四、平衡计分卡的评价

（一）平衡计分卡的优点

平衡计分卡的主要优点是：

（1）将业绩评价与战略紧密联系，将战略目标逐层分解并转化为评价对象的业绩评价指标和行动方案，使整个组织行动协调一致，推动企业战略目标的实现。

（2）从财务、客户、内部经营过程、学习与创新四个维度确定业绩评价指标，既包含财务指标又包含非财务指标，使业绩评价更为全面完整，有助于对企业的长期发展潜力与实力进行评价。

（3）将学习与创新作为一个维度，注重员工的发展要求和组织资本、信息资本等无形资产的开发利用，有利于增强企业可持续发展的动力。

（二）平衡计分卡的缺点

平衡计分卡的主要缺点是：

（1）在评价指标方面。平衡计分卡将非财务指标纳入其中，但部分非财务指标的量化工作难以落实，当指标之间或指标的评价标准之间发生冲突时，就难以作出取舍，而且会因企业的不同而不同，无法进行跨公司、跨行业比较。

（2）在指标权重方面。平衡计分卡各指标权重在不同层级及各层级不同指标之间的分配比较困难，缺乏一套客观、行之有效的指标权重确定方法，主观色彩较浓。

（3）在专业技术和实施难度方面。平衡计分卡对专业技术要求较高，需要专业人员的指导、企业全员的参与和长期持续地修正与完善，对信息系统、管理能力有较高的要求，工作量比较大，操作难度也较大，需要持续地沟通和反馈，实施比较复杂，实施成本高。

微型案例

虎门二桥建设公司绿色平衡计分卡的实践

此外，随着内外部环境的变化以及企业所处生命周期阶段的不同，平衡计分卡四个层面的评估手段、评估指标等也应有所变化，动态的业绩评价才更符合企业运营与发展的实际状况。但目前平衡计分卡评价系统尚不能满足这一要求，还需要在实践中不断完善和提高。

第五节 基于绩效棱柱模型的业绩考核与评价

知识拓展

管理会计应用指引第604号——绩效棱柱模型

一、绩效棱柱模型的概念及结构

绩效棱柱模型，是指从企业利益相关者的角度出发，以利益相关者满意为出发点，以利益相关者贡献为落脚点，以企业战略、业务流程、组织能力为手段，用棱柱的五个构面构建三维绩效评价体系，并据此进行绩效管理的方法。

利益相关者，是指有能力影响企业或者被企业所影响的人或者组织，通常包括股东、债权人、员工、客户、供应商、监管机构等。

绩效棱柱模型结构如图11-4所示。

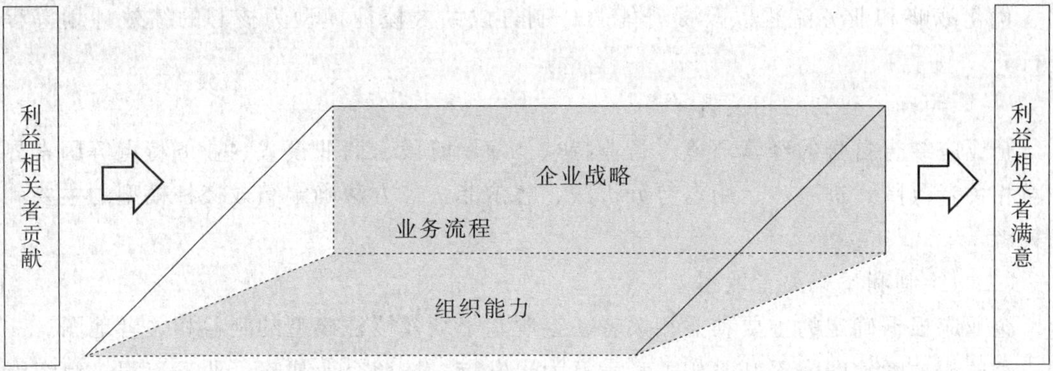

图11-4 绩效棱柱模型

利益相关者满意：谁是我们的主要利益相关者？他们的愿望和要求是什么？

企业战略：我们应该采用什么战略来满足利益相关者的需求同时也满足我们自己的要求呢？

业务流程：我们需要什么样的关键业务流程才能执行我们的战略？

组织能力：我们需要什么样的能力才能开展和改善组织业务流程？

利益相关者的贡献：为了培育和发展组织能力，我们需要利益相关主体为我们作出什么样的贡献？

其中，利益相关者的贡献和利益相关者的满意构成了绩效棱柱模型的左右两个侧面，组织能力为底面，业务流程为斜面，企业战略为后面。各个层面之间以及各个层面与价值创造这一最终目的环环相扣。

绩效棱柱以现存的绩效测量框架和方法为基础，通过对它们进行创新和整合，进而提出一种更为全面并易于理解的绩效管理框架，更好地为企业管理服务。

二、绩效棱柱模型的前提

绩效棱柱模型三个基本前提在绩效棱柱这一绩效管理框架中起着支撑作用。

第一，对于组织而言，如果它们希望长期生存和繁荣，那么把注意力仅仅放在一个或两个利益相关者（股东和客户）身上，就是不可取的，甚至是不可行的。

第二，如果一个组织想将真正的价值传送给股东，那么对它的战略、流程及能力就必须进行整合。

第三，组织及它们的利益相关者应该认识到它们之间的关系是互惠的，如果利益相关者期望得到一些利益，那么其也应该为组织贡献自己的力量。绩效棱柱展示的是全面的绩效衡量结构，它建立在那些已经存在，并且在一直寻求弥补其不足的结构的基础之上，为我们洞察公司绩效管理的真正难题和面对现实的挑战提供了一个有效的、全面的框架。

三、绩效棱柱模型的应用程序

在应用绩效棱柱模型工具方法时，一般按照明确主要利益相关者、绘制利益相关者地图、优化战略和业务流程以及提升能力、制订以绩效棱柱模型为核心的绩效计划等程序进行。

（一）明确主要利益相关者

企业应结合自身的经营环境、行业特点、发展阶段、商业模式、业务特点等因素界定利益相关者范围，进一步运用态势分析法、德尔菲法等方法确定绩效棱柱模型的主要利益相关者。

（二）绘制利益相关者地图

企业应根据确定的主要利益相关者，绘制基于绩效棱柱模型的利益相关者地图。

利益相关者地图是以利益相关者满意为出发点，按照企业战略、业务流程、组织能力依次展开，并以利益相关者贡献为落脚点的平面展开图。利益相关者地图可将绩效棱柱模型五个构面以图示形式直观、明确、清晰地呈现出来。

（三）优化战略和业务流程以及提升能力

绘制利益相关者地图后，企业应及时查找现有的战略、业务流程和组织能力在满足主要利益相关者满意方面存在的不足和差距，进一步优化战略和业务流程，提升组织能力，制订行动方案并有效地实施。

（四）制订以绩效棱柱模型为核心的绩效计划

绘制利益相关者地图后，企业还应以绩效棱柱模型为核心编制绩效计划。绩效计划是企业开展绩效评价工作的行动方案，包括构建指标体系、分配指标权重、确定绩效目标值、选择计分方法和评价周期、签订绩效责任书等一系列管理活动。其中，绩效棱柱模型指标体系通常包括以下内容：

1.利益相关者满意评价指标

与投资者（包括股东和债权人，下同）相关的指标有总资产报酬率、净资产收益率、派息率、资产负债率、流动比率等；与员工相关的指标有员工满意度、工资收入增长率、人均工资等；与客户相关的指标有客户满意度、客户投诉率等；与供应商相关的指标有逾期付款次数等；与监管机构相关的指标有社会贡献率、资本保值增值率等。

2.企业战略评价指标

与投资者相关的指标有可持续增长率、资本结构、研发投入比率等；与员工相关的指标有员工职业规划、员工福利计划等；与客户相关的指标有品牌意识、客户增长率等；与供应商相关的指标有供应商关系质量等；与监管机构相关的指标有政策法规认知度、企业的环保意识等。

3.业务流程评价指标

与投资者相关的指标有标准化流程比率、内部控制有效性等；与员工相关的指标有员工培训有效性、培训费用支出率等；与客户相关的指标有产品合格率、准时交货率等；与供应商相关的指标有采购合同履约率、供应商的稳定性等；与监管机构相关的指标有环保投入率、罚款与销售比率等。

4.组织能力评价指标

与投资者相关的指标有总资产周转率、管理水平评分等；与员工相关的指标有员工专业技术水平、人力资源管理水平等；与客户相关的指标有售后服务水平、市场管理水平等；与供应商相关的指标有采购折扣率水平、供应链管理水平等；与监管机构相关的指标有节能减排达标率等。

5.利益相关者贡献评价指标

与投资者相关的指标有融资成本率等；与员工相关的指标有员工生产率、员工保持率等；与客户相关的指标有客户忠诚度、客户毛利水平等；与供应商相关的指标有供应商产品质量水平、按时交货率等；与监管机构相关的指标有当地政府支持度、税收优惠程度等。

四、绩效棱柱模型的评价

绩效棱柱模型的主要优点是：坚持主要利益相关者价值取向，使主要利益相关者与企业紧密联系，有利于实现企业与主要利益相关者的共赢，为企业可持续发展创造良好的内外部环境。

绩效棱柱模型的主要缺点是：涉及多个主要利益相关者，对每个主要利益相关者都要从五个构面建立指标体系，指标选取复杂，部分指标较难量化，对企业信息系统和管理水平有较高的要求，实施难度大、门槛高。

※ 章节测试

一、单项选择题（每小题4分，共40分）

1.以下不属于业绩评价与控制流程的步骤的是（　　）。

A.标准的制定　　B.标准的比较　　C.矫正措施　　D.信息修正

2.以下属于业绩评价的非财务指标的是（　　）。

A.每股盈余　　B.资产投资报酬率　　C.销售收益率　　D.员工满意度

3.以下各项不属于平衡计分卡客户视角的业绩评价指标的是（　　）。

A.市场占有率　　B.投资回报率　　C.产品退回率　　D.及时送货率

4.平衡计分卡评价企业业绩的四个方面不包括（　　）。

A.财务视角　　B.外部风险视角

C.内部经营过程视角　　D.学习与创新视角

5.下列各项中，不属于平衡计分卡学习与创新视角指标的是（　　）。

A.员工的能力　　B.信息系统的能力

C.激励、授权　　D.售后服务过程

6.责任中心包括（　　）。

A.成本中心、利润中心、边际收益中心　　B.成本中心、利润中心、资金中心

C.成本中心、利润中心、投资中心　　D.成本中心、投资中心、边际收益中心

7.成本中心通常以（　　）作为评价、考核其实际成本水平的尺度。

A.责任成本　　B.标准成本　　C.成本定额　　D.费用弹性预算

8.下列各项中，不属于利润中心责任范围的是（　　）。

A.成本　　B.收入　　C.投资效果　　D.利润

9.投资中心的利润与其投资额的比率称作（　　）。

A.投资报酬率　　B.内部报酬率　　C.税前净利　　D.剩余收益

10.如果企业内部的供需双方分别按照不同的内部转移价格对同一笔内部交易进行结算，则可以断定其采用的是（　　）。

A.成本转移价格　　B.市场价格　　C.协商价格　　D.双重价格

二、多项选择题（每小题6分，共30分）

1.设立业绩评价指标体系应考虑的因素包括（　　）。

A.明确管理责任　　B.财务指标的代表性

C.非财务指标的应用　　D.符合长远利益

2.业绩评价体系结构包含的内容越来越丰富，出现了多维指标。比如，从收益观来考察业绩评价指标，可以有的表达方式包括（　　）。

A.收益（会计“利润”）=收入-成本

B.收益（现金流视角的投入产出“利润”）=流入-流出

C.收益（边际贡献视角的管理学“利润”）=收入-变动成本

D.收益（全面收益的经济学“利润”）=经营利润+资产增值

3.下列各项中，可以作为内部转移价格的有（　　）。

A.市场价格　　B.折扣价格　　C.成本转移价格　　D.协商价格

4.利润中心分为（　　）。

A.自然利润中心　　B.人为利润中心

C.实际利润中心　　D.预算利润中心

5.下列各项中，属于在计算经济增加值时需要调整会计报表科目的处理方法的有（　　）。

A.研究发展费用和市场开拓费用　　B.商誉

C.递延税项　　D.各种准备

三、判断题（每小题3分，共30分）

1.市场份额属于财务指标。（　　）

2.平衡计分卡作为一种综合的业绩评价体系，要从四个方面来考虑和评价企业的业绩，即财务视角、客户视角、内部经营过程视角以及学习与创新视角。（　　）

3.经济增加值度量的是资本的超额收益，即高出正常利润的那部分剩余利润，而不是通常的利润总额。（　　）

4.成熟型企业财务目标的重点是现金流量，为此要不断提高现金和利润的金额，这类企业通常使用的财务业绩评价指标为现金流量、营运资本占用的减少等。（　　）

5.在成本中心、利润中心、投资中心中，成本中心是最基本的中心，它仅对成本负责。（　　）

6.利润中心是企业责任中心的最高层次，也是决定企业经济效益高低的关键部门。（　　）

7.企业内部个人不能构成责任实体，所以企业内部个人不能作为责任中心。 ( )

8.一个投资中心必然同时是利润中心、成本中心。 ( )

9.绩效棱柱模型的出发点是利益相关者满意。 ( )

10.以市价为基础制定的内部转移价格比较公平合理，对交易双方均较为公正。 ( )

章节测试

第十二章

战略管理会计与环境管理会计

课程目标

价值塑造：

1. 通过战略管理会计的概念及基本内容，结合习近平总书记治国理政的战略思维，提高学生的战略意识，培养大局观。

2. 通过“长安汽车——战略管理会计创新之路”案例分析，引导学生认识到数字化转型背景下战略管理会计的发展，培养创新精神；感知新时代带来的机遇和挑战，领悟加强自身职业技能的重要性。

3. 通过“‘双碳’背景下比亚迪的绿色转型”案例，引导学生能正确理解碳达峰、碳中和的深刻内涵和重大意义，增强节约意识、环保意识、生态意识，践行简约适度、绿色低碳的生活方式，助力国家“碳达峰、碳中和”战略目标实现。

知识传授：

1. 掌握：战略管理会计的基本内容、环境管理会计的应用。

2. 理解：战略管理会计的概念、特点与目标，战略管理会计与传统管理会计的联系与区别，环境管理会计的概念及基本内容。

3. 了解：战略管理会计的产生与发展、战略管理会计的新发展、环境管理会计的产生与发展。

能力培养：

1. 能够运用价值链分析、竞争分析、战略定位分析等战略管理会计工具对企业实际问题进行思考。

2. 能够熟悉环境管理会计的内容，并能够在企业实践中加以应用。

导入案例

国内的一家中小型房地产企业，专注于中小城市的民用住宅开发。自我国在2010年对房地产市场进行了两次力度较大的调控后，我国房地产市场得到了健康、稳定的发展，并较好地抑制了我国部分城市房地产市场价格上涨过快的形势。随着房地产投资意愿的增加，该企业认为：一方面，房地产市场的交易量大幅增加，房地产商手中的房源基本销售空了，在市场上形成了房屋销售量不足的现象；另一方面，国家各项政策与措施的出台使得开发商们手中的资金比较充裕，在资金链不断裂的情况下大部分房地产开发商都愿意投资。随着国八条的推出，银行的加息等使得全国范围内的房价得到了有效的调控。该企业全年的销售额中86%属于房地产销售额。

该企业认真地对房地产市场进行了战略分析后，及时调整了企业的经营战略。例如，该企业在通过对万科房地产公司的销售情况进行分析后发现，万科服务产品和服务质量较好，经过这些市场调研与分析后，该企业积极应对市场的变化，积极对本企业的战略发展规划进行了调整，根据客户需求有针对性地加强了楼盘的配套服务。企业在实施这一战略管理之初，也遇到了一些阻力，主要是中层管理人员配合不积极，有的为显示良好业绩甚至隐瞒真相；经过专门小组的组织协调，最终实现既定目标。整体业绩评价实施的效果是明显的，实施当年公司实现的绩效情况是销售额提升27%。因此，在企业确定制胜竞争战略的过程中，对行业竞争对手的分析是十分必要的。

讨论与思考：该企业是如何通过战略管理会计实现销售额增长的？在此案例中，相较于传统管理会计，战略管理会计的优势体现在哪里？

思维导图

第一节 战略管理会计概论

一、战略管理会计的产生与发展

战略管理会计（Strategic Management Accounting）最早是由英国学者肯尼斯·西蒙兹1981年在《战略管理会计》一文中提出的，他说："战略管理会计是一个在实践中迅速扩展的领域，因为许多管理会计师花费很多时间和精力收集和评估有关竞争者的成本、产量和价格的信息，并计算公司与其竞争者的相对战略位置，作为构建业务战略的基础。业务战略呈现了一种模拟现实环境元素的方法，从而类似于复杂的竞争游戏，战略可以计算和比较。"之后，西方学者纷纷开始了对战略管理会计理论的研究，提出了各自的观点。如威尔逊将战略管理会计定义为明确强调战略问题及相关重点的一种管理会计方法。

目前，在西方经济发达国家，该理论仍处于发展初期，无论是基本内容还是基本方法，都尚未成熟、规范。但无论是何种观点，对战略管理会计需要解决的主要问题的看法是基本一致的，即如何适应变化中的内外部条件，企业资源在内部如何分配与利用，如何使企业内部之间协调行动以取得整体上更优的战略效果。

我们可以把战略管理会计的定义总结为：战略管理会计是与企业战略管理密切联系的，运用灵活多样的方法收集、加工、整理与战略管理相关的各种信息，并据此来协助企业管理层确立战略目标、进行战略规划、评价管理业绩。

二、战略管理会计的特点与目标

（一）战略管理会计的特点

1.外向性

相较于传统的管理会计只对本企业的成本管理、决策和责任会计负责，战略管理会计将视角更多地投向影响企业的外部环境，围绕本企业、客户和竞争对手形成的"战略三角"，收集、整理、比较、分析与竞争对手有战略相关性的信息。战略管理会计信息需求具有外向性和开放性，如战略决策分析要考虑到客户需求和竞争者信息，成本控制要扩展到产品的整个生命周期，而且在标准制定、业绩评价中也要考虑到同行业的平均或先进水平等。

2.长远性

战略管理会计着眼于企业的长远目标和整体利益。战略管理会计超越传统的单一企业和利润最大化界限，重点关注企业的长远发展和整体利益的最大化。虽然这种决策以企业外部环境和内部条件的当前情况为出发点，并且对企业当前的生产经营活动有指导限制作用，但是这一切都是为了更长远的发展，是长期发展的进步。从这一点上来说，战略管理也是面向未来的管理。

3.综合性

战略管理会计需要考虑企业外部环境中的诸多因素，现今的企业都处于一个开放的系统中，它们影响企业外部环境中的因素，但更多地受这些不能由企业自身控制的因素所影响。因此，在未来竞争性的环境中，企业要使自己占据有利地位并取得竞争优势，就必须考虑与其相关的外部因素，这包括竞争者、客户、资金供给者、政府等外部因素，以使企业的行为适应不断变化的外部力量，使企业能够继续生存下去。同时，企业内部本身情况条件的变化及其趋势，在战略管理会计中也必须充分地考虑。

4.动态性

战略管理会计具有结果控制与过程控制相结合的动态系统的特征。战略管理会计从确定战略目标、制订和实施战略计划，一直到战略管理业绩的监控与考评等所有环节（步骤），始终都是以形成企业的整体竞争优势为目标，并从企业管理的各个环节和各个方面来保证其最终实现。这就要求战略管理会计的控制不能仅仅停留于对结果的分析，而且要通过过程控制将企业生产经营的各个环节与企业整体目标相联系，以过程控制实现对结果的影响，保证目标的实现。

（二）战略管理会计的目标

战略管理会计的目标可以分为最终目标和具体目标两个层次。

战略管理会计的最终目标与企业的总目标一致。传统管理会计的最终目标是利润最大化。利润最大化虽然能够使企业讲求核算和加强管理，但是，它不仅没有考虑企业的远景规划，而且忽略了市场经济条件下重要的风险因素。为了克服利润最大化的短期性和不顾风险的缺陷，战略管理会计立足于企业的长远发展，权衡风险与报酬之间的关系，把企业价值最大化作为最终目标。

战略管理会计的具体目标主要包括以下四个方面：

（1）协助管理当局确定战略目标。

（2）协助管理当局编制战略规划。

（3）协助管理当局实施战略规划。

（4）协助管理当局评价战略管理业绩。

三、战略管理会计与传统管理会计的联系与区别

（一）战略管理会计与传统管理会计的联系

战略管理会计之所以产生并发展，既是当代科学技术突飞猛进和社会经济迅速发展而导致企业管理理论和实践不断发展的结果，也是传统管理会计自身基本思想、基本理论和

基本方法不断丰富和发展的结果。

1.战略管理会计是对传统管理会计的发展

战略管理会计是为了弥补传统管理会计的缺陷而产生的，但这并非意味着传统管理会计没有存在的必要，战略管理会计只是传统管理会计的发展和观念的更新。传统管理会计注重内部管理，并从战术角度深入企业内部的作业水平，致力于“知己”；而战略管理会计则站在全球高度，从战略角度扩展到宏观层面，寻求企业的整体竞争优势，致力于“知彼”。两者相辅相成。管理会计作为决策支持系统的性质并未改变，信息支持和控制仍是其两大基本职能。战略管理会计突破了传统管理会计的局限，拓展了管理会计的范围，是管理会计在新的历史条件下取得的新发展。

2.战略管理会计是对传统管理会计的一次重大变革

随着企业生存环境的改变和竞争压力的增强，战略管理逐渐登上历史舞台。传统管理会计难以提供与战略管理相关的信息，战略管理会计则从更高的起点重新界定了管理会计的内涵，为企业的战略决策寻找方向、把握契机。战略管理会计不是管理会计的一个分支，而是对传统管理会计的一次重大变革。

3.战略管理会计对传统管理会计提出了挑战

战略管理会计对传统管理会计提出了挑战，迫切要求传统管理会计更新观念，尤其是提供战略决策信息，提供超越企业本身的更广泛、更有用的与战略管理相关的信息，不仅包括内部信息和财务信息，更重要的是诸如市场需求量、市场占有率等外部信息和非财务信息。

（二）战略管理会计与传统管理会计的区别

战略管理会计与传统管理会计相比，其不同之处表现在：

1.战略管理会计提供了超越企业本身的更广泛有用的信息

营造企业竞争优势是战略管理的重要目标之一，而企业的竞争优势取决于它所拥有的相对成本优势。在相同条件下，谁拥有成本优势，谁就拥有竞争优势。因此，战略管理会计特别关注企业外部环境的变化，重点搜集有关竞争对手的信息，了解其相对成本，使企业管理者知己知彼，采取相应的进攻或防御措施，通过占据优势的相对成本和庞大的市场占有额，使企业保持长久的相对竞争优势。

2.战略管理会计提供了更多的与战略管理有关的非财务信息

传统管理会计提供的信息更多的是财务信息，而战略管理会计则提供了大量诸如质量、市场需求量和市场占有率等极为重要的非财务信息。例如市场占有率，它是反映企业战略地位的主要指标之一，它的变化反映了企业竞争地位的变化，在一定程度上代表了未来的现金流入量。

3.战略管理会计改进了评价企业业绩的尺度

传统管理会计一般以投资报酬率来评价企业的业绩，而忽略了相对竞争地位在业绩评价中的作用。实际上，企业利润是否稳定增长在很大程度上取决于企业相对的市场竞争地位。因此，战略管理会计将战略管理思想贯穿于企业的业绩评价之中，以竞争地位变化带来的报酬取代传统的投资报酬指标。战略管理会计正是通过对竞争对手的分析，运用财务和非财务指标，利用战略业绩评价，增加企业的长期竞争优势。

4.战略管理会计提供了更及时有效的业绩报告

处于当今信息时代，多数企业都建立了信息系统，电脑化的信息系统为数据的综合性和及时性提供了极大的可能，编制管理会计业绩报告的时间也大为减少，使得管理会计在问题发生的当时或当天就能提供相关的信息。信息技术的发展为改进信息的质量和时效性提供了可能，为战略管理会计分析提供了可靠的基础，更易于取得时效性和相关性更强的信息。

四、战略管理会计的新发展

随着会计研究者对实践管理问题的关注，围绕管理控制系统设计和作用，出现了许多新的研究主题。由于这些主题往往与创新型组织或创新性业务相联系，不同于传统的管理控制系统，因此不妨把它们归属于战略管理会计的研究范畴。由于问题比较新颖，很多学者采用了实地调查和案例分析的研究方法，结论也比较分散和不成熟。

（一）战略管理会计的管理控制系统功能得到扩展

1.新产品开发中的管理控制系统设计

新产品开发成为现代很多公司战略的核心方面，强调第一个行动者的优势、产品快速引入市场、产品功能更多地考虑符合客户需要，以及不断缩短的生命周期，都对新产品开发施加了更大的压力，在产品开发上超过竞争对手已经成为竞争优势的重要来源。从目前的研究成果来看，管理控制系统对产品开发的影响并没有一致的观点，且经验的证据是不清楚的。现有的研究仅仅讨论管理控制系统与广义的研究开发过程的相关性。

2.管理控制系统对产品创新的影响

理解组织如何使用它们的正式控制系统去支持产品创新，已经成为一个重要的研究问题，但是以前这些有限的研究提供的结果看起来还是不确定和相互矛盾的。创新的管理文献倾向于最小化或者忽略正式的管理控制系统对成功的产品创新可能存在的积极作用。人们普遍认为，使用正式管理控制系统事实上与创新是不相容的，正式的管理控制系统对于创造性以及恰当处理与创新相联系的不确定性，往往是一种威胁和阻碍。

3.知识密集型公司管理控制系统的功能发挥

知识密集型公司（Knowledge-intensive Firms）可能是知识经济时代重要的标志性现象之一，管理知识型公司的难度很大，因为这类公司不仅需要吸引具有专业技术的合适人员，而且要整合那些新成员的知识，以完成通常以不确定性、知识不对称性、不可观察性为特征的活动。以往有关的文献主要集中于它们不同于其他公司的形成原因和结果，关注的是那些比较引人注目的管理机制，如工作的专业控制、基于文化的合作形式等，管理机制还没有被明显地引入研究。意大利学者安吉洛（Angelo）则讨论了管理控制系统作为知识集成机制在知识密集型公司处理不确定性时的作用，得出的结论是：知识复杂性是设计和使用管理控制系统的推动力。

4.时间会计中的价值观对管理控制系统的贡献

在组织会计实践研究中，时间会计已经成为战略管理会计的一个重要组成部分。早期时间会计缺乏相关的概念支撑，且几乎没有经验的基础。南德哈库马和琼斯（2001）通过考察一家大型跨国公司的信息部门采用以项目为基础的团队工作方式，为高层管理者开发一个计算机管理信息系统的过程，从社会学的角度把以项目为基础的团队工作时间管理理解为组织的行为人的持续地、积极地对其社会环境的生产和再生产的一部分。其研究结论表明，会计技术能间接地影响团队的时间管理，社会控制（如行为规范）会促进与同事之间的合作，专业的设计工具和建立好的制度规范也具有重要的价值。

"时间"作为一个自然变量，在管理会计研究中的应用是较为普遍的，如时间作业成本法等。时间的一个基本性质在于客观存在与变化密不可分。对待时间的态度归纳起来大体上有两种：一为"牛顿时间"，即认为时间是可逆的或对称的；二为不可逆时间。管理会计中的时间既有"牛顿时间"的属性，如生产流程的循环往复，又有动态的时间理念，即时间具有不可逆性。

安达信（2000）首先提出了表示时间的利益概念，即"利益速度"。具体地讲，利益速度就是指每分钟这种单位时间能够产生的收益情况。它的基本思路是：妨碍车间整体生产数量及现金流提升的"瓶颈"对产品及车间设施的收益性影响重大，采用每分钟收益的分析方法有助于观察这种"瓶颈"的存在，并能够提供与此相关的有用数据，从而为管理者选择最具收益力的高性能产品组合提供决策依据。此外，还有"货币流速"，它是时间驱动成本管理中的核心概念，它着眼于公司（或者利润中心）内外部资金流动的速度，具体包括货币流入流出速度、固定的产出流、变动的产出流。传统的成本计算方法存在缺陷，如当销售比率随时间变化时，那些具有单位最大收益的产品或服务往往难以体现出单位时间的最大收益。

（二）基于互联网生态的战略管理会计发展

思政案例

长安汽车——战略管理会计创新之路

"互联网+"、云计算和大数据等技术的发展为新经济时代的管理会计注入了新的活力，企业应将各种技术情境应用于管理会计工具和方法的创新，通过"互联网+"等的思维和意识促进管理会计管理控制系统作用的发挥，使企业管理更加精细。互联网生态是社会化分工和合作的内在要求，它是一种创新的机制，必须充分利用管理会计的信息支持系统和管理控制系统，实现两者的有机融合。这种生态经济的特征体现为，从供应链、产业链、价值链等链式工具进行社会分工与合作，转向平台、网式工具等开展社会分工与合作，并对管理会计的理论框架产生影响与冲击。随着新商业模式、新业态的不断涌现，经济、管理及社会各方面的新知识、新理念不断地冲击着管理会计技术的现有环境。最具代表性的技术情境是以"互联网+"为代表的物联网、云计算和大数据等技术因素，同时，各种建立在其基础之上的组织资本共享、零成本社会等理念与技术也对管理会计技术产生深远的影响，所有的传统产业都会逐步转化、改造升级成智能生态。智能生态的技术手段主要包括：一是基于物联网、RPA（机器人流程自动化）和机器学习的全流程会计处理自动化；二是基于神经网络、规则引擎、数据挖掘的财务预测、决策支持；三是基于智能搜索、模糊识别、智能控制的风险管理；四是基于智能数据分析、遗传算法、专家系统等的成本管理。

第二节 战略管理会计的基本内容

一般来说，战略管理会计的任务是，提供和分析公司产品市场和竞争者成本以及成本结构的财务信息，在相当长的时期监视公司以及竞争对手的战略。战略管理会计在战略管理理论的基础上产生，并为战略管理服务，二者密不可分。因此，战略管理会计研究的基本问题不可能脱离战略管理理论而单独存在。另外，战略管理会计是对传统管理会计的发展和完善，战略管理会计并未改变传统管理会计的职能，但进行预测、决策、分析、评价时更侧重于对外部信息的搜索和再利用。因此，战略管理会计研究的主要内容包括：企业的经营环境分析、价值链分析、竞争分析、战略定位分析、战略成本动因分析等。

一、企业的经营环境分析

（一）企业外部经营环境分析

环境对企业产生双重的影响，一方面为企业的发展提供机遇，另一方面又制约着企业的经营活动，甚至会带来风险。企业必须对环境所产生的影响作出迅速的反应，以适应环境变化对企业各个方面所产生的影响。尤其在当今高新技术迅速发展、市场竞争异常激烈的情况下，企业对环境变化的敏感程度、反应能力，以及对环境变化的适应程度，从某种意义上讲决定着企业的发展前途。为此，战略管理会计需要关注环境变化对企业发展和企业战略的制定与实施的影响。

外部环境又分为宏观环境和特定产业环境，宏观环境主要是指对所有企业产生较大影响的宏观因素，如政治、法律、经济、科技、自然环境因素。企业必须深入了解这些客观存在的因素，并适应宏观环境对企业的要求。除了宏观环境以外，企业还应该对其所处的特定产业环境进行分析。特定产业环境是指企业所属产业中的目标市场。一家企业不可能拥有整个产业市场，这就要求对它所属产业的市场进行细分，即将整个产业市场划分为若干具有一定特点的细分市场。企业应依据自身生产经营的特点，选择目标市场，并了解目标市场的容量和饱和度以及相关竞争者的数量、手段、影响力等。相比较而言，特定产业环境直接关系到企业的市场占有率和盈利水平，因此特定产业环境分析应当是企业外部环境分析的核心。

（二）企业内部经营环境分析

企业内部环境是指企业的内部条件，包括人力、物力资源，管理水平，经营者的领导才能等。

二、价值链分析

价值链的概念是由美国学者迈克尔·波特于1985年在其所著的《竞争优势》中提出的。波特认为："每一家企业都是在设计、生产、销售、发送和辅助其产品的过程中进行种种活动的集合体。所有这些活动可以用一条价值链来表明。"价值链分析是战略成本管理的核心方法。

企业的价值创造是由一系列活动构成的，这些活动可分为基本活动和辅助活动两类。基本活动包括内部后勤、生产作业、外部后勤、市场和销售、服务等。辅助活动，也称支持性活动，包括采购、技术开发、人力资源管理和企业基础设施等。这些互不相同但又相互关联的生产经营活动，构成了一个创造价值的动态过程，即价值链，如图12-1所示。

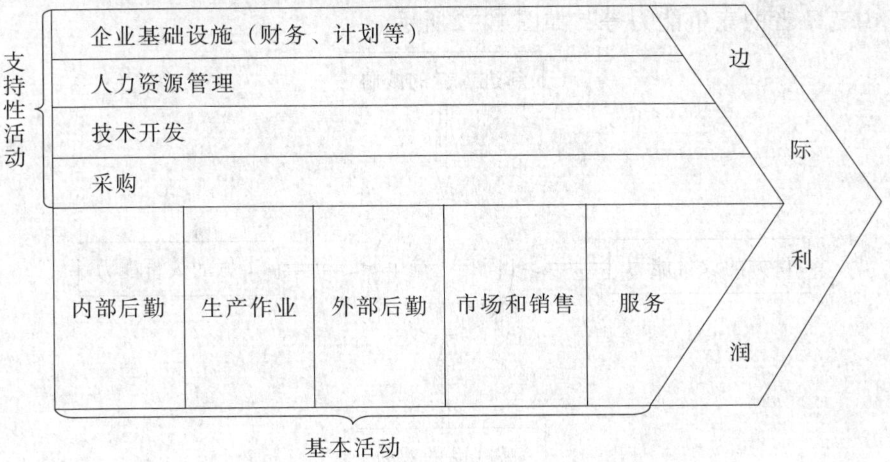

图12-1 企业价值链示意图

价值链分析是一种战略工具，它是提高企业竞争优势的基本途径，不仅与企业所处的产业有关，而且与企业自身的生产经营也密切相关，因此价值链分析包括企业内部的价值链分析和产业的价值链分析。

（一）企业内部的价值链分析

企业内部价值链是由企业内部为客户创造有价值产品或服务的一连串“价值活动”所构成的，这些“价值活动”之间是相互联系的。进行企业价值链分析，首先要找出企业内部最基本的价值链，然后把这个最基本的价值链分解为一个个单独的价值作业，最后再分别分析各作业成本在总成本中所占的比例、增长趋势、各作业的成本习性及与其竞争对手进行该作业的差异。

通过对企业内部价值链的分析，可以帮助管理层对企业内部作业有一个较清晰的认识，有利于管理层重组和创新企业价值链，以最大限度地消灭不增值作业，降低作业成本，增强企业的竞争力。

（二）产业的价值链分析

价值链不是相互独立的价值活动的集合体。各项价值活动之间的相互联系是取得竞争优势的重要来源，而且价值链中包括多方面的相互联系。例如，原材料供应过程中与供应商之间的关系；企业经营过程中内部各单位或部门之间的关系；产品销售过程中与客户之间的关系等，为寻求竞争优势，企业必须从更广的角度——产业角度来展开价值链分析。该系统既包括供应商的价值链，同时也包括客户的价值链。企业不仅应理解自身的价值链，而且还要理解自身价值活动对供应商及客户的价值链的适应程度，只有这样才能增强自身的盈利能力。

三、竞争分析

竞争分析的首要步骤是进行企业竞争力因素分析。迈克尔·波特在1985年提出影响企业竞争力的五要素，他认为企业所处竞争强度的高低由五种基本的竞争力决定，即供应商的讨价还价能力、购买者的讨价还价能力、潜在竞争者进入的能力、替代品的替代能力、行业内竞争者的竞争能力等，如图12-2所示。

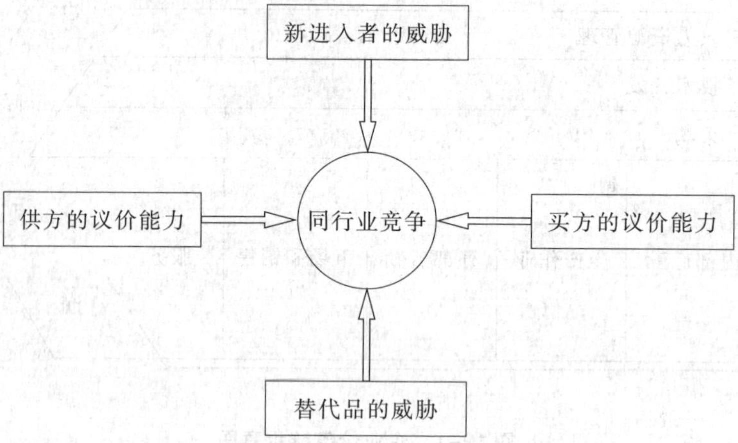

图12-2 波特的五力模型

1.供应商讨价还价的能力

供应商主要通过提高投入要素价格与降低单位价值质量的能力，来影响行业中现有企业的盈利能力与产品竞争力。供应商力量的强弱主要取决于他们所提供给买主的是什么投入要素，当供应商所提供的投入要素的价值构成了买主产品总成本的较大比例、对买主产品生产过程非常重要，或者严重影响买主产品的质量时，供应商对于买主的潜在讨价还价能力就大大增强。一般来说，满足如下条件的供应商会具有比较强大的讨价还价能力：

（1）供应商行业为一些具有比较稳固市场地位而不受市场激烈竞争困扰的企业所控制，其产品的买主很多，以至于每一单个买主都不可能成为供应商的重要客户。

（2）供应商各企业的产品各具一定特色，以至于买主难以转换或转换成本太高，或者很难找到可与供方企业产品相竞争的替代品。

（3）供应商能够方便地实行前向联合或一体化，而买主难以进行后向联合或一体化。

2.购买者讨价还价的能力

顾客可以通过讨价还价或要求企业提高产品和售后服务的质量，来降低企业的利润率。在以下情况下顾客有较大的优势：顾客的购买量占企业销售量的比重大，是企业的主要顾客；顾客可能通过前向联合来生产该产品，即顾客沿自身价值链向前扩大范围，变原来的外购材料为自产材料；有很多可供顾客选择的供应者；顾客改变供应渠道的成本很低等。

3.新进入者的威胁

一个行业的新进入者将新的生产能力和资源带进来，并希望得到一定的市场份额，这对已处于该行业的企业是极大的威胁。如果新的进入者知道现有行业的各个企业对它的进入会产生强烈的反应，一定会三思而后行。对于新进入者来说，企业的经济规模、产品的差异性和知名度、进入该行业的成本要求、以企业规模为基础的成本优势、取得销售渠道的方便程度等都会影响新进入者的决策。

4.替代产品的威胁

两家处于不同行业中的企业，可能会由于所生产的产品互为替代品，从而在它们之间产生相互竞争行为，这种源自替代品的竞争会以各种形式影响行业中现有企业的竞争战略。第一，现有企业产品售价以及获利潜力的提高，将由于存在着能被用户方便接受的替代品而受到限制；第二，替代品生产者的侵入，使现有企业必须提高产品质量，或者通过降低成本来降低售价，或者使其产品具有特色，否则其销量与利润增长的目标就有可能受挫；第三，源自替代品生产者的竞争强度，受产品买主转换成本高低的影响。总之，替代品价格越低、质量越好、用户转换成本越低，其所能产生的竞争压力就越强；而这种来自替代品生产者的竞争压力的强度，可以具体通过考察替代品销售增长率、替代品厂家生产能力与盈利扩张情况来加以描述。

5.行业竞争者的竞争

在任何行业中，各个企业都是相互影响的。一家企业的竞争行为会立即对其竞争对手产生明显的影响，并导致它们采取反击措施。一般来说，出现下列情况时意味着这种竞争将更加激烈：竞争者较多且规模大小差不多，行业增长较慢且运行成本较高，产品之间差别不大等。

行业中的每一家企业或多或少都必须应付以上各种力量构成的威胁，而且必须面对行业中的每一个竞争者的威胁。因此，五力模型是企业制定竞争战略时经常利用的战略分析工具。但是，在现实中可能存在一定的差距，管理会计人员在利用该模型时应该注意：正确分析行业信息，衡量信息取得成本和效益；突破竞争的范围，从共赢角度展开合作，建立战略联盟的思想，通过研发和创新，与对手共同做大行业规模来获取更多的资源和更大的市场。

四、战略定位分析

企业在确定了组织任务以及与此相适应的组织目标的基础上就可以进行战略定位。菲利普·科特勒认为，定位就是对企业的产品进行设计，从而使其能在目标客户心目中占有一个独特的、有价值的位置的行动。下面将从公司层和经营层两个方面探讨战略定位分析。

（一）公司层的战略定位

公司层战略定位是对企业整体事业范围的确定，包括经营类型及经营范围的定位、企业的宗旨和目标的确定等。

（1）经营类型及经营范围的定位。每家企业都是产业价值链的一部分或几部分，甚至全部，决定企业应处于价值链的哪个环节的战略决策建立在企业自身相对优势确定的基础之上，即企业在哪个环节上能够发挥其优势并能为顾客提供更多、更好的服务而获得更多的利润，企业的产品就应定位在哪里。

（2）企业的宗旨和目标的定位。企业的宗旨和目标是企业竞争战略思想的充分体现，它是企业的长期规划和未来的长期努力方向。管理会计人员以及企业的高层领导必须对此予以高度重视。一般企业所确定的宗旨和目标应高度概括，通俗并简单明了，不能含混。

波士顿咨询集团于20世纪70年代初开发了公司业务组合矩阵方法。该方法根据产品的市场相对份额及市场成长率两个指标，将产品分为明星、金牛、问题、瘦狗四种类型，按照产品类型的不同，可分别采取稳定型战略、增长型战略、收缩型战略和组合型战略四种经营战略。

(1) 明星产品。它是指处于高增长率、高市场占有率象限内的产品群，这类产品可能成为企业的金牛产品，需要加大投资以支持其迅速发展。采用的发展战略应该是增长型战略：积极扩大经济规模和市场机会，以长远利益为目标，提高市场占有率，加强竞争地位。

(2) 金牛产品。它是指处于低增长率、高市场占有率象限内的产品群，已进入成熟期。其财务特点是销售量大，产品利润率高、负债比率低，可以为企业提供资金，而且由于增长率低，也无须增大投资，因而成为企业回收资金，支持其他产品，尤其明星产品投资的后盾。对于金牛产品，应该采用稳定型战略，为企业尽可能创造现金流量。

(3) 问题产品。它是处于高增长率、低市场占有率象限内的产品群。前者说明市场机会大，前景好，而后者则说明在市场营销上存在问题。其财务特点是利润率较低，所需资金不足，负债比率高。例如在产品生命周期中处于引进期、因种种原因未能开拓市场局面的新产品即属于此类问题的产品。对问题产品应根据实际情况采取组合型战略，尽量将问题产品发展成为明星产品，如果不行则要采取收缩型战略。

(4) 瘦狗产品。它是处在低增长率、低市场占有率象限内的产品群。其财务特点是利润率低、处于保本或亏损状态，负债比率高，无法为企业带来收益。对这类产品应采用收缩型战略：首先应减少批量，逐渐收缩，对那些销售增长率和市场占有率均极低的产品应立即淘汰；其次是将剩余资源向其他产品转移；最后是整顿产品系列。

波士顿矩阵法的应用不但可以提高管理人员的分析和战略决策能力，同时还可以帮助管理者以前瞻性的眼光看待问题，更深刻地理解企业各项业务活动之间的联系，加强业务单位和企业管理人员之间的沟通，及时调整企业的业务投资组合。但同时也应该看到这种方法的局限性，该方法难以同时顾及两项或多项业务的平衡。因此，在使用波士顿矩阵法时要尽量查阅更多的资料，审慎分析，避免因方法的缺陷而造成决策的失误。

(二) 经营层的战略定位

经营层的战略定位应与企业和产业的具体状况相适应。目前使用比较广泛的是美国学者迈克尔·波特提出的三种竞争战略，分别是：成本领先战略、差异化战略和聚焦战略。这三种竞争战略是相互联系的，成本领先战略保证了利润，体现了效率；差异化战略保证了市场份额，使企业在成本方面的高效率转化为高效益；聚焦战略强化了低成本与差异化的优势。

1.成本领先战略（Cost Leadership）

成本领先战略也称低成本战略，是指企业通过提供比竞争对手成本更低的产品和服务来超过竞争对手的一种竞争战略。采用成本领先战略要求企业积极建立起高效规模的生产设施，在经验基础上全力以赴降低成本，抓紧成本与费用的控制，以及最大限度地减少研究开发、服务、推销、广告等方面的成本费用。

成本领先战略是三种竞争战略中最明确的一种，其目的是如何使企业成本低于其竞争对手。在激烈的市场竞争中，成本领先在五种竞争力量的威胁中具有强大的防御作用。如果企业能够创造和维持全面的成本领先地位，那么它只要将价格控制在产业的平均水平或接近平均水平，就可以获取优于平均水平的经营绩效。与竞争对手的价位相比，成本领先者的低成本地位将转化为高效益。成本优势的战略性价值取决于其持久性，如果企业成本优势的来源对于竞争对手来说是难以复制或模仿的，其持久性就会存在。企业可以通过控制成本动因和重构价值链这两种方法来获取成本优势。

实行成本领先战略必须避免一种倾向，即降低产品成本的同时可能会降低产品的需求，原因是减少了产品的功能。只有在消费者认为企业的产品和服务与竞争对手的相同且竞争对手的价格更高时，成本领先战略才能奏效。

2.差异化战略（Differentiation）

差异化战略，也称别具一格战略，是指企业通过使消费者认识到企业的产品或服务在某一方面是独特的，如质量一流、外观新颖等，这种认识使公司可为产品或服务要求更高的价格，维持较高的利润，从而战胜竞争对手的一种竞争战略。

差异化战略的采用要求企业在全行业范围内，在产品设计、产品品牌、生产技术、客户服务、销售渠道等一个或几个方面创造独特性，即通过标新立异吸引客户，形成相对优势。如果产品的差异化战略可以实现，它就会成为在行业中赢得超常收益的可行性战略，因为它能建立起对付五种竞争作用力的防御地位，虽然其形式与低成本有所不同。差异化战略利用客户对品牌的忠诚，以及由此产生的客户对价格的敏感性下降，使企业得以避开竞争。产品差异带来的较高收益，可以用来对付供方压力，也可以缓解买方压力。当客户缺乏选择余地时其价格的敏感性也就不高。采取差异化战略而赢得客户忠诚度的公司，在面对替代品威胁时，所处地位比其他竞争对手更为有利。

但是，实行差异化战略必须避免一种倾向，即可能试图降低产品成本而忽视产品的宣传和研发的投入。通常实行差异化战略的企业为使消费者认识到产品或服务的独特性，必须进行持续的、大规模的产品宣传，否则差异化战略的作用就会降低。如果企业的产品或服务在消费者心目中的独特性不再重要时，低成本竞争对手的产品对消费者的吸引力就会加大。另外，企业产品或服务的独特性具有一定的暂时性，因而需要不断地研发投入，持续地进行创新，方可维持差异化战略。

3.聚焦战略（Focus）

聚焦战略，也称集中一点战略，是指企业选择市场中的某个特定部分，如特定的客户群、特定的地理区域等，使其战略适合于这一特定的细分目标市场，而不顾及其他市场，在特定细分市场取胜的一种竞争战略。

前两种战略，即成本领先战略和差异化战略是面向全行业，在整个行业的范围内进行活动，而聚焦战略是企业集中有限的资源以更高的效率、更好的效果为特定的客户或市场区域服务，从而超过服务于更广阔范围的竞争对手。采用聚焦战略的公司也具有赢得超过同行业平均收益水平的潜力。它的目标集中意味着公司对于其战略的实施对象或者处于低成本地位，或者处于差异化优势，或者两者兼有。正如已在低成本战略与差异化战略中讲述过的那样，这些优势可以保护企业不受各种竞争作用力的威胁。

实行聚焦战略需要注意的问题是，企业所处的特定市场可能会由于行业技术的改变或客户消费倾向的变化，优势突然消失。因此，采用聚焦战略时，要求企业必须密切关注市场消费的动态，适时调整产品的生产以满足客户的消费需求，从而不断积累竞争优势。

以上三种竞争战略的特征见表12-1。企业可通过比较、借鉴来选择和制定适合自身发展的竞争战略。

表12-1 **三种竞争战略比较**

项目	成本领先战略	差异化战略	聚焦战略
战略目标	整个产业范围	整个产业范围	特定市场
竞争优势	低成本	独特的产品或服务	特定市场的低成本或差异化或二者兼得
产品品种	品种多	品种有限	品种可能多或有限
生产	在保证产品质量和基本性能的基础上尽可能做到低成本	力求创新生产出差异化产品	生产出满足特定市场需要的产品
价格	低价格	较高价格	根据特定市场情况灵活定价

五、战略成本动因分析

成本动因，就是导致成本结构发生变化的重要因素。每项价值活动均具有相应的成本动因，这些成本动因能解释各竞争者之间价值活动的成本差异。因此，每项价值活动具有相应的竞争优势来源。根据瑞利（Riley）的观点，战略成本动因可以分为两大类：一是结构性成本动因；二是执行性成本动因。

（一）结构性成本动因

结构性成本动因是与企业的战略定位和经济结构密切相关的成本因素。不同的战略选择会导致企业不同的生产经营方式，进而导致截然不同的成本动因。结构性成本动因主要包括：①规模，指一项投资将形成多大的生产、研究开发和市场销售等资源的组合；②范围，指企业进行纵向合并的程度，即企业跨越行业价值链的长度，企业的横向合并则更多地与规模有关；③经验，对于企业进行的生产，随着产量的增加，工人在制造单件产品上所需的时间逐渐减少；④技术，指在企业价值链的每一步运用了哪些处理技术；⑤复杂性，指企业能够向客户提供多大范围的系列产品或服务。

对于结构性成本动因，企业必须作出合理的选择才能为企业获取成本优势奠定良好的基础。为此，企业应做到以下几点：

（1）通过适度投资来降低成本。企业投资规模的大小，直接影响到企业成本的高低。投资规模过大，会引起生产能力利用不足，加大企业的固定成本。投资规模过小，则不会产生规模经济，各种成本都会相应增长。为此，在投资前，必须进行产业调查，使规模尽可能趋于最佳投资点。此外，当企业现有规模没有达到规模经济水平时，企业可以通过重组来调整企业规模。通过企业的横向兼并，实现企业的规模扩张，从而使企业规模得到优化。

（2）选择企业适宜的纵向经营范围。以造纸业为例，企业既可以建造一个纸浆厂，该厂只需购入木料加工成纸浆出售给造纸厂。也可以买下一个林木厂并自行建立造纸厂，从木材的种植、采伐开始，自行加工纸浆及造纸，进而建立一家印刷厂、销售分支机构等，即将从原材料到产品销售的环节全部纳入企业生产经营体系中。企业可以在行业价值链分析的基础上，选择适宜的纵向整合程度，可以通过兼并其原料供应商或客户达到调整企业纵向经营范围的目的。

（3）通过积累经验不断降低成本。有关学者通过对数千种产品成本与产品产量关系的研究发现，许多产品的累计产量每翻一番时，由于职工经验的积累和工作熟练程度的提高，其实际单位成本都会下降20%到30%，这一关系称为经验曲线。根据经验曲线可知，累计产量的增加是降低成本的有效途径。如果企业能够在市场上维持较高的占有率，则会达到较低的成本，从而能够进一步扩大市场占有率，又可以进一步降低产品成本，形成良性循环。

（4）重视提高企业技术水平。与发达国家相比，我国很多企业产品成本高、质量低、性能差，以致在市场上处于竞争不利的地位，究其原因，很大程度上是由于没有采用计算机集成制造、弹性制造系统、计算机辅助设计等各种先进生产及管理技术，以及各种先进制造工艺、设备等。另外，在进行投资项目评价时主要运用的评价指标，如净现值、内部报酬率等，都难以反映技术因素。所以在对投资项目进行评价时，还应充分考虑技术水平对企业的长远影响。

（5）产品多样化程度要合理化。在同一个行业中，有的企业只提供单一规格、单一品种的产品，而有的企业则同时生产多品种、多型号、多款式的同类产品。品种适当的多样化有利于提高企业产品的差异化程度或占有更广泛的产品细分市场。但是产品过分多样化会增加单位产品成本，从而在成本方面处于较为不利的地位。

（二）执行性成本动因

执行性成本动因是在企业按照所选择的战略定位和经济结构进行生产经营的过程中，成功地控制成本所应考虑的因素，它也是决定企业成本水平的重要因素。执行性成本动因主要包括：①员工责任感（参与感），即员工对参与持续改善的责任感。②全面质量管理，即员工对产品及工艺质量的信念及信念的达成。③生产能力的利用，即在既定工厂建设规模已选择的前提下，工人能力、机器能力以及管理能力是否得到充分发挥，各能力之间的组合是否最优。④工厂布局的效率，即按照目前的标准，该布局效率如何。⑤产品设计是否合理并容易制造。⑥通过价值链开发，企业与供应商、客户之间的联系。

强化执行性成本动因是取得成本优势的重要途径，为此企业应从以下几个方面入手：

（1）工厂布局合理化。企业各种价值活动相互之间，以及其与供应商、客户之间的地理位置，通常对企业经营效率有着重要影响。工厂布局合理化能为企业获得竞争优势奠定良好的基础。如果现有的工厂布局尚未达到合理化，企业可以通过实施作业分析来获得改善的方案。

（2）产品设计合理化。产品设计合理化是获取成本优势的重要措施。改善产品设计的途径有很多，如减少每个产品中的零部件的数量、增加不同品种间零部件的通用性、降低零部件加工的难度等。

（3）大力推进全面质量管理。全面质量管理是出自长期、持续地降低成本的考虑而在原材料采购、加工工序乃至产品售后服务等方面的强化。质量水平的高低一方面会影响到企业向客户提供产品的价值高低，另一方面会直接影响到产品的成本水平。产品生产过程中如果质量水平过低，就会发生许多不必要的成本，如原材料损失、人工成本的无谓消耗等。

（4）充分利用现有的生产能力。对于许多企业来讲，产品的市场需求具有一定的季节性。当产品销售处于淡季时，企业的生产能力往往难以得到高效利用。因此，实现均衡生产是提高现有生产能力的关键。为此，企业可以采取以下几种措施：在销售淡季增强促销力度，为产品寻求淡季的使用途径，将企业的产品线向销售受季节影响较弱的产品拓展，选择需求更为稳定的客户并建立持久的合作关系；将市场需求波动较大的细分市场留给竞争对手。

（5）引导员工参与管理。通常情况下，企业在持续改善管理过程中经常受到阻碍，原因就是员工不清楚哪些事情该做、哪些事情不该做，因此造成很多误解和工作延误。让员工积极参与管理，不仅使员工更了解管理层的意图，而且还能调动员工的工作积极性，从而使工作完成得更出色。

（6）加强与供应商及客户之间的纵向合作。通过纵向合作，企业的经营能够顺利进行。例如，某公司通过计算机网络向某供应商提供生产进度表而使供应商的元器件得以及时送达，而且通过这种合作还有利于降低合作双方的成本。

在进行战略成本动因分析的过程中，并非所有成本动因都具有相同的重要性，在特定情况下，某些动因很可能非常重要。例如，结构性成本动因与企业所选择的竞争战略密切相关，如果企业选择了低成本战略，则规模经济和具备先进的技术水平是企业能否顺利实现战略目标的关键成本动因。

第三节 环境管理会计

一、环境管理会计概述

（一）环境管理会计的产生与发展

20世纪50年代，由于工业污染事件和环境污染事件的法律诉讼的发生，诉讼失败导致的经济赔偿和环境恢复费用成为企业会计核算的要素。但此时企业关心的仍是经济业绩，对于环境因素对财务的影响没有得到重视。1975年英国会计师准则委员会发布的《公司报告》中，有关公共责任问题的内容很大一部分都和环境问题相关。自1980年起，由于环境问题的严重性，人们在社会会计的研究中更加突出了环境会计的地位。1989年，皮尔斯在《绿色经济蓝图》中首次阐明将环境因素融入政府政策。1991年格雷在《绿色会计》一书中指出“绿色会计是一种关于人造资产和自然资产增减的会计，是最为重要的在二者之间转换的会计”，且着重论述了二者之间的转换问题。20世纪90年代以后，随着可持续发展理论的提出，各国政府的环境管理强调与企业之间的合作，推行预防性的综合环境管理手段，企业决策中如何考虑环境因素、实施与环境有关的企业管理等问题逐渐受到重视。1999年，联合国“改进政府在推动环境管理会计中的作用”专家工作组，与30多个国家的环境管理部门和国际组织、会计组织、企业组织及学术界，综合各国实践，首次提出了环境管理会计（Environmental Management Accounting，EMA）的概念，其后各次会议就建立环境管理会计的一般原则和指南的必要性，环境管理会计与环境管理体系、公司环境报告和国民环境账户等方面的联系进行了研究，并讨论了政府在推动环境管理会计中的作用及各种推动手段等。环境管理会计这个独立的学科体系从此逐渐形成和完善。

21世纪初，世界各个国家都制定了环境方面的法律法规来规范和制约破坏环境、浪费资源等行为，比如我国2014年修订了《中华人民共和国环境保护法》，美国出台了《国家环境保护法案》等。随着对环境会计研究的不断深入，可持续发展的概念开始被引入到环境会计中。在这种形势下，企业的经营目标从股东价值最大化转化为利益相关者价值最大化。至此，人们认识到作出环境决策的不是会计人员而是管理当局，必须从管理与决策的角度出发，建立环境管理系统，才能解决环境问题。

（二）环境管理会计的概念

环境管理会计目前并没有统一的概念。根据国际会计师联合会（IFAC）的管理会计概念中的定义，环境管理会计是通过设计和实施适当的与环境相关的会计系统和管理系统，对环境业绩和经济业绩进行的管理。根据联合国环境管理会计专家工作小组的定义，环境管理会计是为满足组织内部进行传统决策和环境决策的需要，而对实物流信息（如材料、水和能源等）、环境成本信息和其他货币流信息进行的确认、收集、估计，编制内部报告和利用它进行决策。这个定义强调了环境管理会计范围内必须考虑的实物流信息及货币流信息，以及环境管理会计通常使用的信息分析技术。《环境管理会计的国际指南》将环境管理会计定义为鉴定、收集、分析与环境内部决策相关的实物、货币两类信息的会计。这两类信息是：（1）能源、水和材料（含废弃物）流动、使用及最终处理的实物信息；（2）与环境相关的成本、收益等货币信息。

本书认同吴大军教授对环境管理会计的定义，认为环境管理会计是通过将环境信息纳入管理会计的预测、决策、规划、控制和考核评价等工作框架，以充分考虑环境的成本和效益对组织影响的一种现代管理会计活动。[①]

（三）环境管理会计的基本内容

环境管理会计以达成企业股东效益最大化和企业可持续发展为双重目标，以搜集、加工、处理和利用财务、环境和社会三类信息为主要手段，进而将环境因素纳入管理会计的规划、决策、控制工作内容之中。其具体工作内容包括：对环境效益与成本的预测与规

---

① 吴大军．管理会计［M］．大连：东北财经大学出版社，2021.

划、对环境成本的管理和控制、考虑环境因素的经营决策和投资决策以及对环境绩效的评价等。

（四）实施环境管理会计的意义

企业实施环境管理会计的重要意义主要有以下三个方面：

第一，实施环境管理会计有助于企业进行科学决策。环境管理会计能够为企业管理层提供与决策相关的环境信息。根据《中华人民共和国环境保护法》中规定的“谁污染谁治理，谁开发谁保护”的基本原则，当企业进行涉及环境活动的管理决策时，如生产流程或产出物是否符合环境质量标准、稀缺自然资源的消耗和利用、环保生产机会的识别、碳排放权的交易等，需充分考虑环境成本与环境效益，进而作出更为科学有效的决策。

第二，实施环境管理会计有助于提高企业的环境绩效和财务绩效。企业的环境绩效越来越受到资本市场与社会大众的关注。取得较好环境绩效的企业能够收获良好的社会声誉。环境管理会计能够为企业达成环境管理的目标实施控制，确保目标实现并持续改进。而环境绩效的提升也会对财务绩效产生积极影响，如企业对环境的治理和废物利用能够获得税收减免以及政府补助。同时，在环境绩效为企业带来良好声誉的同时，也会吸引投资者、客户等其他利益相关者的关注。

第三，实施环境管理会计能够积极促进企业保护生态环境，顺利实现可持续发展。越来越多的企业意识到，短期内追求利润最大化，会将人类赖以生存的自然资源消耗甚至破坏殆尽。这种对短期收益的盲目追求是以牺牲后代人的生存环境和资源换取的。为了实现可持续发展，需确保当代人的消耗模式不会对后代人的生活质量产生消极影响，保证“时代间的公平”。企业是社会系统中的重要个体，通过实施环境管理会计可以制定环境管理目标、控制环境成本并提升环境绩效，最终实现可持续发展。

思政案例

“双碳”背景下比亚迪的绿色变革

二、环境管理会计的应用

（一）编制环境财务预算

企业通过编制预算将企业的经营目标分解落实，对其资源进行合理化的统筹安排，以保证目标的顺利实现。当企业将可持续发展目标纳入总体经营目标，以期满足公众对企业在社会责任方面的期望时，企业编制的全面预算就应包括体现环境因素的环境预算。环境预算由环境投资预算、环境经营预算以及环境筹资预算等构成，并最终在企业的现金预算、预计利润表和预计资产负债表中得以反映。

（二）控制环境成本

联合国国际会计和报告标准政府间专家工作组（ISAR）在《环境会计和报告的立场公告》中指出，环境成本为：本着对环境负责的原则，为管理企业活动对环境造成的影响而采取或被要求采取措施的成本，以及因企业执行环境目标和要求所付出的其他成本。环境成本由内部环境成本和外部环境成本构成。

微型案例

中国平安环境管理会计的应用

（1）内部环境成本。它是指应当由企业承担的环境成本，包括由于环境方面因素而导致发生并且已经明确是由企业承担和支付的费用，如当前法律体系下应由企业支付的排污费等。

（2）外部环境成本。它是指由企业经济活动所导致的但不能明确计量，并由于各种原因而未由企业承担的不良循环后果，如企业排污对下游水系造成影响，产生了环境成本。随着环保法律制度的不断完善，这部分外部环境成本逐渐内部化，即企业需对造成的环境污染进行治理，对受影响的其他利益相关方进行补偿和赔偿。

内部环境成本和外部环境成本之间的界限并不是固定的。随着环境问题压力的增大，一些政府正试图将外部环境成本内部化，比如随着污染者付费原则的实施，一些外部成本将转为内部成本。

（三）考虑环境因素的经营决策和投资决策

企业在进行短期经营决策时，传统的方式主要是进行成本效益分析，比较方案的相关收入与相关成本，选择对企业利润产生最大贡献的方案。而在实施环境管理会计后，短期内利润的最大化不是评价方案的唯一标准。从产品设计、材料采购、生产流程，到包装运输与售后服务，企业价值链的各个环节都会与周遭环境产生相互作用。在进行具体决策时，需要将可计量的环境成本与环境效益作为相关成本与相关收入纳入决策分析。

企业在进行长期投资决策时，传统的方法是计算投资项目的财务可行性，通过计算和比较项目的净现值、内部报酬率等财务指标进行决策。环境管理会计进行长期投资项目的决策时，一方面应将能够可靠估算的环境效益和成本计入估算项目的净现金流量；另一方面需要考虑项目未来在建设和运营过程中对环境可能产生的影响，以及项目是否符合环保标准和环保法律的规定。

（四）评价环境绩效

环境绩效，是指企业通过努力减少对外部环境的影响而取得的结果，既包括企业的生产经营对外部环境造成的直接影响，也有企业努力维持、修复、改善自然环境取得的成果。因此，狭义的环境绩效主要指企业各项环保指标的达标程度，而广义的环境绩效则包括了企业进行污染防治、改善生态环境的贡献以及对资源有效利用等方面的综合成效。

环境绩效评价指标既包括财务指标，也包括非财务指标；既包括反映企业管理层努力程度的过程指标，也包括反映环境管理结果的指标。比如，全球报告倡议组织（GRI）发布的环境绩效指标中，包含材料，能源，水，生物多样性，废气、污水及废弃物，产品和服务，合法性，交通运输以及整体情况等九个模块的指标；而国际标准化组织发布的环境管理体系ISO14000系列标准中包括ISO14031环境绩效评价体系，其中涵盖了管理绩效指标（方案和政策的实施、合法性、财务绩效以及与社区的联系）和经营绩效指标（材料，能源，支持企业经营的服务、厂房设施、供应及送货，产品，组织提供的服务，排放物，向土地或水的排放以及其他排放）。两类指标体系相似度较高，国际标准化组织设计的指标体系中还重点强调了代表管理层努力程度的指标。企业在选取指标时，可以根据自身经营和行业特点，同时考虑信息处理的成本效益，选取和构建环境绩效评价指标体系，实施环境绩效评价。

※ 章节测试

一、单项选择题（每小题4分，共40分）

1.战略管理会计比传统管理会计提供了更多的与战略管理有关的（　　）。

A.财务信息　B.非财务信息　C.统计信息　D.内部信息

2.战略管理会计重视企业与（　　）的关系。

A.职工　B.资金　C.内部因素　D.外部环境

3.战略管理会计的最终目标是（　　）。

A.利润最大化　B.企业价值最大化

C.利润率最大化　D.劳动生产率最大化

4.下列各项中，属于产业价值链分析的内容的是（　　）。

A.企业与供应商之间的关系　B.人力资源管理

C.原料供应　D.研究开发

5.下列成本动因中属于结构性成本动因的是（　　）。

A.员工责任感　B.生产能力的利用

C.规模　D.工厂布局的效率

6.下列各项中，不属于企业外部经营环境因素的是（　　）。

A.经济　B.竞争者的数量

C.科技　D.物力资源

7.下列各项中，不属于经营层战略定位的是（　　）。

A.成本领先战略　B.差异化战略

C.波士顿矩阵　D.聚焦战略

8.最早将管理会计与战略管理联系起来并提出“战略管理会计”概念的英国学者是（　　）。

A.西蒙兹　B.安瑟夫　C.斯坦纳　D.威尔逊

9.下列各项中，不属于环境预算组成部分的是（　　）。

A.环境投资预算　B.专门决策预算

C.环境经营预算　D.环境筹资预算

10.下列各项中，不属于广义的环境绩效指标的是（　　）。

A.环保指标的达成度　B.企业进行污染防治的贡献

C.企业改善生态环境的贡献　D.资源有效利用的综合成效

二、多项选择题（每小题6分，共30分）

1.战略管理会计能够用来协助企业管理层（　　）。

A.确立战略目标　B.进行战略规划　C.评价管理业绩　D.组织经营管理

2.战略管理会计的主要内容包括（　　）。

A.企业的经营环境分析　B.竞争分析

C.价值链分析　D.战略定位分析及成本动因分析

3.战略管理会计的特点有（　　）。

A.外向性　B.长远性　C.综合性　D.动态性

4.战略管理会计与传统管理会计的区别有（　　）。

A.战略管理会计提供了超越企业本身的更广泛有用的信息

B.战略管理会计提供了更多的与战略管理有关的非财务信息

C.战略管理会计对传统管理会计提出了挑战

D.战略管理会计提供了更及时有效的业绩报告

5.环境管理会计的基本内容有（　）。

A.对环境效益与成本的预测与规划

B.对环境成本的管理和控制

C.考虑环境因素的经营决策和投资决策

D.对环境绩效的评价。

三、判断题（每小题3分，共30分）

1.战略管理会计是对传统管理会计的一次重大变革。（　　）

2.传统管理会计缺乏重视外部环境的战略观念。（　　）

3.战略管理会计能够满足现代企业管理的信息需求，可以完全取代传统管理会计。（　　）

4.战略管理会计提供了超越企业本身的更广泛有用的信息。（　　）

5.战略管理会计只对本企业的成本管理、决策和责任会计负责。（　　）

6.企业的价值链分析目的在于改善彼此的作业链，从价值上收到双方互利的效果。（　　）

7.竞争战略中的成本领先战略有时会与争取占领更大的市场份额相矛盾。（　　）

8.对于销售增长率高、市场占有率低的产品群企业，一定要采用增长型战略，不断增加投资，增强竞争力。（　　）

9.有效地控制环境成本可以提高企业的环境绩效，进而有助于可持续发展目标的实现。（　　）

10.根据ISO14031环境绩效评价体系，对于评价企业环境绩效和影响的需要而言，最重要的指标是环境状况指标。（　　）

章节测试

参考文献

[1] 中国注册会计师协会. 财务成本管理 [M]. 北京：中国财政经济出版社，2022.

[2] 吴大军，牛彦秀. 管理会计 [M]. 6版. 大连：东北财经大学出版社，2021.

[3] 杨行翀. 管理会计学 [M]. 大连：东北财经大学出版社，2021.

[4] 孙茂竹，支晓强，戴璐. 管理会计学 [M]. 9版. 北京：中国人民大学出版社，2020.

[5] 冯巧根. 管理会计 [M]. 4版. 北京：中国人民大学出版社，2020.

[6] 刘金星. 管理会计实训与案例 [M]. 2版. 大连：东北财经大学出版社，2020.

[7] 郑爱华，谢梅. 管理会计 [M]. 2版. 北京：机械工业出版社，2020.

[8] 潘飞. 管理会计 [M]. 4版. 上海：上海财经大学出版社，2020.

[9] 财政部会计司编写组. 管理会计案例示范集 [M]. 北京：经济科学出版社，2019.

[10] 温素彬. 管理会计：理论·模型·案例 [M]. 3版. 北京：机械工业出版社，2019.

[11] 杨晔. 管理会计案例与解析 [M]. 北京：经济科学出版社，2019.

[12] 郭晓梅. 管理会计学 [M]. 5版. 北京：中国人民大学出版社，2019.

[13] 孙茂竹，张玉周. 管理会计：微课版 [M]. 北京：人民邮电出版社，2019.

[14] 刘运国. 管理会计学 [M]. 3版. 北京：中国人民大学出版社，2018.

[15] 赵永典、魏贤运. 管理会计 [M]. 北京：清华大学出版社，2016.

附录一

二维码索引

附录二

终值、现值系数表

附表1

复利终值系数表（FVIF表）

n \ i	1%	2%	3%	4%	5%	6%	7%	8%	9%	10%	11%	12%	13%	14%	15%	16%	17%	18%	19%	20%	25%
1	1.0100	1.0200	1.0300	1.0400	1.0500	1.0600	1.0700	1.0800	1.0900	1.1000	1.1100	1.1200	1.1300	1.1400	1.1500	1.1600	1.1700	1.1800	1.1900	1.200	1.2500
2	1.0201	1.0404	1.0609	1.0816	1.1025	1.1236	1.1449	1.1664	1.1881	1.2100	1.2321	1.2544	1.2769	1.2996	1.3225	1.3456	1.3689	1.3924	1.4161	1.4400	1.5625
3	1.0303	1.0612	1.0927	1.1249	1.1576	1.1910	1.2250	1.2597	1.2950	1.3310	1.3676	1.4049	1.4429	1.4815	1.5209	1.5609	1.6016	1.6430	1.6852	1.7280	1.9531
4	1.0406	1.0824	1.1255	1.1699	1.2155	1.2625	1.3108	1.3605	1.4116	1.4641	1.5181	1.5735	1.6305	1.6890	1.7490	1.8106	1.8739	1.9388	2.0053	2.0736	2.4414
5	1.0510	1.1041	1.1593	1.2167	1.2763	1.3382	1.4026	1.4693	1.5386	1.6105	1.6851	1.7623	1.8424	1.9254	2.0114	2.1003	2.1924	2.2878	2.3864	2.4883	3.0518
6	1.0615	1.1262	1.1941	1.2653	1.3401	1.4185	1.5007	1.5869	1.6771	1.7716	1.8704	1.9738	2.0820	2.1950	2.3131	2.4364	2.5652	2.6996	2.8398	2.9860	3.8147
7	1.0721	1.1487	1.2299	1.3159	1.4071	1.5036	1.6058	1.7138	1.8280	1.9487	2.0762	2.2107	2.3526	2.5023	2.6600	2.8262	3.0012	3.1855	3.3793	3.5832	4.7684
8	1.0829	1.1717	1.2668	1.3686	1.4775	1.5938	1.7182	1.8509	1.9926	2.1436	2.3045	2.476	2.6584	2.8526	3.0590	3.2784	3.5115	3.7589	4.0214	4.2998	5.9605
9	1.0937	1.1951	1.3048	1.4233	1.5513	1.6895	1.8385	1.9990	2.1719	2.3579	2.5580	2.7731	3.0040	3.2519	3.5179	3.8030	4.1084	4.4355	4.7854	5.1598	7.4506
10	1.1046	1.2190	1.3439	1.4802	1.6289	1.7908	1.9672	2.1589	2.3674	2.5937	2.8394	3.1058	3.3946	3.7072	4.0456	4.4114	4.8068	5.2338	5.6947	6.1917	9.3132
11	1.1157	1.2434	1.3842	1.5395	1.7103	1.8983	2.1049	2.3316	2.5804	2.8531	3.1518	3.4786	3.8359	4.2262	4.6524	5.1173	5.6240	6.1759	6.7767	7.4301	11.6415
12	1.1268	1.2682	1.4258	1.6010	1.7959	2.0122	2.2522	2.5182	2.8127	3.1384	3.4985	3.8960	4.3345	4.8179	5.3503	5.9360	6.5801	7.2876	8.0642	8.9161	14.5519
13	1.1381	1.2936	1.4685	1.6651	1.8856	2.1329	2.4098	2.7196	3.0658	3.4523	3.8833	4.3635	4.8980	5.4924	6.1528	6.8858	7.6987	8.5994	9.5964	10.6993	18.1899
14	1.1495	1.3195	1.5126	1.7317	1.9799	2.2609	2.5785	2.9372	3.3417	3.7975	4.3104	4.8871	5.5348	6.2613	7.0757	7.9875	9.0075	10.1472	11.4198	12.8392	22.7374
15	1.1610	1.3459	1.5580	1.8009	2.0789	2.3966	2.7590	3.1722	3.6425	4.1772	4.7846	5.4736	6.2543	7.1379	8.1371	9.2655	10.5387	11.9737	13.5895	15.4070	28.4217
16	1.1726	1.3728	1.6047	1.8730	2.1829	2.5404	2.9522	3.4259	3.9703	4.5950	5.3109	6.1304	7.0673	8.1372	9.3576	10.748	12.3303	14.1290	16.1715	18.4884	35.5271
17	1.1843	1.4002	1.6528	1.9479	2.2920	2.6928	3.1588	3.7000	4.3276	5.0545	5.8951	6.8660	7.9861	9.2765	10.7613	12.4677	14.4265	16.6722	19.2441	22.1861	44.4089
18	1.1961	1.4282	1.7024	2.0258	2.4066	2.8543	3.3799	3.9960	4.7171	5.5599	6.5436	7.6900	9.0243	10.5752	12.3755	14.4625	16.8790	19.6733	22.9005	26.6233	55.5112
19	1.2081	1.4568	1.7535	2.1068	2.5270	3.0256	3.6165	4.3157	5.1417	6.1159	7.2633	8.6128	10.1974	12.0557	14.2318	16.7765	19.7484	23.2144	27.2516	31.9480	69.3889
20	1.2202	1.4859	1.8061	2.1911	2.6533	3.2071	3.8697	4.6610	5.6044	6.7275	8.0623	9.6463	11.5231	13.7435	16.3665	19.4608	23.1056	27.3930	32.4294	38.3376	86.7362
25	1.2824	1.6406	2.0938	2.6658	3.3864	4.2919	5.4274	6.8485	8.6231	10.8347	13.5855	17.0001	21.2305	26.4619	32.9190	40.8742	50.6578	62.6686	77.3881	95.3962	264.6978
30	1.3478	1.8114	2.4273	3.2434	4.3219	5.7435	7.6123	10.0627	13.2677	17.4494	22.8923	29.9599	39.1159	50.9502	66.2118	85.8499	111.0647	143.3706	184.6753	237.3763	807.7936

附表2

复利现值系数表（PVIF表）

n \ i	1%	2%	3%	4%	5%	6%	7%	8%	9%	10%	11%	12%	13%	14%	15%	16%	17%	18%	19%	20%	25%
1	0.9901	0.9804	0.9709	0.9615	0.9524	0.9434	0.9346	0.9259	0.9174	0.9091	0.9009	0.8929	0.8850	0.8772	0.8696	0.8621	0.8547	0.8475	0.8403	0.8333	0.8000
2	0.9803	0.9612	0.9426	0.9246	0.9070	0.8900	0.8734	0.8573	0.8417	0.8264	0.8116	0.7972	0.7831	0.7695	0.7561	0.7432	0.7305	0.7182	0.7062	0.6944	0.6400
3	0.9706	0.9423	0.9151	0.889	0.8638	0.8396	0.8163	0.7938	0.7722	0.7513	0.7312	0.7118	0.6931	0.6750	0.6575	0.6407	0.6244	0.6086	0.5934	0.5787	0.5120
4	0.9610	0.9238	0.8885	0.8548	0.8227	0.7921	0.7629	0.7350	0.7084	0.6830	0.6587	0.6355	0.6133	0.5921	0.5718	0.5523	0.5337	0.5158	0.4987	0.4823	0.4096
5	0.9515	0.9057	0.8626	0.8219	0.7835	0.7473	0.713	0.6806	0.6499	0.6209	0.5935	0.5674	0.5428	0.5194	0.4972	0.4761	0.4561	0.4371	0.4190	0.4019	0.3277
6	0.9420	0.8880	0.8375	0.7903	0.7462	0.7050	0.6663	0.6302	0.5963	0.5645	0.5346	0.5066	0.4803	0.4556	0.4323	0.4104	0.3898	0.3704	0.3521	0.3349	0.2621
7	0.9327	0.8706	0.8131	0.7599	0.7107	0.6651	0.6227	0.5835	0.5470	0.5132	0.4817	0.4523	0.4251	0.3996	0.3759	0.3538	0.3332	0.3139	0.2959	0.2791	0.2097
8	0.9235	0.8535	0.7894	0.7307	0.6768	0.6274	0.5820	0.5403	0.5019	0.4665	0.4339	0.4039	0.3762	0.3506	0.3269	0.3050	0.2848	0.266	0.2487	0.2326	0.1678
9	0.9143	0.8368	0.7664	0.7026	0.6446	0.5919	0.5439	0.5002	0.4604	0.4241	0.3909	0.3606	0.3329	0.3075	0.2843	0.2630	0.2434	0.2255	0.2090	0.1938	0.1342
10	0.9053	0.8203	0.7441	0.6756	0.6139	0.5584	0.5083	0.4632	0.4224	0.3855	0.3522	0.3220	0.2946	0.2697	0.2472	0.2267	0.2080	0.1911	0.1756	0.1615	0.1074
11	0.8963	0.8043	0.7224	0.6496	0.5847	0.5268	0.4751	0.4289	0.3875	0.3505	0.3173	0.2875	0.2607	0.2366	0.2149	0.1954	0.1778	0.1619	0.1476	0.1346	0.0859
12	0.8874	0.7885	0.7014	0.6246	0.5568	0.4970	0.444	0.3971	0.3555	0.3186	0.2858	0.2567	0.2307	0.2076	0.1869	0.1685	0.1520	0.1372	0.1240	0.1122	0.0687
13	0.8787	0.773	0.681	0.6006	0.5303	0.4688	0.4150	0.3677	0.3262	0.2897	0.2575	0.2292	0.2042	0.1821	0.1625	0.1452	0.1299	0.1163	0.1042	0.0935	0.0550
14	0.8700	0.7579	0.6611	0.5775	0.5051	0.4423	0.3878	0.3405	0.2992	0.2633	0.2320	0.2046	0.1807	0.1597	0.1413	0.1252	0.1110	0.0985	0.0876	0.0779	0.0440
15	0.8613	0.743	0.6419	0.5553	0.481	0.4173	0.3624	0.3152	0.2745	0.2394	0.2090	0.1827	0.1599	0.1401	0.1229	0.1079	0.0949	0.0835	0.0736	0.0649	0.0352
16	0.8528	0.7284	0.6232	0.5339	0.4581	0.3936	0.3387	0.2919	0.2519	0.2176	0.1883	0.1631	0.1415	0.1229	0.1069	0.0930	0.0811	0.0708	0.0618	0.0541	0.0281
17	0.8444	0.7142	0.6050	0.5134	0.4363	0.3714	0.3166	0.2703	0.2311	0.1978	0.1696	0.1456	0.1252	0.1078	0.0929	0.0802	0.0693	0.0600	0.0520	0.0451	0.0225
18	0.8360	0.7002	0.5874	0.4936	0.4155	0.3503	0.2959	0.2502	0.2120	0.1799	0.1528	0.1300	0.1108	0.0946	0.0808	0.0691	0.0592	0.0508	0.0437	0.0376	0.0180
19	0.8277	0.6864	0.5703	0.4746	0.3957	0.3305	0.2765	0.2317	0.1945	0.1635	0.1377	0.1161	0.0981	0.0829	0.0703	0.0596	0.0506	0.0431	0.0367	0.0313	0.0144
20	0.8195	0.6730	0.5537	0.4564	0.3769	0.3118	0.2584	0.2145	0.1784	0.1486	0.1240	0.1037	0.0868	0.0728	0.0611	0.0514	0.0433	0.0365	0.0308	0.0261	0.0115
25	0.7798	0.6095	0.4776	0.3751	0.2953	0.2330	0.1842	0.1460	0.1160	0.0923	0.0736	0.0588	0.0471	0.0378	0.0304	0.0245	0.0197	0.0160	0.0129	0.0105	0.00388
30	0.7419	0.5521	0.412	0.3083	0.2314	0.1741	0.1314	0.0994	0.0754	0.0573	0.0437	0.0334	0.0256	0.0196	0.0151	0.0116	0.0090	0.0070	0.0054	0.0042	0.00124

附表3

年金终值系数表（FVIFA表）

n\i	1%	2%	3%	4%	5%	6%	7%	8%	9%	10%	11%	12%	13%	14%	15%	16%	17%	18%	19%	20%	25%
1	1.0000	1.0000	1.0000	1.0000	1.0000	1.0000	1.0000	1.0000	1.0000	1.0000	1.0000	1.0000	1.0000	1.0000	1.0000	1.0000	1.0000	1.0000	1.0000	1.0000	1.0000
2	2.0100	2.0200	2.0300	2.0400	2.0500	2.0600	2.0700	2.0800	2.0900	2.1000	2.1100	2.1200	2.1300	2.1400	2.1500	2.1600	2.1700	2.1800	2.1900	2.2000	2.2500
3	3.0301	3.0604	3.0909	3.1216	3.1525	3.1836	3.2149	3.2464	3.2781	3.3100	3.3421	3.3744	3.4069	3.4396	3.4725	3.5056	3.5389	3.5724	3.6061	3.6400	3.8125
4	4.0604	4.1216	4.1836	4.2465	4.3101	4.3746	4.4399	4.5061	4.5731	4.6410	4.7097	4.7793	4.8498	4.9211	4.9934	5.0665	5.1405	5.2154	5.2913	5.3680	5.7656
5	5.1010	5.2040	5.3091	5.4163	5.5256	5.6371	5.7507	5.8666	5.9847	6.1051	6.2278	6.3528	6.4803	6.6101	6.7424	6.8771	7.0144	7.1542	7.2966	7.4416	8.2070
6	6.1520	6.3081	6.4684	6.6330	6.8019	6.9753	7.1533	7.3359	7.5233	7.7156	7.9129	8.1152	8.3227	8.5355	8.7537	8.9775	9.2068	9.4420	9.6830	9.9299	11.2588
7	7.2135	7.4343	7.6625	7.8983	8.1420	8.3938	8.6540	8.9228	9.2004	9.4872	9.7833	10.0890	10.4047	10.7305	11.0668	11.4139	11.7720	12.1415	12.5227	12.9159	15.5458
8	8.2857	8.5830	8.8923	9.2142	9.5491	9.8975	10.2598	10.6366	11.0285	11.4359	11.8594	12.2997	12.7573	13.2328	13.7268	14.2401	14.7733	15.3270	15.9020	16.4991	19.8419
9	9.3685	9.7546	10.1591	10.5828	11.0266	11.4913	11.9780	12.4876	13.0210	13.5795	14.1640	14.7757	15.4157	16.0853	16.7858	17.5185	18.2847	19.0859	19.9234	20.7989	25.8023
10	10.4622	10.9497	11.4639	12.0061	12.5779	13.1808	13.8164	14.4866	15.1929	15.9374	16.7220	17.5487	18.4197	19.3373	20.3037	21.3215	22.3931	23.5213	24.7089	25.9587	33.2529
11	11.5668	12.1687	12.8078	13.4864	14.2068	14.9716	15.7836	16.6455	17.5603	18.5312	19.5614	20.6546	21.8143	23.0445	24.3493	25.7329	27.1999	28.7551	30.4035	32.1504	42.5661
12	12.6825	13.4121	14.1920	15.0258	15.9171	16.8699	17.8885	18.9771	20.1407	21.3843	22.7132	24.1331	25.6502	27.2707	29.0017	30.8502	32.8239	34.9311	37.1802	39.5805	54.2077
13	13.8093	14.6803	15.6178	16.6268	17.7130	18.8821	20.1406	21.4953	22.9534	24.5227	26.2116	28.0291	29.9847	32.0887	34.3519	36.7862	39.4040	42.2187	45.2445	48.4966	68.7596
14	14.9474	15.9739	17.0863	18.2919	19.5986	21.0151	22.5505	24.2149	26.0192	27.9750	30.0949	32.3926	34.8827	37.5811	40.5047	43.6720	47.1027	50.8180	54.8409	59.1959	86.9495
15	16.0969	17.2934	18.5989	20.0236	21.5786	23.2760	25.1290	27.1521	29.3609	31.7725	34.4054	37.2797	40.4175	43.8424	47.5804	51.6595	56.1101	60.9653	66.2607	72.0351	109.6868
16	17.2579	18.6393	20.1569	21.8245	23.6575	25.6725	27.8881	30.3243	33.0034	35.9497	39.1899	42.7533	46.6717	50.9804	55.7175	60.9250	66.6488	72.9390	79.8502	87.4421	138.1085
17	18.4304	20.0121	21.7616	23.6975	25.8404	28.2129	30.8402	33.7502	36.9737	40.5447	44.5008	48.8837	53.7391	59.1176	65.0751	71.6730	78.9792	87.0680	96.0218	105.9306	173.6357
18	19.6147	21.4123	23.4144	25.6454	28.1324	30.9057	33.9990	37.4502	41.3013	45.5992	50.3959	55.7497	61.7251	68.3941	75.8364	84.1407	93.4056	103.7403	115.2659	128.1167	218.0446
19	20.8109	22.8406	25.1169	27.6712	30.5390	33.7600	37.3790	41.4463	46.0185	51.1591	56.9395	63.4397	70.7494	78.9692	88.2118	98.6032	110.2846	123.4135	138.1664	154.7400	273.5558
20	22.0190	24.2974	26.8704	29.7781	33.0660	36.7856	40.9955	45.7620	51.1601	57.2750	64.2028	72.0524	80.9468	91.0249	102.4436	115.3797	130.0329	146.6280	165.4180	186.6880	342.9447
25	28.2432	32.0303	36.4593	41.6459	47.7271	54.8645	63.2490	73.1059	84.7009	98.3471	114.4133	133.3339	155.6196	181.8708	212.7930	249.2140	292.1049	342.6035	402.0425	471.9811	1054.7912
30	34.7849	40.5681	47.5754	56.0849	66.4388	79.0582	94.4608	113.2832	136.3075	164.4940	199.0209	241.3327	293.1992	356.7868	434.7451	530.3117	647.4391	790.9480	966.7122	1181.8816	3227.1743

附表4

年金现值系数表（PVIFA表）

n \ i	1%	2%	3%	4%	5%	6%	7%	8%	9%	10%	11%	12%	13%	14%	15%	16%	17%	18%	19%	20%	25%
1	0.9901	0.9804	0.9709	0.9615	0.9524	0.9434	0.9346	0.9259	0.9174	0.9091	0.9009	0.8929	0.8850	0.8772	0.8696	0.8621	0.8547	0.8475	0.8403	0.8333	0.8000
2	1.9704	1.9416	1.9135	1.8861	1.8594	1.8334	1.8080	1.7833	1.7591	1.7355	1.7125	1.6901	1.6681	1.6467	1.6257	1.6052	1.5852	1.5656	1.5465	1.5278	1.4400
3	2.9410	2.8839	2.8286	2.7751	2.7232	2.6730	2.6243	2.5771	2.5313	2.4869	2.4437	2.4018	2.3612	2.3216	2.2832	2.2459	2.2096	2.1743	2.1399	2.1065	1.9520
4	3.9020	3.8077	3.7171	3.6299	3.5460	3.4651	3.3872	3.3121	3.2397	3.1699	3.1024	3.0373	2.9745	2.9137	2.8550	2.7982	2.7432	2.6901	2.6386	2.5887	2.3616
5	4.8534	4.7135	4.5797	4.4518	4.3295	4.2124	4.1002	3.9927	3.8897	3.7908	3.6959	3.6048	3.5172	3.4331	3.3522	3.2743	3.1993	3.1272	3.0576	2.9906	2.6893
6	5.7955	5.6014	5.4172	5.2421	5.0757	4.9173	4.7665	4.6229	4.4859	4.3553	4.2305	4.1114	3.9975	3.8887	3.7845	3.6847	3.5892	3.4976	3.4098	3.3255	2.9514
7	6.7282	6.4720	6.2303	6.0021	5.7864	5.5824	5.3893	5.2064	5.0330	4.8684	4.7122	4.5638	4.4226	4.2883	4.1604	4.0386	3.9224	3.8115	3.7057	3.6046	3.1611
8	7.6517	7.3255	7.0197	6.7327	6.4632	6.2098	5.9713	5.7466	5.5348	5.3349	5.1461	4.9676	4.7988	4.6389	4.4873	4.3436	4.2072	4.0776	3.9544	3.8372	3.3289
9	8.5660	8.1622	7.7861	7.4353	7.1078	6.8017	6.5152	6.2469	5.9952	5.7590	5.5370	5.3282	5.1317	4.9464	4.7716	4.6065	4.4506	4.3030	4.1633	4.0310	3.4631
10	9.4713	8.9826	8.5302	8.1109	7.7217	7.3601	7.0236	6.7101	6.4177	6.1446	5.8892	5.6502	5.4262	5.2161	5.0188	4.8332	4.6586	4.4941	4.3389	4.1925	3.5705
11	10.3676	9.7868	9.2526	8.7605	8.3064	7.8869	7.4987	7.1390	6.8052	6.4951	6.2065	5.9377	5.6869	5.4527	5.2337	5.0286	4.8364	4.6560	4.4865	4.3271	3.6564
12	11.2551	10.5753	9.9540	9.3851	8.8633	8.3838	7.9427	7.5361	7.1607	6.8137	6.4924	6.1944	5.9176	5.6603	5.4206	5.1971	4.9884	4.7932	4.6105	4.4392	3.7251
13	12.1337	11.3484	10.635	9.9856	9.3936	8.8527	8.3577	7.9038	7.4869	7.1034	6.7499	6.4235	6.1218	5.8424	5.5831	5.3423	5.1183	4.9095	4.7147	4.5327	3.7801
14	13.0037	12.1062	11.2961	10.5631	9.8986	9.2950	8.7455	8.2442	7.7862	7.3667	6.9819	6.6282	6.3025	6.0021	5.7245	5.4675	5.2293	5.0081	4.8023	4.6106	3.8241
15	13.8651	12.8493	11.9379	11.1184	10.3797	9.7122	9.1079	8.5595	8.0607	7.6061	7.1909	6.8109	6.4624	6.1422	5.8474	5.5755	5.3242	5.0916	4.8759	4.6755	3.8593
16	14.7179	13.5777	12.5611	11.6523	10.8378	10.1050	9.4466	8.8514	8.3126	7.8237	7.3792	6.974	6.6039	6.2651	5.9542	5.6685	5.4053	5.1624	4.9377	4.7296	3.8874
17	15.5623	14.2919	13.1661	12.1657	11.2741	10.4773	9.7632	9.1216	8.5436	8.0216	7.5488	7.1196	6.7291	6.3729	6.0472	5.7487	5.4746	5.2223	4.9897	4.7746	3.9099
18	16.3983	14.992	13.7535	12.6593	11.6896	10.8276	10.0591	9.3719	8.7556	8.2014	7.7016	7.2497	6.8399	6.4674	6.1280	5.8178	5.5339	5.2732	5.0333	4.8122	3.9279
19	17.226	15.6785	14.3238	13.1339	12.0853	11.1581	10.3356	9.6036	8.9501	8.3649	7.8393	7.3658	6.938	6.5504	6.1982	5.8775	5.5845	5.3162	5.0700	4.8435	3.9424
20	18.0456	16.3514	14.8775	13.5903	12.4622	11.4699	10.594	9.8181	9.1285	8.5136	7.9633	7.4694	7.0248	6.6231	6.2593	5.9288	5.6278	5.3527	5.1009	4.8696	3.9539
25	22.0232	19.5235	17.4131	15.6221	14.0939	12.7834	11.6536	10.6748	9.8226	9.0770	8.4217	7.8431	7.3300	6.8729	6.4641	6.0971	5.7662	5.4669	5.1951	4.9476	3.9849
30	25.8077	22.3965	19.6004	17.292	15.3725	13.7648	12.409	11.2578	10.2737	9.4269	8.6938	8.0552	7.4957	7.0027	6.566	6.1772	5.8294	5.5168	5.2347	4.9789	3.9950

21世纪新概念教材 · 高等职业教育现代物流管理专业教材新系

GONGYINGLIAN GUANLI

供应链管理

（第三版）

富媒体智能型教材

张璠　胡洋　主　编

张俊松　于倩颖　韩祥祚　副主编

东北财经大学出版社
Dongbei University of Finance & Economics Press
大连

图书在版编目（CIP）数据

供应链管理 / 张璠，胡洋主编．—3版．—大连：东北财经大学出版社，2025.1.—（21世纪新概念教材·高等职业教育现代物流管理专业教材新系）．—ISBN 978-7-5654-5478-3

Ⅰ．F252.1

中国国家版本馆CIP数据核字第2024B1Q166号

东北财经大学出版社出版

（大连市黑石礁尖山街217号　邮政编码　116025）

网　　址：http://www.dufep.cn

读者信箱：dufep@dufe.edu.cn

大连东泰彩印技术开发有限公司印刷　东北财经大学出版社发行

幅面尺寸：185mm×260mm　字数：328千字　印张：15

2025年1月第3版　2025年1月第1次印刷

责任编辑：郭海雷　石建华　徐　群　责任校对：赵　楠

封面设计：原　皓　版式设计：原　皓

定价：39.00元

教学支持　售后服务　联系电话：（0411）84710309

如有印装质量问题，请联系营销部：（0411）84710711